A vida cabe em um
Fusca

Nauro Júnior

A vida cabe em um Fusca

satoleppress

Pelotas, RS | 2022

A vida cabe em um Fusca
Nauro Júnior

Todos os direitos reservados.
É expressamente vedada a reprodução do conteúdo
deste livro sem a autorização expressa do autor,
de acordo com a Lei do Direito Autoral nº 9610/98.

Edição: Satolep Press
Coordenação editorial: Gabi Mazza
Preparação: Amanda Ioost
Revisão: Amanda Ioost e Duda Keiber
Conselheiros editoriais: Fábio Schaffner e Ricardo Stefanelli
Foto de capa: Nauro Júnior
Projeto Gráfico: Nativu Design
Direção de arte e diagramação: Valder Valeirão
Assistente de design: Kim Valeirão
Impressão: Gráfica Pallotti

Impresso no Brasil

Dados Internacionais de Catalogação na Publicação - CIP

N312v Nauro Júnior
A vida cabe em um fusca. / Nauro Júnior. —
Pelotas: Satolep Press, 2022.
376p. : il.

ISBN: 978-65-998769-0-5

1. Literatura. 2. Ficção. I. Título.

CDD 869.93

Ficha Catalográfica elaborada pela Bibliotecária
Carla Michelle de Macedo Rodrigues - CRB-10/1657

Satolep Press: +55 53 99983.2398

Este livro é para os meus netos,
que um dia virão.

É para o meu pai, que já não está.

A jornada de um catalisador de afetos

Eu era um repórter em início de carreira quando cheguei a Pelotas, em junho de 2000. Minha primeira parada foi na casa do Nauro. Ele tinha uma Rural Willys, uma moto Monark Java e um barco. Fez questão de contar em detalhes a história dos três antes mesmo de me levar numa imobiliária. Eu, desesperado para achar onde morar, e o Nauro explicando como funcionava a rebimboca da Rural, a grampola da Java e a parafuseta do Diamantino's. Logo para mim, que não tinha carro nem carteira.

Na real, vou contar um segredo: o Nauro não gosta de carro. Gosta é de Fusca. Da função, do enrosco. Da cara suja de graxa e da mão pingando óleo. Da fumaça e do barulho. Da troca da correia e do platinado zero bala. A última vez que eu o visitei, havia quatro fuscas na Palafita. Um era o Segundinho. Os outros três, carcaças sendo remontadas.

Também não levem a sério essa história de que o Nauro é um viajante, desbravador, expedicionário e "talicoisa". Nada disso. O Nauro, vocês vão perceber claramente no livro, é um colecionador de amigos. Um coletor de memórias. Um catalisador de afetos. Um *one man band* de espírito errante e coração largo, batendo bumbo às amizades colhidas no caminho.

As incursões de Fusca mundo afora são mero pretexto para pegar vento no rosto ao som de Beatles ou Belchior enquanto cruza a linha de chegada do Paris-Dakar, desenterra uma ossada de baleia na beira do mar no Hermenegildo ou é socorrido por um sósia do Danny Devito quando o Segundinho enguiça nos confins da Rússia.

Eu já briguei com o Nauro. Várias vezes. Em pelo menos duas ocasiões, ficamos um bom tempo sem nos falar. Mas o Nauro é irresistível. Ele chega falando alto com aquela voz rouca e, quando estende a mão para cumprimentar, te puxa junto ao corpo e te estala um beijo na bochecha. Daí junta o indicador e o polegar em forma de pinça, puxa a camisa no ombro e diz: "não sei se já te contei..."

Na hora se desfaz o ressentimento, acaba a mágoa. Flutuando como Maiakovski, Nauro é uma nuvem de calças. Corre o mundo, sem jamais ir embora. Chega de Fusca para te abraçar num velório ou te conduzir ao altar num casamento. Não deixa amigos rompidos falarem mal um do outro na frente dele e, mesmo que recém tenha te conhecido, rifa um carro e te manda o dinheiro para te salvar de um perrengue no México.

Este livro não é uma biografia. São histórias de vida, da vida, contadas não por um fotógrafo que escreve, como ele costuma se apresentar, mas por um escritor nato. Nauro já publicou livro-reportagem, romance, poesia e, por óbvio, fotografias. Em nenhuma outra obra se apresenta por inteiro como agora, detalhando a intimidade do lar e a imensidão do mundo, o nascimento da filha e a morte do pai. É uma jornada para fora da Palafita e para dentro do homem.

No recôndito do lar, estirado no sofá e aquecido por um cálice de vinho, escrevo estas linhas com inveja de você, caro leitor, que irá mergulhar numa epopeia. A partir das próximas páginas, descortina-se um universo em que um Fusca 1968 desce sem freios uma lomba em Valparaíso, no Chile, atravessando cruzamentos em alta velocidade na tentativa de entregar um livro de João Simões Lopes Neto na casa de Pablo Neruda. Em que o Segundinho roda tranquilo por uma obscura estrada do leste europeu, até que uma roda se desprende do eixo e passa voando pela janela do carona. Em que o sal da terra enleva a alma e encanta os olhos enquanto corrói a lataria do carro, quase impedindo o retorno para casa.

Como diz o Nauro, o importante não é o destino, mas a viagem. Coloque o cinto e tenha uma boa leitura.

Fábio Schaffner

Capítulo zero

Eu rasguei a vida. Renunciei aos adjetivos e nunca consegui ser íntimo dos substantivos. Mesmo minha trajetória não sendo tão poética, tentei fazer poesias com os verbos que me foram dados.

Por vezes, sonetos de luz. Em outras, versos de angústia. Mas os poemas viscerais sempre foram minha especialidade.

Para minhas ações, nunca faltaram letras, nem cores, nem estradas, nem amores. Eu e meus Fuscas sempre fomos sujeitos e verbos das frases e das viagens que construímos.

Escrevo como navego. Amo viver em estradas longas e desertas ou em mares bravios. Desde a infância, a esperança esteve no para-brisa de algum Fusca, e neste livro atirei tudo o que foi ficando no retrovisor. Minha narrativa foi em quarta marcha. Em um fôlego só.

Escrevi enquanto o mundo vivia em estado de angústia e vigília, assolado por uma pandemia. Testemunhei um momento histórico para a humanidade.

Eu, que sempre fui livre, estava preso dentro de casa com receio de respirar. Um inimigo invisível que viajava com o vento nos aprisionou e o medo passou a ser o copiloto. Me alimentei de destinos, mas o temor fechou as fronteiras.

Desbravar sempre foi meu ópio, e no momento de olhar para dentro descobri um mapa de letras onde pude viajar pelas histórias que vivi.

A genética me faz ter medo de perder todas as memórias no final da minha viagem. Então escrevo. Se existo, o mundo existe. Se não existo mais, permanece o que está escrito.

Pensei ser o protagonista da minha própria vida, mas relendo meus textos notei que fui um eterno figurante. Não fui o primogênito, nem o caçula. Passei a adolescência escondido em um chão de fábrica. Me camuflei por trás das lentes.

Nunca fui um aluno que mereceu boas notas. Meu Fusca se chama "Segundinho". Sou coadjuvante da minha própria existência e os Fuscas foram os atores principais da minha biografia. Sempre passei despercebido nas paisagens que percorri.

Dentro deste livro não está minha vida toda, mas está o melhor de mim. Posso garantir que nunca fui tão verdadeiro. Tão desnudo.

Estou por inteiro em cada palavra, em cada página, por isso que o texto é insano. Quase sem vírgulas, sem pontos. Parágrafos que excedem os limites da velocidade.

Não é um livro sobre a minha vida. É um livro sobre a minha vida e os Fuscas da minha vida. É sobre como eles transformaram a minha história.

Enquanto escrevia, nestes tempos estranhos, fiz a maior de todas as viagens. Por dentro de mim mesmo.

Palafita do Arroio Pelotas, 6 de julho de 2022

Eu cheguei de barco, ela de Fusca

Estação Comandante Ferraz — Antártica
17 de dezembro 2015

Hoje estou indo embora deste lindo, gigante e branco continente gelado. Foram tempos intensos. Viajamos por oito dias com o Segundinho, cruzando três países e mais de quatro mil quilômetros até Punta Arenas, no Chile, onde pegamos um avião para chegar aqui na Antártica. O barulhento Hércules da FAB, que até parece nosso Fusca, aterrissou na Base Eduardo Frei Montalva.

Depois de caminhar pela pista tomada pelo gelo e conhecer as dependências da estação chilena, fomos colocados em uma espécie de ônibus com umas esteiras no lugar de rodas, que nos conduziu em meio à neve até a praia onde pinguins e focas nos deram boas-vindas. Botes infláveis da Marinha nos aguardavam para nos levar até o navio Almirante Maximiano.

Foi lindo navegar com aquele navio vermelho em meio ao Mar Antártico tomado por icebergs. Tudo por aqui é extremamente organizado. As pessoas que vivem neste lugar só pensam em melhorar o mundo.

Penso que a Antártica é uma utopia possível e que o mundo deveria tê-la como um exemplo de paz.

As forças armadas não usam armas. Os exércitos são de pesquisadores. O respeito que a gente tanto defende entre as pessoas, e com a natureza, os animais e o meio ambiente de uma forma geral, aqui existe.

Foram poucos dias, mas inesquecíveis. Obrigado por estar do meu lado em todos os meus sonhos.

Não sei o que a ganância do mundo vai fazer com a Antártica no futuro, só sei que tive o privilégio de conhecer um lugar no planeta que é virgem, intocado.

Princesa minha, sei que tu não gostas do frio, mas um dia teremos que vir aqui com a Sofia. Todo ser humano deveria ter o direito sagrado de pisar no continente antártico pelo menos uma vez na vida.

Ninguém sai da Antártica da mesma forma que chegou. Nenhuma maldade sobrevive ao frio Antártico. Vivi aqui dias que mudarão minha vida. A luz do dia nesta época dura vinte e duas horas. Eu assisti ao sol da meia-noite.

Filhas, o papai fez muitas fotos e tenho muitas histórias para contar a vocês. Faço todas estas loucuras para que sintam orgulho deste pai maluco que sonha em mudar um pouco o mundo.

Estamos saindo da Estação Antártica Comandante Ferraz em meio a uma nevasca. Vamos para o navio e depois serão seis dias pelo Mar de Drake e canais chilenos até retornar para Punta Arenas.

Lá reencontraremos o Segundinho e novamente cruzaremos a Patagônia. Nossa casa sempre ficou no Sul. Mas agora para voltar tenho de aproar o Fusca para o Norte.

Eu estou no Extremo Sul do Planeta.

No Ano-Novo estaremos juntos.

Beijos... Amo vocês.

Nauro

Desejei aquele encontro a vida inteira. Buscava uma razão para seguir. Tinha rasgado a vida até ali, e um relacionamento arruinado me apresentava um deserto de perspectivas. Foi no último dia de Carnaval daquele ano que aconteceu o encontro que mudou a minha vida.

Anos antes, logo que cheguei a Pelotas, já no fim do século passado, recebi o convite do motorista do jornal onde eu trabalhava para dar uma volta em seu barquinho de madeira.

Nunca tinha navegado, mas encontrei instantes de felicidade plena dentro daquele velho bote de pesca que tinha mais água dentro do que fora. Enquanto navegávamos, tinha que ir esgotando-a com uma caneca e tapando buracos na madeira podre com panos velhos.

Não demorei a compreender que eu precisava de um barco para chamar de meu. Com muitos sonhos e pouco dinheiro, comecei a garimpar um que coubesse no meu bolso. Encontrei o meu barco às margens do São Gonçalo, só que havia um problema: o dono o tinha puxado da água para usá-lo como um chiqueiro e cevava nele dois leitões que seriam sacrificados assim que ficassem gordos. Com o negócio fechado, comecei a torcer para que os dois porquinhos virassem bacon e eu, então, pudesse fazer meu barco flutuar. Nunca comi carne suína, mas a desventura dos porcos seria meu regozijo.

Enfim, os pobres leitões foram sacrificados e eu pude resgatar o meu barco e iniciar em seguida o processo de limpeza, reforma e pintura. Instalei um motor de opala 4cc e o batizei com o nome do meu avô materno que, com poucas habilidades mecânicas e muita ousadia, inspirou minha infância ao reformar um Fusca branco em uma oficina de fundo de quintal.

A reconstrução do Diamantino's me ensinou a duras penas que os barcos não toleram erros. Barco é professor. Para flutuar é necessário precisão em cada escolha, em cada decisão. Em mais de um ano aprendi com marceneiros, ferreiros, mecânicos, pescadores e outras pessoas simples, detentoras de um conhecimento empírico não lecionado nas universidades, que uma gambiarra em um barco pode ser fatal.

O Diamantino's ficou pronto, e eu só queria festa. Não demorou muito para que ele se transformasse no barco da galera. Me associei a um clube e nos fins de semana saía com namoradas e amigos para curtir, beber, pescar, comer churrasco e escutar música alta. Me sentia um magnata das águas de um mar doce. Em pouco tempo, me dei conta de que o pessoal adorava usufruí-lo, mas até atracar no clube. Com o barco ancorado, despediam-se e eu embarcava na minha solidão para limpar e arrumar o rastro que eles tinham deixado.

Estava me transformando naquilo que sempre critiquei: um deslumbrado. Escravo da minha vaidade. Descobri que eu era um cara de difícil convívio, por isso não suportava ficar sozinho.

Tentei navegar sem levar ninguém. Em silêncio.

Nas primeiras viagens sentia pânico e isolamento. Voltava horas depois para beber whisky no bar do clube. Com insistência, conseguia ir cada vez mais longe, desafiando o tempo e a solidão. Até que um dia naveguei por dez dias sem avistar um único ser humano.

Os sons da natureza me faziam sentir medo. Não conseguia dormir à noite.

Fui exorcizando meus fantasmas e aprendendo com meu pequeno barquinho que eu tinha tudo que necessitava para sobreviver e ser feliz dentro dele. Navegando só, aprendi a me suportar e a me compreender. Aos poucos, fui me tornando uma pessoa melhor, pelo menos para mim.

Meus bens eram os equipamentos fotográficos, o Diamantino's e uma moto Monark Java 1956 de 175cc — que na adolescência encontrei jogada em um galinheiro e restaurei com o pouco dinheiro que faturava como sapateiro, abdicando de alguns prazeres da juventude.

Comecei a sonhar com viagens longas e travessias. Já me imaginava morando em um veleiro. Mas um barco grande era coisa para abastados e não para um fotógrafo que havia iniciado a carreira aos vinte anos, muito mais por necessidade do que por talento. Passei a amar os barcos e o mar, profundamente.

Um dia saí para navegar com o Diamantino's e levei um atraque de uma lancha da Marinha. Sem documentos e carteira para dirigir barcos, tomei uma multa. Só aí descobri que existem regras e leis na navegação que eu precisava aprender. Fui liberado com a promessa de fazer um curso e providenciar os documentos.

Certo dia, fui informado de um veleiro de madeira que estava à venda em Porto Alegre. Um clássico que, depois de ser campeão brasileiro de vela de oceano, estava aposentado. Tirei um final de semana de folga e fui de ônibus até a capital para conhecer o tal veleiro e negociar com seu dono. Tatu era o apelido do navegador experimentado que o tinha comprado para desmontar.

O que existia era um casco de tábuas de timbaúba em cima de um cavalete fora d'água com muitos furos e avarias. Tatu me contou que os veleiros de madeira não eram mais competitivos e que, apesar de aquele barco ter sido uma lenda, seu mastro, motor, velas, quilha e tudo que convinha tinham sido retirados para serem usados em um veleiro moderno de alumínio. O casco de madeira, se não fosse vendido, seria cortado para virar lenha.

Aos meus olhos era um barco fascinante com uma história incrível e um nome imponente.

Fã do Império Andino, o primeiro dono o batizou de Inca 2000, um veleiro de trinta e seis pés com casco envernizado que seria invencível até o último ano do século XX. No início dos anos 90 ele já começou a perder para veleiros com engenharia mais moderna.

Queria um barco grande que me permitisse viver dentro dele, mas para eu realizar um sonho tinha que abrir mão de outro. Então ofereci minha moto Java pelo veleiro e Tatu aceitou. Para mim era um grande negócio, mas fui alertado de que deveria tirá-lo o quanto antes do Clube Veleiros do Sul.

Orcei o custo para levar o Inca para casa e descobri que a logística de transportar um barco gigante pela rodovia necessitaria de batedores e um caminhão especial, além de o valor, uma pequena fortuna que me faria falta na reforma.

Resolvi voltar ao jornal onde trabalhava e anunciar que precisava de férias. Meu argumento ao chefe foi que viver é melhor que sonhar, e, mesmo sem entender as razões, ele me liberou. Já com alguma experiência na reforma do Diamantino's, organizei ferramentas e tudo o que eu acreditava ser necessário para ver o velho Inca flutuar novamente.

Avisei em casa que não sabia quando voltaria e, de carona com meu irmão, parti de Pelotas para Porto Alegre. Com todas as tralhas na caçamba de um caminhãozinho, comecei a compreender o tamanho da empreitada em que tinha me metido. Os 250 quilômetros percorridos no asfalto, na volta, teriam de ser vencidos no leito da maior laguna da América do Sul.

Em uma sexta-feira à tardinha, ao chegar com a minha cara, coragem e sonhos no maior clube náutico do Rio Grande do Sul, o porteiro perguntou se eu era um funcionário terceirizado querendo entrar fora do horário comercial.

Informei que eu era o novo proprietário do veleiro Inca 2000 e que vinha para restaurá-lo e levá-lo embora. É estranho como os porteiros desses clubes chiques se deixam envolver pela soberba.

Disse que eu não era sócio, que voltasse na segunda-feira, e ajuizou que o Inca deveria ir para o fogo ao invés de ser reformado. Fiz que não ouvi e mostrei minha carteirinha de sócio do clube Veleiros Saldanha da Gama, de Pelotas, que era clube parceiro do Veleiros do Sul e me dava todos os direitos de sócio. Contrariado, o porteiro não teve escolha a não ser permitir minha entrada.

Aproveitei o final de semana para uma limpeza no barco. Depois de retirar todo o lixo que havia, peguei uma mangueira para lavá-lo por dentro. Foi quando questionei o "bom negócio", ao observar a quantidade de furos do casco. Toda a água que lavava o mofo na parte interna saía pelos buracos, encharcando o pátio do clube, para indignação dos sócios. O Inca não tinha mais o brilho do verniz como em seus tempos áureos. Por sorte não havia porcos dentro dele.

Os olhares vindos de barcos luxuosos estranhavam aquele forasteiro e alguns até vinham me indagar "o que eu faria com aquele lixo". Explicava que o faria flutuar e o levaria para Pelotas, navegando. Nesses clubes as demonstrações de ostentação são cotidianas. Senti que teria um mês difícil pela frente.

À tardinha, como um sem-terra, improvisei uma cama dentro do Inca.

Na noite de sábado, estranhei a chegada de pessoas vestidas de gala. Era um casamento no salão social. Pelas frestas, espiei mulheres com vestidos de paetês dourados e taças de champanhe na mão, fazendo biquinho para as câmeras dos fotógrafos na proa dos iates. Era o luxo e a sofisticação do mar. Um mundo que eu andava evitando.

Na segunda-feira, os funcionários do clube chegaram para trabalhar e logo me enturmei. Eram velhos marinheiros, marceneiros, pintores, um povo que orbita de uma forma invisível nesses clubes, mas que sem eles nada funciona. Descobri também que havia moradores em alguns barcos, pessoas incríveis que tinham largado tudo em terra firme para navegar pelo mundo. Fiquei amigo deles e de todo o baixo clero.

Entre os sócios, passei a ser uma figura folclórica que pregava tábuas, colava frestas e construía peças, convicto de que faria uma navegada temida por eles. Ninguém entendia como iria realizar aquilo em um barco sem motor, sem vela e sem quilha. Havia cochichos pelos cantos: "Este louco vai morrer no meio da lagoa".

Mas eu seguia confiando.

No final de semana seguinte houve uma regata no clube e o pessoal da organização me convidou para auxiliar na equipe de apoio. Fui com os marinheiros fazer as marcações das boias, a fiscalização e o apoio aos veleiros. Pela primeira vez naveguei nas águas do lago Guaíba, que seria meu primeiro desafio rumo a casa.

Fevereiro passou voando e eu projetava cruzar a lagoa no final de semana do Carnaval. Meu plano era ir até o porto da capital e suplicar para algum comandante de navio me rebocar até a Praia do Laranjal em Pelotas. Lá eu pediria para um amigo me resgatar e me levar até o Veleiros Saldanha da Gama, onde estava o Diamantino's.

Em um domingo pela manhã, cheguei ao porto e expliquei ao comandante do navio São Pedro minhas intenções. Ele disse que eu era completamente louco e, caso aceitasse meu pedido, teria algumas condições. Ainda sentenciou:

— Se algo der errado no meio da travessia, eu corto os cabos. Uma tempestade? Te largo à deriva. Caso naufrague, recolho os cabos e não conto pra ninguém da tua existência, nem que esteve alguma vez amarrado ao meu navio. Caso tu aceite, não posso te rebocar dentro do Guaíba. Tens que chegar até o Farol de Itapuã na entrada da lagoa, na sexta à meia-noite. De lá, te arrasto até Pelotas.

Nem titubeei. Aceitei a proposta na hora e prometi a ele um litro de whisky e um churrasco para toda a tripulação quando completasse a nossa viagem.

Voltei para o Veleiros do Sul e acelerei o trabalho porque o tempo passava rápido e já existia data e hora para minha viagem de volta. Comecei a telefonar para aliciar os amigos a fazer a travessia comigo. As desculpas eram muitas e todos declinavam ao convite. A epopeia deveria durar mais de vinte e quatro horas e sozinho seria complicado. Mesmo sendo a reboque, tinha que ficar no leme permanentemente para o barco não atravessar e acabar capotando.

Na quarta-feira resolvi visitar meus pais e encontrei meu cunhado, recém-casado com minha irmã caçula. Era chefe de escoteiros e, ao me ouvir falar com tanto entusiasmo sobre a travessia, se empolgou e embarcou na aventura, mesmo sem nunca antes ter subido em um barco. Marcamos o encontro para sexta-feira à tardinha, na portaria do clube.

Voltei de trem da casa dos meus pais refletindo. Seria a primeira vez que minha falta de planejamento custaria a minha vida e a de um inocente que estaria a bordo comigo. Não podia falhar.

Comecei a conferir uma checklist gigante que tinha montado para nada dar errado. Instalei um potente leme construído com minhas próprias mãos. Verifiquei se tinha calafetado com cola, madeira e tecido todas as frestas pelas quais poderiam entrar água e afundar meu barco. Carreguei duas baterias que alimentariam as luzes de bordo e um rádio VHF, que também testei e serviria de comunicação com o navio. Notei que existiam registros e conexões de um vaso sanitário que havia sido retirado na proa, mas por não terem ferrugem e estarem acima da linha d'água não apresentavam perigo. Um novo banheiro seria instalado, mas na viagem usamos um balde para as necessidades fisiológicas.

Amarrei três cordas no trilho da escota na popa, que abraçaram todo o barco, passando pelo apoio do mastro e chegando ao suporte de estai da proa, onde eram afixadas em um pneu de caminhão. De lá partiam mais duas cordas que eu jogaria para serem amarradas no navio. Caso uma arrebentasse, sobraria outra. O pneu, como um amortecedor, serviria para diminuir os solavancos das ondas entre o navio e o Inca 2000.

Por último, eu tive que estancar os doze furos que havia no casco, por onde passavam os parafusos gigantes que prendiam a quilha de quase dois mil quilos de chumbo que foi retirada. A solução que encontrei foi cortar um cabo de vassoura em doze pequenas partes e apontá-las como um lápis, para depois, com um martelo de madeira, batê-las para dentro dos furos até estancá-los completamente. Com a umidade da água, elas inchariam e não sairiam dali.

Liguei para o Tatu e pedi pra agilizar um barco para nos levar até o Farol de Itapuã, no Sangrador do Lago Guaíba com a Lagoa dos Patos. E, por fim, combinei com o Luizinho, de Pelotas, que eu ligaria ao cruzar a Ilha da Feitoria, para que ele me buscasse com a escuna Barracuda no canal dos navios no meio da lagoa, na altura da Praia do Laranjal.

Na quinta-feira à tarde eu agendei o guincho do clube para baixar o Inca até a água. Foi um evento. Os sócios foram assistir incrédulos, mas a plateia se dividia em duas partes, o baixo clero, que torcia por mim, e os sócios, que achavam que eu faria a navegada rumo ao fundo da lagoa.

Ao flutuar, o Inca fez um pouquinho de água dentro enquanto as madeiras inchavam, mas depois de algumas horas ficou sequinho. Na véspera da viagem, dormi a bordo me sentindo embalado pelos anjos e, apesar de muito cansado, me sentia plenamente feliz. Acordei na sexta pela manhã e, ao pisar na borda, observei que o veleiro tinha adernado. Um problema sério.

Fui até a oficina onde um velho construtor de barco trabalhava e pedi que fosse até o Inca comigo para conferir o que estava acontecendo. Subimos na borda e nosso peso quase fez o casco capotar. Ele me lembrou que o Inca havia sido um barco de regata e que sem os dois mil quilos de chumbo pendurado debaixo dele em forma de quilha ficava instável e perigoso. Caso eu entrasse assim na lagoa, o risco de capotar na primeira onda que nos pegasse de lado seria grande. O marinheiro que limpava um catamarã de cinquenta pés ao nosso lado ouviu a conversa e disse que tinha uma solução. Contou que no fundo do clube havia um monte de pedras que sobraram da construção do píer e que ajudaria a trazê-las para usá-las como lastro.

Com o apoio e a cumplicidade do gerente, montamos um mutirão silencioso com a galera do baixo clero, e durante toda a manhã carregamos pedras gigantes no reboque de um tratorzinho. Ao chegar ao píer, um guincho nos ajudou a acomodá-las com carinho dentro do Inca. Cada pedra pesava de vinte a trinta quilos e mais de duas dezenas delas fizeram um lastro que permitiu que cinco homens ficassem de pé na borda, sem que o Inca adernasse. Solucionamos o problema.

Tirei a tarde para checar tudo e me concentrar naquela que seria a maior e mais perigosa viagem da minha vida. Tentei dormir, mas sem sucesso. Então fui até o vestiário tomar meu último banho no clube onde eu tinha vivido momentos de incrível aprendizado.

Olhei no espelho e não me reconheci. Pela primeira vez na vida eu estava com a barba grande. Olhei para as minhas mãos e estavam todas cortadas e cheias de calos. Me dei conta de que no último mês as únicas coisas que para mim não tiveram a menor importância foram aparência e vaidade. Apesar de me achar estranho, gostava de quem eu havia me transformado.

Um mês sozinho, período em que tive tempo para refletir. Tempo de me conhecer melhor. Compreendi que a galera do baixo clero no clube era feliz com seus pequenos sonhos, tanto quanto os donos das lanchas, e que a solidariedade e a desconfiança tinham sido meus combustíveis naqueles dias.

No vestiário, me deparei com um rosto familiar. Com um aceno de cabeça, cumprimentei e em seguida reconheci Robert Scheidt. Tentei puxar assunto com o medalhista olímpico para lhe contar o tamanho da aventura que eu começaria em algumas horas, mas ele estava preocupado falando com seu treinador sobre a regata classificatória para a olimpíada que aconteceria no fim de semana, em Porto Alegre. Eu estaria ocupado demais para prestigiá-lo. Enquanto me vestia, escutei um pouco da conversa e parti com a certeza de que encontrá-lo poderia ser um bom presságio.

Anunciaram que meu cunhado já me esperava na portaria. Fui resgatá-lo e embarcamos no Inca para esperar o Tatu, que chegaria com a lancha para nos rebocar até a Lagoa. O sol estava se pondo no Guaíba quando começamos a fazer contato com o comandante para combinar a hora do encontro. Ele nos disse que estava no porto carregando o navio e que em cinco horas começaria a viagem.

Não sabíamos quando comeríamos algo decente novamente, por isso preparamos uma refeição a bordo. Tatu atracou um veleirinho no costado do Inca e descobri que o barco que nos puxaria tinha a metade do tamanho do nosso. Mas ele era experiente e deveria saber o que estava fazendo. Em torno das seis e meia da tarde, soltamos os cabos do píer do Clube Veleiros do Sul em Porto Alegre e começamos nossa jornada. A noite caiu rápido e a capital gaúcha, com seus prédios e suas vidas, compunha uma imagem linda espelhada no Lago Guaíba. Aos poucos, a claridade da cidade foi diminuindo e observamos que a água corria com uma velocidade espantosa. Lembramos que havia chovido muito nos últimos dias e havia enchentes nas cabeceiras dos rios que deságuam no Guaíba. Com a velocidade da água vinha muita sujeira.

Me distraí no leme e vi que o Tatu gritou ao desviar de algum obstáculo. Sem tempo de reagir, cruzei por cima de uma árvore, possivelmente arrancada pela enchente de alguma barranca muito distante dali, que boiava na escuridão do rio. Pedi para o meu cunhado segurar o leme e, com uma lanterna, fiz uma inspeção no barco para ver se não havia causado nenhum dano grave. Aparentemente estava tudo bem. Havia sido só um recado para que tivéssemos mais atenção, afinal, "navegar é preciso".

Chegamos ao Farol de Itapuã às onze da noite. Pelo rádio, chamamos o comandante, que nos informou que levaria duas horas para chegar até nós. Com os barcos atracados em uma pedra, aguardamos. Iluminada pela luz do farol, a lagoa ao longe parecia assustadora. O vento soprava forte e o céu que se fechava em nuvens escuras nos pronunciava uma longa jornada. Ainda em águas abrigadas, sabíamos que lá fora seria mar aberto e pauleira.

Quando chegou ao fim a primeira hora de sábado, meu coração disparou ao avistar nas sombras da noite o vulto de um navio se aproximando. Por mais que tivéssemos planejado, a manobra de soltar o Inca do barquinho e amarrar no navio era extremamente arriscada. Pelo rádio, comecei a receber instruções do comandante.

— Vou desacelerar. Jogamos um cabo para o barquinho que te reboca, ele te alcança e tu prende no teu barco. Depois ele te solta e nós te puxamos com um guincho pra próximo do navio, aí tu jogas um cabo grosso pra gente te prender.

E assim foi feito.

Pedi ao meu cunhado para segurar no leme e fiz toda a manobra no convés de proa do Inca. Por fim, consegui gritar para agradecer ao Tatu, que já sumia na penumbra. Ofegante, chamei os marinheiros que estavam no navio para amarrarem dois cabos em "V" no meio da popa quadrada do São Pedro, mas eles não me deram ouvidos e se recolheram. O Inca, tão imponente, parecia uma casca de amendoim atrás daquele gigante. Não demoraríamos para descobrir que a forma que amarramos nos faria quase beijar a morte.

Navegamos alguns minutos pelo canal abrigado, até entrar em mar aberto. Nossa rota era do norte para o sul. O vento soprava forte de leste a oeste. O navio tinha dois motores, um de cada lado da popa quadrada. Nós tínhamos sido amarrados com apenas um cabo em cima do turbilhão de água do motor de boreste, ou seja, o lado direito. Quando o vento entrava de lado, o Inca começava a navegar atravessado e perdia o controle da proa, dando pancadas na água. Então ele ia para a direita, saltando as ondas da lagoa e as que o motor do navio produzia. Quando o cabo o esticava, dava um tirão com toda a força e principiava um curso inverso, fazendo um ziguezague infernal. Tentamos contato por rádio com o navio para que ajustassem os cabos em V no centro da popa, onde a água era um pouco mais tranquila, mas ninguém nos escutava. Telefonamos para o comandante, mas não havia mais sinal na solidão da lagoa. Tivemos que ficar durante horas controlando o leme do Inca com uma força descomunal para que não capotasse. Desesperados, não saímos do convés, em vigília constante. Colocamos os coletes salva-vidas e nos preparamos para o pior.

Se eles não atenderam aos nossos chamados para ajustar os cabos, certamente não notariam nosso barco sumir nos sete metros de profundidade da Lagoa dos Patos. Estávamos largados à própria sorte.

Observei que com o passar das horas o Inca mergulhava cada vez mais fundo de proa na água. Pedi ao meu cunhado para cuidar do leme e entrei no barco para ver se algo estava errado. Ao descer a escada com a lanterna em punho, descobri que em pouco tempo iríamos naufragar por causa da quantidade de água que entrava.

Mas por onde? Liguei a única bomba submersa que tínhamos em uma das baterias e saí para chamar o navio por rádio, mas ninguém nos atendeu. Eu estava sendo arrastado por um gigante na escuridão da noite, surrado pelo vento e desgraçado pela minha própria escolha. Eles não tinham a menor preocupação com a gente. Mas não foi falta de aviso!

— Caso tu naufragues, recolho os cabos e não conto pra ninguém da tua existência.

Falei para meu cunhado manter a calma que eu descobriria por onde estava entrando tanta água. Enxerguei o caderno com a checklist passar boiando.

Primeiro olhei os buracos dos parafusos da quilha onde tinha posto os pedaços de cabo de vassoura. Estavam todos lá. Com um filme passando em meus pensamentos, fui até a popa para ver se a árvore que havia batido no casco tinha feito alguma avaria. A popa estava intacta. Poderia ser na proa. Já totalmente encharcado, com a água alcançando minha cintura, fui até a proa, passando a mão em cada milímetro do casco de madeira para tentar encontrar o maldito furo. Não localizei nada.

Não tinha trabalhado tanto para desistir assim tão fácil. Não renunciaria a minha vida e a todos os meus sonhos sem lutar.

Voltei ao convés para respirar e avistei o pânico no olhar do meu cunhado. Talvez estivesse pensando nos filhos que não teria com a minha irmã e em tudo que deixaria de viver por ter aceito um convite idiota e irresponsável. Com convicção, eu lhe garanti:

— Chegamos até aqui. É um desaforo abandonarmos este barco. Preciso de calma para encontrar o problema. A água que devia deslizar pelo lado de fora do casco está embarcando por algum buraco que vou encontrar.

Com esperança redobrada e água até o peito, desci novamente. O tempo passava e o convés de proa já estava totalmente submerso naquele ziguezague tirano. Com a água batendo no teto de um metro e oitenta de pé direito, fui me arrastando com a lanterna em punho. Tudo que tínhamos dentro do barco estava alagando. Mergulhei no camarote de proa e arranquei os lastros da cama tentando desvendar por onde entrava tanta água. A calma nos salvaria. Mas como ter calma quando estamos desesperados? Parei e observei. Com o estômago enjoado pelo balanço, acompanhei o velho campeão de regatas enfrentar mais uma onda da lagoa.

Subiu, subiu mais. Como um golfinho, levantou o bico se empinando e saindo inteiro da superfície. Toda aquela água quase me arrastou e foi se acumular na popa. Em seguida, o Inca desceu em queda livre e deu com o peito na água com uma força absurda, submergindo a proa. Nesse instante, dois jatos de água, como mangueiras de bombeiros que apagam um incêndio, jorraram no meu rosto. Já pensando estar com a vida desgraçada, me emocionei com o que descobri. Lágrimas de emoção se misturaram com a água da lagoa no meu rosto quando me deparei com os furos que estavam levando a pique o nosso Inca 2000.

Durante trinta dias restaurei meu barco para navegar. Fiz listas, preguei tábuas, construí leme, amarrei cabos, isolei frestas, fiz lastros, me consumi em cada detalhe para que nada desse errado.

Mas me esqueci do óbvio.

Se o Inca tinha um vaso sanitário na proa e existia uma quilha de duas toneladas presa debaixo dele, os registros de entrada e saída ficavam submersos. O lastro de pedra que pusemos não tinha mais de quinhentos quilos, então a entrada e a saída do vaso ficaram acima da linha d'água. Quando navegamos, a cada onda que o Inca enfrentava, os registros iam submergindo, inundando o barco. Duas grandes entradas de água, dois buracos no casco que deveriam estar fechados antes de zarpar, começaram a puxar o Inca para o fundo.

Ainda ofegante, de joelhos em meio à água, dei meia volta nos registros e estanquei a sangria. Aliviado e emocionado, permaneci mergulhado em um pranto de consolo por saber que não seria culpado por ter arruinado a vida da minha irmã. Meu cunhado estava desesperado no leme quando eu botei a cabeça para fora da escotilha e anunciei:

— Não vamos morrer!

Expliquei o que tinha acontecido e, tranquilo, voltei para desligar a bomba de porão. Surpreso com a minha atitude, me perguntou se eu deixaria toda aquela água dentro do Inca. Disse a ele que se precisássemos de energia mais tarde era melhor economizar e, por isso, esgotaria o barco com um balde. Ele ficou no leme e eu comecei a trabalhar. Tentamos contar a quantidade de recipientes de água que saía, mas quando chegamos em 300, decidimos seguir o trabalho calados.

O vento soprou forte durante toda a madrugada e o Inca resistiu à batalha contra as ondas. Às seis da manhã estávamos extenuados. As nuvens foram se dissipando aos poucos e o nascer do sol na lagoa chegou junto aos últimos baldes de água que saíram. Sequei tudo com um pano e comecei a estender as roupas no lado de fora. As poucas comidas que levamos foram preservadas dentro de uma caixa térmica. A erva-mate para o chimarrão estava do lado de fora e não molhou.

Perto das sete da manhã o vento virou e ficamos protegidos atrás do navio. Um marinheiro apareceu na popa escovando os dentes e nos acenou. Corri pelo convés e supliquei que amarrasse mais um cabo em V para finalmente centralizar nosso barco com o navio e nos proteger do turbilhão do motor.

Com agilidade e rapidez, ele atou o segundo cabo e nosso barco parou de pular instantaneamente, passando a deslizar na água como um carro no asfalto. Alheio ao nosso sofrimento durante aquela madrugada, ele perguntou por que não tínhamos pedido antes.

Dei um sorriso e voltei para o cockpit.

Meu cunhado, por ter passado boa parte da madrugada sofrendo no leme e recebendo a fumaça dos motores em suas lentes de contato, estava exausto. Entrou no barco para colocar soro fisiológico nos olhos e adormeceu. O amanhecer trouxe paz na lagoa. Tudo ficou sereno. O vento acalmou e a água parecia um espelho de onde o sol nascia. A minha adrenalina não me permitia sentir cansaço. Me sentia vivo.

Liguei o fogareiro, aqueci uma água e fiz um mate.

O calor não deu trégua o dia inteiro naquele sábado de Carnaval. Perto do meio-dia, com o sol a pino, mirei ao largo e avistei a cabine do Almirante Álvaro Alberto, que mora no fundo da Lagoa dos Patos desde 1992. Testemunhar aquele gigante navio da Marinha brasileira naufragado me fez compreender melhor o tamanho da nossa luta naquela noite de tantas incertezas. Brinquei com meu cunhado que acordava:

— Será que eles também esqueceram de fechar os registros do vaso sanitário?

No meio da tarde, avistamos o Farol Cristóvão Pereira, a leste, na cidade de Mostardas. É um dos faróis mais antigos do Brasil e está lá desde 1876, guiando os navegadores. Conversamos sobre a insustentável leveza da vida. De quanto nossas escolhas são as verdadeiras responsáveis pelo nosso destino.

Introspectivo, meu cunhado me confidenciou: o casamento com minha irmã balançava mais do que o Inca na noite anterior e que suas escolhas erradas poderiam naufragar o amor dos dois.

Não me achava a pessoa indicada para dar conselhos amorosos. Até então sempre havia sido um péssimo amante e nem acreditava nas relações duradouras. Fiz apenas uma pergunta a ele.

— Te enxergas velhinho ao lado dela?

Como a resposta foi afirmativa, filosofei: "Então vocês são um na vida do outro como este farol ao nosso bombordo. Pode fazer frio, calor, sol ou tempo feio, ele vai estar sempre ali, iluminando e guiando os navegadores. Volta pra casa e assume o leme do teu amor e não deixa nenhuma tempestade capotar teu barco". Ele ouviu em silêncio.

À tardinha, cruzamos a Ilha da Feitoria, onde tentei fazer contato pela primeira vez com o Luizinho, mas não havia sinal.

A noite caiu depressa e, depois de várias tentativas, ele me atendeu com a voz embargada por várias taças de vinho. Informei que em torno das onze da noite estaríamos na boia das cruzetas, onde a Lagoa dos Patos encontra o Canal São Gonçalo. Navegamos mais algumas horas, já enxergando as luzes da cidade de Pelotas no nosso través. Combinamos de nos comunicarmos pelo rádio nas horas seguintes. Às 11h11 chegamos ao local combinado e o barco do Luizinho ainda não estava. Nessa hora o comandante mostrou toda a sua generosidade ao manter o navio capeando no canal, correndo o risco de encalhar, para não nos deixar sozinhos, amarrados em uma boia na escuridão.

Em quinze minutos chegou a escuna Barracuda e fez a aproximação.

Então fui até a proa entregar uma garrafa de whisky Cutty Sark a um marinheiro que estava no convés do navio, para depois soltarmos os cabos e empurrarmos o Inca na direção do barco do Luizinho. De brincadeira, ele ameaçou partir e nos deixar sem motor e sem vela, à deriva. Rindo alto, reaproximou-se, jogou um cabo e nos rebocou pela lagoa, depois pelo Canal São Gonçalo, até entrarmos no Clube Veleiros Saldanha da Gama, em Pelotas, onde atracamos às duas horas da madrugada, ao lado do Diamantino's.

Ao longo do caminho, me entreguei à aventura dos extremos, sentindo o vento beijar meu rosto e o mar machucar minha alma. O silêncio do velho Inca enfrentando as ondas e guerreando com a fúria das águas, mesmo quando quase naufragou, foi a mais linda das canções aos meus ouvidos. Confie na força das estrelas, mesmo quando elas estiverem encobertas pelas nuvens. Me ofereci por inteiro, fui vulnerável, tive medo e venci. Depois de quase quarenta horas de uma travessia heroica pela maior lagoa das Américas em um barco sem vela e sem motor, eu me sentia em paz.

Antes de dormir, refleti sobre o quanto aquela noite e os trinta dias anteriores haviam sido transformadores. Era o início de uma mudança definitiva. Um aprendizado que eu levaria para sempre. Meu futuro, desconhecia, mas sabia que nada mais faria sentido, a não ser ter coragem de buscar a felicidade.

Domingo pela manhã acordamos com uma pequena aglomeração incrédula na volta do Inca. Todos queriam conhecer a história dos dois malucos que chegaram ali com um dos veleiros mais épicos do Brasil na década de 80. Fiz um almoço e depois levei meu cunhado na rodoviária. Na porta do ônibus, trocamos poucas palavras. Não nos abraçamos e nossa relação nunca mais foi a mesma. Ele nunca mais entrou em um barco, mas teve três filhos com a minha irmã.

Só tinha uma certeza: depois de trazer um veleiro e de ter arriscado a vida no meio da Lagoa dos Patos, minha intenção era reformá-lo e morar nele. Quem sabe sair pelo mundo em busca de algo que eu não sabia bem o que era. Aprendi naquela noite o verdadeiro significado da palavra finitude. Como disse Amyr Klink: "Barcos precisam flutuar e uma distração ou erro pode pôr tudo a perder".

Não existe aventureiro embarcado. Aventureiros morrem. Reformando meus barcos, aprendi que para realizar sonhos tem que haver projeto, obstinação, trabalho, medos e mais acertos do que erros. "Navegar é preciso, viver não é preciso" disse Fernando Pessoa. Ele não falava de precisar e sim de precisão. Barcos não perdoam. A minha distração naquela noite serviu como lição para a vida. Consegui me recuperar e estava vivo para contar a história.

Para reforma sonhada no Inca, teria que me desfazer do Diamantino's. Eu o adorava, mas para realizar um sonho temos que abrir mão de outro. E na história nova que eu queria escrever o velho Diamantino's não se encaixava mais. Eu não queria um barco grande em que eu pudesse morar dentro?

Agora eu tinha. Mas também tinha muito trabalho pela frente.

Você deve estar se perguntando: este livro é sobre Fusca ou barcos?

Este livro é sobre vida. Sobre desafiar os limites do impossível. Sobre simplicidade. Sobre a descoberta de que o mundo cabe dentro de um Fusca, de um barco, ou de uma palafita. Este livro é sobre amor, sonhos e superação. Sobre encontros e desencontros.

E é sobre esse encontro de amor que estou tentando contar desde o início.

Eu não estava satisfeito com o roteiro que escrevia sobre minha própria história, e meus olhos andavam cegos de horizontes. Meu cotidiano permanecia no automático das possibilidades que eu mesmo tinha construído. Autenticidade não era mais minha característica. Eu era muito mais do que esperavam de mim e do que eu tinha sonhado ser. Vinha de vários relacionamentos que sobreviveram por conveniência e não por afeto. Não posso dizer que era infeliz, mas em nenhum momento me sentia pleno. Aliás, eu nem acreditava na possibilidade de amar, mesmo sonhando com isso todos os dias. Não acreditava em destino, mas esperava um encontro que nem sabia se existia.

Com a barba grande pela primeira vez na vida, voltei daquela travessia insana em que quase morri, retornando à minha rotina de trabalho.

As férias para trazer o Inca findaram, e, com dois barcos atracados no cais, voltei para o jornal onde ralava como repórter fotográfico.

No primeiro dia de trabalho não teve pautas. Estava meio aéreo e só pensava no Inca e em como ele mudaria tudo. Na terça, soube que a pauta da noite era a cobertura da apuração do Carnaval de rua da cidade. Fiquei o dia no barco e à tardinha juntei meu equipamento e segui para a passarela do samba.

Assim que saísse o resultado, começaria o desfile das escolas campeãs. Tudo no mesmo dia.

Meus colegas me fizeram uma recepção calorosa depois de trinta dias ausente do mundo, mas notaram que eu estava um pouco alheio. Antes sempre interativo e fazendo piadas com todos à minha volta, agora permanecia introspectivo e distante.

A alegria do Carnaval era oposta à minha angústia. Os foliões desfilavam na contramão dos meus sentimentos. O fim das férias me condenava a reproduzir um roteiro com as mesmas narrativas dos anos anteriores. Pensava que nada de novo aconteceria no trabalho. Que só o barco me salvaria.

Eu tinha uma necessidade de viver intensamente. Minha vida tinha passado rápido demais. Já tinha mais de trinta anos e tudo se repetia. Queria o novo. Um desafio pessoal, um amor. Enquanto todos se divertiam, eu estava à deriva em um mar de incertezas.

Foi nessa hora que cruzei com a Gabi, uma velha amiga. A assessora de imprensa que fazia a cobertura do Carnaval para a Secretaria de Comunicação da Prefeitura Municipal. Para puxar assunto, falamos sobre amenidades. Conhecia ela havia bastante tempo, inclusive já a tinha fotografado para uma matéria no jornal onde eu trabalhava.

Depois começamos a dissertar sobre a vida. Contei sobre a minha saga de cruzar a Lagoa dos Patos em um barco sem vela e sem motor, rebocado por um navio, numa travessia de mais de duzentos quilômetros percorridos em quarenta horas.

Depois contei, aos poucos, sobre as minhas agonias, um casamento sem afeto, e desabafei sobre um emprego em que eu era exatamente aquilo que esperavam de mim, sem conseguir ser eu. Da minha vontade de fotografar o mundo em um jornal que jamais me daria essa oportunidade. Falei da minha descrença no amor e do meu medo de me apegar por conta da profecia de uma cigana que certa feita me condenou a uma velhice solitária.

Falei que nunca tinha sonhado com bens materiais, carro, casa própria, e que nunca tinha feito uma tatuagem porque não costumava me apegar a nada que não pudesse abandonar em menos de dez segundos. Falei que não queria mais ter filhos, já que tinha sido um pai ausente para a Dane, minha filha amada que vivia distante. Falei, falei, falei... como se estivesse em um divã.

Ela observava o quanto a minha ansiedade era proporcional à minha vaidade, que acreditava que todos os ouvidos do mundo existiam para escutar os meus lamentos. Só que nunca ninguém tinha me escutado com tanto carinho. Quando cansei de falar, comecei a ouvi-la.

Nossos medos eram parecidos. Nossas angústias se encontravam, nossos olhos se perdiam e nossos sentimentos se descobriam.

Ansiei para que o tempo parasse. Era uma espécie de renascimento. Queria que cada segundo durasse a eternidade para que meus olhos seguissem mirando a mulher mais linda que eu já havia visto. Eu queria viver aquela noite como se fosse eterna. Estar com ela era o mar de bonança depois de enfrentar a tempestade. As palavras dela me atravessavam como prece, como música. Os sons das baterias das escolas de samba emudeceram e as alegorias com todas as cores desfilavam em câmera lenta. Nossos amigos nos fotografaram dizendo que nunca nos tinham visto daquele jeito. Pela primeira vez eu estava sem querer partir. Estava exatamente com quem queria estar. Pela primeira vez quis dividir minha vida com alguém. Naquela noite eu queria correr para o banco e abrir uma conta conjunta, queria passar as poucas coisas que eu tinha para o nome dela. Eu decidi naquela noite que queria enfrentar todas as profecias e ficar velho ao lado da Gabi. Mas a noite passava rápido demais e me faltava coragem para perguntar se ela também gostaria de envelhecer ao meu lado. A alegria do Carnaval estava toda dentro do meu peito e eu não me sentia mais sozinho.

Todos os sons silenciaram com os primeiros raios de sol. Foliões embriagados procuravam o rumo de suas casas. Também tínhamos que partir.

Nos despedimos com um beijo no rosto e a certeza de que toda a minha vida se dividiria em antes e depois daquele instante em que ela embarcava em um Fusca verde para ir embora. Sim, ela tinha um Fusca.

Iluminado pelos raios de sol do amanhecer, o carro foi se afastando. Meu coração, até então indomável, agora batia sereno igual ao motor daquele Fusca verde que desapareceu ao dobrar uma esquina.

Estava abismado com o que tinha acontecido comigo naquela noite. Se duas noites antes a lagoa quase tinha afundado o Inca, naquela eu naufraguei em meus sentimentos. Senti o que nunca havia sentido por ninguém. A dona daquele Fusca seria a dona dos meus dias. Eu queria dividir minha vida com ela. Naquela manhã em que o Fusca partiu, minha alma pariu um novo homem. Queria embarcar com ela nas viagens mais loucas. Uma viagem jamais feita antes. Pelos caminhos desconhecidos do amor verdadeiro. Naquela noite pela primeira vez amei alguém.

Depois de olhar por um tempo para aquela esquina vazia, chamei um táxi e fui para o barco onde seria minha casa pelos meses seguintes.

Dormi com o balanço das águas e acordei no meio da tarde de Quarta-Feira de Cinzas com a certeza de que precisava continuar aquela conversa. Mandei mensagem. Telefonei. Esperei um retorno, mas ela não retornou.

Descobri que ela tinha entrado em férias depois do Carnaval e ido descansar em uma praia de Santa Catarina com uma amiga. Meus pensamentos eram todos dela. Trocamos mensagens e eu confessei que em todos os cálculos lógicos que eu tinha feito o enunciado de nós dois juntos sempre era verdadeiro. Confessei o meu amor e o meu desejo de viver para sempre ao seu lado.

Gabi me disse que tinha adorado nossa noite de conversa, mas que ainda era muito cedo para qualquer declaração de amor. Que meu currículo amoroso não despertava confiança em ninguém e que se algo em nós fosse verdadeiro resistiria ao tempo.

Voltou das férias e não quis me ver. Falou que tinha muitas coisas a serem resolvidas e que não queria que eu pensasse que qualquer decisão dela fosse por minha causa.

Eu também precisava resolver muitas coisas. Algumas práticas, outras bem subjetivas. Necessitava estar sozinho e feliz comigo para esperar por ela. Não queria arrastar correntes. No silêncio dos dias, dentro do barco encontrei as melhores respostas.

Não consegui vender o Diamantino's, mas me mudei definitivamente para o Inca, que já estava em reforma, levando apenas meus livros, minhas roupas, meu equipamento fotográfico e meu labrador chocolate, Argus.

Não havia mais um dia igual ao outro e, de vez em quando, ao cruzar em frente à prefeitura, avistava o Fusca verde estacionado e sabia que ela estava lá. Sentia uma ponta de ciúmes daquele Fusca que tinha o privilégio de andar com ela para todos os lados.

Sozinho, me reencontrei e estava livre para amar. Me senti pronto para convidá-la para um jantar.

Ela aceitou. Fomos a uma *parrilla* uruguaia chamada El Paisano, onde tomamos vinho e escutamos música, saboreando um assado de tiras. Dessa vez, ela me ofereceu uma carona no Fusca até o píer, onde estava atracada a minha casa flutuante.

No caminho, senti que dentro daquele carro tão simples me sentia inteiro e absoluto. Que ao contrário de tudo que eu havia buscado nos últimos anos, naquele Fusca a felicidade era um estado de espírito e não um bem material. O cheiro daquele Fusca me remetia a uma felicidade de infância. Todas as confusões e agitações mentais que eu havia tido por status profissional, vaidade, não faziam mais sentido. Não era mais sobre o que eu tinha ou queria ter. Era eu com a plenitude da minha alma quem estava de carona naquele Fusca. Naquela noite, aprendi que a felicidade não está no que desejamos, mas sim na compressão do quanto é divino o que temos. Compreendi que ser feliz é muito simples, eu apenas precisava me desconstruir pra aprender a ser simples. O cheiro daquele Fusca lembrava um tempo em que eu era pleno.

Estacionamos, sentamos no convés do barco e conversamos por horas debaixo de um céu iluminado pelas estrelas do sul do mundo. Desta vez falamos sobre futuro e desejos comuns. Falamos da possibilidade de vivermos juntos, viajarmos pelo mundo de mochila, de veleiro, de Fusca.

Imaginamos utopias em nosso horizonte.

Eu só queria amar devagarinho, me reapaixonar todos os dias pela mesma pessoa. Tinha a necessidade de viver intensamente cada segundo como se a vida fosse um eterno presente, sem futuro, sem passado. No meio da tormenta da minha vida, descobri a calmaria do amor verdadeiro.

Tínhamos um Fusca, um barco, alguns livros, um cachorro e um ao outro. Bastava. Não sentia medo de nada e o caminho que escolhêssemos seria só nosso. Não tínhamos muito para carregar além dos nossos próprios destinos.

Nossas bocas se encontraram. Senti meu coração e o dela pulsando em nossos lábios.

Flutuando no barco, beijei a mulher da minha vida pela primeira vez. Espiei por cima de seus ombros e observei o Fusca verde que nos trouxera até ali.

Somente muito tempo depois me daria conta de que todas as vezes que algo realmente importante aconteceu comigo, havia um Fusca na história.

Marcamos de nos encontrar no Café Aquários no dia seguinte.

Lá, sentados a uma mesa que passou a ser a nossa mesinha no canto, bem perto da janela, sonhamos mais. A gente já pensava no porvir. Queríamos construir nossa história. Com um guardanapo de papel e uma caneta, rabisquei uma lista de sonhos que eu tinha. Bobagens!

Queria fazer vestibular e concluir uma faculdade que tinha ficado incompleta pelo caminho. Sonhava em ter uma máquina fotográfica Leica, a mesma do Robert Capa, meu ídolo. Tinha o sonho de comprar o livro *Inferno* de autoria do fotógrafo de guerra americano James Nachtwey. Em um impulso de vaidade que ainda não tinha vencido, confidenciei que queria pôr um aparelho nos dentes para resolver traumas de adolescência. E, por fim, sonhava em fazer um livro de fotografias sobre o Arroio Pelotas, que tinha sido declarado patrimônio cultural do Rio Grande do Sul naquele ano.

Ela me contou sua história.

A sua avó Nóris passou a infância na casa onde nasceu, às margens do Arroio Pelotas. Depois a casa foi vendida e sua avó, ainda adolescente, foi morar com os pais em Porto Alegre. Um dia, a jovem Nóris, com os olhos cor de esmeralda, conheceu Rafael, um italiano moreno, alto, de olhos castanhos, e se apaixonaram perdidamente. Depois de casados, confessou para Rafael que sonhava em criar os filhos em uma casa às margens do mesmo arroio da infância. Um tempo depois, Rafael falou para Nóris que tinha uma surpresa. Levou-a até um casarão em ruínas às margens do arroio e lhe deu de presente. Com o tempo, restaurou e foram morar lá. Nesse casarão nasceu uma grande história de amor e, alguns anos depois, também nasceu a Gabi.

Seu Rafael e dona Nóris viveram lá até o fim de suas vidas, mas na divisão de heranças a casa não ficou com a família da Gabi.

Sentada no Café Aquários, ela me confidenciou que se um dia a gente tivesse filhos queria criá-los em uma casa às margens do arroio de sua infância.

Pegamos outro guardanapo de papel e rabiscamos o desenho de uma casa com o Inca atracado em frente. Naquele dia nasceu o sonho da Palafita do Arroio Pelotas.

O primeiro projeto real que iniciamos juntos foi o livro do Arroio Pelotas. Todos os finais de semana embarcávamos no Fusca verde e partíamos rumo às nascentes, às cachoeiras, às belezas do arroio que nascia na cidade de Canguçu e serpenteava por sessenta quilômetros as montanhas e planícies até desaguar no Canal São Gonçalo.

Aquele Fusca verde nos levava para conhecer pessoas, lugares e histórias que nos mostravam que o nosso mundo cabia dentro dele, e com ele todas as distâncias estariam ao alcance de nossas mãos.

Gabi e eu não conseguimos mais viver separados e resolvemos alugar uma casinha humilde para morarmos juntos, bem perto do meu trabalho.

Mais um item da lista precisava ser riscado. Em uma tarde de dezembro, a Gabi me ligou perguntando se eu estava certo do curso de Licenciatura em História, porque estava no banco, prestes a pagar a inscrição para o vestibular na Universidade Federal de Pelotas e era necessário anotar o código do curso na ficha. Sem muita convicção, confirmei, e ao chegar em casa descobri que ela, por impulso, decidiu trocar História por Filosofia. Me convenceu de que era mais a minha cara e a novidade me deixou em pânico. Como descobriria com o tempo e a convivência, a Gabi sempre acertava.

Liguei para minha mãe empolgado com a notícia de que tinha passado no vestibular em uma universidade pública e que iria concluir um curso superior. Minha mãe quis saber qual faculdade eu iria cursar. Quando respondi que era Filosofia, ela perguntou:

— Tu nunca vais fazer uma faculdade de verdade?

E logo em seguida, talvez constrangida com a pergunta, me deu os parabéns.

Comecei as aulas noturnas em abril daquele ano, e com o Mito da Caverna descobri que existiam muitas possibilidades além daquelas que eu pensava para minha vida. Platão, Heráclito, Santo Agostinho foram entrando em nossa casa e mudando conceitos.

Um dia, antes de entrar na aula, um amigo me ligou empolgado, dizendo que havia descoberto um terreno para vender às margens do

Arroio Pelotas. Me alertou de que era em um lugar distante, as estradas eram horríveis, não tinha água potável nem luz elétrica e que quando chovia forte a enchente deixava o terreno submerso. Mas completou:

— É um cenário de cinema.

Fui no Diamantino's conhecer o lugar e foi amor à primeira vista. Só havia um porém: eu não tinha dinheiro para comprar o terreno dos sonhos. Resgatei meu décimo terceiro salário e todas as economias possíveis para garantir a compra e saldar a metade do valor do presente que eu daria para o meu amor.

Fiquei falido, mas tive a sensação de pertencimento a um lugar. Pela primeira vez havia um canto no sul do mundo de onde eu partiria com a certeza de querer voltar. Não havia ainda dinheiro para construir a casa e muito menos pagar a outra metade do terreno. Só que tínhamos materializado nosso primeiro sonho em comum e isso nos fazia forte.

Embarquei a Gabi para uma navegada, agora no Inca, e fomos até a frente do terreno. Disse para ela que era meu presente e que poderíamos criar nossos filhos às margens do arroio da sua infância. O Inca nunca mais voltou para o clube. Trouxemos em seguida o Diamantino's e passávamos os finais de semana vivendo nos barcos e sonhando com a nossa casa.

Trabalhávamos o dobro para juntar grana, e foi nessa época que a Gabi me inscreveu em um concurso nacional de fotografias. Saiu o resultado e ganhei o primeiro lugar. Para comemorar, ela me buscou de Fusca em meu trabalho com uma garrafa de vinho e ingredientes para fazer uma janta, e fomos para o veleiro. Com o dinheiro do prêmio pagaríamos a outra metade do terreno.

Naquela noite algo mágico aconteceu. Nossas almas se perderam em beijos com sabor de vinho uruguaio. Toda a razão de nossa existência se resumiu ao encontro de nossos corpos naquele barco e naquele instante mágico. Sabíamos que toda a nossa trajetória havia nos levado àquela união de almas. Nosso encontro vinha de outras vidas, de outros universos. Tudo era tênue, tudo era frágil, menos nosso amor. Descobrimos que éramos seres mais fortes quando estávamos juntos. Naquela noite divina fomos verdadeiramente um só.

A entrega do prêmio foi marcada para dois meses depois e fomos a Brasília para a cerimônia. A Gabi fez um vestido novo sob medida. Nos hospedamos na capital federal em um hotel de luxo, tudo pago pela organização. No dia da cerimônia, Gabi foi colocar o vestido e não entrou. Furiosa por ter engordado, conseguiu entrar na roupa a duras penas. No discurso, frente a centenas de pessoas, falei do meu amor por ela e pela cidade no sul da América do Sul que tínhamos escolhido para ser felizes.

Voltamos para Pelotas com o dinheiro e quitamos nosso terreno.

Agora não tinha volta. Vender o Diamantino's, o Inca e o Fusca era prioridade para começar a construção da nossa Palafita. O Arroio Pelotas seria o quintal do nosso universo particular. As águas que passavam ali levariam um pouco de nós a todos os lugares. Partiríamos da nossa casa para alcançar o mundo.

O que mal sabíamos é que nossa história com Fuscas estava apenas começando. Que os barcos haviam nos ensinado a ser livres e a sonhar, mas não seriam eles que nos levariam para ver o mundo. Descobrimos em seguida que naquela noite dentro do Inca nosso amor foi tão grande que se multiplicou. Não cabia mais apenas em nós dois.

Voltamos de Brasília e éramos três. Estávamos grávidos.

O Fusca azul da minha infância

Pelotas, agosto de 2013

Querido pai,

Escrevo para lhe fazer uma pergunta. O senhor sabia que minhas memórias mais antigas são ao seu lado?

Não? Então vou lhe contar uma. Lembra quando embarcamos no nosso fusquinha azul pra fazer aquela viagem?

O Roberto e a Lúcia eram adolescentes. O Dagoberto e a Eliane, crianças, e eu, o nenê da casa. Seu sonho era nos levar aos lugares da sua infância! Nunca pensei que um Fusca fosse tão grande. Meus irmãos dividiam o banco de trás com bagagens e ainda colocavam os pés em cima de malas. Na época em que cinto de segurança não era obrigatório, me dividia entre o colo da mãe, no banco da frente, e um chiqueirinho, atrás do banco traseiro.

A mãe encheu um vidro com moedas, e aquele era o dinheiro que a gurizada poderia gastar à vontade. Em São Francisco de Paula, dormi em um hotel pela primeira vez na minha vida. Ainda sinto o cheiro daquele hotel de madeira com banheiros no corredor. Eu, o caçula, dormia em um quarto com o Roberto e o Dago. A Lúcia e a Eliane dormiam em outro. O senhor e a mãe comemoravam a segunda lua de mel e tinham um quarto só pra vocês no fundo do corredor. Era um sonho!

Lembra do convescote que preparamos na porteira de uma fazenda? Com o Fusca azul estacionado ao lado de uma velha carreta, a mãe estendeu uma toalha, preparou sanduíches, café, Pepsi-Cola, biscoitos e chimarrão na sombra de uma figueira. Foi um instante sublime em família. Éramos crianças plenas por saber que estávamos unidos e que aquele Fusca tinha nos levado pra viver aquela felicidade.

A música Diana estava estourada nas "paradas de sucesso" e sempre que tocava no rádio todos cantavam em coro. Eu, como não sabia a letra, só participava na hora do refrão quando Reginaldo Rossi dizia "Diiiii-aaaaanaaaa", pra delírio de todos dentro do Fusca. Passamos por Gramado. Aquela cidadezinha cheia de casas de madeira em estilo alemão era muito diferente da cidade turística e chique que existe hoje. A mãe se empolgou e enfeitou tanto o Fusca com hortênsias e cipós que fomos parados pela polícia, e o senhor levou a primeira multa da sua vida. Tinham hortênsias até nos faróis.

Voltamos porque a vida seguia e tu tinhas que reabrir o armazém. Depois do azul, veio um azul calcinha, o branco, até que os Fuscas foram deixados de lado na nossa família.

Aquela foi a primeira expedição da minha vida. Não sei se o senhor se lembra, pai. Se não lembrar, não tem problema, eu lembro por nós dois.

Beijos do Naurinho

Diferentemente de todos os Fuscas que conheci depois, aquele não tinha nome. Eu devia ter uns três anos e ele tinha saído da fábrica da Volkswagen havia oito. Na minha inocência infantil, via nele uma liberdade negada aos brasileiros em uma época em que o Brasil se via mergulhado em uma ditadura militar, que cerceava direitos e torturava.

Senti pela primeira vez que minha vida nunca mais seria a mesma. Ele era um pássaro azul com asas de liberdade e me mostraria em seguida que o mundo era bem maior do que os limites do Morro do Lampião, a vila em que vivíamos em Novo Hamburgo. Não tenho dúvidas de que nosso encontro é a imagem mais antiga que carrego. Está claro em minha memória de menino e poderia ficar por horas descrevendo as roupas que eu vestia, as pessoas que estavam na nossa volta, mas ele era o personagem mais emblemático daquela cena.

Os únicos automóveis que chegavam à vila eram a Kombi do padeiro e uma Chevrolet C10 que entregava mercadorias e bebidas no Armazém de Secos e Molhados do meu pai, o principal ponto de encontro da vizinhança.

Eu vivia por ali, brincando, jogando bola de gude com as outras crianças, mas naquele dia tudo foi diferente. Nossa casa de madeira era geminada com o armazém, que era de alvenaria e ficava na parte da frente. Sou capaz de sentir o cheiro daquela manhã de inverno. Saí de dentro da casa, desci um degrau para entrar no armazém, caminhei por detrás do balcão, mais alto que eu, fiquei na ponta dos pés para roubar uma Soft no baleiro e dei de frente com a porta.

Meus olhos se encheram de luz ao avistar pela primeira vez o Fusca azul, recém-comprado pelo meu pai. Não existia essa história de dar um soquinho e dizer: "BATE FUSCA". Mas, ofegante com a cena, levantei a mão e gritei:

— De quem é este auto?

Acho que minha irmã Eliane, cinco anos mais velha do que eu, ou alguém que andava por ali festejando a compra, me disse que era do pai.

Nooossa! Meu pai, aquele homem destemido e grande, que era meu herói, a bordo daquele Fusca se tornava o ser mais poderoso do mundo.

A imagem do carro estacionado na rua de terra, iluminado pelo sol de fim de agosto, emoldurada pela porta do armazém, era o porta-retratos dos meus sonhos. Se gravei a placa amarela naquele dia eu não me lembro. Só sei que foi a única placa de carro que decorei na vida: BM 4567. Como pode uma criança de três anos lembrar com tanta clareza de algo? Mas fecho os olhos e revivo cada minuto daquela manhã.

O pai aprendeu a dirigir no mesmo dia. As primeiras instruções foram dadas a ele pelo Juarez, o padeiro. Logo, pulamos todos para dentro do Fusca e fomos à casa dos meus avós mostrar a nova aquisição. Meu avô morava no outro lado do bairro e já tinha um branco, chamado Godofredo.

O nosso Fusca ia morro acima e, na tentativa de arrancar, meu pai deixou apagar o motor por três vezes, até se dar conta de que estava em segunda marcha. A mãe saltou do banco e nem por decreto foi com a gente. Assustou-se com as barbeiragens preliminares. Meu pai, que nunca havia sentado em um banco de motorista, saiu pilotando tal qual o *Speed racer* que eu assistia no aparelho de TV da nossa vizinha, Dona Angelina.

Me enchi de orgulho! Depois de tantos anos de trabalho e muita economia, ele era proprietário do armazém mais afamado do Morro do Lampião e dono do único carro da vila. No dia 14 de setembro de 1973 chegou a carteira de motorista e o pai já começou a projetar uma viagem que seria histórica, lá para os lados de São Francisco de Paula, onde viveu sua velha infância e para onde não voltava desde que a necessidade de trabalhar o fizera se refugiar na cidade grande.

O Fusca azul do meu pai era a viatura oficial da vila. Levava doentes para o hospital, noivas para casar, grávidas para parir e, em dia de velório, era o único automóvel no cortejo que seguia o "carro fúnebre" e o ônibus com os parentes do falecido até o cemitério.

Quando entrávamos nele, algo importante acontecia. O Fusca não era um carro, era uma espécie de disco voador que nos abduzia para nos mostrar que o mundo ia muito além da rua de baixo do nosso bairro. Aquele fusquinha azul seria no futuro minha metáfora de liberdade. Meus irmãos e eu ficávamos horas sentados dentro dele com as mãos naquela direção fininha, desbravando mundos desconhecidos sem sair de dentro da garagem. Sonhávamos um dia dirigir o Fusca azul que tinha asas.

Aquele carro era o roteirista do filme do amanhecer de nossas vidas. Minha mãe ficou grávida mais duas vezes e com o Fusca ela foi para o hospital dar à luz o Mauricio e a Liliane. Um dia, voltando da missa, o pai nos deixou na porta e foi guardar o Fusca na garagem. Para chegar havia uma ladeira forte. Faltou freio e, em desabalada carreira, bateu em uma pilha de lenha, que em efeito dominó virou contra os pilares que sustentavam o galpão. Com o estrondo, todos correram para ver o que tinha acontecido. O galpão estava no chão, o Fusca debaixo dos escombros e o pai caminhava em nossa direção como o personagem de um filme do Rambo. Foi uma tragédia sem lesões corporais.

Ficamos por um bom tempo sem nosso fusquinha, que passou por uma reforma geral. Quando voltou, tinham trocado a cor original. O "azul atlântico" deu lugar a um "azul safira" bem mais moderno. Eu preferia quando ele tinha a cor do mar.

A criançada vivia solta na vila. Saíamos de manhã e brincávamos o dia todo sem que ninguém soubesse por onde andávamos. A gente puxava trem de lata, jogava taco, bola de couro, descíamos as ladeiras com carrinhos de rolimã e não existia celular para nos localizar. Quando chegava a tardinha, ouvíamos gritos de nossas mães nas janelas e já sabíamos, era a senha para ir pra casa tomar banho, senão o chinelo cantava na bunda.

Foi comprada uma TV em branco e preto Telefunken e não precisávamos mais ir à vizinha para assistir a novelas, *Rin Tin Tin* e *Daniel Boone*. O pai passou a fechar o armazém aos domingos e nos levar para passar o dia na praia. Eram trezentos quilômetros entre ida e volta, mas o banho de mar em Tramandaí recompensava o cansaço da viagem. Lá existia um barco chamado de Tatuíra que, além de navegar, tinha rodas para sair andando da água. Me imaginava com aquele barco que só faltava voar para sair mundo afora. Completei sete anos e chegou a idade de estudar. O pai me levou de Fusca à escola no primeiro dia de aula. Com um par de Kichute, merendeira, mochila, cadernos e lápis de cor, fui sentado no banco da frente com a gravatinha e o uniforme do Grupo Escolar Clemente Pinto. Fizemos fila, cantamos o hino, e quando eu já entrava na sala da professora Yara, olhei para trás e vi meu pai me acenando.

Fui avisado que iria embora da escola caminhando com as outras crianças e que seria buscado só em dias de chuva. A gente rezava para chover. E quando chovia? Meu pai estacionava em frente à escola e todas as crianças da vila saltavam para dentro. Eu me achava a criatura mais rica do mundo no Fusca que nos protegia da chuva. Íamos gritando com a cabeça para fora das ventarolas e todos chegavam a suas casas molhados. Quando ouvia o som do motor do Fusca em frente ao colégio e não estava chovendo, era porque eu tinha aprontado alguma. Adorávamos também ir e voltar para a aula a pé. Assim era com todas as crianças em uma época que não existia tanta gente no mundo e os medos também eram menores.

Em uma manhã, meu pai me acordou e disse que estava na hora de ir para a aula. Perguntei por minha mãe, que me acordava todos os dias. Ele falou que a mamãe tinha ido para o hospital e ficaria por um bom tempo fora. Quis saber o que tinha acontecido e ele me disse que os médicos falaram que ela estava "doente dos nervos". Minha mãe sumiu por muitos dias, meses. Meu pai passou a me acordar pela manhã e já preparava uma água morna para eu lavar o rosto e escovar os dentes enganando o frio do inverno. Depois, afogava pãezinhos dentro do café e me servia. Quando os colegas passavam para ir para aula, eu me juntava e íamos em caravana.

Todas as tardes meu pai embarcava no Fusca para ir ao hospital visitar minha mãe. Existia algum mistério naquela história que ninguém me contava. Depois de muito tempo, a mãe voltou, mas tudo ficou diferente. Estranho. Ela dormia muito, sorria pouco e quando falava parecia estar com sono. Depois de alguns meses a mãe se aposentou por invalidez. Disseram que a "doença dos nervos" não tinha cura.

Quando eu estava na segunda série tive a primeira decepção com o Fusca e com meu pai. Lembro que chegamos à escola e a professora nos disse que aquele era um dia muito especial. Era a abertura da Copa do Mundo de Futebol e, naquele ano de 1978, o torneio seria na Argentina, país vizinho do Brasil. Ela abriu um mapa da América do Sul no quadro e concluí, com o conhecimento geográfico dos meus oito anos, que a Argentina era bem pertinho do Morro do Lampião. Eu iria para casa pedir para o pai nos levar para a Copa do Mundo. Dona Edy, a diretora, passou de sala em sala informando que no recreio todos os alunos da escola seriam liberados para assistir à abertura da Copa. Saímos correndo pelas ruas do bairro para chegar rápido em casa.

Quando dobrei na esquina da minha rua, observei que o armazém estava lotado e, ao me aproximar, vi que todos da vila se aglomeravam em frente ao novíssimo aparelho de TV Philco em cores que meu pai havia comprado para assistir ao Mundial. Era um sucesso. Deliramos com a multicolorida cerimônia de abertura no Estádio Monumental de Núñez, em Buenos Aires.

Houve soltura de balões, revoada de pombas e muitas marchas militares tocadas por bandas marciais enquanto centenas de pessoas faziam coreografias dentro do campo. Para nós, crianças, aquela policromia dentro da TV era magia pura.

O que a TV não mostrava era a escuridão de uma Argentina afundada numa ditadura militar que matava os filhos das "Madres de La Plaza de Mayo". De colorida, aquela copa só tinha o vermelho do sangue de inocentes. Eu acreditava que meu pai e seu Fusca azul eram capazes de tudo. Quando terminou o jogo de estreia, entre Alemanha Ocidental x Polônia em um empate sem gol, fui até meu pai e o convoquei:

— Me leva à Argentina para assistir à Copa do Mundo!

Meu pai me disse que era impossível. Que a Argentina era muito longe para chegar com o Fusca da família. Eu argumentei que tinha visto o mapa na escola e que era bem pertinho. Feliz com o sucesso da TV colorida, foi se afastando sem me dar conversa. Neste dia, me dei conta de que meu pai não era capaz de tudo e nem tão poderoso quanto eu acreditava. Compreendi que nosso Fusca azul não tinha asas.

Dois dias depois, a Seleção Brasileira estreou no Estádio de Mar Del Plata em um jogo que saímos perdendo para a Suécia, mas Reinaldo marcou o gol de empate nos acréscimos. A cada jogo do Brasil, o armazém ficava lotado para assistir às cores da camisa verde e amarela na nossa TV. A desilusão por meu pai não me levar ao Mundial não foi a única naquele ano. A Seleção Brasileira também decepcionou e foi eliminada, alcançando um triste terceiro lugar invicto. A Argentina, após um jogo suspeito em que fez seis gols na seleção do Peru, foi para a final e sagrou-se campeã da Copa do Mundo de 1978, em um jogo contra a forte seleção da Holanda, conhecida na época como Laranja Mecânica. A copa findou e a vida prosseguiu.

Dias depois fomos a um baile gaúcho em um clube que ficava na cidade de São Leopoldo. Era uma excursão muito esperada por todos na vila. No sábado, o João Machado, um vizinho que havia comprado um caminhão, chegou ao armazém. Todos embarcaram na carroceria com cadeiras e almofadas para fazer a viagem até ao baile na cidade vizinha. Eu e minha irmã suplicamos ao pai para embarcar na caçamba, mas ele nos disse que era perigoso e acabamos indo com ele e a mãe no Fusca. Na saída do baile o nosso carro não estava onde tínhamos estacionado. Todos procuraram, mas logo nos demos conta de que tinha sido roubado. Depois de instantes de pânico, a ficha caiu e todos retornaram na carroceria do caminhão do João Machado. Minha irmã e eu, sentados na caçamba de madeira, éramos um misto de felicidade e remorso. O pai fez a viagem de volta em silêncio.

Naquela madrugada mesmo, saíram à procura com a Kombi do Juarez, o padeiro. Voltaram para casa à tarde com o Fusca.

Andaram por toda a região e, ao descobrir um desmanche de carros na capital, resolveram ir até lá. No caminho, o Fusca ficou sem gasolina e foi abandonado. Estava jogado com as portas abertas na beira da rodovia. Antes de ser desmantelado, nosso Fusca parou, contrariando seu destino. Buscaram gasolina e depois fizeram o motor roncar. Um policial suspeito apareceu dizendo que não poderiam tirar aquele carro dali porque era roubado e que ele precisaria apreender o veículo. Meu pai, nervoso, mostrou os documentos, comprovando que era o dono, virou a chave e se mandou para casa.

A vida começava a mostrar que não era tão colorida como eu imaginava. O ano de 1979 chegava ao fim. Era o Ano Internacional da Criança, e o mundo conheceria a música "Another Brick in the Wall" de Pink Floyd. No Brasil, Zé Ramalho lançava "Admirável gado novo" e Roberto Carlos cantava "Meu querido, meu velho, meu amigo". Na escola, alguns soldados disfarçados de professores ministravam aulas de OSPB e Moral e Cívica e parecia que estávamos sempre sendo observados. Lembro que um vereador da Arena chamado Almiro ameaçou fechar o armazém do pai com força policial porque ele fazia campanha política para um candidato do MDB, na época o partido contrário ao regime. Nesse ano, concluí a quarta série.

Começou uma nova década e minha infância ficava para trás. Foi o ano em que eu cursei a quinta série pela primeira vez. Algo tinha mudado em mim. Aquele aluno dedicado dava lugar a um pré-adolescente revoltado e rebelde que ia à aula mais para arrumar encrenca do que para estudar. O resultado veio no final do ano com um boletim cheio de notas vermelhas e a palavra "Reprovado".

Nessa época foi montado em um terreno baldio próximo ao Morro do Lampião o Grande Circo do Zé Folia. A vida das bailarinas, dos domadores e das trapezistas me fizeram sonhar. Eu queria ser nômade e viver no picadeiro, levando alegria para o mundo. Eu queria ser o palhaço do circo. Comecei a armar um plano de fuga e me despedi dos amigos. Seria feliz debaixo da lona do Grande Circo Zé Folia. Algum X9 me caguetou, e no dia da partida minha mãe me resgatou entrando no caminhão do circo. Com um cinto de fivela dupla, terminou minha carreira artística, me deixando com as pernas marcadas por uma surra.

Troquei de colégio, mas só piorou. Não conhecia ninguém na escola nova e fui uma péssima influência para as novas amizades, assim como elas para mim. Resultado: reprovado pela segunda vez na quinta série. Cheguei com o boletim em casa e a mãe, com a calma de quem era doente dos nervos, gritou:

— Aqui em casa ninguém sustenta vagabundo. Não quer estudar, vai trabalhar.

Minha mãe com quarenta anos parecia uma pessoa muito velha quando gritava.

Foi nessa época que minha irmã Lúcia foi embora de casa. Diziam que ela tinha ido procurar emprego em Porto Alegre e depois se mudado para São Paulo. Nunca soube no que ela trabalhava. Recebíamos notícias dela por postais, entregues pelo carteiro. Lembro que contava nas cartas que havia se matriculado em um supletivo e que realizaria o sonho da mãe de ter um filho formado. Faria Administração de Empresas. Não deu tempo.

No final de 1982 ela voltou de São Paulo para passar o final de ano com a família. O namorado, ciumento, pegou um avião e a seguiu. Para não deixar meus pais constrangidos, ela reatou com o cara. Avisou que quando voltasse para a capital paulista, romperia com ele definitivamente.

No dia 5 de janeiro de 1983, às cinco da tarde, um estampido de revólver rompeu o silêncio. Uma bala calibre 32 atravessou o peito da minha irmã. Sentindo-se rejeitado, ele gritou que se ela não fosse dele não seria de mais ninguém. Em uma época em que não se falava em feminicídio, eu escutei alguém dizer que ela não podia ter feito aquilo com um homem apaixonado. Pela primeira vez me encontrei com a morte.

Todas as vezes que escuto a música "Morena Tropicana", de Alceu Valença, lembro dela sorrindo, na sombra de um plátano, naquele Natal. Vejo uma menina de vinte e dois anos, com um rosto lindo e uma pilha de sonhos. Uma imagem que nunca envelheceu.

Guardo até hoje um cartão-postal com uma foto do papa:

"Alô, Naurinho! Sabia que te amo muito? Como vai o colégio, e as namoradas? Todo o carinho que sinto por ti está expressado neste rosto maravilhoso do papa João Paulo II. Guarda pra sempre! Te amo.

Ass: Lúcia"

Na época em que recebi o cartão, sonhava em ir morar com ela em São Paulo.

No dia 5 de março de 1982, trinta e quatro dias antes de completar treze anos, fui à Secretaria de Emprego e Salário do Ministério do Trabalho e fiz minha Carteira de Trabalho. Na fotografia 3×4, tirada em 2 de março de 1982, enxergo uma criança de apenas doze anos de idade que não devia estar fora da sala de aula. Se fosse nos dias de hoje, além de minha mãe, quem expediu aquela carteira e quem me empregou seriam punidos por exploração de trabalho infantil. Mas naquela época era permitido. Eu era tão somente a mão de obra barata que a indústria necessitava.

Na mesma semana consegui um emprego de serviços gerais na Tok Pop Indústria de Calçados, recebendo um salário de 49,70 cruzeiros por hora.

Das sete horas da manhã até as seis e meia da tarde, eu ficava de frente com uma lata de cola de sapateiro, em meio a solas, couros e palmilhas que rodavam em uma esteira elétrica, sem tempo nem para ir ao banheiro. Tínhamos uma hora e meia de intervalo para almoçar em uma marmita que levávamos de casa, que era aquecida nas estufas da fábrica. Já assistiu ao filme *Tempos modernos* do Charles Chaplin? Era exatamente o que vivíamos.

Nessa época um médico disse ao meu pai que se a mãe continuasse vivendo na cidade seria internada novamente. O estresse urbano a estava enlouquecendo. A cidade estava invadindo o nosso Morro do Lampião. Meu pai, que viveu a vida para amar minha mãe, não pensou duas vezes em vender o armazém, abandonar tudo e conseguir um trabalho de capataz em uma fazenda na região. A vida no campo foi melhor para nossa mãe e ruim para as finanças da família. Minha irmã e eu tivemos que seguir trabalhando nas fábricas e morando em uma casinha de madeira que às vezes sequer tinha o básico. A renda do pai diminuiu e eles tiveram que plantar para comer.

Aos quinze anos me dei conta de que as perspectivas de uma vida razoável sem estudar eram ínfimas. Fui morar na fazenda para ajudar meus pais nas lidas do campo e voltei à escola de onde eu tinha saído havia três anos. Saltava da cama às cinco horas da manhã para ir ao estábulo tirar leite das vacas. Carregava numa carroça cinquenta litros de leite e saía a entregar de casa em casa. A carroça e o cavalo ficavam na casa de meu avô enquanto eu estava na escola. Na aula, me sentia deslocado. Além de chegar com cheiro de vacas e cavalo, na quinta série todos eram pequenos e, eu, o gigante da turma. O sacrifício valia a pena, não estava mais lá porque gostava e sim porque sabia que buscava na educação minha tábua de salvação.

Às tardes, voltava para a fazenda, onde trabalhava na roça e ajudava nos cuidados com os animais. Quando o ano chegou ao fim, ao fazer a quinta série pela terceira vez, finalmente fui aprovado. Foi a quinta série mais bem feita da história. Só que não tinha mais como estudar de dia.

A lida com o gado era dura e a vida na roça era bruta. Como o campo era distante da cidade e da escola onde eu estudaria à noite, voltei para o chão da fábrica. O mundo não é gentil com a mão de obra barata. Tínhamos que alimentar o sistema e eu era só mais uma peça da engrenagem. Uma jornada árdua, onde as perspectivas eram poucas e as cobranças eram muitas. Depois do dia de trabalho estudava no EJA (Educação de Jovens e Adultos). Perto da meia-noite, voltava para casa da minha avó, onde eu morava temporariamente. Exausto, tinha que dormir logo, porque no dia seguinte a rotina se repetia.

Passei para a oitava série e meus hormônios adolescentes pediram para parar. Mais uma vez os estudos foram protelados. Com o pequeno salário da fábrica, eu sonhava em comprar um Fusca, mas nunca sobrava o bastante. Descobri uma moto Monark Java 1956 que um senhor tinha atirada em um galinheiro e o convenci a me vender por preço de galinha. Resgatei todas as peças enferrujadas e passei uma década restaurando aquela moto que mais tarde trocaria pelo Inca e faria a viagem alucinante que quase custou minha vida.

No auge das indústrias, chegavam ônibus lotados de gente simples do interior que vendia suas terras e vinha para a cidade grande em busca do emprego fácil e mal remunerado. As fábricas não exigiam especialização e o trabalhador era parte descartável da máquina, executando uma única tarefa dentro da linha de produção. De um lado da esteira entrava um pedaço de couro e uma forma, do outro saía um sapato pronto e encaixotado. Ninguém compreendia como aquela mágica acontecia. Sonhos eram ceifados no rodar sistemático da esteira. Éramos vítimas do sapato.

Em mais um dia de aflição e labuta, ouvi gritos vindos do lado de fora da fábrica, que abafavam os barulhos da produção. Um piquete de grevistas exigia a imediata suspensão dos trabalhos. Com a esteira paralisada, os funcionários foram convocados para ir até a porta ouvir o discurso dos sindicalistas. Informaram que havia estourado uma greve geral dos trabalhadores da indústria do calçado e um grupo ficaria ali em frente para garantir a paralisação total. Os patrões não queriam acordo e um piquete seguiria fechando outras fábricas e reivindicando salários dignos.

Tínhamos duas escolhas: aguardar em casa, ou acompanhar o piquete. Eu empunhei uma bandeira e abracei a causa. Quando a greve acabou, a categoria recebeu um pequeno aumento no salário e eu uma carta de demissão. Os patrões não gostaram de ver o jovem funcionário rebelde seguir os baderneiros. Cheguei em casa e minha mãe falou que greve era coisa de vagabundo. Minha carreira de sindicalista não sobreviveu à primeira greve.

Era vida de gado.

Os ventos do destino mudaram quando consegui uma vaga de montador de sapatos em uma pequena fábrica. Oscar, dono da fabriqueta, era um sujeito sensível que vivia feliz por descobrir o amor aos quarenta anos em um reencontro com a namorada de infância. Aquele emprego era um oásis onde éramos respeitados e valorizados por um patrão, que pagava salários acima da média.

Um dia fui chamado ao escritório porque o chefe queria conversar. Pensando que tinha feito algo errado e angustiado com uma possível demissão de um emprego que eu adorava, cruzei a fábrica entre máquinas e cavaletes até uma salinha de vidro que ficava em frente ao prédio. Contrariando minhas desconfianças, Oscar declarou que vinha me observando e que gostava da minha dedicação. Disse que acreditava no meu potencial e estava satisfeito com o meu interesse em aprender todo o processo da produção.

Ouvia as palavras saírem de sua boca refletindo que pela primeira vez na vida alguém acreditava em mim. Nem sabia o que era potencial, mas ele afirmava que eu tinha. Imaginei que ganharia um aumento ou até uma promoção para ser encarregado de setor, mas ele concluiu:

— Tu não nasceu pra chão de fábrica. Te vejo em um atelier, como modelista, criando novas coleções.

Informou que na semana seguinte eu não montaria mais sapatos. Seria aprendiz em um escritório de um estilista famoso num edifício chique no centro da cidade. Eu desvendaria todos os segredos da criação da moda calçadista, mas também ajudaria servindo cafezinho, fazendo serviços de banco e limpeza da sala. O dono do atelier me pagaria o almoço e vale-transporte. Toda sexta-feira eu passaria na fábrica e Oscar me recompensaria com uma mesada. Assim como os pais fazem com os filhos.

No atelier, encontrei um velho estilista cearense, Nivaldo Telles de Lima, que me ensinou muito mais do que desenhar. Na primeira vez em que me levou para almoçar, também a primeira vez que conheci um buffet, seu Telles, ao me observar segurando o garfo, falou com sotaque nordestino:

— Menino, acho que vou ter que te mostrar muito mais do que modelagem de sapatos.

Seu Telles saiu do Crato e chegou em Novo Hamburgo como um dos mais consagrados estilistas do país. Ganhava muito dinheiro criando coleções para grandes indústrias, tinha bom gosto para música, vinhos, carros e roupas. Gostava da boemia, das mulheres da noite e de bons charutos cubanos. Foram dois anos em que seu Telles me ensinou a pronunciar as palavras e harmonizar a vida com o que tinha de melhor.

Um dia veio a crise do setor e seu Telles me anunciou:

— Rapaz, você está pronto, vá atrás dos teus sonhos.

Procurei o Oscar, mas sua fábrica tinha sido atingida pela crise e ele não podia mais me ajudar.

Os trabalhadores de Novo Hamburgo se organizaram em sindicatos e os patrões não tiveram o menor pudor em transferir as fábricas para o nordeste do país e depois para a China, à caça de mão de obra barata. Amigos partiram para o outro lado do mundo atrás dos seus empregos. Não fui.

Aos dezenove anos, preparado para uma nova profissão, fiquei desempregado.

Sofri durante um ano batendo de porta em porta nas fábricas que restaram. Um dia entrei no estúdio de fotografias 3×4 de um amigo para tomar um copo de água e descansar as pernas.

Meu amigo me convidou para ser aprendiz de fotógrafo. Não era mais criança e as cobranças familiares aumentavam. Começar novamente? Desempregado, não estava conseguindo modelar nem minha própria vida e, sem outra opção real, agarrei aquela chance como se fosse a última. Durante a semana eu atendia no balcão da loja e fazia fotos 3x4 no estúdio. Na primeira foto que fiz na vida, eu estava tão nervoso que esqueci de pôr filme na máquina. Quando a cliente chegou, dei a desculpa de que o laboratorista tinha queimado o filme. Repeti o retrato e tudo saiu bem. Ao receber o pagamento, metade do valor me foi dado.

Como podia ganhar dinheiro fazendo fotos? Fotografar não era trabalhar. Nunca havia associado trabalho ao prazer.

No final de semana, levei pela primeira vez as câmeras fotográficas para casa. Sábado haveria um baile gaúcho no clube. Minha mãe propôs que eu levasse os equipamentos para ver se arranjava algum dinheiro. Chegamos. Eu escondi a bolsa com as tralhas debaixo da mesa.

Frequentava os bailes para dançar e namorar e sentia vergonha de estar lá como retratista.

O prefeito da cidade estava em campanha e apareceu. Meu pai era o presidente do clube e ele veio até a nossa mesa. Minha mãe pediu que eu fotografasse a cena. Constrangido, respondi que não. Então ela elevou o tom da voz para que todos ouvissem:

— Não estou te pedindo, estou te contratando para fazer a foto.

Tímido, lentamente abri a bolsa, empunhei a câmera e o flash. Quando a luz espocou, foi como se a música parasse e todas as pessoas do salão me olhassem.

Uma senhora quebrou o silêncio ao perguntar:

— Você é fotógrafo?

Com o mundo em câmera lenta, sabia que a resposta mudaria minha vida para sempre. Depois de eternos segundos, respondi:

— Sim. Sou fotógrafo.

Ela então me contratou para fotografar a filha naquele baile e agendou as fotos de quinze anos da menina.

Posteriormente, fotografei casamentos, quermesses, aniversários e até festival de violeiros. Batia os retratos, cobrava a metade do valor e anotava o endereço para na semana seguinte ir de bicicleta até a casa dos clientes com as fotos ampliadas, na esperança de receber a outra metade.

A fotografia entrou na minha vida muito mais por necessidade do que por talento. Mas dessa vez tinha descoberto o que queria fazer pelo resto da vida. Se me faltava talento, sobrava vontade de aprender. A luz me alforriou e a indústria calçadista ficou no passado. Era feliz fotografando e ainda me pagavam por isso. Já com alguma noção, arrisquei ser fotógrafo do jornal da minha cidade. Queria mudar o mundo. Denunciar através de imagens. Ser fotojornalista.

O máximo que consegui foi um trabalho na área industrial do jornal *NH*. Às dezoito horas, vestia um macacão e entrava na gráfica para abastecer as rotativas com tinta, permanecendo até as quatro horas da madrugada. Só estava liberado quando a impressora cuspia o último jornal do dia. Me sentia importante por ser quem lia as notícias em primeira mão. Devaneava nas fotos de capa e sonhava um dia ver meu nome nos créditos. Pela manhã dormia e nas tardes livres cursava supletivo para concluir o segundo grau, antigo Ensino Médio. Nos finais de semana, fotografava festas.

Ao avistar um fotógrafo pelos corredores do jornal, meu coração disparava. Queria ser um deles.

Dejair Krumenan, editor do jornal, soube do meu sonho e me indicou para ser laboratorista. No laboratório de fotos minha vida sofreu nova alquimia. Minha perspectiva de mundo se expandiu. Trabalhava em um lugar onde todos tinham curso superior. Me avisaram que para ser fotógrafo de um jornal não bastava o conhecimento de luzes e lentes. Tinha que estudar. Tinha que ter cultura!

Comecei a ler livros e descobri a libertação através da literatura. Leitura era minha revolução. Enfrentando meus complexos de inferioridade, me vi fazendo vestibular. Primeiro para Jornalismo, mas não tive grana nem para pagar a matrícula, depois História, que também não cursei. Acabei entrando na faculdade de Educação Artística. Corri para casa empolgado para dar a notícia para minha mãe. Ela iria realizar o seu sonho de ter um filho cursando faculdade e, toda feliz, me perguntou:

— Faculdade de quê?

Emocionado, respondi:

— Educação Artística!

Com o olhar contrariado, ela me inquiriu por que não Direito ou Administração de Empresas, para que eu tivesse uma profissão. Expliquei que eu já tinha uma profissão, que eu era fotógrafo e amava meu ofício. Ela encerrou o assunto com uma frase:

— Tem que fazer faculdade para ter uma profissão de verdade. Fotógrafo não precisa de faculdade.

O curso abriu meus horizontes. O discurso do fotojornalismo passou a fazer sentido estudando os grandes mestres da Arte. Foi lá que conheci as caras tristes dos operários de Tarsila do Amaral. Me enxerguei na tela.

Desde pequeno tentei ser o melhor em tudo que fiz. Fui um ótimo sapateiro. Agora estudava para ser o melhor fotógrafo. E a fotografia passou a iluminar meus dias quando fui convidado para ser fotógrafo de moda no *Jornal Exclusivo* e na revista *Lançamentos*.

No dia 16 de novembro de 1993, descobri o que era amor incondicional. Com Daniele nos braços, senti que não estava mais sozinho no mundo. Havia alguém que eu amava mais do que a mim mesmo. Ela me ensinou o que era ser pai. Nada nem ninguém tinha me feito tão feliz. Com Dane recém-nascida, recebi uma proposta para ser fotojornalista do *Diário de Canoas*, onde trabalhei por três anos, até ser contratado para ser repórter fotográfico do jornal *Zero Hora*.

No maior jornal do Estado, passei a conviver com jornalistas e fotógrafos que eu admirava. Passei a ser um deles. Só que as crises me perseguiam e o jornal demitiu quarenta jornalistas logo que cheguei. Sobrevivi, mas fui aconselhado a trabalhar como correspondente na cidade de Pelotas até a poeira baixar. Era por no máximo seis meses e retornaria para a capital.

Tranquei a faculdade de artes e fui em casa para fazer as malas e me despedir dos meus amores. Minha mãe, chorando, disse que eu estava indo para nunca mais voltar. Uma profecia e tanto.

Com meu equipamento fotográfico, uma pequena mala de roupas e uma mochila com um cobertor e um travesseiro, entrei num ônibus rumo a uma cidade completamente estranha. Não sabia o que o futuro me reservava, mas observava a vida passar pela janela do ônibus com otimismo. O mundo era grande demais para sentir medo, e, afinal, em poucos meses estaria fazendo o caminho de volta para trabalhar na capital.

Com os cabelos abaixo dos ombros, calças jeans, botas de cowboy e vestindo um sobretudo preto, desembarquei em Pelotas. O sistema de som da rodoviária tocava em altos decibéis uma música da Shakira: "*Y ahora estas aqui, Queriendo ser feliz, Por milenios y milênios*".

Lembrei da minha mãe aos prantos profetizando. Coração de mãe sabe das coisas.

Não demorou para eu descobrir que tinha aportado em lugar mágico de onde nunca mais partiria. Uma das primeiras reportagens que fiz foi sobre os pesquisadores que embarcavam do aeroporto de Pelotas rumo ao Polo Sul. Observei que vários jornalistas embarcavam junto para divulgar as pesquisas brasileiras no continente gelado. Me imaginei embarcando com eles para a Antártica.

Fui morar em um hotel com arquitetura *art decó* bem no centro. Tinha o status de ser correspondente de um grande jornal, era completamente livre e pela primeira vez recebia um bom salário. Me perdia na noite, nas bebidas e me encontrava com muitas namoradas. Comprei meu primeiro carro, um Fuscão branco de nome Selvajão.

Estava deslumbrado. Vacilão, não fiquei muito tempo com o Fusca, pois não traduzia o status que pensava ter alcançado. Preferi pagar a prestação de um Monza que era luxuoso e reclinava os bancos caso fosse necessário. Mandei buscar minha moto Java e terminei a restauração. Me dedicava em tempo integral ao trabalho e às farras. No Diamantino's, um barco de madeira que restaurei, dava festas, escutava música alta, saboreava substâncias etílicas e psicotrópicas e curtia a vida adoidado.

Vivi uma união estável e outras nem tanto. Acreditava que podia ter uma paixão por dia e nenhum amor para a vida toda. Me divertia muito, mas não tinha paz de espírito. Sonhava em fazer grandes coberturas jornalísticas viajando pelo mundo, mas para isso sabia que teria que voltar para a Capital. Fui me afastando do menino que aos doze anos fez uma foto 3x4 para a carteira profissional.

A memória do meu pai começou a ser vencida pelo Alzheimer e eu já não lembrava em nada o menino do Morro do Lampião que amava o Fusca azul que tinha asas de liberdade.

Precisava me reencontrar. Precisava buscar o Fusca que vivia dentro de mim.

A Palafita, um Fusca e nós três

Fundeados no meio do Arroio Pelotas a bordo do Inca, observamos o pouco que tínhamos. O Diamantino's, amarrado na barranca, o Fusca verde e o Labrador Argus, que corria livremente pelo nosso terreno completamente vazio. Ninguém queria morar naquele fim de mundo, onde não tinha água potável nem luz elétrica. Com pouco dinheiro, conseguimos comprar o lugar que seria o nosso marco zero e representaria o encontro de nossas almas. Aquele instante mágico balizava tudo que fomos, nossas diferenças, famílias e tudo que seríamos. Cada referência do que construímos sozinhos seria ressignificada a partir dali.

Nossos olhos refletiam um descampado sem casa, sem plantas e sem história, mas o que enxergávamos era a casa desenhada em um guardanapo de papel do Café Aquários, quando tudo ainda era quimera. Não havia dívidas, dinheiro ou garantias de futuro. Já éramos três, Gabi com um bebê na barriga e eu, e, por isso, invencíveis, senhores dos nossos sonhos e do medo que nos desafiava. O espectro das árvores que plantaríamos, da vida que viveríamos, já estava ali.

Decidimos que nossa casa seria alicerçada no amor e viveria cheia de amigos. Não sabíamos se a vida seria curta ou longa, mas estávamos exatamente onde queríamos e tínhamos pressa em viver. Me sentia conectado de corpo e alma com aquele momento. Rezamos um "Santo

Anjo" com as mãos na barriga da Gabi e desembarcamos definitivamente para começar a escrever a nossa história. Saltamos do barco e mergulhamos naquele mar de possibilidades. Nossos pés descalços nos enchiam de energia para lutar. A força vinha da terra que conquistamos. Chegava a hora de colocar os sonhos no horizonte e começar a correr na direção deles.

Descobrimos que estava à venda um velho chalé de madeira com mais de meio século, infestado de cupins. O dono aceitava qualquer negócio, mas tinha pressa de retirá-lo de onde estava para construir uma casa moderna, com piscina, na Praia do Laranjal. Usado como moeda de troca, o Diamantino's foi navegar em outros mares, enquanto amigos e eu carregávamos tábuas, telhas e janelas na caçamba de um caminhão velho e despejávamos no terreno, criando uma cena pós-apocalíptica.

Conseguimos uma equipe para reconstruir o chalé. Antes de iniciar a obra, recebemos a visita do Carlinhos, pai da Gabi, que nos aconselhou a pesquisar grandes enchentes que ocorreram na região. Fomos até a Vila da Palha onde vivia Nico, um velho pescador experimentado. Ele nos informou que, onde ergueríamos nossa casa, na década de 60 uma enchente havia alcançado um metro e oitenta centímetros. Nosso chalé todo furado pelos cupins iria naufragar. Chegamos à conclusão de que o ideal seria uma palafita. Mas não existia nenhuma palafita na cidade e o projeto encareceria a obra. Carlinhos nos convidou para almoçar em sua casa e nos disse que todas as pilastras que sustentariam nossa casa ficariam por conta dele. Levamos o desenho do guardanapo de papel do Café Aquários ao Rudelger, um dos melhores arquitetos da cidade. Ele nos deu o projeto de presente. A partir desses incentivos, a obra começou a andar de vento em popa.

Deixava o jornal nos finais de tarde e, antes de exercitar os pensamentos na faculdade de Filosofia, passava na obra para tomar mate e imaginar nossa casa pronta. No nosso segundo mês de gravidez, propus a Gabi que se nosso bebê fosse menino ela escolheria o nome. Caso o ultrassom apontasse uma menina, se chamaria Sofia.

Com a convicção de que carregava um menino em sua barriga, Gabi escolheu alguns nomes. Eu, com a certeza de que vim ao mundo para ser pai de meninas, comecei a conversar com a barriga, chamando-a de Sofia.

Gabi foi trabalhar na Assembleia Legislativa em uma rotina extenuante, partindo rumo a Porto Alegre na terça-feira e voltando na sexta. Precisávamos vender o Fusca verde da Gabi para botar o dinheiro na obra. Foi uma saga. Depois de lavado e polido, usamos toda minha experiência de fotógrafo. Ele parecia um carro de colecionador. Anunciamos a venda em um jornal local, descrevendo de forma sentimental todas as características do Fusca que nos tinha feito tão felizes. Também o anunciamos na internet.

O telefone não parava de tocar e as pessoas vinham de todos os lados para conferir a raridade. Só que os possíveis compradores olhavam com decepção e concluíam que aquele Fusca velho, com o motor vazando óleo, não lembrava em nada o carro das fotos. Alguns eram até ofensivos em seus diagnósticos. Não compreendíamos porque ninguém apreciava o Fusca verde com o mesmo olhar carinhoso que a gente. Depois de várias tentativas fracassadas, a Gabi decidiu que apostaria suas fichas em um feirão de veículos usados que ocorria aos domingos em um bairro distante. Como era meu plantão, ela me deixou no jornal e, carregada de esperança, mate, biscoitos e cadeira de praia, foi com uma amiga tentar a sorte. Encontraram uma avenida lotada de carros usados, onde todos tinham a mesma expectativa. Ao avistar uma vaga para expor nossa relíquia, já entrando de pisca-pisca ligado, um carrão prateado e moderno se atravessou. O maluco bateu na lateral do Fusca. Gabi abriu a janela e gritou:

— Pôxa, moço, o que é isso! Não está vendo a gente aqui?

O cara saiu todo entonado do carrão prateado, como quem desce de uma espaçonave, esbravejando desaforos para as gurias. E o pior, mandando tirar aquela geringonça dali. Gabi, sempre tão gentil, sem acreditar, reagiu:

— O quê?? Essa geringonça é o meeeu carro?? E o senhor bateu no carro que queremos vender para construir nossa casinha!

Ele seguiu dizendo meia dúzia de "delicadezas" enquanto se juntava um grupo de curiosos. Gabi, com o sangue italiano fervendo nas veias, fez o que jamais deveria ter feito. Colocou a cabeça para fora da janela e gritou:

— Pois o senhor, para estar sendo agressivo assim com mulher, deve ter o pinto deste tamanhinho!!!

O homem se transformou em um monstro. Mandou sair do carro e chamou a polícia. Detalhe: ele era a polícia! Um policial de folga que estava indo vender o seu carrão. Ferrou tudo. Os policiais e os agentes de trânsito são corporativistas e armaram um tumulto. No bolo de curiosos, alguns se faziam de desavisados e outros se ofereciam de testemunha para defender as gurias que estavam sendo constrangidas. Para resumir, nosso Fusca estava com os documentos atrasados e o danado do cara conseguiu que saísse humilhado em cima de um guincho, direto para um depósito. Gabi e a amiga, que foram com a esperança de vender o Fusca e voltar com a carteira cheia, estavam sem grana e tiveram que voltar a pé até o centro da cidade.

Esbaforida e furiosa, me ligou a cobrar de um orelhão em frente ao Café Aquários, para onde fui com o motorista do jornal resgatá-las com as tralhas e a decepção pelo fracasso na venda. Depois de três dias, pagamos os documentos e recuperamos o Fusca. Gastamos um dinheiro que não tínhamos com toda aquela história e continuamos com o Fusca encalhado.

Nas semanas seguintes, o tal policial passou a telefonar para constranger a Gabi, até que telefonei para o delegado e denunciei o mau caráter.

Aprendi uma lição sobre a mulher linda e meiga pela qual me apaixonei. Se provocada, poderia ser extremamente sincera, sem medir as consequências de suas palavras.

Levamos o nosso Fusca verde a uma revenda de carros usados e lá o trocamos por uma camionete velha que nos ajudaria no transporte dos materiais para a obra e, assim, economizaríamos nos fretes. Era um bom negócio porque, além das dez parcelas, restava algum dinheiro para investir na construção.

Não demorou para descobrirmos que nossa gravidez era de risco e Gabi precisou entrar em repouso absoluto. Me desdobrava entre trabalhar no jornal, dar atenção a ela e conseguir dinheiro para a obra não parar. Começamos a vender tudo que tínhamos de supérfluo para nos capitalizar. Câmeras fotográficas antigas, livros e alguns objetos de coleção. Também comecei a fazer trabalhos extras, fotografando formaturas, casamentos e aniversários, e todos os cachês viravam tijolos e sacos de cimento. Não queria fazer mais dívidas nem empréstimos, então solicitar a retirada do fundo de garantia para não parar a obra foi uma solução. Toda sexta-feira os pedreiros me apresentavam as notas da semana e, com os salários deles, eu pagava muito mais do que recebia no meu emprego. Tinha absoluta certeza de que quando a obra chegasse ao fim eu me tornaria a pessoa mais rica do mundo, pois tinha adquirido o dom de multiplicar dinheiro.

Aos três meses de gestação, descobrimos que a nova integrante da família se chamava Sofia. Plantamos a primeira árvore do pátio em homenagem a ela.

Com a ajuda das amigas, a Gabi preparou o enxoval e montou o quartinho da Sofia em nossa casinha alugada. A distribuição dos convites para o chá de fraldas também foi feita. Tentamos vender o Inca para arrumar mais dinheiro, mas parece que o veleiro queria testemunhar aquela história até o fim. Se o meu sonho era morar no barco, ele só partiria quando a casa à beira d'água estivesse pronta. A Palafita herdou as medidas do chalé, mas além do telhado poucas coisas foram reaproveitadas na casa nova, que crescia na mesma intensidade que crescia a barriga da Gabi. Os desejos da gravidez surgiam junto ao anseio que tínhamos de ver a nossa casa pronta antes da Sofia vir ao mundo.

No dia 18 de junho de 2005, em um sábado ensolarado de inverno, a Gabi ficou repousando em casa enquanto eu fui ajudar a levantar os pilares da caixa d'água. Ocupado com caminhões guincho, postes gigantes e pedreiros, ainda não sabia que aquele dia ficaria marcado para sempre em nossas vidas.

Um dos pedreiros, que vivia atormentado por alucinações etílicas, resvalou de cima da obra direto sobre uma pilha de tijolos. Resgatei o homem desmaiado, com rosto desfigurado e sangrando. Apavorado, coloquei-o na nossa caminhonete e corri para o pronto-socorro municipal. Na sala de espera, enquanto aguardava ser atendido, recebi uma ligação da Gabi preocupada com Sofia que, com sete meses de gestação, não se mexia na barriga desde a noite anterior.

O que era para ser um sábado normal se transformou em desespero. Falei para ela que assim que o pedreiro fosse internado voaria para casa. Ela me contou que tinha caminhado até a casa de seus pais para estimular nosso bebê e me aguardava lá. Os parentes do pedreiro chegaram e ficaram com ele, aguardando atendimento em um pronto-socorro lotado. Eu corri para saber o que transcorria com nossa filha.

Gabi me chamou no quarto e confidenciou cochichando que estava preocupada. Assustados, ligamos para nossa obstetra, que nos atendeu em uma consulta de urgência naquela tarde. Para nosso alívio, escutamos o coraçãozinho da nossa filha pulsando freneticamente. Depois de examiná-la, ela nos falou que tínhamos duas opções: ficar em casa de repouso ou fazer uma cesariana de urgência. Escolhemos a segunda opção.

Fomos em casa organizar uma mala de roupas e meu equipamento fotográfico para o grande momento. Como pai e fotógrafo, eu queria eternizar aquele instante. Demos uma passadinha na Catedral e, de joelhos, pedimos proteção ao nosso anjo da guarda, sem nenhuma ciência do que nos esperava.

No final daquela tarde de sábado, no Hospital São Francisco de Paula, nos tornaríamos uma família completa.

O hospital ficava ao lado do pronto-socorro municipal. Optamos por viver aquele momento só nós três. Não comunicamos a ninguém. Entrei na sala de parto com tantos equipamentos fotográficos que uma enfermeira arrumou uma mesinha no canto para eu acomodar as lentes. Um dos médicos brincou que eu tinha mais aparelhos para fotografar do que eles para trazer nossa filha ao mundo. Fotografei de uma forma insana. Sempre fui feliz fazendo parte de um momento histórico como repórter fotográfico, mas como tinha sido proibido de fotografar o parto da Dane, naquela segunda chance eu queria registrar cada segundo.

Lembro dos nossos rostos, nossa ansiedade, do meu nervosismo ao me revezar entre passar segurança pra Gabi e fotografar. O momento mais extraordinário durou poucos segundos. Recordo quando a médica retirou a Sofia de dentro da barriga da Gabi e a levantou chorando. Nesse instante fiz a melhor foto da minha vida. Em seguida trouxe ela até os meus braços e a entreguei ao abraço, aos lábios e às lágrimas da Gabi.

Emprestei minha câmera fotográfica ao médico, que fez a primeira foto da família completa.

Pensei no quanto é impactante o milagre da vida. Cada parte do corpo da nossa filha se formou dentro daquela mulher poderosa, e o bebê que eu tinha nos braços era o fruto de um amor forte que a Gabi e eu tínhamos o privilégio de dividir. Tinha fé que seríamos muito felizes juntos e que esta vida cheia de altos e baixos nos mostraria seu lado mais belo. Poucas vezes tive a certeza da existência de Deus. Muitas vezes duvidei Dele, mas ver a filha brotar de dentro da mãe, assistir a uma mulher se dividindo em duas, unicamente por amor, me fez crer que aquilo só podia ser obra divina. Sofia no futuro seria independente, teria sua própria personalidade, mas jamais deixaria de ser um fragmento formado do corpo e da alma da mãe dela.

Nossa filha nasceu prematura na trigésima segunda semana de gestação, às dezoito horas e cinquenta e quatro minutos do dia 18 de junho de 2005, pesando um quilo e novecentos e quarenta gramas e medindo quarenta e dois centímetros. Foi uma cesariana de urgência, com alto risco.

Após o parto, a Gabi foi para a sala de recuperação e eu fui para a UTI Neonatal, escoltando nossa filha. Um procedimento normal para crianças de baixo peso. Não sabia que não podia fotografar na UTI e entrei de máquina em punho. Ninguém teve coragem de me impedir. Foi para lá só para ganhar peso e ir para casa em seguida. No dia 23 de junho fomos para o quarto com uma incubadora. Sofia estava com icterícia e ficava com os olhos protegidos da luz por uns óculos feitos de esparadrapo. Começou uma torcida diária para que engordasse e alcançasse os dois quilos necessários para receber a alta.

Gabi colhia o leite materno e alimentávamos Sofia com uma seringa ou um copinho, já que ela ainda não tinha formado o estímulo da sucção e não conseguia mamar. Abandonamos tudo e fomos morar no hospital só para cuidar de nossa filha. Ricardinho, o editor-chefe do jornal, mandou me avisar que ficar ao lado da Sofia era prioridade e que quando eu precisasse sair para uma reportagem ele mandaria um motorista me buscar no hospital. E realmente não saímos do lado do berço vinte e quatro horas por dia. A Gabi cantava as mais lindas canções de ninar e passava o tempo todo contando para ela o quanto a vida seria linda.

Comecei a fotografar tudo dentro do hospital. Cada procedimento, cada visita, enfermeiras, médicos e pessoal da limpeza. A Gabi escrevia um diário. Da portaria até a direção, todos sabiam que os pais da Sofia eram jornalistas e torciam por nós. Desde o dia do nascimento ela ficou na incubadora ou no berço aquecido só usando fraldas.

Fui até o pronto-socorro visitar nosso pedreiro ébrio que havia caído de cima da casa. Encontrei Daniel já na porta, entrando em um táxi, com a esposa, indo para casa. Antes de partir, ele me disse:

— Fala pra Sofia que no dia em que ela nasceu eu renasci. Nunca mais vou beber álcool e vou refazer minha vida.

Pensei. Todos nós renascemos no dia 18 de junho.

No vigésimo primeiro dia de vida, Sofia vestiu roupas pela primeira vez. Como ela não alcançava os tão sonhados dois quilos, decidimos levá-la a uma clínica fora do hospital para fazer uma tomografia e descobrimos uma bolha gigante em um dos pulmões. A tomografia apontou a existência de infecção dentro da bolha que ocupava todo o pulmão direito, e um dreno precisou ser colocado para a retirada do líquido. O exame de hemocultura apontou uma bactéria agressiva chamada Enterobácter. A reação ao antibiótico impressionou, e era incrível como ela mamava e chorava com todo vigor com um único pulmão em ação.

Depois de dois dias, Sofia arrancou o dreno, e um novo procedimento foi necessário. Mais dois drenos ainda foram colocados, porque, apesar de menos de dois quilos, nosso bebê já era uma pestinha. Foi descoberta uma fístula no pulmão e, para o nosso desespero, quando a Sofia chorava, todo o ar sugado pelo dreno voltava a inflar a bolha. A mamãe amamentava e depois tirava o leite para dar como complemento nas madrugadas.

A vida na UTI tem outra velocidade. Convivemos com muitas dores, mas ao mesmo tempo com muitas conquistas. Cada grama que um bebê engordava era comemorada por todos com uma festa. Uma luta constante, amenizada pelo convívio diário com outros pais de UTI e pelo carinho dos funcionários do hospital, que passaram a ser nossa família. A angústia de ver seres tão pequenos e frágeis era suavizada quando um bebê vencia a guerra e recebia alta. Tínhamos a certeza de que sairíamos juntos um dia.

Dr. Flávio, o pediatra, esteve com a gente desde o parto como um anjo da guarda, nos mostrando o caminho e tomando as decisões certas na hora exata.

Gabi pediu para eu dar uma passada na nossa casinha para buscar umas roupas para ela trocar. A gente estava vivendo dentro do hospital havia tanto tempo que já nem lembrava mais que existia um lugar onde morávamos.

Ao estacionar em frente a nossa residência avistei a porta aberta. Quando entrei, tudo estava revirado. Nossa casinha tinha sido assaltada e levaram tudo que conseguiram. O quartinho preparado com tanto esmero para receber a Sofia estava todo bagunçado. Os ladrões deviam saber que a gente estava fora e levaram quase tudo que tínhamos. Antes de retornar para o hospital com a má notícia, passei na casa de um amigo que morava na mesma rua e pedi para ele nos ceder a garagem, onde depositaria as poucas coisas que restaram.

Meus pais vieram de Novo Hamburgo e, com a ajuda de um colega de faculdade, trataram da mudança. Entregamos a casinha antes do final do contrato de aluguel, com a certeza de que os objetos roubados não tinham a menor importância diante da luta pela vida da Sofia.

No dia 4 de agosto fomos fazer a segunda tomografia e ficamos assustados com o tamanho da bolha de ar no pulmãozinho dela. Não parava de crescer. Para vencer a guerra ainda faltavam muitas batalhas. Olhava a Sofia dormindo e agradecia a ela por ser tão guerreira e continuar conosco. Tinha a certeza de que a vida reservava muitas surpresas boas para nós três.

No dia 12 de agosto passamos o tempo todo em uma cadeira ao lado do berço, revezando-a no colo. Um novo dreno, de maior calibre, foi colocado.

O que víamos eram canos, sondas, cateteres, aparelhos, agulhas e um emaranhado de fios e sons a serviço da medicina para ajudar a manter nossa filha viva. Um dia eu briguei com Deus e disse a Ele que, se realmente existia, era injusto e cruel. Perguntei por que não nos trocava. Eu ficaria no lugar da minha filha. Perto do berço, na porta da UTI, tinha uma imagem de Nossa Senhora Desatadora de Nós que nos olhava com firmeza. Um terço pendurado no berço, dado por um amigo, e um anjinho da guarda, dado por uma enfermeira, eram símbolos de uma luta invisível entre o céu e a terra. Por trás desses objetos, dezenas de amigos próximos e distantes pediam pela gente. Passei a considerar que era melhor ter Ele como aliado. Rezei e pedi para que ela ficasse boa. Mas não dei alívio a Deus e continuei questionando:

— Se Tu existes, por que meu anjo tem que passar por isso?

Acho Deus um cara muito ocupado, e nunca enchi o saco dele com bobagens. Mas eu estava apavorado e Ele tinha que me ajudar. Só tínhamos o poder de amar e a fé de que tudo terminaria bem e seríamos invencíveis juntos.

Não tranquei a faculdade, mas convenci os professores a me liberarem de assistir às aulas, com a condição de manter o compromisso de entregar os trabalhos e fazer as provas. Meus colegas saíam da aula direto para o hospital, e passávamos as madrugadas estudando Kant, Santo Agostinho, Aristóteles e Sócrates.

Frente à loucura em que se transformara minha vida, descobri a maior lição: "Só sei que nada sei".

No dia 14 de agosto passamos o nosso primeiro Dia dos Pais juntos na sala de isolamento da UTI. Queria estar em casa comemorando esse dia. A Gabi foi para o quarto que o hospital nos emprestou para morar e eu passei a noite ao lado do berço. Encontrei uma cartinha e não contive as lágrimas.

Era para ser uma noite linda, mas foi uma noite terrível. Meu bebê sentiu muita dor e teve que ser medicada a cada duas horas com um tipo de morfina. Não sei onde encontrava tanta força para lutar. Pedi para ela ser forte e prometi, ali dentro daquela UTI, que um dia faríamos uma viagem incrível juntos. Ela, a mamãe e eu.

No dia 15, depois de um Dia dos Pais para ser esquecido, ficamos sabendo que ela estava com uma nova infeção e as chances de reagir eram poucas.

Ligamos para a casa de todos os amigos e pedimos para que eles ligassem para mais amigos e, juntos, formássemos uma rede muito forte de oração, tão potente quanto o antibiótico de quarta geração que os médicos receitaram. Todas as crianças que tiveram uma infecção tão grave não resistiram, mas a Sofia tinha força, luz e uma vontade de viver incrível.

Em vários prenúncios de perigo que enfrentei na vida, pendurei a máquina fotográfica no pescoço. Como fotojornalista, me envolvi em tiroteios, invasão de terras, esportes radicais e sempre me senti seguro com meu equipamento no peito como um escudo. Instintivamente, estive grudado à minha câmera desde o dia em que entrei naquele hospital. Cada foto que eu fazia era como se eu imortalizasse nossa filha, e eu tinha a certeza de que um dia veríamos juntos todas aquelas fotos. Fotografá-la era o nosso pacto de cumplicidade.

Fomos avisados da necessidade de doadores de sangue tipo O negativo. Nossos amigos da imprensa anunciaram na TV, em sites de jornais e rádios, e em poucos minutos uma rede de solidariedade se formou e foi reposto todo o estoque de sangue do hemocentro da cidade. O líquor da medula foi coletado e, para nossa felicidade, o sistema nervoso central estava protegido. Nossa guerreira reagia bravamente à infecção, mesmo com um antibiótico fortíssimo que podia causar efeitos colaterais. Os médicos diagnosticaram que todos os caminhos levavam a uma cirurgia para extirpar a bolha de ar de uma vez por todas. Os drenos só causavam aflição e não faziam mais efeitos. Olhávamos para ela e pensávamos: como pode ser tão linda até mesmo com um acesso na cabeça e a metade dos cabelos raspados?

Sabíamos que para a cura ainda tínhamos um grande desafio a ser enfrentado, mas não imaginava o quão grande ele era. Eu saía para trabalhar e voltava, não ficava permanentemente no hospital, mas a Gabi não se afastava nunca. Abalada emocionalmente e sem se alimentar direito, acabou ficando fraca e vulnerável, resultando em um diagnóstico de infecção hospitalar. Foi internada com desidratação gravíssima e uma bactéria violenta chamada pseudômonas, que foi tratada com dois antibióticos e muito soro. Um dos momentos que mais abalaram a Gabi foi quando o leite materno secou por conta da infecção, impedindo-a de amamentar. Mas elas haviam criado um vínculo que ia muito além da amamentação.

A UTI neonatal e o quarto 417 do hospital São Francisco de Paula eram separados por cem metros. Mas a distância passou a ser um abismo invisível chamado infecção hospitalar, que separou mãe e filha na véspera da cirurgia da Sofia. Eu precisava ser forte para cuidar das duas e estarmos os três juntos novamente o quanto antes. Só que, com as duas infectadas, eu não podia sair do leito da Gabi e ir até a Sofia sem antes tomar um banho e trocar toda a roupa.

No dia 23 de agosto meus pais e minha irmã vieram novamente de Novo Hamburgo para me acompanhar na cirurgia de pulmão da Sofia. Levei ela no colo até a porta do centro cirúrgico e a entreguei nos braços de uma enfermeira que me prometeu trazê-la de volta. Falei à Sofia que a mamãe e eu a amávamos muito e a estávamos esperando para sermos felizes.

A operação foi muito maior do que imaginávamos. Durante a anestesia ela teve uma parada cardiorrespiratória e foi reanimada por mais de dois minutos. Uma massagem cardíaca feita por um anjo revestido de médico fez o coração dela e o nosso voltar a bater. Além de costurar a bolha de ar, tiveram que desgrudar o pulmão que estava colado na parede torácica. Sofia teve uma costelinha quebrada ao ser reanimada e precisou ficar com um dreno durante alguns dias, por onde saíam sangue e líquidos.

A enfermeira nos contou emocionada que, enquanto o médico reanimava a Sofia, ela pedia a Deus para não a deixar partir porque tinha prometido que devolveria nossa filha sã e salva.

Dentro do possível, a cirurgia foi um sucesso.

Na UTI, do lado esquerdo do berço tinha uma cadeira em que eu me sentava, do lado direito tinha outra, onde ficava a Gabi. Quando a Sofia voltou do centro cirúrgico e foi colocada no bercinho, me senti desamparado. Mirava nosso anjo cheio de ataduras, sondas e drenos e do outro lado do berço uma cadeira vazia. Ver nossa filha naquela perspectiva me fez questionar Deus de novo. Perguntei por que com ela e não comigo que tinha mais força para lutar? Por que ela tinha que passar por aquela provação antes mesmo de descobrir a beleza da vida? Eu, que nunca me apegava a nada que não pudesse deixar em dez segundos, entregaria minha vida pela dela naquele instante. A vida valia pouco diante do sofrimento da nossa filha.

Eu ainda tinha que fotografá-la para mostrar à Gabi. Era uma imagem de dor. De desespero. Me perguntei:

— Por que esta foto?

Logo eu, que fotografei tantas tragédias, tantas dores alheias estando alheio a dor dos outros sem nunca titubear. Fotografar era minha profissão, eu não podia me envolver, mas agora tinha que fotografar a minha dor.

Eu estava contando a história de nossa filha desde o dia em que entramos no hospital, e se não fotografasse aquele instante faltaria uma página naquele livro. Como não me envolver se eu fotografava a história da minha vida? A minha própria história. Faltava um personagem naquela imagem, e ela estava internada no outro lado do hospital, esperando ansiosa por notícias.

Levantei a câmera e cliquei. Foi a pior foto que já fiz.

Antes de ficar doente, a Gabi passava a maior parte do tempo naquela cadeira cantando canções de ninar e contando à Sofia o quanto a vida seria linda no futuro. Só que a Sofia acordou da cirurgia e não ouviu a voz que a acalmava. Era um encontro impossível naquele momento, e sem a voz da mãe nossa bebê chorava o tempo todo, o que era péssimo para sua recuperação, sua cicatrização e seu ganho de peso. Davam tranquilizantes com o antibiótico, mas nada acalmava os gritos que podiam ser ouvidos nos corredores.

Gabi sabia da Sofia através das minhas fotos, mas nosso bebê não compreendia porque a mamãe tinha sumido. Para acalmá-la, eu tive uma ideia. Corri até o jornal e busquei um gravador que usávamos para fazer as entrevistas. Nele a Gabi gravou as mais lindas canções de ninar e, por quase uma hora, conversou com a filha através de uma fita K7. Corri com o toca-fitas nas mãos rumo à UTI. No corredor já ouvia os gritos que saíam daquele pulmãozinho recém-operado. Entrei às pressas e coloquei o aparelho ao lado do seu rostinho no berço e apertei o play. Ao ouvir aquela voz, Sofia buscou pela mamãe com seus olhinhos pretos e em seguida dormiu. As enfermeiras e eu passamos os dias seguintes nos revezando para rebobinar a fita toda vez que a Sofia começava a gritar logo que a gravação chegava ao fim.

No dia 3 de setembro, setenta e sete dias depois do parto, conseguimos levar nossa filha embora sã e salva. A emoção de sairmos do hospital, os três abraçados, foi extraordinária. A alta da Sofia causou comoção na equipe do hospital, que abraçou inteiramente a nossa causa. Passamos em cada setor para dar tchau e agradecer a cada um que vibrou com a gente. Não conseguíamos parar de chorar, mas eram lágrimas de alívio e felicidade. Passamos pela capelinha para avisar Nossa Senhora Desatadora de Nós que tinha dado tudo certo. Deixamos umas flores para ela e pedi que avisasse a Deus que a gente estava zero a zero.

Na porta do hospital, fotografei a Gabi saindo com nossa filha nos braços e conclui a última página daquela história em que fiz a melhor e a pior foto da minha vida.

Fomos para a casa dos meus sogros, já que não tínhamos casa para voltar. Eles nos esperavam com uma faixa pendurada no alto da casa, na qual dava para ler: "Bem-vinda, Sofia. A nossa Guerreira. Nós te amamos". Tínhamos que recomeçar a vida. Tudo tinha mudado. Se eu já havia me reconstruído várias vezes sozinho, agora eu era mais forte. Tinha uma família. Éramos três e éramos invencíveis.

A obra da nossa Palafita estava abandonada, sem esperança nem grana para recomeçar. Também tranquei a faculdade de Filosofia. Viveríamos um bom tempo na casa dos pais da Gabi e a prioridade era estar ao lado da nossa filha. Depois de uma semana em casa, no dia 11 de setembro tivemos que voltar para o hospital. Sofia teve a primeira das muitas pneumonias que a acompanhariam pela vida. Retornar para a UTI foi muito difícil, mas sabíamos que era só mais uma batalha de muitas que teríamos pela frente. Dessa vez não levei a câmera fotográfica e a Gabi não escreveu no diário. No dia 18 de setembro, três meses depois dela nascer, chegamos discretamente em casa e aquela semana preferimos apagar da nossa história.

A temporada de exílio no hospital nos causou alguns traumas. Por vezes eu saía do trabalho e esquecia o caminho de casa, me via estacionando em frente ao São Francisco de Paula. Foi tanta dor, tanto amor e tanta luta que contraímos um tipo de "Síndrome de Estocolmo" com o hospital em que a Sofia nasceu.

Todas as prioridades tinham sido subvertidas a partir daquela tarde de 18 de junho de 2005. Tudo estava diferente e a única certeza que tínhamos era a de que nada é para sempre e cada instante de vida é divino. A vida é uma dádiva perfeita demais para perder tempo com vaidades e arrogâncias. A história dos primeiros três meses de vida da nossa pequena guerreira transformou nossas prioridades. Passamos a ser felizes nas pequenas coisas. Se antes passava a vida tentando ter sucesso no trabalho, agora eu queria tempo para amar minhas filhas.

A luta diária, a angústia, a esperança e resiliência constante, tudo nos mudou. Não éramos mais os mesmos. Nossa filha nunca desistiu de viver e nos ensinou que nada é impossível na vida. Que além da medicina e da ciência existe o amor, um ingrediente essencial em qualquer cura.

Os olhos amendoados da Sofia nos guiaram por caminhos que não conhecíamos. A Dane me fez pai e Sofia me ensinava a ser pai. As duas tinham o mesmo olhar de sabedoria. Os olhos mais lindos que já miraram os meus.

Com menos de um mês em casa, recebi um telefonema do Ricardinho, meu editor, convocando-me a fazer uma viagem no rebocador de alto-mar Tritão, um navio histórico da Marinha do Brasil. Seríamos testemunha ocular de exercícios militares em uma viagem pelo oceano Atlântico. Em reportagem especial, noticiaríamos um treinamento de patrulha costeira, com vários navios, helicópteros e tiros. Mas havia um problema. Eu ficaria dez dias longe das gurias. Sempre amei os barcos e o mar, mas não queria me afastar naquele momento. Fui em casa, expus à Gabi a pauta e comuniquei minha recusa ao convite. Ela me convenceu a ligar para o jornal e confirmar minha presença antes que escolhessem outro fotógrafo.

Gabi disse que seria ótimo o trabalho e que o Ricardo tinha me escolhido exatamente como um prêmio por tudo que tínhamos passado. Ela me confessou que também precisava ficar um pouco sozinha com a sua filha, só as duas.

Nos meses de hospital, sem privacidade, elas não conseguiram se curtir. Gabi e Sofia queriam um tempo sem enfermeiros, médicos, aparelhos e respiradores. E o principal: sem uma máquina fotográfica apontada o tempo todo para elas. Confesso que senti um pouco de ciúmes, mas embarquei na Expedição Sentinela dos Mares. Em uma manhã chuvosa, partiu a flotilha com vários navios do porto de Rio Grande rumo ao Porto de Paranaguá. Foram dez dias de atividades intensas, nos quais me dividia entre o trabalho a bordo e a saudade de casa. Com a abstinência de uma grande reportagem, me joguei de corpo e alma naquela faina ao lado do repórter Guilherme Mazui, desbravando os mares do sul do mundo. Usando todas as tecnologias disponíveis na época, fotografei cada manobra e cada canto do navio e filmei depoimentos emocionados dos tripulantes do velho Tritão. Além da reportagem, resolvemos criar um site para o Tritão, tornando-o o único navio da força naval a ter essa ferramenta. Pela nossa iniciativa, Mazui e eu recebemos a comenda "Amigos da Marinha", umas das maiores honrarias que a Marinha Brasileira oferece a um civil. Essa distinção reacendeu meu sonho de conhecer a Antártica e fazer uma grande reportagem sobre o continente gelado.

Voltei renovado. Foi incrível como dez dias longe fizeram tanta diferença. Os dias de isolamento e reclusão voluntária de mãe e filha também fizeram muito bem a elas. Sofia estava linda, rosada e crescida. A única coisa que não mudava eram seus olhos pretos e amendoados que nos iluminavam com a mesma força e determinação desde o dia do seu nascimento.

Naquela semana, nos sentamos para conversar pela primeira vez sobre tudo que tinha acontecido nos últimos meses. A vida tinha nos empurrado em ondas de uma tempestade na qual apenas resistimos para sobreviver. Ou seria uma calmaria em que nosso barco não encontrou vento para navegar?

Tínhamos que fazer um balanço de tudo e descobrir o que havia sobrado para recomeçarmos. Aproar no rumo dos nossos destinos. A licença-maternidade já tinha acabado e a Gabi precisava voltar ao trabalho. A obra da nossa casa estava pela metade e ainda morávamos na casa dos meus sogros. Eu tinha meu emprego, mas começava a me perguntar o quanto era feliz batendo o ponto em um jornal que esperava de mim fotos de rotinas e outros registros cotidianos.

A primeira iniciativa que tivemos foi reler o diário que a Gabi escreveu e rever todas as fotos que fiz no hospital. Para nossa surpresa, existia um arquivo com mais de onze mil imagens. Concluímos que havia duas coisas em comum entre nós. Produzimos aquilo no pior momento de nossas vidas com a certeza de que um dia a Sofia conheceria sua própria história através do que sabíamos fazer de melhor: escrever e fotografar. Então nos demos conta de que as fotos e o texto eram complementares. Tivemos sentimentos, dores, angústias e medos muito parecidos, expressados por cada um do seu jeito. Comovidos com todo aquele material, resolvemos fazer uma exposição no hospital para agradecer a cada pessoa que nos ajudou e que acreditou no sonho de um final feliz. A exposição tomou conta dos corredores e foi emocionante voltar para exorcizar aquela história. Em painéis gigantes, as pessoas que foram primordiais na cura da Sofia puderam se ver e compreender o valor da luta invisível que travam diariamente para salvar vidas.

A nossa pequena guerreira, que nasceu em uma tarde de inverno, contou com o apoio de muita gente e, acima de tudo, da fé de cada um que acreditou. Foram três meses de muita angústia, esperança e resiliência constante, mas nossa filha nunca desistiu de viver e agora estava ali, nas fotos, e cheia de vida no nosso colo, para que todos a celebrassem. Em cada painel, os olhos da Sofia nos mostravam esperança, nos guiavam por caminhos que não conhecíamos.

Sem gratidão a vida não vale a pena.

A primeira decisão foi a de que a Gabi não retornaria para a assessoria de imprensa da Assembleia Legislativa. As viagens semanais para a capital não combinavam mais com as necessidades da mãe. Resolvemos pôr em prática um velho sonho de abrir a primeira agência de notícias da cidade.

O discurso do músico Vitor Ramil nos inspirava: "Não vivemos à margem e sim no centro de outro universo". Queríamos ser correspondentes da utópica Satolep, de *A Estética do frio*. Em um país tropical, queríamos "cantar nossa aldeia e ser universal", mostrando este Brasil estrangeiro que existe no Sul, onde a arte se reinventa nas influências platinas. Seríamos porta-vozes dessa identidade em que os movimentos são mais lentos, as roupas mais pesadas e as pessoas mais próximas pelo calor do fogo nos invernos e pelo mate que passa de mão em mão.

Essa história de home office só existia lá para os lados do Vale do Silício, então resolvemos fazer do nosso jeito. Assim nasceu a Satolep Press, uma pequena agência de comunicação, criada para ofertar assessoria de imprensa, fotografia, edição e, acima de tudo, gerenciar sonhos. Queríamos falar das belezas, mas também denunciar as injustiças. Tudo isso violando a regra dos que acreditam que para ser bom é preciso girar a cartilha dos grandes centros urbanos. Decidimos transgredir e ficar. Queríamos somar. Sermos os correspondentes do lugar onde nossa filha nasceu.

O escritório era na sala, no quarto, ou na mesa da churrasqueira da casa dos pais da Gabi, não importava, o negócio era acordar e mergulhar no trabalho. Fazer o expediente conforme a inspiração e administrar as diferentes facetas do "ócio criativo". Eu tinha meu trabalho no jornal e a Gabi atendia em casa os poucos clientes que surgiam no começo daquele projeto ousado. Nessa época me inscrevi para ir à Antártica fazer uma cobertura sobre as pesquisas na Estação Comandante Ferraz. Era só aguardar.

Veio o verão de 2006 e com ele a decisão de retomarmos a obra da Palafita. Para marcar a decisão, resolvemos promover um churrasco com os amigos. Entre assados e banhos de arroio em uma tarde quente de sábado, fizemos um balanço de tudo que tínhamos e o que faltava para concluir nossa casa. Com a obra parada durante mais de seis meses, muito material tinha se perdido. Organizamos tábuas, tijolos e telhas e fizemos um levantamento. Chegamos à conclusão de que o item mais escasso era o dinheiro. A grana que tínhamos não dava nem para contratar um pedreiro. Juntamos os restos da obra e fizemos um mutirão para construir um chalezinho de madeira com duas peças no fundo do terreno, onde passamos a viver nos finais de semana. Não nos mudamos definitivamente porque o barraco era improvisado, cheio de frestas, e a Sofia ainda carecia de muitos cuidados.

Certa manhã, eu fotografava um protesto de servidores públicos em frente à prefeitura quando meu telefone celular vibrou no bolso. No meio do tumulto, visualizei a tela e observei um número não identificado. Pensando se tratar de telemarketing, resolvi não atender. O tal número não identificado insistiu durante todo aquele dia, até que no final da tarde atendi. Era um advogado querendo saber se o nosso veleiro estava à venda. Fiquei mudo por um instante, pensando ser trote de algum amigo, quando do outro lado da linha uma voz confessou que sonhava em ser dono daquele barco histórico. Ao se identificar, reconheci pelo nome o abastado bacharel que usava o termo sonho para ser dono do meu barco.

Vender o veleiro era a oportunidade que tínhamos para terminar a casa. O barco era a última moeda de troca que nos restava. Minha vontade era perguntar quanto ele pagava, mas, compreendendo a chance, blefei. Disse a ele que havia sonhado antes e descrevi toda a história do resgate, da saga que foi navegar sem vela e sem motor até Pelotas, pendurado atrás de um navio, e que Sofia veio ao mundo a bordo dele em uma noite estrelada de primavera. Divaguei sobre nossos planos de concluir a restauração e do sonho que tínhamos de fazer uma grande viagem pelo mundo.

Advogados são seres curiosos. Ou eles intuem quando estamos blefando ou eles se informam antes de propor um negócio. Nos convidou para um happy hour em sua cobertura. Serviu whisky Logan dezoito anos e pão torrado com patê foie gras. Depois de se vangloriar de todas as suas conquistas e posses, nos ofereceu um valor pelo barco. Disfarçando os semblantes de desesperados, fizemos uma contraproposta que daria para concluir nossa casa. O valor era justo e foi pago em dez cheques assinados por uma empresa de bebidas com nome e endereço estranhos no interior de São Paulo, que não figurava em nenhuma pesquisa no Google. O veleiro navegou de volta para o clube onde eu e meu cunhado o atracamos depois da navegada histórica pela maior lagoa da América do Sul. No lugar onde beijei a Gabi pela primeira vez, nosso barco encantado passaria por uma grande reforma e faria seu novo dono muito feliz.

Saímos em busca de uma empreiteira que fizesse um orçamento que coubesse dentro daquelas dez folhas de cheques que sequer sabíamos se tinha fundo. Um senhor, proprietário de uma empresa familiar, aceitou avaliar a obra inacabada. Quando entramos, uma coruja branca e linda, daquelas de torre de igreja, levantou voo dentro da casa. Ela morava no sótão. Como um bom presságio, o símbolo da sabedoria abençoava o lugar que seria o primeiro escritório da Satolep Press.

O bom homem aceitou o risco e trouxe seus irmãos e filhos, prometendo nos entregar a casa pronta antes de o último cheque ser compensado. Já sonhando em viver na Palafita, passamos a frequentar ferragens, lojas de construções e demolidoras de casas, garimpando materiais que coubessem dentro do nosso dinheiro. Cada janela, porta, ou piso adquirido era carregado no porta-malas da nossa caminhonete e recebido com festa no canteiro de obra. Logo a equipe compreendeu que não levantava uma simples casa, estava ajudando a construir nosso sonho. Nos finais de semana, reuníamos os amigos com o pretexto de fazer churrasco e tomar banho de arroio, só que a galera cortava grama e fazia limpeza para os pedreiros encontrarem tudo organizado na segunda-feira e a obra fluir.

Se queríamos que nossa casa fosse alicerçada nas amizades, nada mais justo do que ter a participação dos amigos. Cada pormenor que modelava nossa casa me fazia sentir vivo. Já instalados portas, janelas e vidros, faltava pouco para entrarmos no lugar onde seríamos plenos, os três, vivendo na Palafita encantada. Sofia finalmente teria o quartinho tão sonhado, nossa agência teria um espaço nobre na casa e a água do arroio iria irrigar nossas árvores e nossos dias.

A esperança é infinita, mas a felicidade é efêmera.

Quando pensamos estar atingindo nossos objetivos a divina comédia humana vem para mostrar que nada é eterno. Nem a tristeza e muito menos a felicidade. Cada vez mais me dava conta de que o céu e o inferno são vizinhos. Era 9 de março e, depois de mais um dia de expediente, dei uma passada na obra para conferir o andamento e em seguida fui para a casa dos meus sogros, onde ainda morávamos. Gabi, abatida por uma conjuntivite, estava no quarto. Contei as novidades do dia, falei que era aniversário do Klécio e que iria dar um abraço nele, que estava na cidade.

Como tínhamos comprado em suaves prestações uma cadeirinha de bebê reclinável da marca Galzerano Matrix Evolution, Gabi me confiou levar a Sofia comigo enquanto ela descansava em casa. Eu, todo bobo, saía pela primeira vez para um passeio de pai e filha.

Klécio foi uma pessoa muito importante na minha vida. Um dos principais responsáveis por eu aportar por aqui no final do século passado. Ele precisava contratar um bom profissional de imagem para a Casa Zero Hora Pelotas e eu precisava manter meu emprego. Nos tornamos uma dupla icônica de repórter e fotógrafo. Trabalhávamos por instinto. Eu cuidava das imagens, ele escrevia, e o sul do Estado passava a figurar nas capas do maior jornal do Rio Grande do Sul. Combinamos que quando um dos dois recebesse uma promoção, levaria o outro. Nos tornamos inseparáveis. Só uma coisa nos dividia: trinta dias entre nossas datas de nascimento. Eu comemorava dia 9 de abril e um mês depois os parabéns eram para ele.

No último ano do século, Lourenço Flores, editor da sucursal de Brasília e velho amigo dos tempos de Diário de Canoas, me telefonou avisando que pediria demissão e sugeriu indicar o Klécio para a vaga na capital federal. Corri para a redação com a informação e, empolgado, disse para ele que era a nossa chance. Ele iria primeiro e depois eu o seguiria para continuarmos trabalhando juntos. Ligamos para todas as pessoas que poderiam nos ajudar na nossa empreitada. No mês de dezembro de 1999 o nome dele foi indicado para ser chefe da redação do jornal *Zero Hora* em Brasília. Não demoraria muito para eu também partir rumo ao Planalto para fazer a cobertura das comemorações dos quinhentos anos do descobrimento do Brasil. Lá eu passei a trabalhar com os melhores jornalistas da imprensa brasileira. Fotografar o centro do poder e ter a oportunidade de estar fazendo parte da história era muito atraente. Meu trabalho frequentava as capas dos principais jornais do país através da Agência RBS, que vendia minhas fotos.

Acostumado a trabalhar com baixo orçamento, na capital federal vivia com a rotina de aeroportos e dinheiro no bolso. Estava em Brasília quando perdi a minha primeira oportunidade de ir à Antártica quando, ao receber um telefonema da Marinha, pedi para a telefonista dizer que eu não me encontrava. Pensando se tratar da cobrança de uma multa que havia recebido com o Diamantino's, não fiquei sabendo que meu projeto havia sido aprovado. Entre viagens e fotos de presidente, senadores e deputados, uma angústia me apertava o peito. Como se houvesse um encontro marcado, algo que me chamava de volta a Pelotas. Profissionalmente, minha permanência em Brasília era a opção mais lúcida, mas decidi abandonar tudo no primeiro dia de maio do ano 2000 e embarcar em um avião rumo ao Sul. Muitos duvidaram da minha sanidade. Cheguei até a questionar minha escolha, mas com o tempo me daria conta de que estava certo. Meu amigo tentou me persuadir a permanecer até o dia 9 para comemorar seu aniversário. Declinei e parti. Mesmo sem compreender minha decisão, ele me levou até o aeroporto internacional Juscelino Kubitschek e, ao nos despedirmos, combinamos que sempre nos ligaríamos nos nossos aniversários. Por isso, naquela noite, levar a Sofia até a casa em que ele estava hospedado para lhe dar os parabéns era tão importante.

Estacionei a caminhonete em frente à porta, coloquei meu equipamento fotográfico no ombro, retirei a Sofia da cadeirinha e apertei a campainha.

Era uma festa cheia de amigos e parentes. Cantavam parabéns e ele assoprava as velas quando entramos. Klécio ficou surpreso com a inesperada visita e, depois de nos abraçarmos, sentamos para rememorar velhas histórias. Entre risadas e nostalgias, Sofia recebia carinho de todas as pessoas que conheciam a história dela e se emocionavam ao vê-la. Acostumada com o silêncio de casa, minha bebê começou a ficar inquieta, então decidi que já estava na hora de retornar. Nos despedimos e meu amigo me acompanhou até a saída. Ao abrir a porta, estranhei que a caminhonete não estava onde eu a tinha deixado. Pensei se tratar de uma brincadeira, mas ao levar a mão no bolso senti que a chave estava comigo.

Nosso carro havia sumido.

Levei um tempo para assimilar que nossa caminhonete com a cadeirinha de bebê tinha sido roubada. Questionei o porquê de aquilo acontecer com a gente, justamente quando a nossa vida começava a entrar nos eixos. A casa estava quase pronta e em breve viveríamos nela. Mas sem a caminhonete não conseguiríamos levar o material para concluir a obra e muito menos nos mudar, já que a Palafita era construída em um lugar isolado que nem ônibus chegava. Parece que a vida estava sempre desafiando nossos limites. Estávamos sempre recomeçando.

Fui até a casa do meu amigo para festejar seu aniversário e voltei de táxi para dar a notícia à Gabi de que não tínhamos mais carro. Ainda naquela noite fiz um boletim de ocorrência na delegacia. Descobrimos pela polícia que os ladrões fugiram por uma rodovia rumo à fronteira com o Uruguai. A última vez que vimos nossa caminhonete foi pelas câmeras de segurança de uma praça de pedágios.

Acho que já falei que sou um especialista em recomeçar. Mas às vezes os recomeços têm códigos e letras tão pequenos que temos dificuldades para ler. Quando pensava que todos os planos estavam organizados, o destino veio e deu uma rasteira. Um imprevisto te tira do eixo, te deixa à deriva.

Só que no outro dia a vida seguia seu fluir contínuo. Pedreiros esperavam o material na obra e para o mundo não fazia a menor diferença eu ter um carro ou não.

Despertei pela manhã, montei na minha bicicleta barra circular vermelha e fui trabalhar. O porteiro do jornal perguntou se eu estava querendo emagrecer pedalando uma magrela em um dia tão quente. Não apareci na obra ao meio-dia como de costume, mas ao final do expediente fui conferir o andamento dos trabalhos. Um servente de pedreiro ironizou minha Monark velha e percebi que se chegasse pedalando uma bicicleta velha na obra por muito tempo eles perderiam o respeito. Tinha prometido que concluiria nossa casa sem dívidas, por isso tentava encontrar um carro que pudesse pagar à vista.

Depois de uma semana, exausto de pedalar para cima e para baixo, descobri um Fusca à venda na Vila da Balsa. Convoquei o motorista do jornal para me levar até lá. Em uma noite escura e chuvosa de sexta-feira, fiquei frente a frente com um Fusca marrom e brilhoso que custava dois mil reais. Ao sair para experimentar o carro, estranhei que o proprietário fazia questão de me apresentar o moderno aparelho de rádio com CD e entrada para *pen drive*, equipado com um kit de dois alto-falantes, de onde tocava ao volume máximo música sertaneja. Interessado em fechar o negócio rapidamente, ele concordou em fazer um bom desconto. Com mil e quinhentos reais já saí motorizado com a promessa de ir ao cartório nos dias seguintes para finalizar a burocracia.

Para desespero dos meus sogros, o carro que salvaria meus dias fez uma entrada triunfal na garagem, sumindo em uma nuvem de fumaça. Gabi o batizou carinhosamente de "Choquito", e já na primeira volta descobrimos que ele chacoalhava tanto que a Sofia ia adorar dormir no banco de trás. Uma cadeirinha de bebê usada foi doada pelos amigos. Pela manhã, indo para o jornal, notei que o brilho que havia me impressionado na noite anterior era causado pela água da chuva, e o motivo de o antigo dono me apresentar com tanto entusiasmo o rádio era disfarçar os barulhos que se agravariam com o tempo. Choquito chegava para substituir a caminhonete e por isso logo retirei o banco dianteiro e comecei a transportar sacos de cimento e outras demandas para a obra.

Quando a casa estava praticamente pronta, o dinheiro pago pelo Fusca fez falta. Entre parar a obra mais uma vez ou financiar as louças de banheiro e material elétrico, optamos pela segunda alternativa. Gabi e eu fomos até uma loja de materiais de construção e escolhemos azulejos, vaso sanitário com caixa acoplada, pia, além de tomadas, interruptores, lâmpadas e toda a parte elétrica. Pagamos em doze prestações e nos apertamos, colocando tudo dentro do Fusca para poupar o dinheiro do frete. Chegamos buzinando. Os pedreiros, acostumados com outros patrões abastados, nos achavam excêntricos e vibravam com nossas conquistas. Com todo material comprado, a casa ficou pronta em poucos dias e oferecemos um churrasco para comemorar a conclusão da Palafita.

Desde aquela noite de Carnaval em que eu e a Gabi falamos sobre amor pela primeira vez, nossas vidas passaram a ser um turbilhão de emoções. Nosso histórico comprovava que nada era muito fácil para nós, mas com amor e cumplicidade estávamos rasgando a vida. Um caminhãozinho buscou o que restou de nossas coisas, até então guardadas na garagem dos amigos Sid e Vilmarise. Era o básico para começar a mobiliar nossa casa. No primeiro dia de agosto, Gabi, Sofia e eu, a bordo do Fusca marrom, rumamos definitivamente para as margens do Arroio Pelotas. Aportamos na Palafita em uma manhã fria e azul de inverno. A imponência do motor barulhento do nosso Fusca contrastava com aquela paisagem silenciosa. A simplicidade daquele carro representava a força e a luta que tivemos para realizar nossos sonhos. O mesmo ar que arrefecia o motor do Fusca também enchia os pulmões da Sofia no lugar onde ela iria ser muito feliz.

Entreguei a chave à Gabi e falei que a Palafita era um presente. A Sofia seria criada correndo às margens do Arroio Pelotas, exatamente como ela, o pai e a avó.

Subimos naquela construção como se fôssemos anjos. Protegidos por aquelas paredes sólidas, dormimos a primeira noite assustados com os barulhos que com o tempo seriam uma extensão de nós. A partir daquele dia, o mundo passava a ser uma porção de terra na volta da nossa casa. Nosso porto seguro, o centro de todo o universo. Toda vez que abríssemos a porta da Palafita Encantada teríamos o mundo inteiro no nosso quintal. Não precisávamos mais ter medo de nada, porque sempre teríamos um lugar para voltar: a "Palafita do Arroio Pelotas".

Este capítulo contém trecho do diário *O mundo de Sofia*, escrito pela Gabi Mazza no período em que nossa filha esteve hospitalizada, entre junho e setembro de 2005.

O Fusca da minha desconstrução

Nossa vida começou a ganhar forma e fomos nos tornando parte do lugar onde escolhemos viver. Acordar de manhã e pela janela observar o Arroio Pelotas seguir seu fluxo contínuo nos ensinava que a vida é um eterno movimento. Aquelas águas correntes impregnadas de mistérios e pintadas pela luz do sol renovavam nossas esperanças e nos mostravam que tudo é líquido, como o rio que cruza fronteiras sem licença nem medo, sempre chegando ao seu destino.

Plantamos as primeiras árvores que cresciam lentamente, como se dissessem que o tempo é o dono do próprio tempo e que para nos sentarmos à sombra teríamos que esperar. O ponto mais alto do nosso terreno era a caixa d'água, que estava em uma torre de madeira, bem ao lado do telhado. Na primeira tempestade elétrica, saí à rua com máquina fotográfica e tripé para fazer imagens. Raios, relâmpagos e trovões sempre exerceram um fascínio em mim. Mas toda aquela beleza que me encantava pelo visor da câmera escondia um perigo para a nossa Palafita. Se não instalasse um para-raios, as luzes do céu que me fascinavam poderiam aniquilar nossa casa. O cotidiano foi nos apresentando os motivos pelos quais compramos o terreno com o pouco dinheiro que conseguimos juntar.

A trilha sonora da nossa história agora tinha que rimar com compromissos e obrigações. Não éramos mais filhos, éramos pais e responsáveis pelas nossas escolhas. E existiam muitas coisas para resolver. A água potável que corria na torneira chegava clandestinamente por uma mangueira preta, e a luz elétrica era improvisada por um cabo estendido pelo campo do vizinho mais próximo, a mais de um quilômetro de distância.

Mesmo nossa casa ficando na principal rota turística da cidade, o caminho era muito esburacado. Mas nada disso abalava nossa felicidade.

A vida se reinventava com ônus e bônus e diariamente embarcávamos no Choquito para ir trabalhar. Sofia era retirada da cama ainda dormindo e acomodada na cadeirinha emprestada, já rasgada. A Gabi precisava trabalhar na casa dos meus sogros. Nosso sonho de transferir a Satolep Press para o sótão teve que ser adiado porque não havia tecnologia de instalação de internet em um local tão inóspito.

A gente começava a vida nova a todo gás, só que o nosso Fusca estava em fim de carreira e, percorrendo diariamente aquela estrada cheia de buracos e lama, começava a dar o recado de que pediria a aposentadoria. Eu, com muitos resquícios da vaidade jornalística que insistia em me acompanhar, pensava que aquele Fusca marrom, perdendo os pedaços, não combinava mais com o padrão de vida que vínhamos conquistando. Meus pensamentos plutocráticos eram um retrato oposto à luta e ao altruísmo de nosso amor, nossas conquistas e do lugar onde vivíamos.

Gabi amava Fuscas e simpatizava com o Choquito, mesmo sabendo que ele estava chegando ao fim da jornada. Fazendo assessoria de imprensa para alguns shows e *freelancer* para artistas locais, já questionávamos nossa vocação de empresários. Foi então que apareceu o primeiro grande contrato de trabalho para a nossa agência de comunicação. Uma renda fixa aliviaria nossas despesas com fisioterapias e remédios para a Sofia e algumas prestações que a obra tinha nos deixado de herança.

Chegou o dia da assinatura do contrato e acordamos com toda a energia, mas o Choquito amanheceu com a bateria descarregada e não virou o arranque. Gabi assumiu a direção, Sofia na cadeirinha de bebê, e eu, usando toda a força possível, empurrava o Fusca pelo pátio, gritando de raiva e quebrando o silêncio da Palafita sem vizinhos. Já que vivíamos em isolamento social e sem a quem recorrer, fizemos o carro pegar no tranco, sozinhos.

Quando o motor roncou, Gabi saltou para o banco do carona e eu assumi com raiva a direção — que tinha meia volta de folga, e comecei a dirigir perigosamente pelas estradas esburacadas, como se asfaltadas fossem. Com o cabeçote quebrado, a suspensão dianteira solta, o pedal do acelerador trancando e respirando a poeira que entrava pelos buracos do assoalho, voávamos. Não era de bom tom levar um bebê para uma reunião de trabalho, então a Sofia ficaria na casa da avó. Para não chegarmos atrasados na reunião, Gabi telefonou para a sua mãe para que ela já nos aguardasse no portão. Quando minha sogra atendeu ao telefone, Sofia despertou assustada com a barulheira do Fusca e começou a chorar. Gabi não conseguia ouvir o que sua mãe dizia no outro lado da linha. Em um misto de desespero e ansiedade começamos a gritar um com o outro. Eu, dizendo que tínhamos que jogar aquela lata-velha fora, e Gabi, dizendo que os Fuscas eram ótimos carros e que o Choquito é que precisava de uma reforma. Furioso, eu acelerava mais e mais para o desespero da Gabi, que tentava falar ao telefone. Quando sentenciei:

— Eu paro de acelerar se a gente vender esta imundície e nunca mais comprar um Fusca em nossas vidas.

Racionalmente, Gabi reiterava que Fuscas não eram tão ruins. Eu, em desabalada carreira, gritava:

— Só desacelero se tu admitir que nunca mais teremos um Fusca.

Neste momento, ela falou:

— Se a gente fechar o contrato, vendemos o Choquito e compramos um outro carro. — Eu repeti:

— Tem que dizer que nunca mais teremos Fusca.

Então, foi ela que gritou:

— Já que é o que tu estás pedindo... Nunca mais vamos ter Fusca, nunca mais!

E eu complementei:

— Eu odeio Fusca.

Mal sabia eu que odiava os Fuscas com todo o meu amor. Diminuí a velocidade, acalmamos a Sofia e a balbúrdia serenou. Por um tempo o silêncio só era quebrado pela barulheira do motor, até que começamos a rir da situação.

Continuamos rindo quando assinamos o contrato e nossa vida financeira começou a entrar nos trilhos. A primeira atitude que tivemos foi ir a uma loja de carros usados entregar aquele Fusca marrom cor de cocô por quinhentos reais na entrada de um Fiat Uno EP Vermelho, seminovo, e mais vinte e quatro prestações para saldar. Logo depois fomos a uma loja exorcizar mais um trauma. Financiamos uma cadeirinha de bebê Galzerano Matrix Evolution, exatamente igual à que tinha sido roubada. Sofia novamente sentaria no Rolls-royce das cadeirinhas de bebê, e no nosso novo Uno EP quatro portas teria o conforto que ela merecia. Quando encostei as mãos no volante daquele Uno, sussurrei que Fusca nunca mais entraria em minha vida. Gabi escutou e me disse:

— Nunca digas "dessa água não beberei"!

Descobrimos uma empresa que instalava internet via rádio na zona rural. Com uma antena no telhado e um modem no sótão, finalmente conseguimos levar a Satolep Press para casa. Agora a Palafita estava conectada com o mundo. Com o escritório em casa, precisamos de alguém para ajudar com a Sofia. Nesse momento, apareceu a Talita, que aos dezoito anos buscava uma oportunidade de trabalho. A mãe dela já era conhecida, porque havia trabalhado por anos com a avó da Gabi. Em pouco tempo, a Tatá, como passou a ser chamada, entrou para nossa família. Com cuidado e dedicação, teve um papel primordial naqueles desafios dos primeiros invernos da Sofia. Alguém que sabia conjugar o verbo cuidar na sua plenitude. Tatá foi fundamental para transformar a nossa filha na menina corajosa que no futuro seria nossa companheira de viagens. A vida ganhou novas formas e as pautas rotineiras do jornal já não me entediavam. Sabia que, ao escolher trabalhar longe das capitais, me condenava a nunca cobrir uma Copa do Mundo ou fazer a viagem tão sonhada para a Antártica.

Fui convocado para um "Encontro de jornalistas do interior", na sede do jornal, em Porto Alegre. Mesmo sabendo que estava fadado a cobrir pequenas reportagens na minha cidade, resolvi indagar uma editora. Perguntei por que nós, correspondentes, éramos tratados com outro peso e outra medida, em relação aos profissionais da capital. A mulher desfigurou o semblante por ser questionada em frente ao grupo e, sem responder à pergunta, me deu um ultimato:

— Tens que vir trabalhar em Porto Alegre. Já esteve em Brasília e quis voltar. Trabalhar na capital é uma tendência no jornalismo mundial. Todos querem crescer, menos tu!

Senti que devia ter ficado quieto. Vivia um dos momentos mais felizes da minha vida pessoal, mas o sangue que corria em minhas veias era de fotojornalista. Sobrevivia em mim a utopia de uma grande cobertura. Eu vivia em uma cidade linda, morava na casa dos meus sonhos, não reclamava por aumento de salários e não compreendia aquela história de tendência mundial. Para mim, o profissional do futuro estava associado ao seu poder de transformação, e não a questões geográficas.

Na saída da redação, em Porto Alegre, o veterano repórter Carlos Wagner, que assistiu à conversa, me falou em tom de brincadeira que um jornalista só é respeitado se escrever livros, e completou:

— As fotos publicadas no jornal, amanhã estão enrolando peixe no mercado. Livros são para sempre.

Se a tal editora pensou em me desmotivar, voltei para Pelotas com sangue nos olhos. Não fotografava para ela, mas para minhas filhas sentirem orgulho de mim. Fazia jornalismo pela cidade que escolhi viver. Decidi que iria provar que mesmo estando no interior eu poderia ser um dos principais fotógrafos do jornal. Sonhava em fazer coisas grandes.

Um tempo depois, descobri que o jornal havia recebido um convite para um repórter e um fotógrafo acompanhar uma missão à Antártica. Telefonei para a redação na capital na esperança de que ainda não tivessem escolhido a equipe. Antes mesmo de me voluntariar, já avisaram que os editores chefes haviam se escalado para a viagem. Em uma noite fria de inverno, estavam sentados em minha frente, à mesa da Parrillada Salamanca, Marcelo Rech e Kadão, os editores que embarcariam no Hércules da Força Aérea Brasileira. Completava a mesa Fábio Schaffner, um promissor repórter recém-chegado na sucursal. Eu aproveitava a rara oportunidade de estar frente aos meus chefes. Motivado pelo vinho Tannat Don Pascual, escolhia palavras para expor os recantos ignorados na minha região que mereciam páginas e capas do nosso jornal. Falei dos naufrágios, dos pescadores que viviam isolados às margens das lagoas, e foi aí que comecei a divagar sobre os encantos e curiosidades da Lagoa Mirim. Contei que tinha voltado havia pouco de uma navegada de férias na companhia do escritor Décio Vaz Emygdio, em que desbravamos o lado uruguaio do manancial para reeditar um livro que ele havia publicado. Empolgados com a minha empolgação, o Kadão perguntou:

— Por que tu não fazes uma grande reportagem sobre a Lagoa Mirim?

Ponderei que levaria muitos dias e custaria muito caro e, por isso, o jornal jamais aprovaria. Foi então que o *big boss* Marcelo Rech interferiu:

— Elabora um projeto com esmero que eu aprovo.

Eles partiram para a Antártica e eu passei a dividir minhas tarefas cotidianas com a elaboração de um grande projeto de reportagem. Conhecia a Lagoa Mirim como a palma da minha mão, mas para ter meu projeto aprovado teria que pesquisar mapas, avaliar custos, definir roteiros e alugar um barco para a expedição. Juntei tudo o que consegui sobre a Lagoa Mirim e passei um dossiê para a redação na capital, mas a burocracia fez com que meu projeto ficasse jogado por mais de um ano na mesa de algum chefe. Tentava fazer o projeto chegar às mãos de Marcelo Rech, mas não era todos os dias que os editores se sentavam a uma mesa para tomar vinho e comer assado. Ele tinha seus compromissos inadiáveis e não havia tempo para avaliar o projeto de um fotógrafo que queria sair a navegar por uma lagoa desconhecida.

Marcelo foi promovido a diretor na empresa, e o Ricardo Stefanelli assumiu como editor do jornal, querendo uma grande reportagem para marcar sua chegada. Caiu na mesa dele a reportagem sobre a Lagoa Mirim. Pouco ele sabia sobre a imensidão e exuberância do espelho d'água, metade brasileiro, metade uruguaio, encravado no sul do mundo. Ricardo escalou um repórter para trabalhar comigo e refizemos o projeto. Eufórico, com novos roteiros e custos na mão, procurei uma família de pescadores na cidade de Jaguarão, fronteira com o Uruguai, que aceitou o desafio de participar da "Expedição Lagoa Mirim" em seu barquinho de pesca.

Essa reportagem começaria a mudar minhas prioridades relacionadas ao destino da minha profissão. Sempre sonhei em participar da cobertura de uma Copa do Mundo, de uma Olimpíada, ou em fotografar a Antártica, mas foi com os pescadores da Lagoa Mirim que eu aprendi a verdadeira definição de pertencimento a um lugar. Os homens e as mulheres que vivem no mar sabem que a felicidade está em desfrutar as coisas simples da vida com a devida importância que elas têm.

Foi escalado para embarcar comigo o repórter Carlos Etchichury e a estudante de jornalismo Mariana Müller. Completava a tripulação o vira-latas Peteleco e Mestre Ronaldo, um homem que, apesar de embrutecido pela hostilidade e a vida dura, jamais parou de jogar suas redes no mar com a esperança de pescar sonhos.

Enfim, chegou o dia de zarparmos. Fomos para cidade de Jaguarão, fizemos um rancho, subimos a bordo e partimos em um velho barco de pesca artesanal, batizado sugestivamente de "Unidos no Amor". No segundo dia da viagem, já notamos que algo mágico acontecia. Além das fotos, que desvendavam as belezas de um mar sulino, e dos textos escritos para publicar no jornal impresso, produzimos vídeos, gráficos e um diário de bordo para um blog na internet. Ainda mandávamos boletins para a rádio, criando, assim, um conteúdo jornalístico em multiplataformas. Mesmo com uma conexão precária em celulares jurássicos, os leitores nos surpreendiam com interações, sugerindo pautas e dando feedbacks sobre o nosso trabalho. A internet fazia com que os ribeirinhos da lagoa acompanhassem nossa expedição, e, a cada vilarejo onde o barco atracava, demonstravam uma solidariedade que só crescia no decorrer da viagem.

Mestre Ronaldo é um homem que aprendeu a navegar por instinto e vivia absorto em uma espécie de GPS imaginário. Confiava de imediato a mim todas as tarefas no barco, por achar que Carlos e Mariana eram jornalistas de cidade grande. Eu as cumpria com respeito. Quando atracávamos para descansar nos fins de tarde e o motor do barco desligava, Mestre Ronaldo sentava para tomar um mate e contar histórias de pescarias, caçadas e naufrágios. Com seu sorriso largo, de dentes brancos contrastados com o rosto escurecido pelo penoso calor do tempo, nos encantava e nos cativava.

Ensinava para o grupo de jornalistas urbanos que a alegria e a felicidade estão nas coisas mais simples. Em observar o tempo, conversar com os ventos e conhecer os rumos. Dizia que um homem do mar tem que viver seus dias como se fosse o último, porque se o barco naufraga, tudo termina.

Pela manhã, inclinava o corpo para virar o arranque do velho motor Yanmar 36 hp, a diesel. Uma ruga se formava na sua testa e o homem virava o cão. Com os olhos firmes no horizonte, usava o conhecimento como sextante e o instinto para encontrar destinos, sem esboçar um sorriso. O semblante que o tempo se encarregava de abrutalhar se fechava e, se precisasse de algo, pedia aos gritos, contrapondo a voz terna do contador de histórias do motor desligado. O Etchichury perguntava se podia ajudar em alguma coisa, e seu Ronaldo, com aquela cara de "motor ligado", gritava:

— Fica aí no teu computador escrevendo. Só em não atrapalhar, tu já me ajudas!

Nessa mescla de sentimentos, o velho pescador cumpria sua missão. Mestre Ronaldo, sem saber, comandava uma jornada que extrapolava o velho "Unidos no Amor". Milhares de leitores navegavam com a gente a bordo da internet, rompendo fronteiras, desbravando histórias e belezas de um imenso paraíso de duas pátrias. O velho pescador ensinava que existem momentos de lazer e momentos de concentração no trabalho, e ambos devem ser vividos intensamente. Na vida, assim como no barco, às vezes temos que acionar o semblante de "motor ligado", em outras o de "motor desligado".

Nessa reportagem tive a oportunidade de exercitar toda a minha capacidade de multimídia. Fotografei, filmei, escrevi e descobri que a comunicação migrava a passos largos para o mundo digital. Percebi que os jornais em papel estavam com os dias contados e, mesmo com todas as dificuldades de conexões de internet que tínhamos, a novidade era que os leitores queriam participar, interagir, dar sugestões e se sentir parte da vida que vivíamos no isolamento da Lagoa. Os comentários nas redes sociais, que na época engatinhavam, apontavam que a reportagem a bordo de um frágil barquinho, que contava sobre a simplicidade e a felicidade de pessoas humildes, emocionava.

Na nossa viagem, uma das postagens mais comentadas na internet foi sobre a descoberta que fizemos de um ermitão e seu cachorrinho Scooby Doo, que guarneciam um farol abandonado. Quando navegávamos para o norte, nos deparamos com a solidão do homem e seu cãozinho sentados na praia, ao lado de uma edificação escura que há mais de meio século deixou de funcionar. Em um local ermo, a imponência dos dezesseis metros de uma torre quadrangular formava uma paisagem deslumbrante em meio à solidão das dunas. Sucumbindo, com sua porta trancada tal qual um túmulo, o farol era morada de corujas e marimbondos. A luz apagada pelo tempo um dia foi guia para os navegantes da lagoa. Quando o sol nasce, a estrutura de pedra é avistada a milhas de distância. O amor daquele homem e seu cachorro pelo brilho imaginário do farol abandonado era símbolo de resistência.

Depois de uma noite acampados na enseada da Ponta Alegre, local onde ficava o farol, aproamos em direção à Vila de Santa Isabel. Um resmungo do Mestre Ronaldo sobre as direções do vento mostraria o que os velhos navegadores já sabem: a natureza está sempre no comando. Zarpamos sem imaginar que um temporal nos esperava, mas que seu Ronaldo já previa.

— Virou o vento e devíamos ter ficado. — Foi o que ele cochichou sozinho na saída.

Pressionados pelos prazos do jornal e ansiosos por uma conexão de internet para enviar as fotos e textos da noite anterior, convencemos o comandante a singrar a lagoa, mesmo contrariado. Depois de algumas horas, o açoite da chuva e a fúria da tempestade nos encontraram, quase causando uma tragédia. Jamais deveríamos ter desrespeitado a intuição do velho navegador, porque "Navegar é preciso, viver não é preciso". Aborrecido por ter dado ouvidos aos jornalistas, Mestre Ronaldo me pediu para acomodar uma imagem de Nossa Senhora dos Navegantes no castelo de proa do barco de madeira e avisou a todos:

— Agora nos unimos por amor às nossas vidas, rezem.

— Carlos, tu cuidas da bomba de porão e não deixa o barco encher de água. Mauro (ele nunca acertava meu nome), tu ficas lá na proa pra ver se não tem redes de pesca no nosso caminho. E tu, Mariana, te deitas na cama e dorme pra não vomitar!

Com a virada do vento, as ondas foram crescendo e o velho "Unidos no Amor" passou a enfrentá-las como um guerreiro. O balanço insano do mar fez com que a empalidecida Mariana enjoasse. Tive que levá-la comigo para o convés para respirar. Só que a cada mergulho do velho barco, uma onda invadia o convés, nos encharcando. Com a água que entrava pelas frestas da madeira e as pancadas da proa contra as ondas, o risco do nosso pequeno pesqueiro se partir era eminente. Os ventos e as ondas alteravam nosso rumo o tempo todo. Depois de oito horas de hostilidade da natureza, encontramos a paz no Sangrador, local onde a Lagoa Mirim deságua no Canal de São Gonçalo.

A navegação me mostrou mais uma vez que a vida é frágil e que no mar não existe espaço para aventuras. Planejamento, projeto, estar pronto para o imprevisto e respeitar o tempo e a opinião de quem tem mais conhecimento são premissas básicas para a realização de sonhos. Depois de meia hora e mais algumas curvas navegando na calmaria do Canal de São Gonçalo, avistamos na margem esquerda a torre da imponente igreja de Santa Isabel.

Era domingo à tardinha e no cais nos aguardava Seu Maneca, o dono do armazém, único local com internet na vila. Conhecia o velho de outros tempos, quando estive em Santa Isabel no meu barco. Um homem moreno, com barriga proeminente, cabelos compridos e grisalhos, que conhecia as agruras da lagoa do tempo que foi pescador. Abandonara as redes para abrir um comércio que, além de abastecer os moradores com produtos alimentícios e cachaça, era um entreposto de compra dos peixes e venda de gelo para os pescadores.

— Pegaram tempo feio lá fora, hein? — gritou Maneca para Mestre Ronaldo, enquanto agarrava um cabo para prender o "Unidos no Amor" no ancoradouro.

— Nunca mais dou ouvidos a estes jornalistas loucos! — exclamou Mestre Ronaldo, em voz alta.

Desembarquei e fui logo abraçar o amigo. Ao pisar no píer, senti o chão balançar aos meus pés. O velho Maneca riu e brincou:

— Bebeu cachaça, marinheiro?

Foi tanto tempo balançando no barco que meu corpo demorou a acostumar com terra firme. Respondi para Seu Maneca que ainda não tinha bebido, mas que se ele emprestasse a internet eu beberia uma boa dose para esquecer aquele dia de saragaço no mar. Ele nos contou que todos na vila vinham acompanhando a gente pelo computador do seu armazém desde a nossa saída de Jaguarão e, por isso, sabiam que jornalistas chegariam na localidade, e nos informou que a praia estaria cheia para nos receber. Mas um pescador resolveu ter um infarto naquela tarde de domingo chuvosa.

— Não podia esperar pra morrer segunda-feira? Até o bailinho que preparamos pra vocês no salão Vento Sul foi cancelado.

Santa Isabel é um local que vive outro ritmo de tempo. Com sua igreja gigante e decadente em meio a um aglomerado de casinhas de pescadores, a vida caminha a passos lentos. São raros os momentos em que alguma agitação muda o cotidiano, mas naquele finalzinho de domingo chuvoso, dois eventos dividiam a atenção dos moradores. Em um lugar onde morre mais gente do que nasce, o vento da lagoa trazia o choro da viúva no velório que acontecia no salão de baile.

A notícia da nossa chegada correu como rastilho de pólvora até o velório. Os que já tinham cumprimentado a família do morto vinham na direção do armazém do Maneca para conhecer os forasteiros. Enquanto eu editava as fotos para sair no jornal do dia seguinte, Carlos e Mariana preparavam os textos. Depois, Mariana aceitou de bom grado a oferenda da Dona Creonice, esposa do Maneca, e foi tomar um banho de chuveiro quente para aquecer o corpo. O povo foi chegando discretamente, e notei que atrás do meu laptop já se formava uma aglomeração que bisbilhotava minhas fotos, identificando lugares que eu nem sabia que tinham nome. Quando surgiu a foto de uma onda invadindo a proa do nosso barco, um "cachaceiro" chamado Pezinho gritou:

— O senhor não sabe o que é temporal! Isso aí é marolinha.

Todos, já com um copo na mão, riram alto. Fui apresentado ao gaiato e descobri que ele era irmão do morto. Já com intimidade, perguntei se não era melhor ele estar no velório, quando respondeu:

— Ele que devia ter morrido outro dia. Domingo com chuva é dia de tomar cachaça!

Levantou um copo e gritou:

— Então vamos beber o morto!

Maneca intimou alguém para trazer uma linguiça de carne de capivara para a janta, outro prometeu buscar umas traíras para fritar. Maneca garantiu em voz alta:

— O que os jornalistas beberem é por minha conta!

Pezinho cochichou no meu ouvido:

— O senhor não deixa meu copo ficar vazio! — Todos gargalharam.

Transmitimos fotos, vídeos e textos, enquanto dona Creonice preparava a janta. Ninguém deixava nossos copos vazios. O que ficou vazio foi o velório, porque até os filhos do falecido foram para a janta. No fim da noite, com nosso material já publicado no site do jornal, os moradores da vila se viam na tela do computador e não compreendiam como podiam aquelas fotos terem chegado tão rápido à capital. Nos ofereceram casas para pernoitar, mas Mariana, Carlos e eu decidimos dormir a bordo, com Mestre Ronaldo. A segunda-feira amanheceu ensolarada.

Despertamos cedo e fomos até o salão cumprimentar a viúva e pedir perdão por ter atrapalhado o velório na noite anterior. Ela respondeu dizendo que seu marido havia passado a vida sofrendo no mar da Lagoa Mirim.

— Passei a vida com o coração apertado, sem saber se voltaria pra casa. Agora ele estará pra sempre dentro do meu coração.

Acompanhamos um cortejo silencioso, com o caixão cruzando a vila até o cemitério atrás da igreja. Lá, todos se despediram do amigo. O escritor americano Gay Telese diz que todo morto, por mais desimportante que tenha sido em vida, merece um obituário. O velho pescador teve a sorte de jornalistas da capital chegarem por ali naquele dia. Em uma última passada no armazém do Maneca, enviamos o obituário do falecido e ele recebeu uma nota no jornal.

O povo da vila foi ao cais, orgulhoso, se despedir da gente. Enquanto nosso barco partia, uns acenavam no cais e outros já dispersavam rumo as suas pacatas vidas. O morto já havia sido enterrado, os jornalistas tinham zarpado rumo à Lagoa Mirim e a vida tinha que continuar.

Santa Isabel se tornou um lugar misterioso para mim. Tem alguma coisa naquela aldeia. Não sei se o seu povo ou o mistério da decadente igreja, que nunca consegui decifrar. Descobrimos que nossa visita foi assunto do armazém nas noites que se sucederam quando recebemos um comentário do Maneca que dizia: "Todas as noites o povo vem no meu estabelecimento saber notícias de vocês. Avisa ao fotógrafo que o Pezinho mandou um abraço".

Chegamos à lagoa numa calmaria que em nada se parecia com o mar agitado do domingo. Nossa viagem desbravou a lagoa inteira por mais duas semanas. O vento sul batia no rosto oferecendo o gosto da liberdade. Os ribeirinhos nos mostraram que a natureza tão hostil havia forjado um povo amável e solidário. Gente que vive em um mundo precário, e tão difícil, que a solidariedade a salva. Com um forasteiro, eles atuam da mesma forma solidária. Em um mundo de tantas vaidades, tão carente de gentileza, me transformei. Em qual outro lugar alguém emprestaria um Fusca para dois estranhos, que se diziam jornalistas, se deslocarem até a cidade mais próxima para encontrar um sinal de internet? Isso aconteceu com a gente.

O sentimento de pertencimento que eles exerciam sobre o lugar, a paz de viver sem querer partir, me apresentava uma realidade antagônica à que o jornal me cobrava. Se ir embora era uma tendência mundial, eu queria ficar. E ficando teria um porto seguro para partir. Eu queria ser do mundo, mas o mundo tinha que ser o quintal da Palafita do Arroio Pelotas. Nessa viagem, constatei que os projetos pessoais seriam o futuro do jornalismo e que em breve não necessitaríamos mais estar em uma redação para ter voz. Foram tantas histórias vividas, tantas vidas, tantos sonhos, tantos ensinamentos. As pessoas queriam ler um conteúdo que as influenciasse, e tudo que fizemos foi emocionar em cada texto, foto e vídeo, provocando reações e comentários no blog da Expedição Lagoa Mirim.

Dessa expedição guardo uma lição: nunca devo desistir dos meus sonhos. Anos depois de tomar uma taça de vinho com o editor do jornal e de plantar ali uma semente, deslizei minhas utopias pelas ondas das águas doces da Lagoa Mirim. A viagem só aconteceu porque acreditei em um projeto e trabalhei obstinadamente para transformá-lo em realidade. A expedição acabou, mas cada leitor que se inspirou em nossas postagens publicadas com o sacrifício de uma internet precária me fez repensar. A notícia estava nas pequenas coisas. A comunicação do futuro seria realizada de uma forma simples, em que o próprio jornalista seria um veículo de comunicação multimídia.

Como voltar à rotina de trabalho depois de uma experiência tão profunda?

Fotografar tragédias, mortes, buracos de rua, futebol e políticos fazendo pose para minha câmera não me empolgava mais. Pela primeira vez me imaginei livre, sem emprego fixo. Mas era impensável. Quase uma heresia. Desde os doze anos trabalhei cumprindo horário e batendo ponto com a carteira assinada. Fui criado por uma mãe que não nos deixava dormir até mais tarde porque era coisa de vagabundo. Mas subitamente me enxerguei sendo dono de um projeto pessoal e do meu próprio tempo, onde eu pudesse interagir com as pessoas, inspirar e ser respeitado simplesmente por ser eu, e não por estar carregando o nome de um grande jornal.

Cada nova pauta passou a ser vista por mim como uma página em branco que precisava ser escrita na história. Não existia mais uma grande cobertura. Existiam histórias que precisavam ser bem contadas.

E foi assim que a noite de 15 de janeiro de 2009 poderia ter sido uma noite qualquer de verão, não fosse aquele acidente.

Era uma manhã quente e fui até ao Estádio Bento Freitas fotografar a apresentação dos reforços do Grêmio Esportivo Brasil para o campeonato gaúcho daquele ano. Mais uma sobre o time que viajaria de ônibus rumo à cidade de Santa Cruz para disputar uma partida amistosa preparativa para o certame. Na minha foto, se juntava a Claudio Milar, grande estrela do clube por sete temporadas, o multicampeão goleiro Danrlei, vindo da capital. Minutos antes do embarque, perguntei a Milar se eles iriam pernoitar em Santa Cruz do Sul. Ele respondeu com um sorriso orgulhoso que o filho Augustin não dormia enquanto ele não chegava em casa. Retornariam a Pelotas depois da meia-noite. Na porta do ônibus, resenhamos sobre as chances do Xavante no campeonato. Cheio de novas contratações, todos tinham a certeza de que era o ano do Brasil de Pelotas brilhar.

A delegação partiu e fui para a redação transmitir pela internet as fotos que sairiam na capa do caderno de esportes no dia seguinte. À tarde, fiz imagens de verão na Praia do Laranjal, lotada de turistas que aproveitavam as férias de janeiro.

À noite, depois da jornada de trabalho, fui para casa e encontrei a Sofia com febre. Desde a saída do hospital os cuidados eram constantes, pois qualquer resfriado poderia evoluir para uma pneumonia em razão do pulmão comprometido. Gabi estava tensa e passei a me revezar nos cuidados com a nossa filha. Felizmente não era grave. Já nos preparávamos para dormir quando o telefone da Gabi tocou. Era o plantão da concessionária de pedágios que a Satolep Press prestava assessoria de imprensa, solicitando que avisasse os jornalistas sobre um ônibus que havia tombado em uma curva da rodovia. O plantonista preveniu que as informações eram desencontradas, mas existia grandes possibilidades de ser o veículo que transportava a delegação do Brasil de Pelotas. Eu, que tentava fazer a Sofia dormir, mesmo que não quisesse ouvia toda a conversa. Me dirigi até a sala e sentenciei à Gabi:

— É o ônibus do Brasil.

Ela me perguntou como eu poderia saber, então contei sobre a frase do Claudio Milar pela manhã: "Meu filho Augustin não dorme enquanto eu não chegar". Liguei para o presidente do clube que, já se dirigindo para o local do acidente, confirmou, sem informar mais detalhes. Na época, o repórter de texto da sucursal estava de férias e me dei conta de que teria que trabalhar sozinho. Faltando uma hora para terminar o dia 15 de janeiro, telefonei para o editor do jornal avisando do acidente e chamei o motorista para me buscar em casa urgentemente. Da Palafita, de onde partimos, até o local do acidente, percorremos mais de sessenta quilômetros em meio a um relevo montanhoso, onde as tentativas de atualização de notícias eram frustradas pela falta de sinal nos aparelhos de celular.

Quando nos aproximamos, observei uma grande movimentação de viaturas e ambulâncias. Estava acostumado a fotografar tragédias com mortes, mas a intuição me dizia que eu estava chegando para algo histórico.

Desci do carro e fui andando por um trajeto onde o asfalto estava marcado por uma freada brusca e rasgado por latas e ferros do ônibus que se arrastou antes de sumir em um despenhadeiro no fim da curva. Ao chegar na margem do precipício, notei as proteções metálicas da rodovia retorcidas e, ao forçar os olhos, identifiquei movimentos de luzes quarenta metros abaixo no abismo escuro. Fui o primeiro jornalista a chegar ao local e, enquanto ainda pensava em como descer até lá, recebi uma informação aterradora de um dirigente do clube que entrava ferido em uma ambulância.

— Ninguém ainda tem certeza, mas acho que o Castelhano está morto!

Incrédulo, me dei conta de que não estava mais diante de uma pauta jornalística. Estava testemunhando um momento histórico. Naquele instante surgiu uma frase em meus pensamentos que me acompanharia para sempre:

— Esta noite nunca vai acabar!

Telefonei para o jornal e informei ao editor chefe Ricardo Stefanelli tudo que estava acontecendo e, como em uma cena de cinema, proferi a célebre frase:

— Parem as máquinas!

Ricardinho confiava em mim, mas já passava da meia-noite e o jornal estava na rotativa com uma foto de capa em que um avião Airbus A320 flutuava no Rio Hudson nos EUA. Ele me disse que iria parar as máquinas e que eu tinha quarenta minutos para mandar as fotos e todas as informações para o texto. Agarrado nas cordas instaladas pelas equipes de resgate, desci o despenhadeiro por um rastro sinistro onde o ônibus havia rolado em uma sequência de capotagens e parado com as rodas para cima. Comecei a fotografar e fazer anotações de uma forma insana. A edição do jornal do dia seguinte estava me esperando. Me deparei com o corpo de duas pessoas já identificadas e, quando já iniciava a subida, um policial rodoviário federal me chamou e perguntou:

— Me falaram que tu és amigo do Claudio Milar.

Confirmei que sim, e ele então me pediu para acompanhá-lo. Chegamos próximo a um volume encoberto por uma lona preta. O policial perguntou se eu podia reconhecer o corpo que ali estava. Não havia me preparado para aquele momento, e, antes mesmo de dizer que sim, ele rapidamente acendeu uma lanterna, levantou a lona e identifiquei o rosto do meu amigo. A morte de Claudio Milar, conhecido como "Castelhano", um dos maiores ídolos da história do Grêmio Esportivo Brasil, era uma morte que dava outra dimensão para aquela noite. Todos os sonhos e ilusões de uma nação apaixonada por seu clube morriam com aquele jogador. Eu sabia que tinha que partir porque havia um jornal parado me esperando. Mas como continuar se eu era detentor de uma notícia trágica que se alastraria em breve e que nem em meus piores devaneios gostaria de ser o mensageiro? Aquela madrugada de desgraça matou Régis, Giovani e Claudio Milar e destruiu um time inteiro, ferindo com gravidade ou comprometendo física e psicologicamente todos os componentes da delegação.

Corri até um posto de combustível, onde consegui internet para transmitir as fotos e os textos para a matéria que seria a capa e várias páginas do jornal do dia 16 de janeiro de 2009.

A imprensa esportiva de todo o país começou a chegar à cidade para a cobertura. Continuei trabalhando durante os funerais que aconteceram no gramado do estádio Bento Freitas. Me dei conta de que aquela não era mais uma das tantas coberturas jornalísticas que eu tinha participado. Era um momento histórico que transcendia as páginas dos jornais, os programas de TV e as ondas de rádio. Deixei de ser um simples repórter fotográfico e passei a acumular informações e documentos porque decidi que escreveria um livro sobre "A Noite que não Acabou". Uma grande reportagem que só seria possível de ser contada em um livro. Mas que pretensão a minha. Virei fotógrafo muito mais por necessidade do que por talento. Até então nem tinha concluído um curso superior e aspirava escrever um livro?

A frase do repórter Carlos Wagner martelava minha cabeça: "As fotos publicadas no jornal hoje estarão enrolando peixe no mercado amanhã. Livros são pra sempre".

Eu tinha uma história gigante para escrever um livro, mas será que eu seria capaz de um feito tão grandioso? Comecei relatando o que eu tinha visto. Cada detalhe. Usava a minha linha de raciocínio visual e narrativa imagética para transformar tudo em letras e palavras. Mas quando chegava em trinta páginas escritas eu travava. A história que eu queria contar tinha todos os elementos de uma saga de literatura fantástica, mas também havia uma linha tênue onde eu poderia descambar para o sensacionalismo ou vulgaridade por tratar de acidente, tragédia, mortes e paixão futebolística. Temia porque um dos principais personagens do livro era meu amigo Claudio Milar, morto no acidente. Queria homenageá-lo com muito respeito.

Decidi que a humildade seria a receita do sucesso. Me dei conta de que não conseguiria sozinho. Procurei o Eduardo Cecconi, jornalista que fez dupla comigo por três anos, e o convidei para ser coautor. Ele tinha um texto que eu admirava. Seduzi o escritor Aldyr Garcia Schlee para ser nosso conselheiro e autor do prefácio. Planejei e dividi o livro em oito capítulos. Negociei com a editora e começamos a trabalhar de uma forma alucinada. Dividia meu tempo entre as pautas diárias no jornal, a vida na Palafita e a pesquisa e escrita do livro. Entrevistamos as testemunhas envolvidas no acidente, lemos cada página do inquérito policial, refizemos a viagem do ônibus capotado na curva fatídica, descemos mais uma vez ao abismo para recompor a cena do desastre e conversamos com cada sobrevivente.

Viajei com a equipe durante todo o campeonato daquele ano, testemunhando a superação de um clube dilacerado. Na edição final, decidimos anexar um capítulo com fotos ao livro, dando rosto a cada personagem. Descobri que o Xavante era maior do que a maior de todas as desgraças que marcaram aquele ano. No dia 31 de novembro de 2009 — 288 dias depois da madrugada que marcou uma das maiores tragédias do futebol brasileiro, lançamos *A noite que não acabou*.

O livro se tornou o mais vendido da história da Feira do Livro de Pelotas e passou a ser uma bíblia para os torcedores do Brasil de Pelotas, que conheceram uma narrativa ilustrada que esclarecia ponto a ponto detalhes de cada personagem envolvido, com respeito e dignidade, exorcizando informações desencontradas publicadas pela imprensa.

Acostumado com os créditos nas fotos em jornais, ao ver meu nome estampado na capa do livro compreendi as palavras de Carlos Wagner sobre os jornalistas publicarem livros. Eu, que passei a vida entrevistando, fui entrevistado. Eu que passei a vida fotografando, fui fotografado. Me dava conta mais uma vez dos limites do jornalismo factual e notava que os grandes projetos seriam meu futuro. Uma história para ser materializada e eternizada tem que ultrapassar os limites temporais do jornalismo cotidiano. Existem assuntos que não conseguem ser devidamente descritos em detalhes em poucas páginas de jornal, em boletins de rádios, em sites ou em programas de TV. Perdem o interesse, se esgotam. O livro seguiu fazendo sucesso e várias edições foram se esgotando, até que um dia, no Café Aquários, um professor do curso de jornalismo me encontrou, fez mil elogios para o texto do livro e no final da conversa me disse em tom de consolo:

— O texto do Cecconi é ótimo, mas gostei muito de tuas fotos no livro também.

Compreendi então que a capacidade intelectual de um fotógrafo é questionada e que eu teria que provar para mim mesmo, no futuro, que era capaz de escrever um livro sozinho. Naquela ocasião, sem condições e nem coragem de viver sem a segurança de um salário depositado no final do mês, os projetos pessoais foram adiados. Parafraseando Raul Seixas: "eu devia estar contente porque eu tenho um emprego. Sou o dito cidadão respeitável e ganho meu salário no fim do mês. E agora eu me pergunto: "e daí"? Eu tenho uma porção de coisas grandes para conquistar. E eu não posso ficar aí parado..."

Assim seguia meu cotidiano de pequenas reportagens, indo na contramão da tendência mundial que o jornal me exigia.

Sofia completou seis anos e me perguntou qual o significado de seu nome. Contei a ela uma longa história. Que no ano de 2004, antes de ela nascer, sua mãe me inscreveu no vestibular na Universidade Federal de Pelotas. Em um impulso acertado, Gabi decidiu trocar a faculdade de história pela de Filosofia, na hora da inscrição. Achou que era mais a minha cara e, como sempre, estava certa. Comecei o curso no dia 26 de abril de 2004 e me apaixonei por disciplinas que me desafiavam e instigavam meu senso crítico, algo que, além de me dar um diploma, me ajudaria a mudar minha forma de enxergar o mundo. Dois semestres depois, recebi a melhor das notícias. Gabi e eu estávamos grávidos e não tive nenhuma dúvida do nome que teria nosso anjo se fosse menina: Sofia, a tradução de sabedoria.

O terceiro semestre foi cursado a duras penas porque naquele momento meus olhos estavam voltados para uma incubadora, na UTI do Hospital São Francisco de Paula. Foram três longos meses de angústia, fé e milagres. Cuidar das minhas meninas naquele momento era o que importava. Em agosto de 2005, sem conseguir cumprir o que havia prometido, tranquei o curso. Fora do hospital, uma maratona de consultas e exames nos aguardava. Depois dessa longa história, Sofia, com seus olhos sempre questionadores, me perguntou:

— Então por que não termina a faculdade?

A vida já seguia seu fluir contínuo e achei que estava na hora de pedir meu reingresso. Depois de algumas burocracias, voltei para a sala de aula para concluir o sonho da minha mãe, que era ter um filho formado na faculdade.

Só que havia um desafio geográfico. Nosso Fiat Uno era a única condução da casa e, como a Sofia inspirava cuidados, não tinha como deixá-las sozinhas e sem carro na Palafita.

A parada de ônibus mais próxima de casa ficava a dois quilômetros, distância que eu percorria caminhando. Nas noites frias de inverno era um suplício. Pensei então que comprar uma bicicleta resolveria tudo. Foram poucos meses pedalando no frio, no calor ou na chuva, até descobrir que não nasci para ser atleta. Cheguei a pensar em desistir da faculdade novamente. Só que eu não fazia mais a faculdade por mim. Fazia pela Sofia, pela Dane, pela Gabi e pelos meus pais, que sempre sonharam em ter um filho formado.

Em uma dessas noites geladas, pedalando de volta para casa, cruzei em frente a uma revenda de carros. Lá no fundão, no escuro, em meio a lustrosos automóveis novos, avistei um fusquinha azul meio opaco. Saquei minha máquina fotográfica da mochila, coloquei uma lente zoom e consegui decifrar um número de telefone fixado no para-brisa dianteiro. Telefonei na mesma hora. Um cidadão me atendeu com voz gutural. Ao ser questionado se era o proprietário do Fusca que estava à venda em uma loja no centro da cidade, confirmou e me pediu para ligar no dia seguinte, pois trabalhava cedo e já estava dormindo. Sem nenhum dinheiro no bolso e muita esperança, liguei de manhã para o proprietário do veículo que me levaria para as aulas. Depois de uma pequena resenha sobre as qualidades do Fusca, eu perguntei se ele aceitava troca no negócio. Respondeu positivamente e me indagou qual veículo eu teria para trocar.

Eu disse que não era carro, e sim um telefone celular. O sujeito, já meio alterado, perguntou:

— Mas tu queres trocar um carro por um telefone?

Respondi de pronto que não era um carro, era um Fusca, e que não era um telefone, era um iPhone. Eu era cliente antigo de uma operadora que, por fidelização, havia me dado de presente aquele aparelho novo e moderno. Naquele ano, o tal lançamento da Apple era objeto de ostentação no mundo todo. Eu não tinha a menor intimidade com o visor *touch*, extraordinário lançamento da época, e mantinha meu brinde na caixa, transformado na única esperança de conseguir comprar o Fusca. De início, o sujeito se ofendeu, mas o apaziguei e usei meu poder de retórica estudado nas aulas de filosofia, explanando que o iPhone era o objeto de desejo do momento, recém-lançado no Brasil. O aparelho custava o mesmo valor do Fusca. Ele ficou tentado, mas mesmo assim explicou que precisava de dinheiro e não de um celular.

Liguei diariamente durante uma semana para tentar falar com o dono do Fusca azul, até que ele respondeu à ligação. Não sei se pelo insucesso na venda do carro velho ou se seduzido pelo smartphone, foi até a Palafita com o fusquinha Azul Pavão 1972 para avaliar o tal do iPhone. Usei o meu poder de persuasão, mas ele continuou irredutível. Contou que era representante comercial e precisava de um carro moderno e um computador portátil para chamar a atenção de seus clientes. Foi aí que ele deu a cartada final.

— Eu aceito um laptop e mais quinhentos reais.

Sentei na carona do Fusca azul e voamos até a loja de informática do meu amigo Rodrigo, onde ofereci meu celular em troca de um laptop. Empolgado com a tecnologia do lançamento da Apple daquele ano, Rodrigo mandou escolher qualquer laptop da loja. Fizemos o negócio. O dono do Fusca pegou o laptop e mais quinhentos reais. Rodrigo ficou com o iPhone e eu saí de lá motorizado. Eu, que havia prometido nunca mais ter um Fusca, acabava de trocar um iPhone, símbolo do consumismo pós-moderno, por um velho veículo obsoleto na indústria automobilística. Mas estava convicto de que era uma compra provisória, só até concluir a faculdade. O celular era chique, mas ele não me levava para a faculdade.

Fui me apegando ao carro. Aquele fusquinha tinha um cheiro de infância e o batizei de Filó. Agora eu tinha o Filó e a Sofia unindo Filo+Sofia. Diferentemente dos cursos tradicionais, ninguém faz faculdade de filosofia para ficar rico. Meus colegas, assim como eu, viviam na dureza e o Filó era um dos poucos carros estacionados em frente ao Instituto de Ciências Humanas, junto aos carros dos professores. Nos dias de chuva era de carona no Filó que a galera ia para casa. Não passei mais frio e me aposentei da carreira de ciclista. Filó me acompanharia por toda a faculdade e os futuros filósofos me fizeram um desafio: depois da formatura, viajar de Fusca pela América do Sul, fotografando e escrevendo toda a experiência. Para quem prometeu que nunca mais teria um Fusca, eu já fazia planos futuros para ele.

Enquanto estudava ética, lógica e teoria do conhecimento, decidi me aventurar pela segunda vez no mundo da literatura. Estava me transformando em atleta do pensamento. Escrever *A noite que não acabou* me levou a exercitar a humildade. Se vivia na fotografia minha zona de conforto, praticando o que eu amava e sabia fazer de melhor, na escrita exercitei o sofrimento e a dor de testar os meus limites. O pai da Gabi me contou que na pacata Vila da Palha, próximo de onde tínhamos construído nossa Palafita, morava um pescador chamado Nico, que sobreviveu a um naufrágio na Lagoa dos Patos. Quando ouvi pela primeira vez o relato do naufrágio, percebi que tinha nas mãos uma saga de literatura fantástica. Perguntei ao Nico o que ele achava de um livro sobre sua vida, e ele me perguntou se alguém teria interesse sobre uma vida simples e sem graça como a dele. Sua história era maior do que ele imaginava. Tivemos longas conversas a bordo do seu barco, o Tatuapú. Nico e a sua mãe — a benzedeira Dona Judith — tornaram-se os protagonistas de uma saga escrita por mim.

A universalidade daquela história me encantava. Era uma narrativa que poderia ter acontecido na Itália, em Cuba, na China ou em qualquer lugar do mundo. Só que tinha acontecido na Vila da Palha, em Pelotas, quase no quintal da nossa casa. Quando comecei a escrever o livro, vi que meu personagem carregava muitas das minhas angústias, e o que era para ser mais um livro-reportagem se transformou em uma mistura de realidade, ficção e pitadas de autobiografia. Desta vez contratei um ilustrador e não quis publicar fotos no livro para não deixar dúvidas de que o texto era meu. Na Feira do Livro de 2012, lançamos *Náufrago de um mar doce* pela editora Satolep Press. Assim como imaginava, a saga do pescador Nico rompeu fronteiras e foi lançado em São Paulo e no Rio de Janeiro.

O sucesso do meu segundo livro não reverteu em independência financeira, por isso continuei me dedicando ao trabalho de repórter fotográfico no jornal para conseguir pagar as contas. Sempre fui um operário dedicado à fotografia e aos jornais em que trabalhei, e mal sabia que no dia 26 de dezembro daquele ano, em uma pacata quarta-feira, entre o Natal e o Réveillon, o casamento de anos com o jornal *Zero Hora* entraria em litígio. Estava na redação já pensando na folga de Ano-Novo, em que viajaria com a Gabi e a Sofia para o Uruguai, quando recebi um telefonema informando que um trem havia descarrilado no leito da antiga estação férrea da cidade. Ao chegar ao local, me deparei com doze vagões carregados de soja deitados nas margens dos trilhos. Era uma cena impactante, daquelas que vimos nas agências internacionais de notícias. Parecia uma cena de guerra e sabia que seria capa de vários jornais e sites. Na busca das melhores imagens, caminhei sobre os trilhos e subi nos vagões. Acreditando já ter as fotos, ouvi os gritos de um segurança da estação ferroviária que me ordenava a descer do vagão porque eu corria riscos.

Ao saltar sobre as britas espalhadas na volta de trilhos retorcidos, meu pé contorceu e desmoronei, sustentando todo o peso do meu corpo apenas no meu pulso direito. O instinto salvou a câmera fotográfica, que segurei com a mão esquerda. Senti uma dor aguda e fiquei mareado. Não conseguia me levantar. Os colegas de imprensa que estavam por ali foram solidários e me ajudaram a chegar até o carro, onde o motorista me esperava. Com o pé bastante inchado, não conseguia me sustentar no chão. Mas eu sabia que antes de procurar um médico precisava transmitir as fotos rapidamente, se quisesse vê-las estampadas na capa do jornal do dia seguinte. Terminei o trabalho com muita dor e fui ao pronto-socorro. Diagnóstico: luxação do pulso direito e ruptura das articulações dos ligamentos do tornozelo no mesmo lado.

Saí do consultório com o braço e o pé direito imobilizados e um atestado médico de quinze dias para ficar em casa. A viagem em família seria adiada e nas festas de Réveillon de 2013 estaria imóvel, em casa. O novo ano dava as caras, o tempo passava rápido e a dor não diminuía. No dia 14 de janeiro meu atestado médico acabou e, pela primeira vez em vinte e cinco anos de trabalho, entrei em licença de saúde. Com duas muletas e uma bota ortopédica no pé direito, comecei a percorrer um mundo de burocracias na Previdência Social. Ouvia falar de pessoas que se "encostavam" pelo INSS, mas eu sempre fui apaixonado pelo meu trabalho e nunca admiti faltar um único dia. Não conseguia dirigir o meu Fusca, por isso a Gabi me levava todas as noites para as aulas de Filosofia, onde Epicuro ensinava que "devemos fugir da dor através de critérios de prazer". Eu buscava o prazer no conhecimento para esquecer a dor física e a frustração de estar afastado do trabalho que amava.

Em um período de ócio, me dediquei a organizar arquivos de fotos e reviver cada imagem captada nos anos de trabalho. Um mundo que construí estava escondido em HDs, CDs e armazenado em caixas de negativos no sótão de casa. Quando encerrou os três meses de licença de saúde, mesmo com uma bota ortopédica e muita dor, o INSS me liberou para voltar a trabalhar. O médico do jornal não aprovou o meu retorno. É impressionante como nossos sentimentos se esvaem com o tempo. Lembrava-me da minha entrega, cumplicidade e do meu amor incondicional ao trabalho e à empresa. Minhas convicções diziam que eu ficaria para sempre recebendo o respaldo do jornal que tanto sonhara trabalhar. Éramos cúmplices para transformar o mundo em um lugar melhor.

Por dezessete anos me senti responsável por uma região, e através do meu trabalho nas páginas do jornal eu tentava dar voz aos invisíveis. Nada me cansava. Com o telefone sempre ligado, ficava à disposição vinte e quatro horas por dia. Em uma empresa com seis mil funcionários, eu acreditava que fazia parte de uma grande família. Mas os dias se passavam e o silêncio era minha companhia. Os ventos da capital não sopravam em direção ao sul. Nenhum telefonema para saber qualquer notícia minha. Aquele hiato me permitiu olhar com atenção para a estrada que vinha percorrendo. Havia muito tempo que eu convivia com uma crise de identidade. Era fotógrafo e tinha publicado dois livros, mas nenhum deles de fotografias. Estava na hora de prestar contas com a cidade que escolhi viver. Um livro que retratasse Pelotas criaria uma identidade visual que extrapolaria as fronteiras e seria minha certidão de nascimento como pelotense.

Com empregos fixos desde os doze anos, agora estava sem salário e sem horários para cumprir. Pela primeira vez trabalhei para mim e descobri que existia vida fora do jornal. Busquei um amigo que fez o projeto de venda do livro. Os empresários da cidade acreditaram no sonho, e no final de 2013 lancei na Feira do Livro o *Pelotas em imagens*, mais uma vez pela Satolep Press. A obra passou a ser um símbolo para a cidade. Uma espécie de manual de pertencimento ao lugar. O prefeito presenteava políticos e empresários que o visitavam no seu gabinete. Os moradores passaram a presentear amigos que viviam fora, e a obra virou livro de cabeceira dos pelotenses. Sem receber salário do jornal nem do INSS, naquele ano consegui ter uma renda maior do que nos anos anteriores, só que desta vez em um projeto pessoal.

Não abandonaria o jornal onde havia trabalhado por dezessete anos, mas depois de abandonado por eles e de várias tentativas frustradas de voltar, sem salário durante vários meses, já pensava em como seria viver livre. Ser dono do próprio destino, sem ter que bater ponto todos os dias.

O curso seguia seu fluxo, e já conseguindo dirigir o Filó, cumpria com ele as idas e vindas às aulas. Faltava um ano para concluir a tão sonhada faculdade e poucas vezes o fusquinha azul tinha me deixado na mão. Eu prometi a mim mesmo um presente, assim que tivesse o canudo na mão. Faria uma viagem de Fusca pela América do Sul. Mas antes teria que fazer um teste. Sem perspectiva de voltar ao trabalho e a faculdade entrando em férias de inverno, tomei uma decisão: faria uma viagem de Fusca pela maior praia do mundo. Parecia loucura, mas eu precisava dessa dose, bem longe das incertezas que estava vivendo.

Foram semanas de preparativos, planejamento, escolha da equipe, até que no dia mais frio do ano tudo estava pronto para partir. Às seis da manhã do dia 25 de julho de 2013, me despedi da Gabi e da Sofia. Com o Ney e o Patrick, embarquei naquela saga que seria o embrião da Expedição Fuscamérica. A Palafita ficou para trás e nós os três mergulhamos em precipícios horizontais que transformariam nossos destinos. Aquela viagem me faria rever conceitos e verdades absolutas. A minha desconstrução habitava aquele Fusca azul que havia chegado para substituir o iPhone.

Descobertas na maior praia do mundo

Viajar dezenas de quilômetros sem encontrar uma viva alma. Acompanhado apenas da beleza selvagem dos cenários litorâneos e tendo como testemunha somente alguns faróis que confirmam o rumo do extremo sul do Brasil. Esse lugar consta no *Guinness Book* como a maior extensão de praia do mundo. Se estende desde a Praia do Cassino, em Rio Grande, até a Barra do Chuí, no município de Santa Vitória do Palmar. Nessa faixa contínua de areia não existem casas, pousadas, comércios e muito menos sinal de telefone. As águas agitadas e frias do mar são pouco convidativas e seu acesso é para poucos visitantes ou aventureiros. Durante todo o percurso, dunas costeiras de areias brancas fazem parte da paisagem pelo lado oeste. Do lado leste, o temperamental Oceano Atlântico pode transformar sua viagem em um inferno. Se a travessia for à noite, a coisa pode ser muito pior. Com a variação das marés, as ondas do mar invadem toda a praia e o carro é forçado a andar por cima de montanhas fofas para não ser tragado pela água.

As ruínas fantasmagóricas de um antigo hotel são a prova de que ali, naquele canto isolado do mundo, poucas coisas sobrevivem. Na época em que não existiam rodovias asfaltadas para chegar ao Chuí, a beira da praia era a única opção. O hotel, edificado para socorrer viajantes acuados pela natureza selvagem, em poucos anos foi engolido pelas areias e abandonado pelos donos e pelos hóspedes. Hoje, parte dele sobrevive soterrada como um monumento ao poder da natureza. A viagem pode parecer monótona com as ondas da praia de um lado e as dunas gigantes do outro. A incerteza da chegada, devido ao humor do oceano e ao medo de um imprevisto com o carro, já que a ajuda mais próxima pode estar a cem quilômetros, dá um tempero todo especial. Ninguém faz essa travessia sem respeitar a natureza, sem um planejamento.

Os mais de duzentos e trinta quilômetros que se iniciam nos Molhes da Barra de Rio Grande e terminam nos Molhes da Barra do Chuí podem ser os mais longos do mundo se o aventureiro não estiver preparado para encará-los. O automóvel escolhido tem que ter a capacidade de escalar dunas gigantes para fugir das ondas que chegam de repente. O carro tem que ser valente o bastante para não ser engolido pelos Concheiros do Albardão, uma região que, por quarenta quilômetros, tem a praia totalmente coberta por conchas de todas as espécies, um fenômeno ainda não explicado pelos pesquisadores. Qualquer pessoa em sã consciência faria essa viagem a bordo de uma caminhonete tracionada 4x4, com todos os recursos possíveis para enfrentar a empreitada. Se forem duas caminhonetes 4x4, com guincho, melhor ainda, pois, no caso de um imprevisto, a outra presta socorro. Só que o meu amigo Patrick Rodrigues e eu resolvemos enfrentar esse desafio a bordo de um Fusca azul 1500cc, ano 1972.

O que parecia a crônica de um fracasso anunciado se transformou em uma jornada épica, que deu origem a um dos maiores projetos da minha vida. Foram feitas em torno de cinco mil fotos durante os quatro dias de viagem. Acampamentos, nascer e pôr do sol, faróis, concheiros e muitas histórias para contar. Mas por que o Patrick?

Patrick surgiu por acaso na minha vida, no final do ano de 2002. Eu já era um fotógrafo veterano, ele um garoto de dezessete anos que vivia o drama da perda repentina da mãe. Em uma tarde de sábado, nos primeiros dias do verão daquele ano, para fugir do tédio e da rotina de um casamento desgastado, peguei a máquina fotográfica e subi na minha moto em busca de uma foto interessante para o jornal de segunda-feira. Descobri, próximo à Praia do Laranjal, em Pelotas, dunas de areia gigantes onde a gurizada praticava sandboard. Era um local isolado e que tinha virado o point da galera naquele início de verão. Vivia lotado, com jovens de todas as tribos em busca de adrenalina nas areias. Naquela tarde, ao estacionar a moto, notei que havia três grupos distintos. Os escoteiros, os filhinhos de papai e os alternativos doidões. Patrick fazia parte do grupo de escoteiros que, sem recurso algum, improvisava tábua e papelões como pranchas. Notei que ali conseguiria uma foto para a capa do jornal, só que teria que reunir os três grupos em uma única imagem, demonstrando movimento, ação e desafio do esporte. Depois de fotografar várias manobras dos grupos que competiam entre si, constatei que já tinha conseguido boas fotos. Agradeci, me despedi e, quando já subia na moto, fui alcançado por um menino tímido de cara assustada que me perguntou:

— O senhor é fotógrafo mesmo?

Eu, que tinha informado a todos que era fotógrafo de um jornal e acabava de passar horas os fotografando, ironicamente respondi:

— Não, sou carpinteiro.

Envergonhado com a gargalhada dos que assistiam a nossa conversa, ele foi se retirando, então tentei me redimir e questionei o porquê da pergunta. Patrick me confessou que seu sonho era ser fotógrafo e que um dia queria comprar um barco e sair pelo mundo, navegando e fotografando. Perguntei se ele tinha máquina fotográfica, e ele me contou que havia ganhado uma Zenit. Disse que a máquina estava com defeito e que a tinha desmontado para consertar, mas não sabia remontá-la. Eu saquei do bolso um cartão com o número do meu telefone e disse a ele:

— Se tu realmente queres aprender a fotografar, me procura na redação do jornal esta semana que vou te ajudar.

Na segunda-feira, a foto do surf na areia foi publicada com destaque no jornal. Nos dias seguintes, o Patrick me ligou a cobrar de vários telefones públicos da cidade, pedindo para ir me visitar na redação. Sempre gostei de ensinar e me orgulhava de ter formado vários fotógrafos que já estavam no mercado, mas preparar aquele menino do zero me roubaria tempo e energia. Às vezes, a sorte ajuda os perseverantes. Eu estava com férias marcadas para buscar meu novo barco em Porto Alegre em fevereiro e o ano já estava em curso. Vinha organizando tudo e partiria para a capital no primeiro dia do segundo mês de 2003. O fotógrafo que iria me substituir aceitou de última hora um emprego em outro jornal da cidade, me deixando a ver navios. Desesperado com a possibilidade de não poder buscar o veleiro, precisava conseguir em poucos dias alguém experiente para segurar as pontas. Depois de algumas tentativas frustradas com profissionais, me lembrei do guri que me irritava com seus telefonemas diários. Não tinha anotado o número dele, então fiquei rezando para que ele telefonasse. Como acontecia diariamente, no meio da tarde recebi uma ligação a cobrar perguntando se eu estava no jornal e se ele podia ir me visitar. Disse que fosse urgentemente até a redação e, para minha surpresa, não demorou mais do que cinco minutos para que ele se materializasse na minha frente. Depois descobri que as ligações eram feitas de telefones públicos próximos ao jornal, onde, de bicicleta, ele ficava aguardando o convite.

Ao chegar, perguntei qual era o tamanho dos sonhos que ele tinha. Ele me respondeu que eram infinitos. Perguntei por que queria ser fotógrafo. Ele me contou que tinha perdido a mãe havia menos de um ano e que sentia muitas saudades. Que sua mãe era uma mulher de muita fé e sempre sentia a presença dela com ele. Que andava meio perdido e queria ter uma profissão e fazer alguma coisa para que ela sentisse muito orgulho. E no final repetiu a mesma frase da tarde nas dunas de areia.

— Um dia eu vou ser fotógrafo, vou ter um barco e vou navegar pelo mundo.

Eu já era fotógrafo, já tinha o Diamantino's, estava indo a Porto Alegre buscar o Inca e sonhava em viajar pelo mundo. Completaria trinta e três anos no próximo mês de abril. Perguntei ao Patrick se ele estava disposto a se transformar em um fotógrafo em quinze dias. Como ele respondeu com convicção que sim, tive que começar ensinando-o a segurar uma câmera fotográfica. Fora do horário do expediente, eu dava os ensinamentos teóricos, e durante o dia ele me acompanhava nas reportagens para as aulas práticas. O repórter Fábio Schaffner, que trabalhava comigo, começou a ficar preocupado com quem me substituiria durante o mês de férias. Eu o tranquilizava dizendo que estava tudo sob controle. Em um curso intensivo de vinte e quatro horas por dia, fiz Patrick ler livros técnicos, biografias de grandes fotógrafos, expliquei como revelar filmes em laboratório e falei sobre a verdadeira filosofia do fotojornalismo. Na véspera da minha partida, para a loucura do Fábio, apresentei Patrick como meu substituto. Não havia mais tempo para nada. Ele teve que acolher o menino.

Minutos antes de sair de férias, perguntei a ele como assinaria as fotos. Ele me disse que seu nome era Patrick Pereira Rodrigues. Então eu falei: a partir de hoje eu te batizo como Patrick Rodrigues. Como falei antes, a sorte ajuda os perseverantes. Na primeira semana de trabalho, enquanto eu reformava meu barco na capital, Patrick fez uma foto sobre o programa Fome Zero que o recém-eleito presidente Luiz Inácio Lula da Silva lançava no Brasil. Vários fotógrafos experientes e talentosos trabalharam na mesma pauta, mas o editor decidiu que a foto que estamparia a capa da edição dominical da *Zero Hora* tinha que ser vertical, contrariando a tradição do jornal de usar fotos horizontais na capa. Todos os fotógrafos tinham belas fotos horizontais, mas Patrick, sem conhecer as regras, fez várias fotos verticais, sendo as suas as únicas imagens que entravam na diagramação pretendida pelo editor. Uma semana trabalhando como freelancer e ele realizou o sonho de todos os fotógrafos da empresa, que era ter uma foto estampada na capa da edição dominical.

No restaurante do clube, onde eu reformava meu barco na capital, vi o jornal exposto sobre um balcão com a foto do Patrick na capa. Em tom de brincadeira, liguei para o Fábio Schaffner e, às gargalhadas, falei:

— Viu a capa do jornal? Agora tu acreditas em mim? Eu nunca apostei em cavalo ruim!

Retornei da saga com meu veleiro Inca e Patrick passou a ser minha sombra. Parecia um filho grudado ao pai. Começou a navegar comigo. Com o tempo, passou a navegar com os meus barcos com mais destreza e liberdade que eu. Descobri em seguida que a fotografia sempre esteve na vida dele. Apenas fui um cupido que proporcionou o encontro dos dois. Se transformou em um grande fotógrafo. Descobriu que a chave que abria as portas e janelas para a vida de um fotógrafo era a luz. Tinha destreza e soluções para as novas tecnologias que surgiam. Aprendeu a voar com as próprias asas e foi embora escrever sua história. Passou a ser o principal fotógrafo de um grande jornal de Santa Catarina. Em seguida, com o talento que tinha, virou editor. Mas sempre que podia, voltava para nos visitar. E foi em uma dessas visitas que tivemos a ideia de fazer uma viagem de Fusca pela maior praia do mundo. Afastado do trabalho, eu sentia falta da rotina das reportagens, e a ideia dos meus colegas de faculdade de fazer uma viagem de formatura não saía da minha cabeça. Ainda faltava um semestre para me formar em Filosofia na Universidade Federal de Pelotas, que estava em férias de inverno. Sem salário e sem poder exercer aquilo que mais amava, que era fotografar, para não me sentir inútil eu editava meu primeiro livro de fotografias para lançar na Feira do Livro daquele ano. Uma viagem seria um alento. Mas como realizar essa viagem em tempos que viajar de Fusca ainda não era moda? Não havia referências de aventureiros de Fusca.

Fui pesquisar e encontrei um fotógrafo alemão chamado Dirk Dahmer, que com seu amigo mecânico Torsten Schmitz percorreu a rodovia Panamericana, do Alasca ao Ushuaia, em um Fusca Split 1952. Também encontrei dois amigos que saíram de São Paulo em um Fusca 1962 para a Copa do Mundo no México de 1970. Só que naquela época era um carro de oito anos. No mais, as referências que eu encontrava eram de amantes dos VWs que se deslocavam de uma cidade para outra em grupos, nos fins de semana, para encontros de carros antigos. Cruzar de Fusca a maior praia do mundo seria um teste em que meu coração ficaria entre o medo do mar e a opressão das dunas. Ainda sentia muita dor no tornozelo, mas a dor na minha alma era maior por estar parado em casa, esquecido pela empresa à qual tinha dedicado meus últimos dezessete anos de vida. Um deserto de dúvidas me assolava e eu não tinha ideia de para onde aquela história me levaria. Mas algo me chamava para a praia.

Na hora de decidir quem seria o copiloto para a minha primeira viagem, o escolhido não podia ser outro. Patrick embarcou de corpo e alma na aventura. Conseguiu alguns dias de folga e iniciamos o planejamento da viagem. Nossa origem eram os barcos e, para que tudo desse certo, eliminamos a palavra loucura do vocabulário. Não estávamos fazendo uma loucura, era um projeto. Seria uma grande experiência de carro, mas tínhamos que nos organizar como se fossemos velejar no mar. Primeiro tentamos buscar algum patrocínio, mas logo ficou claro que o prestígio do fotógrafo do jornal não era o mesmo do aventureiro de Fusca. A resposta mais educada que ouvi foi: "Tu achas que vamos colar nossa marca a este Fusca velho caindo aos pedaços? Não sabemos nem se tu vais conseguir voltar". As respostas me fizeram lembrar de 1994, na cidade de Canoas, quando fui fotografar o mítico velejador Amyr Klink na fábrica de motores Maxion, que o patrocinava. Eu, fotógrafo iniciante e tímido, me armei de coragem depois da palestra e fui até ele para fazer uma pergunta.

— Seu Amyr, como o senhor consegue patrocínio para as suas aventuras?

A resposta veio de bate-pronto:

— Eu tive que cruzar o oceano Atlântico remando um barquinho e ficar vivo pra eles acreditarem que valia a pena investir em mim.

Entendi. O máximo que consegui para nossa viagem foi uma revisão e troca de óleo do Fusca na concessionária autorizada da Ford, acho que mais por pena do que por acreditar em mim. Pela primeira vez adesivamos nosso Fusca. Um carro VW que carregava um adesivo da Ford. As palavras que se lia no adesivo eram Marvel (o nome da loja), Ford (a marca de carros que eles vendiam) e o slogan da empresa: "A conquista que te move". Fizemos uma checklist e, por precaução, convidamos o estudante de jornalismo Lucas Ney para nos acompanhar em uma Toyota Bandeirantes. Ney era um menino de vinte anos, mas um veterano na travessia da praia, que fazia acompanhado de seu pai.

Na véspera, tomamos uma das decisões mais acertadas da viagem. Um amigo que era aficionado por rally e proprietário de um Fusca Baja, que adorava rodar por lugares lamacentos nos fins de semana, nos aconselhou a trocar as rodas traseiras. Ele emprestaria os pneus de caminhonete F1000 do seu Fusca. Fomos até sua casa e, com dor no coração, assisti a ele cortando com uma esmerilhadeira os paralamas traseiros do meu Fusca para as rodas gigantes servirem. As rodas eram vermelhas e os pneus desproporcionais ao fusquinha. Mesmo assim nos salvariam várias vezes de não ficarmos presos em dunas, dentro do mar ou em atoleiros nas margens da Lagoa Mangueira.

Com o paraglider do Patrick e todos os itens de acampamento acomodados no bagageiro de teto, preparados para dormir dentro do Fusca por alguns dias, começamos a monitorar os ventos e as marés para esperar o melhor momento de partir. O inverno de 2013 foi rigoroso. Foram semanas de preparativos e planejamento. Acabamos escolhendo a manhã mais fria do ano para iniciar a viagem. Acordamos na manhã gelada do dia 25 de julho de 2013, quando o sol ainda se escondia no horizonte. O Fusca azul estava branco de geada. Seis e meia da manhã, quando fui me despedir da Gabi, ela me entregou um envelope com uma frase escrita do Amyr Klink. "Um dia é preciso parar de sonhar e, de algum modo, partir". Não abri o envelope na hora. Dei um beijo nela e na Sofia e, minutos antes de partirmos, publiquei uma foto no meu Facebook, contando sobre a viagem. Com o Patrick sentado no banco do carona, embarcamos na saga que seria o embrião da Expedição Fuscamérica. Logo atrás vinha o Ney com sua Toyota Bandeirantes 4x4. Acreditávamos que ele nos salvaria de qualquer imprevisto em algum lugar inóspito.

A primeira parada seria para encontrar o Caio Passos, um jovem aprendiz que trabalhava na mesma empresa que eu. Ele havia combinado de nos emprestar uma câmera fotográfica à prova d'água que era do amigo de um amigo dele. Ao chegar em frente ao prédio, notei que a Bia Vargas, vizinha da Palafita, e sua filha adolescente, Julinha, nos aguardavam. Bia me disse que estava saindo para levá-la na escola quando leu no Facebook sobre nossa façanha e se emocionou. Ligou para a Gabi e descobriu que passaríamos pelo prédio do jornal, então decidiu nos alcançar para fazer uma foto com a gente. Achei estranho que uma viagem de Fusca pudesse emocionar alguém. Em seguida chegou o Caio com a GoPro. Ele estava empolgado e disse que, se não estivesse fazendo o estágio na RBS TV, gostaria muito de ir junto. Quando partimos, ponderei com o Patrick:

— Que loucura a Bia se emocionar com a nossa viagem de Fusca. E o Caio é uma criança, vai ter que crescer muito pra se meter em uma indiada dessas.

No caminho já fomos fotografando e filmando tudo. Por vezes, o Patrick ia no Fusca, em outras na carroceria da Bandeirantes para ter melhores ângulos. Começamos a observar que aquele carro velho, com o bagageiro lotado, rodas traseiras vermelhas, pneus de F1000 e alguns adesivos colados chamava muito a atenção na rodovia. Os carros passavam pela gente tirando fotos. Fizemos os primeiros sessenta quilômetros até Rio Grande, onde enchemos o tanque do Filó e mais dois galões de gasolina para não ter nenhum imprevisto. Comprei gelo, bebidas, carne e, para cortar o churrasco da noite, uma faca estilo Rambo de um ambulante que passava pelo posto. Fomos em direção aos molhes da barra na Praia do Cassino, onde definitivamente começaria a nossa viagem.

Os molhes são uma das maiores obras de engenharia naval do mundo. São paredões de pedras amontoadas que se estendem por quilômetros mar adentro. Ali existem vagonetas, uma espécie de jangada correndo sobre trilhos de trem, impulsionadas pelo vento e que levam as pessoas para conhecerem as belezas da vida marinha na ponta dos molhes. Esse lugar é o marco simbólico do início da Praia do Cassino. Por volta das oito da manhã, montamos um cenário para fazer as imagens solenes de nossa partida. O Filó estacionado estrategicamente, bem próximo das pedras, Patrick com seu paraglider ao lado do Fusca, pronto para decolar, e eu experimentando pela primeira vez a sensação de ser um arrojado aventureiro que pelos próximos dias se desafiaria em um Fusca velho, desengonçado e todo enferrujado. Se tivesse ali um jornalista fazendo a cobertura daquela aventura, abriria o texto mais ou menos assim: "Nesta manhã, dois malucos iniciaram uma louca viagem com um Fusca velho, caindo aos pedaços, pela maior praia do mundo".

Mas eu não estava ali como jornalista. Aliás, o que eu mais queria era me distanciar da figura que construí como repórter fotográfico de um grande jornal. Eu queria ser apenas o Nauro do Fusca. E por estar iniciando uma nova história, queria registrar tudo. Pedi para o Ney ligar o REC da câmera para dizer algumas palavras antes de partirmos. "GRAVANDO!"

— Hoje, eu, o Patrick e o Fusca vamos fazer o primeiro teste, que é o início de um sonho que deve se concretizar no início de 2015. Queremos dar uma volta pela América do Sul com este Fusca, conhecendo esta América tão diferente, tão gigantesca, tão diversa. O Patrick vai levar o paraglider e nós vamos fazer vídeos, vamos fazer fotos, vamos escrever um livro e vamos fazer um documentário, mergulhando no universo das pessoas simples que habitam nosso continente. Queremos realizar o nosso sonho de viajar, fotografar e cultivar nossa amizade que começou há muitos anos. Então, hoje, aqui na beira da Praia do Cassino, vamos fazer o primeiro teste. Obrigado ao Ney, que vai com a gente. Bora, Patrick?"

Durante um minuto eu resumi tudo o que eu esperava para o futuro. O projeto ainda não tinha nome e não tínhamos ideia se algo daria certo ou não. Mas havia um sonho, um sonho que eu pensava ser o mesmo do Patrick. Com o tempo, veria que não podemos sonhar por ninguém. O Ney continuou filmando. Tínhamos combinado que depois da homilia eu entraria no Filó e sairia de Fusca pela praia, enquanto o Patrick levantaria voo, me acompanhando pelo ar. Só que o motor do paraglider falhou. Patrick até decolou, mas não subiu mais de cinquenta metros e teve que pousar. Acabei retornando para buscá-lo e o problema no motor do equipamento acabou perdurando por toda a viagem, deixando o Patrick de mal humor e frustrando nossas imagens aéreas. Enrolamos o parapente, colocamos na caçamba da caminhonete do Ney e partimos.

Nas manhãs de inverno poucas pessoas caminham pela orla, então o início da viagem foi tranquilo. Cruzamos por uma grande imagem de Iemanjá, que marca a região povoada do Balneário do Cassino, e em seguida mergulhamos na praia deserta. Nossa programação para o primeiro dia era percorrer cento e setenta quilômetros, desde a Palafita até onde dormiríamos a primeira noite, acampados em uma floresta de pinus, atrás das dunas no Farol Verga. Os primeiros quilômetros de praia logo deram uma mostra do que seriam nossos dias. Tudo era imenso. Paisagens de grandes dimensões mostravam nossa insignificância ante a natureza. A areia pesada e molhada transformava cada quilômetro em um desafio. Depois de rodar um tempo que não me lembro quanto, uma miragem surgiu no horizonte. A carcaça de um grande navio encalhado na praia. Tratava-se do cargueiro Altair, um navio que foi surpreendido por uma tempestade no inverno de 1976 e jogado na praia pelos ventos fortes. Pouco restou da imponente estrutura metálica que, depois de abandonada pelo dono, foi saqueada e, aos poucos, corroída pela ferrugem e maresia. Conversamos com um pescador que nos disse que o limo serve de alimento para várias espécies marinhas, transformando o lugar em um ótimo local para a prática da pesca esportiva. A imagem do pouco que restou da imponência do Altair era um aviso de que por aquelas bandas a costa era um cemitério de navios. Ele era só um entre tantos que não resistiram à força da maior praia do mundo. Nosso Fusca era minúsculo perto da estrutura metálica que sucumbia. Uma advertência de que estávamos inseridos em um ambiente hostil e que aquele não era o habitat natural de um Fusca. Fizemos algumas fotos e partimos.

A partir dali tudo se tornou diferente. A paisagem em tons pastel contrastava com o azul do oceano e com o céu, ora anilado, ora cinza. O dia perfeito com temperaturas amenas e sem ventos fazia eu me dar conta do quanto era pleno dentro daquele Fusca. Como um Dom Quixote, eu avistava as torres de energia eólicas atrás das dunas e elas me lembravam moinhos de vento. Não tinha como eliminar a palavra loucura do vocabulário. Os sonhos e as loucuras andam de mãos dadas. À medida que avançávamos para o sul, avistávamos um ponto no horizonte, que depois foi crescendo até surgir uma grande torre retangular vermelha e branca, parecendo um edifício com muitos andares. Era o Farol de Sarita. Edificado em 1952, foi batizado em homenagem a um navio italiano que saiu de Gênova e encalhou na praia, bem em frente ao local onde o farol foi construído. Ele já foi habitado por faroleiros, mas, com o avanço das tecnologias de energia solar, hoje brilha solitário, guiando navegadores que cruzam em alto-mar. Testei pela primeira vez os pneus de F1000 do Filó. Para fotografar ao lado da torre, tive que superar algumas pequenas dunas, onde meu Fusca se mostrou valente e decidido. Aproveitamos para preparar um almoço por ali mesmo e, depois de uma cochilada na sombra do Sarita, partimos, percorrendo nosso deserto de dunas e praia. Ney torcia para ver o Filó atolar. Ele pretendia rebocar o Fusca para depois contar histórias de que sem ele não teríamos conseguido. Mas não dei chance ao azar e voltei para a praia sem ajuda. Chegamos com o sol se pondo no Farolete do Verga, onde passaríamos a noite.

O Farol do Verga está em uma região onde as águas do oceano se elevam com a maré alta durante a noite. A cautela dizia que deveríamos montar acampamento atrás das dunas em meio às florestas de pinus. Só que havia um problema. As dunas ali chegavam a mais de vinte metros de altura e seria uma prova de fogo para o Filó. Ney foi na frente, na caminhonete com tração 4x4, com a naturalidade de quem anda no asfalto, e lá de cima gritou:

— Não arrega, Nauro Júnior! Se esse teu Fusca não subir eu busco ele de arrasto.

Tomei uma distância razoável e arranquei na direção da montanha de areia. Patrick ficou responsável pelas imagens. Embalei, acelerei e ganhei velocidade. No início, o Filó foi bravo, mas quando estava quase chegando ao topo, os pneus de F1000 enterraram na areia e ele não teve forças para continuar. Fiquei a uns trinta metros do cume, onde o Ney dava risadas com uma corda na mão:

— O que houve, Nauro Júnior? Arregou?

Indignado, pedi para o Patrick subir no para-choque traseiro e, com o peso dele, consegui retornar de ré até a praia. Tomei muita distância. Acho que me afastei por um quilômetro da duna e embalei. Uma nuvem de poeira se formou atrás de mim e, quando cheguei ao sopé da montanha, engatei uma segunda marcha, acelerando tudo que podia. O Fusca foi perdendo velocidade e força, mas foi subindo. Quando eu estava quase no topo da montanha, as rodas começaram a patinar. Sofrendo, gritei para o Patrick parar de filmar e empurrar. Ele passou a fazer as duas coisas, e foi quando eu cruzei ao lado do Ney e gritei:

— Vai ficar aí parado, lôco?

O que eu não sabia era que a estrada para descer da duna no outro lado não estava em linha reta. Segui acelerando e caí no vazio. Por sorte, lá embaixo era só areia. O Filó enterrou o capô e levantou uma nuvem como se tivesse caído de uma ponte, jogando poeira para todos os lados. Assustado, mas agindo como se nada tivesse acontecido, consegui alinhar o Fusca e segui acelerando em busca do local ideal para acampar. Patrick e Ney levaram um susto, mas me alcançaram em seguida. Rapidamente, peguei uma cadeira de praia, um chimarrão e, ignorando a quase tragédia de minutos antes, brinquei com os dois:

— Por que demoraram tanto? Já estou com o acampamento montado.

Eles foram à loucura comigo.

— Pensei que tinhas morrido, Nauro Júnior — gritou o Ney.

Começamos a organizar o acampamento antes que a escuridão tomasse conta de tudo. Patrick dormiria em uma barraca. Ney na Toyota e eu, pela primeira vez na vida, passaria a noite dentro de um Fusca. Conseguimos lenha, fizemos uma fogueira e o Ney preparou a melhor "massa caldeada com costela" que comi na vida. Patrick insistia em consertar o motor do paraglider. Desmontou e remontou várias vezes sem sucesso. Na beira do fogo, Ney contou histórias das inúmeras travessias feitas com seu pai. Entornando uma garrafa de vinho Sol Chico que ele havia contrabandeado do Uruguai, nos falou da infância e do quanto seu pai era importante em suas escolhas. Quando a luz do fogo abrandou, fui preparar minha cama no Filó. Retirei o banco dianteiro do carona, arranquei o banco traseiro e instalei um colchão que estava amarrado no bagageiro. Com cobertas e travesseiros, improvisei a cama mais luxuosa do mundo dentro do Fusca.

A fogueira se apagou e todos se acomodaram. Pela janelinha do Fusca, fiquei observando a via láctea que na escuridão daquele lugar ficava tão visível. Resolvi dar uma caminhada antes de dormir. Andei na direção da duna que quase havia me matado horas antes. Escalei-a e lá de cima escutei a algazarra das ondas. Sentado sobre o monte de areia, o universo cabia inteiro sobre minha cabeça. O infinito estava por todos os lados. Comecei a conversar sozinho. Nos meus delírios, falei com as ondas do mar e gritei para as estrelas. Disse para a duna que ela não era culpada pelo que tinha me acontecido. Eu estava empolgado e ela havia me mostrado que corremos riscos quando nos aventuramos por lugares desconhecidos. Eu não falava sozinho, a natureza estava inteira me ouvindo. Caminhei de volta e deitei na minha suíte presidencial, dentro do Fusca.

No silêncio, ouvi passos no acampamento. Pela ventarola, avistei uma raposinha que saía do mato para roubar a massa caldeada que restava na panela. Saquei a câmera e fiz um registro. Mais do que justo. Ela ganhou o resto de massa e eu a foto. Levei a mão ao porta-luvas do

Fusca e alcancei o envelope que recebi da Gabi antes de sair de casa. Abri e vi um bilhete que acompanhava duas notas de cinquenta reais. Nele, eu li: "Meu gordo, livre é quem tem um porto seguro para retornar. Aí está o dinheiro para o combustível da volta. Te esperamos na Palafita, o centro do nosso universo".

Com a luz bruxuleante da luminária, me olhei no retrovisor. Perguntei se aquele momento significava algo em minha vida. As respostas viriam com o tempo. Desliguei a luz, virei para o lado e dormi. Naquela noite descobri que minha vida cabia dentro de um Fusca.

Acordamos na sexta-feira pela manhã para continuar nossa travessia. Enquanto eu desmontava o acampamento, me lembrei que tinha que escalar novamente a montanha de areia para sair daquele lugar. Dessa vez fui antes estudar o caminho. Depois, a bordo do Filó, acelerei com todas as minhas forças e consegui galgar o topo. Parei lá em cima para contemplar. Estávamos mais alto do que as árvores da floresta. Vislumbrar a paisagem da maior praia do mundo lá de cima, com seus matizes inimagináveis, causava uma emoção que quase levava às lágrimas. Sem o paraglider, seria a visão mais elevada que teríamos em toda a viagem. A imensidão do mar, a vastidão de areia por todos os lados, os horizontes sem fim e a maresia batendo em meu rosto consumiam meu olhar de tanta beleza. Estávamos no meio do nada ou no princípio de tudo? Éramos donos de todo o nosso tempo e, por isso, decidimos partir.

Filó já se sentia um Jipe e desceu a duna com muita elegância. Depois, ganhamos a praia novamente. Nosso objetivo era acampar próximo à Barra do Chuí à noite e na manhã de sábado iniciar o caminho de volta. Uma neblina nos acompanhou durante um bom tempo naquela manhã. Uma fronteira imaginária acentuava a imagem, como se o Fusca se escondesse por detrás de um véu de noiva. A visão encurtava a realidade e os sonhos tinham dimensões parecidas. A atenção era redobrada porque onde não havia nada poderia surgir algo. Em algumas horas, o horizonte ficou largo novamente e voltamos a exercitar o olhar, quando tudo ficou grande frente aos nossos olhos. Iluminado pelo sol, um objeto estranho surgiu ao longe. Andamos um tempo, tentando decifrar o que era e, ao nos aproximarmos, descobrimos que se tratava de um gigante crânio de baleia enterrado na areia. Ney lembrou que na Barra do Chuí vivia Hamilton Koelho, um artista que esculpia suas obras com ossos de baleia e outros resíduos que o mar expulsava para a praia. Poderíamos levar o crânio para ele.

Na minha inocência de aventureiro de primeira viagem, aventei a possibilidade de desenterrar aquele pedaço de baleia e carregar no bagageiro em cima do Fusca. Com uma pequena pá que levamos, comecei a cavar. Não demorou mais do que alguns minutos para me convencer de que era uma tarefa insana. O osso era como um iceberg e apenas a ponta dele estava aparecendo. Seria impossível desenterrá-lo sem as ferramentas adequadas. Ney brincou comigo:

— Para de passar trabalho, Nauro. *Conejo és manejador de ballenas.* Ele tira esse osso daí com uma mão só.

Desisti e embarcamos no Fusca. Nossa pretensão naquela noite era dormir em um rancho abandonado no meio das dunas, na Praia das Maravilhas. Ney nos contou que os pescadores viviam por lá no verão, mas com a hostilidade do inverno fugiam e o lugar ficava deserto. Deixavam as portas destrancadas para socorrer algum aventureiro em apuros. Sábado de manhã, antes de ir embora, daríamos uma passada na casa do escultor para informar sobre o osso na praia. Ele que desse um jeito de buscar.

Em 1996, percorri o litoral gaúcho pela primeira vez, com o repórter Klécio Santos, para uma reportagem chamada: "Os Últimos Guardiões do Mar". Viajamos de Lada Niva, um carro russo 4x4, entrevistando os faroleiros que estavam sendo aposentados por conta da evolução que fez com que os faróis funcionassem sozinhos. As luzes analógicas aos poucos foram sendo substituídas por uma tecnologia moderna que dispensava os guardiões do mar. Na época, conversando com o faroleiro da Barra do Chuí, perguntamos se ele era o último morador do Brasil. Nos disse que não e nos convidou para subir os cento e trinta e um degraus do farol. Depois de vencer a escada caracol de trinta metros de altura por dentro da torre, ele nos mostrou ao sul uma antiga construção no meio do mato, onde vivia Hamilton Koelho, a menos de trezentos metros da linha onde acabava o nosso país. Quando terminamos a entrevista com o faroleiro, fomos conhecer o artista, um cara misterioso que decidiu tomar posse de um antigo posto abandonado da Polícia

Federal que guarnecia a fronteira na época da ditadura. Koelho ainda tinha poucas obras, mas sonhava muito. Já iniciava a construção de seu atelier ao fundo do terreno, com madeiras vindas do mar. Contou que o lugar que um dia havia sido usado como um local de opressão seria transformado em um museu de arte. Nos vimos pela primeira vez no inverno. Fazia pouco tempo que ele vivia por lá como um ermitão. Ventava muito, fazia frio e as distâncias eram grandes. A única coisa perto era a linha que dividia o Brasil do Uruguai. Nessa terra de extremos, Koelho sonhava em completar os muitos vazios com árvores de todas as espécies, esculturas, um museu e uma escolinha para ensinar arte para as crianças da fronteira. Como jornalista, eu só via ali uma boa reportagem de um louco que era o último morador do Brasil, ou como o Koelho dizia: "o primeiro". Ignoramos a história do artista. Ninguém sabia da existência daquele homem naquele lugar. Em um furo de reportagem, Koelho saiu na capa do jornal com a manchete: "O último morador do Brasil". Pouco falamos de seus sonhos e de seu trabalho. A reportagem exclusiva contava a história do homem que se formou em Escultura em uma universidade federal e decidiu se isolar. Nossa matéria pautou muitos veículos. Nunca mais nos vimos. Seria legal passar lá novamente para lhe dar um abraço.

Apontamos a proa do Fusca para o sul do mundo e seguimos. Rodamos alguns quilômetros e nos deparamos com o Farol de Albardão. Completamente isolado, foi um dos faróis que não puderam dispensar faroleiros. Tentamos fazer uma visita, mas o responsável era um militar que nos disse que só com uma autorização da Marinha poderíamos entrar. Fomos recebidos por alguns vira-latas e pelo sargento, que não nos deixou passar. Fotografamos e filmamos por detrás de uma cerca. Depois de muita insistência, ele nos passou algumas informações. O Farol de Albardão foi construído em 1909 e tinha quarenta e quatro metros de altura. Para chegar ao topo, era preciso vencer duzentos e vinte degraus. Insistimos para nos permitir uma visita breve. Ele nos informou que com autorização da Marinha poderíamos até dormir em uma das casas dedicadas a hóspedes, ao lado do farol, mas sem o salvo conduto não podíamos nem ultrapassar o cerco de proteção. Uma cerca no meio do nada para proteger um farol isolado no sul do sul do Brasil era o retrato fidedigno de um país inseguro, onde nos trancamos em casas aprisionados por grades. Me perguntei se o vandalismo já tinha chegado até aquele fim de mundo ou se era neurose de militares. Sem sucesso em nossas tentativas, a visita ficaria para a próxima vez.

Embarcamos no Filó e vi o Farol de Albardão sumir no retrovisor. Voltamos para a nossa rodovia imaginária entre as dunas e o mar e seguimos nossa saga rumo ao extremo sul. A paisagem gris, a falta de vestígio no infinito e o silêncio quebrado pelo som do solitário motor do velho Fusca azul era a materialização de um quadro de arte bucólica. Eu só conseguia ver a imensidão e o gigantismo pelo para-brisa do Filó, que emoldurava as grandes dimensões que expandiam minha alma em reflexões contínuas.

Eu me encontrava na metade dos Campos Neutrais. Uma linha imaginária que dividiu o mundo em duas partes em 1777. Com o Tratado de Santo Ildefonso, Portugal ficou com tudo que estava a leste e a Espanha com tudo que estava a oeste. Só que uma faixa de terra no sul do mundo, do Arroio Chuí até ao banhado do Taim, não pertencia a nenhuma nação, sendo conhecida no século XVIII como terras de ninguém. Pelo tratado, os dois países não podiam fixar acampamento ou localizar suas tropas para evitar conflito, sendo, portanto, um território neutro. O que era para ser um local de paz e solidão, se transformou em uma terra de fuga para abrigar facínoras, ladrões e contrabandistas. Mestiços, índios, escravizados foragidos, prostitutas e outros errantes se instalaram por essas bandas, criando uma sociedade paralela. A miscigenação desse povo deu origem a uma nova matriz social. Quando o tratado foi rasgado, essa gente se espalhou e passou a ser nativa do sul do Brasil e países cisplatinos e ficou conhecida como "gaúchos". Hoje os Campos Neutrais ainda existem e fazem parte do município de Santa Vitória do Palmar.

Despertei de meus devaneios e ao longe observei Ney sair da praia e entrar em meio às dunas costeiras. Após alguns minutos rodando, persegui os rastros deixados pela Toyota que já havia sumido. Falei para o Patrick se agarrar no puta-merda e acelerei em direção a uma fenda entre duas montanhas de areia. Depois de muito esforço, conseguimos transpassar e nos deparamos com um cenário do filme *Mad Max*. Uma imagem pós-apocalíptica de um antigo hotel construído na década de 50 que foi engolido pelas dunas. Parte da antiga construção ainda estava semienterrada e podíamos identificar os corredores com os quartos e a recepção com paredes pichadas. Havia frases escritas com carvão por viajantes insólitos que marcaram sua passagem deixando algumas declarações para amores perdidos. O fundo estava totalmente soterrado, ficando aparente somente o telhado, onde podíamos ler nas descrições das telhas o nome de uma cerâmica pelotense. Tentei subir de Fusca, sem sucesso, em uma duna que cobria o hotel. Valeu pelas fotos, valeu pela história. Ney nos avisou que alguns quilômetros adiante sairíamos da praia para percorrer uma trilha que nos levaria até as margens da Lagoa Mangueira. Questionei se valeria a pena e o Ney me perguntou: "Vai arregar, Nauro?".

Ele tinha razão. A trilha era cheia de dificuldades e adrenalina. Percorremos em torno de quinze quilômetros banhados e campos úmidos que ainda não tinham caído na exploração da monocultura. A Lagoa Mangueira faz parte do maior complexo lagunar da América Latina, junto à Lagoa Mirim e à Laguna dos Patos. Mas ela é única, porque não tem ligação com o mar ou com qualquer rio. A água que a abastece é da chuva ou dos lençóis freáticos, o que a torna a mais limpa e pura de todas três.

Quando chegamos às margens da lagoa, nossos olhos ficaram tão cheios de encanto que nem notamos que o pneu traseiro do Filó estava furado. Fizemos um mate, abrimos uma cadeira e nos sentamos para contemplar. Mas a previsão de chegada ao nosso local de pouso era à tardinha e não podíamos nos distrair. Levantamos o Fusca e colocamos o estepe. Só que a roda reserva era bem mais fina do que o pneu de F1000 que havia sido colocado para enfrentar as adversidades. O Filó ficou com a traseira torta para o lado direito, mas mesmo assim aceitei o desafio do Ney de entrar com o Fusca dentro da lagoa para fazer uma foto. O Filó enfrentou a Lagoa Mangueira como um submarino, com a água ultrapassando a altura do para-brisa.

Quando voltei para a praia, tinha entrado tanta água dentro do carro que meus pés estavam submersos. Era água doce, não tinha problema. Até ajudava a lavar um pouco da maresia da maior praia do mundo. Desci do Fusca e resolvi tomar um banho só de cueca na lagoa. Lavei o corpo e a alma. Depois retomamos a trilha em direção à praia. Foi nesse instante que desconfiei que aquele desvio era uma estratégia do Ney para realizar o sonho de me socorrer. Se na ida o Filó parecia uma caminhonete 4x4, na volta cada cruzada de banhado ou campos alagados era um suplício por causa do pneu traseiro menor. O fim da tarde já se aproximava e, por incrível que possa parecer, o primeiro a atolar o carro foi o Ney. Cruzei por ele acelerando, mas ele não demorou muito para engatar a tração e se libertar do atoleiro onde tinha se enfiado. Em seguida a roda fina do estepe do Fusca caiu em uma areia movediça e, depois de algumas tentativas e de quase queimar o disco de embreagem, não tive como sair sozinho.

Ney realizou o sonho que vinha nutrindo desde a partida: socorrer o Filó. Já tinha uma corda preparada. Não levaria mais do que um minuto o resgate, mas demorou porque Ney fez questão de fotografar e filmar toda a manobra. Às gargalhadas, gritava:

— O que houve, Nauro? Arregou?

Como dependia dele para sair dali, só tive que dar risadas. Que bom que tínhamos o amigo Ney para nos salvar. Voltamos para a praia e enfrentamos os temidos Concheiros do Albardão. Desde que começamos a planejar a viagem, todos avisaram que essa seria a parte mais difícil da travessia. Famoso por ser intransponível, é um lugar onde a praia se transforma. Em vez de areia, existem conchas de todos os tamanhos e modelos, formando um terreno instável e de difícil locomoção. Quando colocamos os pneus largos no Filó estávamos pensando exatamente nesse trecho, mas como as coisas nem sempre saem como o planejado, o que era para ser uma passagem tranquila se tornou uma epopeia. Por conta do pneu furado, acabamos com um estepe fino. Inicialmente evoluímos bem, mas o que era para ser dez quilômetros de concheiro passou a ser trinta e, na medida que avançávamos, a quantidade de conchas crescia, tomando toda a extensão da praia, desgastando o motor, que em segunda marcha parecia estar subindo uma montanha. Era o concheiro mostrando suas armas. À medida que acelerava sobre as conchas, o motor esquentava. O Fusca andava devagar e o tempo passava depressa. Demorou tanto para cruzar esse trecho que a noite nos alcançou. Tentamos achar o rancho dos pescadores onde iríamos pernoitar, mas escondido na escuridão, atrás das dunas e com a roda fina que enterrava na areia, desistimos. A decisão foi chegar até a Praia do Hermenegildo, alguns quilômetros adiante.

Por volta das vinte horas de sexta-feira, noite escura naquele inverno gelado de 2013, entramos no balneário na Vila do Hermenegildo. Enquanto Ney e Patrick buscavam carne para o churrasco e uma boa garrafa de vinho, eu saí à caça de uma borracharia para arrumar o pneu. Encontrei o Seu Orpilhano, que atendia na garagem de casa com poucos equipamentos. Teve dificuldades para retirar o pneu gigante do Filó e me confessou nunca ter visto um Fusca daqueles cruzar a praia. Me contou que tinha poucos clientes e que era muito difícil alguém furar pneu por ali. Quando contei que fui até as margens da Lagoa Mangueira, ele sorriu e me disse: "Tá lôco, aquele lugar é uma espinheira só!". E foi o que o Seu Orpilhano encontrou no meu pneu: espinhos.

Com dois pneus largos na traseira novamente, fui ao encontro do Ney e do Patrick para decidir onde montaríamos o acampamento. Como a vila estava vazia e o Ney estava sem a chave da casa que seus pais tinham no Hermenegildo, decidimos rodar mais dezesseis quilômetros e tentar acampar na casa do Hamilton Koelho, na Barra do Chuí. Voltamos para a escuridão da praia. Ney ia na frente porque dominava o caminho, o Patrick e eu seguíamos logo atrás nos guiando pelas pequenas luzinhas traseiras da Toyota. O breu da noite transformava aquela rodovia imaginária em um fundo infinito. Não visualizávamos o mar na esquerda e nem as dunas na direita. A ilusão de ótica fazia a gente flutuar no crepúsculo. Eu não sentia receio porque, apesar de seus vinte anos, Ney conhecia aquele lugar desde a infância. Comentei com o Patrick que sozinho não conseguiríamos vencer aquele trecho à noite. Já passava das dez quando um flash de luz cruzou nosso caminho para em seguida girar em trezentos e sessenta graus. Era o Farol do Chuí, com seu brilho intermitente nos apontando um rumo. Com a luz do farol, vimos que as ondas do mar já beijavam as rodas do Fusca pela força da maré alta. Ao lado daquela luz estava nosso abrigo, o nosso porto seguro naquela noite. O pulso do último farol do Brasil me fazia lembrar do sonho de me libertar das amarras e navegar em um barco pelo mundo. Sentia um pouco daquela sensação andando num velho Fusca, tendo o oceano como parceiro e como bússola uma sinalização náutica. A claridade do Farol do Chuí alcançava trinta milhas de distância. Viajamos guiados por ele, até que as luzes do Fusca iluminaram as pedras do Arroio Chuí. Era o fim da estrada, e a chegada apoteótica que tínhamos planejado teria que ser encenada no dia seguinte. Me senti feliz ao concluir a longa jornada. Mal sabia eu que a viagem pela maior praia do mundo teria mais uma longa etapa, muito menos onde aquela ideia maluca de viajar de Fusca um dia me levaria. Deixamos o abismo escuro do mar à nossa esquerda e entramos à direita em direção à Barra do Chuí. A última povoação do país estava escura naquela sexta-feira de inverno. Cruzamos a silenciosa vila e rumamos para a casa do último morador do Brasil. Quando faltavam trezentos metros para cruzarmos a linha da fronteira com o Uruguai, nos deparamos com uma porteira enfeitada com cordas, redes de pesca e boias de navios, e a luz do carro iluminou uma placa onde estava escrito: "Museu-Ateliê de Hamilton Koelho". Buzinamos, buzinamos de novo, e depois de muito insistir apareceram alguns cachorros. Em seguida, uma sombra surgiu no meio das árvores. O tempo tinha sido implacável com o velho artista. Por trás de uma cabeleira comprida e grisalha e de uma barba branca e longa, ele nos mirou desconfiado.

Tudo havia mudado. O descampado que conhecia tinha dado lugar a árvores que escondiam o ateliê iniciado dezessete anos antes, quando tinha andado por lá. O antigo prédio da Polícia Federal, que um dia escutou gritos da repressão militar, estava camuflado pela floresta. Com cara de sono, de quem tinha adquirido hábitos diurnos havia muito tempo, ele perguntou quem éramos e o que queríamos naquela hora da noite. Me identifiquei e perguntei se havia um lugar para montar um acampamento. Ao me reconhecer, vi que apesar do tempo o sorriso do velho amigo continuava o mesmo. Ele afastou as cordas e redes para que pudéssemos entrar com os carros e nos guiou. Nos ofereceu uma ducha, uma cozinha e um gramado ideal para estacionar, ao lado do museu. Já ia se afastando rumo ao ateliê onde morava nos fundos quando o chamei para mostrar a foto do crânio de baleia que tínhamos encontrado na praia. Especialista na área, identificou que era de um cachalote e que não tinha nenhum exemplar daqueles no museu. Indagamos se não se importava de a gente preparar um churrasco e tomar um vinho, já que iríamos embora no dia seguinte e por isso poderíamos dormir até mais tarde. Vegetariano, nos disse para ficarmos à vontade, mas que iria dormir. Iniciamos um fogo e abrimos uma garrafa de viño Sol Chico. Decidi andar pelo museu enquanto os guris preparavam o fogo. Caminhar em meio às obras com uma lanterna em punho era uma aventura fantástica. Sua arte à noite era enigmática. Mesmo sendo eu um amante das subjetividades, confesso que me perturbava contemplar fragmentos do fundo do oceano naquele lugar. Talvez por isso tudo fazia sentido naquele meu momento de vida. Da primeira vez que estive ali existiam apenas sonhos, agora havia gritos de renascimento em cada obra de arte. Não demorou para que Koelho voltasse com alguns legumes para assar no fogo. Oferecemos a ele uma caneca de vinho e perguntamos quando ele iria buscar o osso da baleia. Depois de um gole e uma pausa silenciosa, desabafou dizendo que não tinha como ir até lá. Seu velho Jeep estava com o motor fundido, e o osso estaria para sempre perdido no Albardão. Ficamos todos em silêncio por um tempo, quando ele falou:

— Eu iria comemorar meu aniversário sozinho, sorte que vocês chegaram!

Perguntei sobre a data e ele respondeu:

— Daqui a quarenta e cinco minutos.

Foi uma festa, e alguns segundos faltando para a meia-noite abrimos a segunda garrafa para cantar parabéns com o aniversariante. Koelho me perguntou por que eu estava ali com aquele Fusca. Comecei a divagar sobre um projeto que só existia na minha cabeça:

— Vamos rasgar as estradas da América do Sul com este carro, fazendo um documentário, um livro, desvendando o universo de simplicidade de um povo miscigenado e entrevistando personagens célebres e anônimos. Vamos resumir a essência de uma cultura forte, reprimida pelo eurocentrismo, pelo americanismo e pela cultura yankee.

Entornando mais uma caneca de vinho, informei a ele que seria nosso primeiro entrevistado. Quase uma da madrugada, entusiasmado por ilusões etílicas, resolvi discursar. Falei que aquela viagem estava me fazendo muito feliz e que se aquele crânio de baleia não fosse morar no museu eu ficaria frustrado. Tinha avisado em casa que talvez voltasse somente no domingo. Então propus a todos de irmos juntos resgatar o osso de baleia na caçamba da Toyota do Ney, como presente de aniversário para nosso artista ermitão. Todos concordaram, então brindamos e demos risadas. Em seguida me dei conta de que o crânio estava a mais de cem quilômetros e teríamos que sair cedo para vencer a ida e a volta pela praia. Chamei a atenção para que nos recolhêssemos. Patrick decidiu dormir em uma biblioteca do museu, onde havia um colchão confortável. Eu não abri mão de dormir novamente como um rei, dentro do Fusca.

Quando todas as luzes se apagaram, o facho de luz do Farol inundou o Fusca. Fiquei imaginando um navegador em alto-mar sendo guiado pela mesma luz que eu via. Observei o tempo que demorava cada piscada. Percebi que na escuridão meu espírito ficava em alerta, para em seguida disparar meu coração em um segundo de claridade. Decidi contar as piscadas, mas estava com sono e em seguida adormeci. A ideia de acordar cedo não teve muito sucesso e acabamos despertando quase oito da manhã. Koelho já estava com estacas, cordas, talhas, pás e outras ferramentas preparadas para o resgate. Carregamos a caminhonete do Ney e partimos depois das dez horas. Convidei o anfitrião para ir de Fusca comigo enquanto o Patrick e o Ney foram na Toyota. Quando voltamos para a praia com o artista de copiloto, comecei a ter uma visão completamente diferente de tudo. O que era macro passou a ser micro. Ele conversava com o mar, e o mar o escutava. Ele enxergava detalhes que me passavam despercebidos na imensidão do meu olhar. Me ensinava que o mar é senhor de tudo e que, com inesgotável paciência, cria, destrói e atira na praia. E ele pensava ser o escolhido dos deuses da maior praia do mundo para transformar os destroços e o lixo jogados na areia em arte, materializando o próprio oceano nas salas de museus. O mar e o artista sem se dar conta eram irmãos gêmeos que transformavam o que tocavam em escultura.

Koelho me perguntou se eu ainda trabalhava no jornal. Contei para ele tudo que eu estava vivendo. Minhas angústias, minhas incertezas e o ostracismo que me tinha sido jogado pela empresa. Foi nesse instante que ele fez um desabafo:

— Para os jornalistas, mais vale uma manchete do que uma história verdadeira.

Confessei que não havia entendido e ele em seguida me explicou. Falou que na primeira vez que nos encontramos, não enxergamos o artista que se isolou em busca de inspiração para sua obra. Apenas vimos o último morador do Brasil, um detalhe geográfico que o carimbou para sempre. Disse que não buscou aquele espaço por ser a última edificação do Brasil, e sim por estar nas margens do oceano, onde encontrava a sua matéria-prima. Todos os jornalistas que o procuraram depois o estereotiparam como o último morador.

Durante anos, por conta de nossa reportagem, ele teve que lutar para ter sua obra reconhecida. Me dei conta do quanto nós jornalistas éramos arrogantes e extrativistas. Colocávamos nossas percepções e vaidades sobre o que víamos. Havia anos que eu estava inserido em espaços de redações onde a manchete era mais importante do que o sentimento. Envergonhado, pedi desculpas a ele. Por um tempo só escutamos o barulho do motor. Viajava no Fusca e nos meus pensamentos. Fazia uma retrospectiva de tudo que eu tinha vivido e refletia sobre em que eu havia me transformado. Na altura dos concheiros ele quebrou o silêncio, ao me chamar a atenção para uma baleia que nadava atrás da arrebentação das ondas. Saltei do Fusca com a câmera fotográfica e a teleobjetiva em punho como quem encontra um furo de reportagem.

Em seguida, Ney parou ao lado para perguntar se tinha algum perrengue, e eu só apontei para o cetáceo gigante que se exibia fazendo malabarismo próximo à costa. Eles também começaram a fotografar. Percebi que eu fotografei a baleia por instinto, porque viram ela para mim. O fotojornalismo era a busca por cenas factuais que estavam prontas. Imaginei a manchete: "Temporada de baleias na costa do Brasil".

Precisava rever meus conceitos. Aprender a contemplar com os olhos da alma e não por aquele olhar viciado pelo jornalismo, sempre em busca do furo de reportagem. Por que não contar a história das baleias pelos olhos do artista? Um olhar de preservação, contemplação, encantamento? Fui aprendendo que precisava exercitar o meu olhar para conceber algo que somente eu via e não o que esperavam que eu visse. Comentei com o Patrick que na nossa travessia ficamos tão inebriados com a possibilidade de chegar ao destino final da aventura que esquecemos de observar as minúcias daquela paisagem infinita.

Indaguei como ele treinava o olhar para descobrir uma baleia no meio daqueles cenários intermináveis. Ele disse ter aprendido com a renomada ambientalista portuguesa Judith Cortesão, sua maior inspiração. Judith o ensinava a disciplinar os olhos quando tudo é muito grande. Corremos o risco de perder detalhes nas grandes paisagens. Mergulhar em um imenso abismo horizontal não nos dá o direito de esquecer os vestígios da meditação sobre nossa existência insignificante. Para enxergar o todo, precisamos voar como um pássaro, mas para mergulhar nas microcatedrais de uma pequena flor, temos que nos ajoelhar como um cristão em frente à cruz em um gesto de reverência que alarga e limpa a alma. Na maior praia do mundo, tudo era gigante e gris e tudo parecia morto. "Mas a morte é a máscara da vida", contava Judith. Fui convidado a me agachar e mergulhar nos detalhes dos concheiros:

— Tu podes fotografar a praia inteira com uma grande angular, as baleias com uma teleobjetiva, mas não tem o direito de ir embora sem fotografar minúcias das milhares de conchas com a macrofotografia.

Fotografei o Fusca emoldurado por aqueles arrecifes multicoloridos em meio a moluscos marinhos, conchas raras fossilizadas de todos os tipos, tamanhos e de todos os oceanos do planeta, que tornavam Concheiros do Albardão um local único no mundo. Meu sentimento de ficar preso naquele lugar temido agora era pelo deslumbramento. Partimos por uma impressionante estrada formada por milhões de conchas. Uma rodovia pavimentada pelos deuses do mar. Seguimos dando asas à imaginação, atentos a cada detalhe, respeitando cada pequeno espaço e reaprendendo a olhar pelo olhar do artista. Tivemos sorte na nossa viagem. Não ventou quase nada e tampouco fez frio naqueles dias. O sol estava a pino quando surgiu ao longe, no horizonte, uma torre que crescia a cada quilômetro rodado. Ao chegarmos no Farol de Albardão, sabíamos que o osso da baleia estava perto. Todo navegador sonha em encontrar uma arca abarrotada de ouro, prata e joias de algum barco perdido no tempo. Sonhei em ser um navegador, mas agora navegava com meu Fusca em busca de um tesouro que nadou pelas profundezas do oceano e estava enterrado em algum lugar daquela praia deserta. Na realidade, existiam muitos tesouros subjetivos perdidos naquela praia.

Koelho ficou ofegante ao avistar o fragmento daquela baleia que parecia estar uma vida inteira ali, esperando por ele. Me disse que as baleias que aparecem na praia geralmente morrem presas em redes de pesca. São os conflitos no mar, relativos a transformações impostas pela ação do homem, que estão causando consequências irreversíveis para a natureza. Descemos do carro e o artista se transformou em um estrategista eficiente e pragmático. Nos explicou como tiraríamos aquele fragmento dali. Teríamos um trabalho árduo pelas próximas horas. Mas quem disse que seria fácil? A arte necessita de uma pequena dose de inspiração e toneladas de transpiração. Artista é um operário que olha o mundo com os olhos da alma. Começamos a cavar de pá na volta do osso. Dois de cada lado. Como um iceberg, ele foi mostrando sua maior parte escondida. Tinha quase o tamanho do Fusca, então me dei conta da minha ignorância ao pensar que poderia carregá-lo no bagageiro. Com uma talha e algumas estacas, conseguimos deixar aquela obra de arte de pé, como uma estátua gigante que carrega o espírito das criaturas dos mares. A altura do osso era maior que todos nós juntos. Tínhamos que embarcá-lo na Toyota do Ney. Cavamos dois buracos fundos para que a caminhonete enterrasse as rodas traseiras, assim deitaríamos o osso sobre a caçamba. Só que a parte maior e mais grossa da mandíbula teria que entrar primeiro. Então o deitamos novamente e montamos um tripé de estacas para levantá-lo e entrar com a Toyota por baixo dele. De repente, entrou um vento e a praia ficou diferente. Tínhamos que apurar, porque seria perigoso viajar à noite pelos cem quilômetros de volta. Também não adiantava acelerar porque o osso poderia se partir. Com calma e com força, conseguimos embarcar a peça, uma obra de arte esculpida pela natureza. Metade ficou do lado de fora da Toyota. Compreendemos o verdadeiro sentido de o Ney ter viajado com a gente. A felicidade daquele momento era mágica. Aquele resgate era o reencontro de um ser que morreu, chegou à praia e retornaria à vida pelas mãos do artista, o solitário mais universal que tive o privilégio de conhecer. Sabia que todos nós nos transformávamos naquele instante, o que não sabíamos era que uma metamorfose gigante e silenciosa agia dentro do corpo do Ney e mudaria sua vida para sempre. Uma felicidade que daria a ele energia para uma batalha insana pela vida.

Fizemos fotos e partimos. Ao cruzarmos pelo Farol de Albardão, o sol já deitava no horizonte. Na volta não temia mais a escuridão da praia. Estava sendo guiado pelo artista. Estava sendo guiado pelo menino Ney. Estava sendo guiado por aquele osso que carregava a energia do oceano em suas entranhas. Chegamos exaustos ao acampamento e preparamos o jantar para comemorar o sucesso de nossa epopeia. Não via a hora de voltar para a Palafita e contar tudo à Gabi e à Sofia. Refleti sobre o quanto aqueles dias tinham me transformado e pela terceira vez dormi dentro do meu Fusca. Notei que o vento começou a soprar mais forte. A luz do Farol do Chuí me iluminou algumas vezes até eu cair no sono. Acordei cedo para tomar um mate com o Koelho antes de pegar a estrada. Ajudei a desembarcar o osso de baleia, que agora era uma possibilidade de metamorfose e arte. Partimos no fim da manhã. Antes de voltar para a praia, fomos até o verdadeiro extremo sul do Brasil, onde havia uma placa com os dizeres: "Divisa — Brasil / Uruguai — Arroio Chuí — Santa Vitória do Palmar / EXTREMO SUL DO BRASIL". Andamos mais cem metros e uma nova placa nos dava boas-vindas em espanhol: "*República Oriental del Uruguay — Tenga un buen viaje*".

Chegar ali me deu um gostinho de América do Sul, uma vontade de seguir adiante. Recordei a infância, de quando pedi ao meu pai para me levar para a Copa do Mundo na Argentina e ele me falou que um Fusca não chegaria à Argentina. Eu tinha percorrido apenas cem metros fora do Brasil, mas tinha cruzado a primeira fronteira da minha vida a bordo de um Fusca. Fizemos fotos, mas não seguimos. Tínhamos que voltar. De volta à maior praia do mundo, o caminho era inverso, rumávamos para o norte. Estacionamos o Filó estrategicamente ao lado dos molhes do Arroio Chuí porque eu queria gravar uma frase final para o nosso documentário. Com a câmera na mão e um sonho na cabeça, anunciei:

— Estamos aqui ao lado dos molhes do Arroio Chuí, com o farol ao fundo. Hoje é domingo, meio-dia, e chegamos ao fim da viagem. Vamos tentar retornar pela praia. Este é o começo de um sonho, que é atravessar a América do Sul com este Fusca.

Quando terminei de gravar, comentei com o Patrick que a distância entre as ondas e as dunas de areia havia diminuído. Patrick só gritou:

— *Al Norte*.

Encontramos Ney logo em seguida, que nos falou:

— O mar subiu, não vai dar pra voltar pela praia.

Não levei fé. Disse a ele para irmos até o Hermenegildo. Caso as ondas continuassem subindo, lá teria uma saída para a rodovia asfaltada. Foram dezesseis quilômetros de tensão, ventos fortes e ondas invadindo a praia, nos obrigando a rodar muito próximo às dunas. Ao nos aproximarmos da Vila do Hermenegildo, pela primeira vez compreendi o que a força do mar era capaz. O mar chegava com muita violência contra as casas construídas nas dunas. As ondas arrebentavam nos muros de contenção jogando água sobre os telhados. A estrada que tínhamos percorrido de Fusca na noite anterior agora era mar. Mar bravio. Mais ou menos um quilômetro antes da vila, tivemos que encontrar uma rua para sair da praia. De dentro da vila a visão era aterradora. A guerra entre o mar e a insistência dos homens em desafiá-lo era vencida pelo oceano. Várias casas estavam caídas pelas ressacas que eram frequentes naquele lugar. Agora eu compreendia todos os avisos sobre as janelas de tempo bom para cruzar a maior praia do mundo. Ney sempre repetia: "Tempo bom por aqui não dura mais de três dias".

Desistimos de refazer a travessia. O asfalto era nosso oásis e não havia motivos para arriscar. Gabi e Sofia me esperavam e eu precisava chegar vivo em casa. Em Santa Vitória do Palmar, peguei as duas notas de cinquenta reais no porta-luvas para encher o tanque para o retorno. Ney notou várias ligações perdidas em seu celular. Enquanto eu abastecia, ele retornou o telefonema e era seu pai pedindo para ele ficar em Santa Vitória para ajudá-lo em um trabalho na segunda-feira. Ney nos acompanhou até o pórtico da cidade, onde existia uma réplica do farol do Chuí. Lá, nos despedimos emocionados, com a promessa de ele ir à Palafita na terça-feira à noite para devolver o paraglider do Patrick e todo o nosso material de acampamento que estava na caçamba da Toyota Bandeirantes. Daríamos muitas risadas relembrando a viagem e as tentativas frustradas do Patrick de voar.

Dalí, seguimos viagem sozinhos. Mal sabíamos que só voltaríamos a rever o Ney seis meses depois. A rodovia que liga o Chuí a Rio Grande é uma reta de mais de duzentos quilômetros. Com o Filó todo enlameado, algumas pessoas nos fotografavam pelas janelas dos carros. Quando cruzamos a Estação Ecológica do Taim, um carro que vinha nos seguindo havia algum tempo deu sinal de luz. Paramos no acostamento e descobrimos que era minha amiga Paula Varela, que voltava do Uruguai e vinha acompanhando nossa viagem a partir de alguma foto publicada no meu perfil pessoal do Facebook. Perguntou quando eu partiria para a América. Fiquei um pouco assustado com a história que eu tinha inventado, mas mantive o discurso que vinha defendendo desde a saída de casa. Logo depois, quando a tarde se despedia, encostei o Filó em um espelho d'água nas margens da Lagoa Mirim e fiz uma foto da silhueta do Fusca. Se a foto do Filó nos Concheiros do Albardão era impactante, a do pôr do sol foi a mais linda da viagem. Eu ainda não sabia, mas a caça pela melhor foto do Fusca nas viagens seria minha obsessão no futuro.

Já era noite quando chegamos buzinando à Palafita. Sofia e Gabi me receberam com um abraço tão afetuoso que parecia que eu estava fora de casa havia meses. Apesar de imundo e cansado, me sentia pleno, realizado e feliz. Enquanto fui tomar uma ducha, Patrick abriu o computador para vermos as fotos e os vídeos. Ao retornar, Gabi me perguntou por que a gente não criava uma página no Facebook, exclusiva para nossas viagens. Por que não? Fui pesquisar e não encontrei nenhuma página de viajantes de Fusca. Começamos então a discutir como seria o nome. "Viajando com o Filó", "Fusca nas estradas".

Depois de muita conversa sobre a ideia de percorrer no futuro as estradas da América do Sul, chegamos à conclusão de que a fanpage iria se chamar Fucamérica. E assim nasceu a Expedição Fucamérica. Criamos a página com foto de perfil, cabeçalho e um texto contando nossa saga e nossos sonhos e convidamos os amigos para curti-la. Enquanto Patrick foi telefonar para sua nova namorada, que também se chamava Gabi, abri uma garrafa de vinho, preparamos o jantar e fiquei por horas descrevendo para as gurias o quanto tinham sido mágicos aqueles dias. Falei para elas que meu sonho era um dia levá-las para uma travessia de Fusca comigo. Patrick completou dizendo:

— E eu junto, pra poder voar de parapente!

Naquela noite tive vontade de dormir no Fusca, mas estava com saudades da Gabi e resolvi dormir em casa. Acordei na segunda-feira e já tinham mais de trezentos seguidores na página da Expedição Fucamérica e dezenas de comentários. A minha viagem de Fusca não tinha mexido somente comigo. Notei que cada pessoa tinha uma boa história de Fusca para contar. Nesse instante, me dei conta de que as viagens não terminariam mais. Meus irmãos Roberto e Dagoberto eram caminhoneiros e eu carregava o sangue da estrada nas veias. De Fusca eu poderia contar as histórias do caminho com contornos de simplicidade e desafios ao impossível, dividindo com o mundo as experiências que eu via e vivia.

O mundo passou a ter outro brilho a partir do dia em que admiti que o Fusca era o carro da minha vida. Nunca mais tive prestação de carro para pagar. Ele me ajudou a resgatar sentimentos autênticos e verdadeiros, me libertando de um mundo de consumo. Como na infância, quando embarquei pela primeira vez no Fusca azul, agora, dentro do meu Fusca, me sentia abraçado pelo meu pai. Depois da viagem pela maior praia do mundo, o Fusca voltou a me dar asas de liberdade.

A chegada do Segundinho

Sofia estudava em uma das escolas mais caras da cidade. Com o valor da mensalidade, a cada três meses daria para comprar um Fusca. Mas depois de tanta luta valia a pena qualquer sacrifício pela educação e bem-estar de nossa pequena. Aliás, o único Fusca no estacionamento era o nosso. Todos os dias nossa chegada era triunfal, soprando fumaça branca pela descarga, encobrindo todos em um fog londrino. Inocente, ela permanecia alheia às miradas de soslaio na direção do enferrujado possante do papai. Amava ir e voltar para o colégio dormindo no banco de trás como um anjo. Confesso que eu também amava a transgressão, mas de vez em quando me sentia um pouco desconfortável e pedia o carro da Gabi emprestado.

Grande parte da minha vida foi conduzida por um comportamento automatizado e corriqueiro de caçar aquilo que eu não tinha. Gastava tanto tempo na busca, que muitas vezes nem percebia o tanto que havia conquistado. Queria viajar, mas não tinha dinheiro para pagar o hotel, não tinha o carro ideal, não tinha tempo, e assim empilhava desculpas para adiar os sonhos, já que no trabalho andava com o orgulho ferido. Muitas vezes transferia a culpa para o jornal por não me dar oportunidades e não me escalar para grandes coberturas jornalísticas. Mal sabia eu que a mudança tinha que partir de dentro e não de fora.

Naquela segunda-feira tudo estava diferente. Compreendi que o mundo nos olha da mesma forma que olhamos o mundo, e a vibração que emitimos é a mesma que atraímos. Minha autoestima estava nas alturas. Voltava da travessia pela maior praia do mundo e era idealizador de um projeto chamado Expedição Fucamérica — isso mesmo, até então sem o "s", porque aqui no Sul chamamos de "Fuca", no jargão popular. Meu compadre Eduardo Mendes, cinegrafista da TV Globo, almoçava em nossa casa naquele dia e o convidei para nos acompanhar. O que era para ser um compromisso de rotina, levar a filha na escola, virou um lindo vídeo para o Facebook. Saímos de casa e nossa fanpage já tinha trezentos e sessenta curtidas em menos de vinte e quatro horas. Todo embarrado e com as rodas vermelhas, que ainda não haviam sido devolvidas, Filó tinha aparência selvagem e agressiva. Entramos no estacionamento barbarizando e chamando a atenção. Foi quando o porteiro nos disse que tinha adorado as fotos na internet e que também tinha um Fusca. Alguns estudantes pediram para fazer selfies e, disfarçadamente, deram socos uns nos outros pelo fato do Filó ser um "Fusca azul": "bate-Fusca".

O pai de uma coleguinha da Sofia estacionou com uma caminhonete a diesel, cabine dupla, ao lado. Desceu e sentou-se no banco do carona para contar que havia nos ultrapassado na rodovia na tarde anterior. Depois comentou que seu primeiro carro tinha sido um Fusca. Comovido, descreveu várias histórias dentro do carrinho de suas memórias. Notei que meu Fusca era um nivelador social. Saí da escola e fui devolver as rodas de F1000 e o pobre do Filó ficou muito feio. Os paralamas serrados agora estavam desproporcionais, deixando-o com uma aparência de galinha despenada.

À tarde, fui ao médico. Com a adrenalina em alta voltagem no final de semana, não notei que meu tornozelo estava muito inchado. Tive que colocar novamente uma bota ortopédica, voltar para a fisioterapia, fazer repouso e não dirigir o Fusca por alguns dias. Ao sair do consultório, vi que havia uma ligação perdida no meu celular. Retornei o telefonema e descobri que era o departamento de comunicação da Marinha me convidando para uma viagem à Antártica. Extremamente frustrado, informei que estava afastado por licença de saúde. Era o terceiro convite e me resignei: jamais conseguiria pisar no continente gelado.

Resolvi aproveitar o período de ócio para dar continuidade na pesquisa do livro que pretendia lançar na Feira do Livro daquele ano. Tinha a necessidade de me sentir útil profissionalmente e a produção do livro, além de me ocupar, era uma possibilidade de renda. O que eu não sabia era que esse livro seria a minha certidão de nascimento como pelotense. Mergulhei em dezessete anos de arquivos fotográficos produzidos desde que aportei na cidade. Eram milhares de fotos e eu tinha que escolher as melhores para meu primeiro livro de fotografias. Não entendia porque um lugar histórico como Pelotas ainda não havia sido contemplado com uma obra para apresentar ao mundo toda sua importância e beleza. As férias na faculdade acabaram e passei a me dividir entre as aulas de Ética, Lógica e Teoria do Conhecimento; um estágio em que eu dava aulas de Filosofia para crianças da periferia; e a produção do *Pelotas em imagens*.

Levei as fotos escolhidas para o designer Valder Valeirão, responsável pelos projetos dos meus dois livros anteriores. O tempo urgia e tínhamos pressa para viabilizar o sonho. Valder fez um orçamento com as cotações de gráfica, impressão, projeto gráfico e outros custos para a publicação. Os valores eram estratosféricos para alguém que nem salário tinha. Desanimado, pedi para ele esquecer. Animado, meu amigo disse que iria elaborar um plano de vendas e que diagramaria o livro enquanto eu buscasse o patrocínio. Questionei como levantaria oitenta mil reais para publicar um livro em uma época em que o dólar estava dois reais.

Valder argumentou:

— Velho, os caras da *Zero Hora* não querem que tu vás trabalhar em Porto Alegre? Então! Estás fazendo um livro histórico, um presente para a cidade que tu escolheste viver. Se tu não conseguir patrocínio para o livro, aceita o convite dos caras e te manda daqui, porque Pelotas não te ama.

O argumento mexeu com meus brios. Caso eu não tentasse, jamais saberia se Pelotas gostava tanto de mim quanto eu gostava dela. E se minha tentativa fosse fracassada? Eu teria que abandonar tudo e ir embora?

Sempre fui um péssimo vendedor. Meu guru Valder diagramou um catálogo de venda ilustrado com as melhores fotos e textos líricos feitos pela Gabi. Eu imprimi dez cópias, que custaram os olhos da cara, preparei um discurso verdadeiro e emocional e parti para as vendas.

O projeto era simples. Teria que comercializar mil livros adiantados, ao preço de oitenta reais cada. Seriam dez empresários que comprariam cem exemplares antecipadamente e, assim, pagaria todos os custos. O lucro viria da venda dos outros dois mil exemplares, que seriam vendidos nas livrarias e no dia do lançamento. Coloquei uma roupa engomadinha, entrei no Fusca e saí para visitar o primeiro mecenas.

Ricardo Ferreira, um engenheiro civil, dono de uma construtora afamada na cidade, é um cara sensível e apaixonado tanto quanto eu por Pelotas. Falei dos meus sonhos e do quanto eu era feliz vivendo aqui. Disse que o jornal queria que eu fosse embora e que eu estava tentando publicar um livro para reafirmar meu amor pelo lugar que escolhi viver. O livro inédito seria um presente para Pelotas e para os pelotenses. As fotos mostrariam o quanto nossa cidade é encantadora. Ricardo folheou o projeto de venda e me disse:

— Tu não vais embora daqui, porque vamos te ajudar. Eu fico com duas cotas.

E, levantando o telefone, conseguiu vender mais quatro cotas de oito mil reais para outros empresários. Incrédulo, liguei para a Gabi e para o Valder contando o que estava acontecendo. Em vinte dias vendemos mil livros adiantados e conseguimos a grana para viabilizar o sonho. No dia 2 de novembro de 2013, lotamos a Feira do Livro de Pelotas em um lançamento inesquecível. *Pelotas em imagens* foi um verdadeiro mapa poético da minha atuação como repórter fotográfico em dezessete anos na cidade. Mais de trezentas fotos espalhadas por duzentos e setenta e duas páginas, lindamente diagramadas pelo Valder, traduziram os encantos de um lugar permeado de cultura e história, transformando o livro em uma ferramenta de autoestima dos pelotenses que passaram a usá-lo como relicário para presentear os amigos. *Pelotas em imagens* ainda foi lançado em Porto Alegre, São Paulo e Rio de Janeiro.

O malogrado ano, de incertezas no futuro, se tornou um ano de oportunidades. Justamente no momento em que não tinha remuneração, aprendi que deveria acreditar mais no meu potencial.

Faltava um mês para realizar mais um sonho: concluir minha faculdade de Filosofia. E foi discutindo linguagens, ética e estética em sala de aula que compreendi que o mundo migrava para uma comunicação imagética através das redes sociais. Era meu livro, era a internet dando voz a projetos pessoais, eram as empresas de comunicação formais que já não tinham a mesma força de antes. A imagem improvável de um Fusca velho e solitário desbravando a maior praia do mundo viralizava nas redes e provocava os sonhos secretos de muita gente. A pergunta que eu mais ouvia era:

— Qual será a próxima viagem?

A grande viagem que planejava naquele momento era concluir o longo caminho percorrido e conquistar o diploma universitário aos quarenta e cinco anos de idade. Depois de apresentar meu trabalho de conclusão de curso, no qual tergiversei sobre o Devir — o "eterno fluir de todas as coisas", do filósofo pré-socrático Heráclito de Éfeso, e de ser aprovado em todas as disciplinas, me dirigi para casa para avisar a Gabi e a Sofia que poderíamos riscar o último item da nossa lista de sonhos nos guardanapos do Café Aquários. Só que, como diz o ditado popular, alegria de pobre dura pouco.

No caminho, algo que estava virando rotina aconteceu. O ponteiro do marcador de combustível do Filó estava quebrado e eu nunca sabia quando a gasolina findava. Sempre que o imprevisto se repetia, eu acionava a Gabi para ir me salvar. No começo era engraçado, mas depois de tantas ocorrências meus pedidos de socorro começaram a irritar a Gabi. Naquele dia especial, em que realizava um sonho, o meu Fusca ficou sem gasolina de novo. Eu poderia ligar e pedir ajuda novamente, mas preferi escrever um poema bem emocional que dizia algo como: "Eu não queria morrer agora, porque meu Fusca está sem gasolina". Enviei o poema por mensagem de celular e fiquei sentado no Fusca esperando a resposta. Gabi escreveu: "Onde tu estás com essa porcaria desse Fusca que vou aí te levar gasolina". Quando a Gabi e a Sofia chegaram, dei a notícia de que havia sido aprovado na faculdade e fizemos uma festa. Depois saímos em dois carros para jantar. Não foi a última vez que pedi socorro.

O último compromisso do ano na faculdade era fazer as imagens para o quadro de formatura. Cada colega levou algum objeto para as fotos. Camisetas de times do coração, bandeira da cidade onde nasceu, lembranças de algum familiar. Quando chegou minha vez, informei ao fotógrafo que iríamos sair do estúdio, porque queria fazer minhas fotos no Fusca. Vestido com a toga, descemos as escadarias até a frente da universidade e fizemos um ensaio fotográfico junto ao Filó. Uma das fotos foi usada em meu convite.

A viagem de formatura não saía da minha cabeça. Não sabia onde iria, mas as paisagens invisíveis e desoladoras e a extrema diversidade de vidas implícitas na maior praia do mundo tinham modificado meu cotidiano e meus objetivos. Notei que as pessoas passaram a me ver como um personagem exótico. Na teoria, meu discurso de simplicidade era o que todos queriam, mas como ser minimalista em um mundo capitalista e de consumo? Como abrir mão de um Iphone por um Fusca velho? Todo mundo queria mudar, mas poucos tinham força. O Fusca passou a ser uma marca forte na minha história. Descobri que, caso eu não fosse uma pessoa, se por alguma ironia do destino eu tivesse nascido carro, eu seria um Fusca.

Filó teria que passar por uma reforma geral para suportar qualquer viagem. A idade e as incursões na água salgada da praia exibiam sequelas. Resolvi colocar no Facebook que faria uma campanha de restauração. Na mesma noite, um empresário chamado Jayminho enviou um recado informando que os reparos no Filó seriam por conta dele. Foi uma festa, e já começamos a divulgar o nosso primeiro grande patrocínio.

Secretamente, comecei a procurar algum carro bom e barato para eu rodar enquanto o Filó tirava uma temporada no spa. Uma coisa que eu não abria mão: mesmo sendo um automóvel reserva, um segundo carro para rodar só por um tempo, tinha que ser um Fusca. Espalhei a notícia que procurava outro VW para comprar. Naquela época os Fuscas não eram tão valorizados, mas encontrar um em estado razoável não era tarefa fácil.

Um seguidor da expedição enviou uma mensagem de manhã muito cedo avisando que, entre os seis mil habitantes do município de Cerrito, um precisava vender um Fusca com urgência e de preferência naquele mesmo dia. Às dez horas da manhã do dia 26 de dezembro de 2013 conversei com o desesperado vendedor. Ele confessou que estava com a pensão alimentícia atrasada e, caso não cumprisse com suas obrigações de pai e ex-marido, passaria a virada do ano na prisão. Entre a cadeia e o desapego, estava abrindo mão do seu Fusca 1968 por novecentos reais. Como o meu saldo bancário estava tranquilo com o sucesso do livro, decidi fazer uma contraproposta. Sem ver fotos, sem conhecer o carro, ele trazendo o Fusca rodando os sessenta quilômetros que separavam Cerrito de Pelotas eu pagaria mil reais. Uma voz de alívio e liberdade do outro lado da linha disse:

— Depois do meio-dia estou aí.

Decidi que, assim que chegasse, ocultaria a nova aquisição por um tempo na oficina do Jayminho, já que eram os últimos dias do ano e não queria confusão em casa. Passei no banco para sacar os mil reais que salvariam a pele do devedor de pensão alimentícia e fui para o local do encontro com o meu segundo carro. Não tardou a aparecer o Fusca "azul pastel". Não dava para dizer que se encontrava em bom estado de conservação, mas era fotogênico. Observei uma mangueira transparente saindo pela ventarola traseira direto para o motor. Ao me aproximar, descobri uma garrafa PET de cinco litros com um resto de gasolina, já que o tanque estava furado. Sempre preferi encarar a vida pelo lado bom, fiquei feliz que ele rodou os sessenta quilômetros com menos de cinco litros, que o motor 1300cc era econômico. Os bancos traseiros inexistiam e os dianteiros estavam amarrados com cordas. O buraco no assoalho era tão grande que revelou uma chave treze polegadas no piso. O motor expelia fumaça, mas funcionava bem. Precisava de alguns reparos na lataria e os pneus estavam carecas, mas com pouco dinheiro e uma reforminha rápida ele ficaria novinho em folha.

Jayminho me perguntou como seria o nome do novo Fusca. Disse a ele que não iria colocar nome para não me apegar, era o segundo carro, um reserva. Assim que o Filó estivesse pronto, eu venderia o reserva. Combinei de levar o Filó para a restauração um dia depois da minha formatura. Dei uma carona para o antigo proprietário até a rodoviária. Combinamos que quando eu fosse andar no segundo eu o procuraria para transferir os documentos para o meu nome.

Exatamente um ano depois de cair de um trem e sofrer um acidente que me privava de trabalhar, eu estava ali, comprando um segundo

Fusca para retomar um projeto que poderia dar uma guinada na minha vida. Um ano sem trabalhar, um ano vivendo um limbo profissional e sem salários, mas eu continuava vivo e cada dia mais confiante de que existia vida fora da empresa. A grana que salvou as festas foi a da venda do meu livro *Pelotas em imagens*, que se tornou uma boa opção de presente de Natal e amigo-secreto daquele final de ano.

A Copa do Mundo de 2014 seria no Brasil e eu queria voltar, porque era a única chance de participar de uma cobertura dessa magnitude. Mas janeiro se iniciou sem nenhuma perspectiva de retorno ao trabalho. Enquanto isso, principiei uma pequena reforma no segundo Fusca para que ele estivesse funcionando quando o Filó fosse para o estaleiro. Para começar, substituí o tanque de combustível, comprei quatro pneus novos, mandei trocar os assoalhos e prendi os bancos. Levei a Sofia para conhecê-lo, mas pedi que mantivesse segredo, que não contasse nada para a mamãe. Em uma tarde quente de janeiro, a Gabi e eu levamos a Sofia para aprender a andar na bicicleta que ela tinha ganhado no Natal. Colocamos as bikes no bagageiro do Filó e partimos para um instante inesquecível na Praia do Laranjal. Saquei as rodinhas e afirmei que ela podia confiar no papai. Comecei correndo atrás dela, depois a soltei. Quando ela notou que conseguia se equilibrar sozinha, assisti a uma liberdade pura e inocente naquele rostinho que eu amava tanto. Meu Fusca me acompanhava nos melhores momentos de felicidade e aquele foi um dia histórico para a nossa família. Afastado do trabalho, eu tinha todo o tempo do mundo para ela. Eu, que vivia em eterno movimento, sempre buscando me aperfeiçoar, me inscrevi em uma pós-graduação em Docência em Ensino Superior, na PUC. As aulas a distância começaram em fevereiro e eu precisava ir apenas uma vez por mês até a capital.

Em 8 de março, chegou o dia da primeira prova da pós. Embarquei em um ônibus de manhã cedo para um bate e volta a Porto Alegre. Durante a viagem, decidi que estava na hora de apresentar o segundo carro à Gabi. Desci na rodoviária de Pelotas, embarquei em um táxi até a oficina do Jayminho e de lá saí rodando com o carro reserva. Cheguei em casa e a Gabi perguntou por que eu não tinha telefonado para que ela me buscasse na rodoviária. Então a convidei para me acompanhar e mostrei o nosso novo carro. Ela fez uma cara de indiferente, depois pegou o celular, fez uma foto de uma parte enferrujada do Fusca e a publicou no Instagram com a legenda: "Mais um…". Em seguida, avisou: "Não coloca nome neste Fusca pra não te apegar". Concordei com ela e disse que aquele era o segundo carro, que seria revendido em breve.

No início de abril eu precisava voltar à PUC e aproveitaria a excursão para visitar meus pais em Novo Hamburgo, o que eu não imaginava era que faria a derradeira viagem com o Filó. Gabi perguntou se precisava que me levasse até o ônibus. Disse a ela que ficasse tranquila, que eu deixaria o Fusca no estacionamento da rodoviária. Quando estava a caminho, me perguntei: Por que não ir de Fusca para Porto Alegre? E foi o que eu fiz. Abasteci, revisei o óleo, calibrei os pneus e parti rumo à estrada. Quando cheguei ao restaurante das Cucas, faltando sessenta quilômetros para chegar a Porto Alegre, fiz uma selfie com o Fusca e enviei à Gabi. Ela, sabedora das condições precárias do meu carro, ficou chateada. Gabi é uma pessoa que cuida de quem ama, e me amar não é fácil. Reconheço que foi uma irresponsabilidade viajar com o Filó na situação em que ele se encontrava. Com folga na direção, ele trocava de pista o tempo todo. Com os pneus carecas e desbalanceados, tremia quando passava de setenta quilômetros por hora. Com a parte elétrica toda avariada, só podia rodar com a luz do dia. Mas não tinha volta. Segui adiante e entrei no estacionamento da PUC com ele. Depois da prova, os cinquenta quilômetros até a casa dos meus pais tiveram que ser percorridos rapidamente. A BR-116 lotada, à noite e sem farol, teria sido um caos. Minha mãe quando me viu chegar de Fusca fez uma cara de desengano e perguntou:

— Trabalhou tanto na vida pra andar em um carro caindo aos pedaços? — E completou: — Tu pareces teu avô, que nunca teve um carro de fundamento.

Como eu tinha ido até lá para entregar os convites da minha formatura, resolvi fazer ouvidos moucos. Falei que na volta eu iria reformar aquele Fusca para viajar a América do Sul. Minha mãe, sempre muito sensível comigo, me chamou de louco. Meu pai, ao lado dela, se tivesse domínio de suas faculdades intelectuais, tenho certeza que me apoiaria. Telefonei para Gabi à noite, mas ela foi monossilábica comigo. No outro dia acordei muito cedo, tomei um chimarrão com meus pais, fiz eles prometerem que estariam comigo na minha formatura no final do mês e parti rumo à Palafita. Os trezentos e vinte e dois quilômetros de volta foram tão intranquilos quanto todas as viagens que eu faria de Fusca no futuro. Viajar trezentos quilômetros em um carro novo, com motor potente e ar-condicionado é apenas o deslocamento de um lugar a outro. A mesma distância em um Fusca é uma aventura enigmática. Se está calor, faz calor dentro do Fusca. Se está frio, é melhor se enroupar. A chance de o Fusca estragar, de algo dar errado e nem conseguir chegar ao seu destino é grande. Mas a sensação de vitória depois de percorrer por sete horas a distância entre a casa dos meus pais e a Palafita foi emocionante. Não esperava uma festa de recepção, mas ser recebido pela Gabi com a testa franzida mostrava que foi um grande desafio. Ela disse:

— Se quiser viajar de Fusca, te organiza e dá um jeito de reformar essa porcaria. Viajar por uma praia deserta é uma coisa. Mas ir para a capital com essa lata velha é perigoso.

Gabi tinha toda a razão, mas eu queria chegar à minha formatura com o Fusca antes de mandá-lo para a restauração. E finalmente chegou o dia. Era um sentimento estranho de felicidade. Fiz um convite informal para toda a família e expliquei que se tratava de um protocolo, que ninguém era obrigado a ir. Tinha lutado a vida toda para chegar àquele dia e temia que ter um curso superior soasse arrogante. Meus pais e minha irmã Eliane confirmaram presença e chegaram de Novo Hamburgo com meus sobrinhos na hora da colação de grau. Era um dia muito especial em nossas vidas e a mãe se sentia orgulhosa de mim. Acordei cedo, e durante o café da manhã a Gabi confidenciou que abriria mão de me entregar o diploma. Fiquei desolado, porque estava tudo acertado que ela e a Sofia fariam parte daquele momento histórico, até porque foi por elas e com elas que consegui vencer todos os obstáculos. Meu amor, com toda sua sensibilidade, me disse que quem deveria entregar o canudo eram meus pais e a Sofia. Tentei argumentar, mas ela já estava decidida.

Depois do almoço, vesti um terno preto, com uma gravata roxa que representava as cores da Filosofia, me despedi da Sofia e da Gabi com um beijo e combinamos de nos encontrar mais tarde na colação de grau.

Embarquei no meu Fusca e parti rumo ao capítulo final de uma jornada que completava exatamente dez anos. No dia 26 de abril de 2004, Gabi me levou até a frente da universidade para prestar vestibular. No dia 26 de abril de 2014 eu embarcava no Filó para me dirigir rumo ao auditório da faculdade de Direito da Universidade Federal de Pelotas para receber meu diploma de Licenciatura em Filosofia. O filósofo Heráclito de Éfeso diz: "Não se pode entrar duas vezes no mesmo rio, pois quando nele se entra novamente, não se encontra as mesmas águas e o próprio ser humano já se modificou". Quantas vidas eu tinha vivido nos últimos dez anos? Quantos sonhos se transformaram?

O caminho entre a Palafita e o local da colação de grau era curto, mas a estrada que percorri desafiando todos os meus limites para chegar naquela tarde ensolarada de sábado era gigante. Filó falhou, apagou umas três vezes, mas chegamos. Levei uma garrafa do meu whisky preferido para abrir os pensamentos e fazer o tempo passar lentamente para que eu pudesse viver a plenitude daquele dia. Na garrafa verde do meu Cutty Sark estavam escritas em alto relevo duas frases: "Espírito de aventura" e "Nossas atitudes definem quem nós somos". No rótulo tinha a foto de um imenso veleiro inglês, que dava nome ao destilado. Eu, que sempre sonhei em cruzar os mares em um barco, estava de toga, a bordo de uma das maiores aventuras da minha vida. Tinha que cuidar para não ficar mareado e perder o melhor daquela noite inesquecível dentro da garrafa com tantas mensagens subliminares. A partir daquele dia, tive que me policiar para não me envenenar pela arrogância de um diploma. Em um país tão desigual, onde a ignorância é um projeto de poder, eu tinha a obrigação de usar meu curso para transformar o mundo em um lugar mais justo. Me lembrei dos meus alunos na escola de periferia onde estagiei como professor de Filosofia. Tive a oportunidade de ensiná-los que ser livre é ter o direito de pensar livremente, de criticar os poderosos e de contestar as injustiças sociais. O menino do Morro do Lampião, alfabetizado nos tempos em que a educação era usada para subjugar, agora transgredia ao embarcar em um Fusca para se formar em um curso retirado da grade curricular das escolas públicas no período da ditadura.

Estacionei o Fusca em frente ao prédio e subi os degraus dando o primeiro gole. Ao entrar na antessala do auditório, notei que fui o último formando a chegar. Quando me viram com uma garrafa na mão, confiscaram-a. Cada um dos vinte colegas bebeu um pouco e, ao retornar à minha mão, a garrafa estava vazia. Minha embriaguez dependia mais das minhas memórias do que de um único gole na escadaria. Trancado em uma sala onde cerimonialistas nos vestiam as togas, vimos que os convidados chegavam aos poucos. Espiei por uma basculante e enxerguei a Sofia pequenininha no colo da Gabi, ao lado dos meus pais na primeira fila. Com o auditório lotado de parentes e amigos, entramos ao som da música composta pelo maestro grego Vangelis para o filme *Carruagens de fogo*. Por mais que eu tivesse me dedicado e sonhado com aquele dia durante toda a minha vida, a emoção da entrada parecia surreal. O mais perto que eu havia estado de uma formatura era quando contratado para fotografá-las. Depois que a música silenciou, todos os formandos se acomodaram, dez de um lado e dez do outro em paralelo à mesa das autoridades. Eu fiquei exatamente em frente de onde estavam meus amigos e meus familiares. A colação de grau é um ato oficial e acadêmico em que somos apresentados para a sociedade como profissionais de alguma área. No meu caso, estava me formando como professor de Filosofia. Como falei para minha mãe nas duas vezes que passei no vestibular: "Eu sou fotógrafo". Cursei Filosofia em busca de respostas e, naquela noite, eu só encontrava perguntas. Mas o que eu faria com aquele diploma?

Eu me formava em uma faculdade que tinha como premissa básica o exercício do pensamento e olhava para meu pai, apático, sendo consumido por uma doença que lhe roubava todas as lembranças. Tudo parecia tão inútil. Notava que minha mãe, mesmo sem saber direito para que servia a filosofia, estava radiante e orgulhosa de mim. Entre os devaneios e reminiscências, os discursos foram acontecendo e os formandos foram sendo chamados um a um em ordem alfabética.

Quando anunciaram meu nome, começou a tocar a toda altura a música "Depois de nós", da banda Engenheiros do Hawaii. Nas primeiras frases, o vocalista Humberto Gessinger profetizava: "Hoje os ventos do destino começaram a soprar". Nosso tempo de menino, foi ficando para trás". Continuava a música quando recebi a outorga de grau das mãos do reitor e o capelo de formatura do paraninfo. Ao fundo, meus colegas gritavam o nome do meu Fusca: "Filó, Filó". Em seguida, me dirigi para o centro da mesa, onde anunciaram quem me entregaria o canudo. No telão passavam imagens de momentos importantes da minha vida, como a foto do menino da 3x4 na carteira profissional, cenas da Gabi com a Sofia na UTI do hospital e imagens da viagem do Fusca pela maior praia do mundo. Anunciaram minha mãe, que havia sonhado a vida toda em ter um filho formado. Meu pai, que já tinha sido abandonado por seus pensamentos, mas que em uma última lembrança me olhou nos olhos, deu um beijo no meu rosto e sussurrou: "Eu tô muito orgulhoso de ti, meu filho". Nunca desisti dos meus sonhos e queria ser exemplo para minhas filhas Sofia e Daniele, que não estava presente naquele dia, assim como não estive presente nos principais momentos da sua vida.

A cerimônia já se aproximava do final quando o juramentista da turma foi ao microfone. Levantamos a mão direita e, emocionados, repetimos cada frase, assegurando exercer a nova profissão com ética, dedicação e competência. "Prometo como graduando no curso de filosofia, diante de minha consciência ética, exercer a profissão de educador com eficiência, respeitar a dignidade dos alunos, promover o conhecimento e a reflexão filosófica, despertar a consciência crítica dos indivíduos e fundamentar os valores necessários ao engrandecimento do ser humano, contribuindo dessa forma para a construção de uma sociedade mais humana, justa, participativa e solidária".

Me emocionei com aquele instante mágico, mesmo sabendo que provavelmente jamais daria aula. Assim que encerrou o juramento, o reitor Mauro Del Pino lembrou que estávamos nos formando nos bancos de uma universidade pública e tínhamos, portanto, o compromisso de fazer o mundo ser um lugar melhor. Por fim, ele encerrou a seção solene e nos declarou formados.

Jogamos os chapéus para cima, quando começou a tocar a música "Pirates of the Caribbean". Em meio a uma chuva de papel picado, fotos e abraços, observei que a Gabi levantou a Sofia para que me visse. Ela quase não servia mais no colo. Ao lado, a minha mãe disfarçava uma lágrima, talvez refletindo que se o pai estivesse ali por inteiro, estaria orgulhoso do filho que herdou seu nome. Na frente do prédio da faculdade, mais fotos para lembrar dos amigos e professores que não fariam mais parte do cotidiano. Em seguida, embarcamos nos carros para uma confraternização em uma pizzaria da cidade. Gabi deu carona para meus pais. Sofia embarcou comigo no Fusca.

Como é linda a felicidade plena de alguém que ainda não completou dez anos. Para minha filha não importava estar em uma Ferrari, em um Lamborghini ou naquele Fusca velho. Ela sabia que vivia um instante pleno que duraria pela vida toda em suas lembranças e aquela noite ficaria tatuada em nossas almas, assim como o dia em que embarquei no Fusca azul do meu pai pela primeira vez. Contei para ela que qualquer luta valia a pena e eu estaria ao lado dela em todas. Aquela noite tão importante ficaria marcada nas nossas vidas de alguma maneira. Era natural que um dia ela recebesse um diploma em alguma universidade. Mas o significado daquele acontecimento que vivemos juntos, receber o diploma das mãos dela e de meus pais, representando todo o meu passado e futuro, não era apenas uma colação de grau de um curso na área de humanas, era o pai dela desobedecendo o próprio destino.

Pensei em voz alta que a partir daquela noite tinha a obrigação de auxiliar meus pares a se emanciparem politicamente. A serem capazes de pensar criticamente sobre a própria realidade, tornando-se aptos a tomar suas próprias decisões. Devaneava com minha filha de nove anos, e quando chegamos em frente ao restaurante ela me perguntou:

— Papai, o que tu mais aprendeu na faculdade?

Não deu tempo de responder, porque a Gabi abriu a porta para ela desembarcar. Olhei para aquele Fusca velho que significava tanto na construção da minha personalidade. Não era um carro, era um símbolo de uma vida inteira. Tinha comprado ele apenas para me levar à faculdade, mas como me libertar de algo que fazia eu me sentir livre? Antes de descer para confraternizar com os amigos, me lembrei de Sócrates, o fundador da filosofia ocidental e sua "maiêutica", a arte de parir ideias. Jamais teve qualquer ambição além de semear o conhecimento. Ele caminhava pelas praças questionando. Fazia com que as pessoas pensassem sobre a própria existência. Em um mundo consumista, por que eu não poderia usar o Fusca que substituiu um Iphone como um símbolo de simplicidade para demonstrar às pessoas que ser feliz é simples, mas o difícil é ser simples?

Antes de entrar no restaurante, a Gabi me perguntou o que eu estava pensando e eu respondi: "Só sei que nada sei".

Entramos na pizzaria, onde um grupo seleto de amigos nos aguardava para uma pequena cerimônia. Meu amigo Moizes Vasconcellos me fez prometer que eu jamais abandonaria a fotografia, e que deveria me transformar em um pensador das imagens. No domingo, Gabi, a assadora oficial da Palafita, fez um churrasco para meus familiares, que partiram logo após o meio-dia. Foi a última vez que meu pai nos visitou.

Segunda-feira, acordei cedo para levar o Filó até a oficina do Jayminho, que patrocinaria a restauração. Gabi e Sofia me acompanharam no carro reserva. A intenção era fazer imagens de todo o processo e produzir um vídeo do "antes e depois". Deixamos o Filó em um canto da oficina e mal sabíamos que jamais haveria o depois. Procurei um advogado para conseguir o direito de voltar a trabalhar e, depois de quinhentos e vinte e três dias afastado, sem sequer receber uma ligação para ter ciência da minha real situação de saúde física e mental, os médicos da empresa e do INSS entraram em um acordo e autorizaram o meu retorno. Com o coração palpitando, imaginava como seria a minha volta. O café da manhã no dia 2 de junho de 2014 foi cheio de planos. Depois, organizei meu equipamento fotográfico e parti rumo ao jornal. Ao chegar à redação, não encontrei minha mesa de trabalho e muito menos alguém que me informasse onde eu trabalharia. O único sorriso foi do estagiário, leitor dos meus livros e fã da Expedição Fucamérica. Bastou uma manhã para me dar conta de que a empresa não tinha mais planos para mim.

Ao chegar em casa meio-dia, Gabi e Sofia, empolgadas, me perguntaram como tinha sido. De cabeça baixa, meu silêncio respondeu. A Copa do Mundo iniciaria em dez dias e eu era o único fotógrafo do jornal não credenciado. Uma vez eu ouvi uma frase, dessas motivacionais, sem um autor definido, que era mais ou menos o seguinte: "Quando um ovo se rompe pelo lado de fora, a vida acaba, mas quando se rompe pelo lado de dentro, a vida começa". Qualquer mudança que eu almejasse tinha que partir de dentro de mim. Eu só tinha que recalcular a rota e me dar conta de que, como no mapa desenhado pelo uruguaio Torres Garcia, meu norte ficava no sul. Fiz um mate, fui até o estacionamento e me sentei no Fusca. Caio Passos, o estagiário, foi ao meu encontro. Falei sobre a ironia da vida. Eu sempre quis fotografar uma Copa do Mundo, e quando o torneio acontecia no Brasil, eu estava ali parado.

Chegou o grande dia da abertura em um dos modernos e superfaturados estádios. A imprensa internacional noticiava um país dividido e denunciava um vice-presidente que armava um golpe. O mundo sentiu vergonha ao assistir a presidenta do Brasil ser vaiada no jogo de abertura. Como um mau presságio, o primeiro gol da Copa do Mundo foi marcado pelo lateral brasileiro Marcelo, só que contra. Das seleções estrangeiras, a que me encantava era a uruguaia. Na primeira hora da tarde de uma terça-feira, no dia 24 de junho, na Arena das Dunas, a Seleção Uruguaia venceu a Seleção Italiana por 1x0. O lance que transformou o jogo em uma batalha épica na história das copas foi protagonizado pelo atacante Soárez, que, irritado com a marcação implacável de Chiellini, cravou os dentes no ombro do zagueiro italiano. Na copa que precedeu ao VAR, a tecnologia e as câmeras de TVs delataram a malandragem de Luisito e os chefões da Fifa o condenaram a alguns meses sem jogar. Quando o juiz apitou o final da partida, tive uma ideia: pegar o Fusca e ir até Montevidéu assistir à próxima batalha junto ao povo uruguaio. Desliguei a TV, caminhei por um corredor longo que me levava ao outro extremo do prédio, entrei na ilha de edição e perguntei:

— Quem quer ir a Montevidéu de Fusca comigo acompanhar a emoção do povo uruguaio no próximo jogo? Fez-se o silêncio, até uma voz juvenil surgir no fundo da sala:

— Estou de folga no final de semana. Posso ir contigo?

O único a topar o desafio foi o estagiário Caio Passos. Em um erro de prepotência que os mais velhos costumam impor sobre os jovens, sentenciei:

— Preciso de uma pessoa adulta e responsável pra ir comigo, alguém que aguente os perrengues.

E indiferente ao único solidário às humilhações que eu vinha sofrendo, disse:

— Tu és uma criança e só vais se ninguém mais aceitar ir comigo.

Todos riram e o menino Caio, apelidado de "Marimbondo" pelo pessoal, se recolheu em seu papel de coadjuvante. Uma pergunta pertinente surgiu na sala, feita pelo editor de imagens Zé Melo:

— Qual Fusca tu vais? Não tem nenhum que presta.

Liguei na hora para o Jayminho perguntando se já tinham iniciado a reforma no Filó. Ele me disse que não tinha nenhuma perspectiva. O Fusca reserva estava em péssimo estado e o próximo jogo da Seleção Uruguaia seria no sábado, contra a Colômbia, pelas oitavas de final. Enquanto o mundo inteiro voltava os olhos para o Brasil, eu precisava encontrar alguém para ir comigo assistir à Copa em um telão numa praça da capital uruguaia. Nosso destino era uma viagem ousada, rumo ao sul, em uma época que os Fuscas não costumavam cruzar fronteiras. Fui para casa à tardinha convencer a Gabi de que seria importante para mim aquela viagem e a primeira convidada foi ela. Expliquei que faria uma revisão geral no Fusca, que daria tudo certo e que eu precisava daquela viagem para provar a mim mesmo que eu ainda conseguia fazer alguma diferença. Ela me apoiou, mas declinou do convite. Então telefonei para o Patrick, o copiloto da primeira viagem e com quem construí o sonho de cruzar a América. Ele havia comprado um barco e a Expedição Fucamérica não fazia mais parte de seus planos. Enquanto revisava a parte elétrica, trocava óleo do motor, verificava os freios e limpava o carburador, ligava para os amigos convidando-os para a aventura. Alguns até ficavam tentados, mas quando se deparavam com a situação em que se encontrava o Fusca, desistiam na mesma hora.

Planejava pegar a estrada na sexta-feira de manhã bem cedo, cumprir toda a viagem durante o dia e pernoitar em algum hotel barato na capital uruguaia. No sábado, assistiria ao jogo e partiria de volta, estando no domingo em casa. Na quinta-feira à noite, com várias peças de reposição no porta-malas, uma caixa de ferramentas, roupas e o básico para acampar, entrei na ilha de edição e perguntei se alguém sabia por onde andava o Marimbondo. Surgiu no fundo da sala aquele menino descabelado, ansioso e com espinhas no rosto para ouvir minha pergunta:

— Ainda estás a fim de ir comigo?

A resposta empolgada foi um sonoro sim, mas quando eu disse o horário da saída ele se desesperou. Para ter folga no final de semana teria que trabalhar sexta-feira até as sete e meia da noite. Humilhado por ninguém aceitar meu convite, tive que me adaptar aos horários do estagiário, que na primeira viagem pela maior praia do mundo tinha nos emprestado uma GoPro. Sexta-feira, aproveitei para mais algumas revisões no segundo Fusca e às seis da tarde estava a postos em frente ao prédio do jornal para nossa partida. Gabi, Sofia e eu ficamos assistindo ao noticiário no local onde o estagiário trabalhava, até que chegou a hora de partir. Fizemos algumas fotos com bandeiras brasileiras e uruguaia para postar nas redes sociais e entramos no Fusca. Na hora de dar a partida, o arranque não funcionou. Gabi, Sofia, Sabrina Ongaratto — a jornalista que apresentava o noticiário — e o porteiro da empresa empurraram o Fusca para que conseguíssemos partir rumo ao país vizinho. Em algumas horas, cruzaríamos definitivamente a primeira fronteira da história da Expedição Fucamérica. Não era com o Filó, como tínhamos planejado, mas o segundo Fusca o substituiria até que tudo voltasse ao normal.

Na minha vida tudo sempre foi meio improvisado. Sempre fui o coadjuvante da minha própria história. Não fui o primogênito nem o caçula, passei a vida escondido atrás das lentes e mal sabia que o Filó, o Fusca titular da Expedição Fucamérica, nunca mais faria nenhuma viagem. Ele seria ultrapassado pelo reserva que receberia um nome naquela mesma noite. A frigidez do inverno precedia o jogo pelas oitavas de final quando embarcamos para a nossa primeira aventura internacional para testemunhar a emoção de nossos *hermanos*. Com pouco dinheiro e com o espírito de desbravar os próprios limites, partimos em busca de histórias. Quando entramos definitivamente na rodovia, gravamos um vídeo para tentar emplacar uma reportagem sobre a nossa saga no canal de TV local. Caio, com um rosto de criança e uma câmera na mão, pronunciou a seguinte frase:

— Sexta-feira, oito e meia da noite, estamos saindo aqui de Pelotas, eu e meu amigo Nauro, junto com o Segundinho, rumo a Montevidéu, no Uruguai. Que Deus nos acompanhe. Taca-lhe pau neste Fusca, Nauro!

Naquele instante da viagem o Fusca reserva foi batizado pelo Caio com o nome de Segundinho e assim ele foi chamado para sempre. Rodamos mais de cem quilômetros e chegamos à cidade de Jaguarão, fronteira com Rio Branco, no Uruguai. Tudo estava quieto naquela madrugada fria. Abastecemos no lado brasileiro da fronteira e completamos um galão com mais vinte litros, já que o combustível no Uruguai era muito mais caro. Já em solo uruguaio, chegamos à aduana, onde tínhamos que apresentar passaportes para receber um "permisso" e seguir viagem. Notei que o Caio desembarcou, foi até o balcão de atendimento, disfarçou e voltou para o carro. Depois de carimbar meu passaporte e dar entrada nas documentações do Fusca, voltei e perguntei ao Marimbondo se estava tudo certo. Ele acenou positivamente com a cabeça e seguimos.

    O Fusca definitivamente não estava preparado para aquela aventura. Era um carro reserva, provisório. Não existia forração interna e por isso entrava vento gelado por todas as frestas, e havia muitas. Na metade da viagem, decidimos buscar sacola plástica e ensacar nossos pés na tentativa de aquecê-los. Perto das três da manhã paramos para fazer xixi, mas o frio era tão intenso e estávamos tão enregelados que nossa bexiga se negava a funcionar. Tivemos que correr um pouco em círculos nas margens de uma *ruta* uruguaia para conseguir nos aliviar. O motor se comportava bem e, com o passar dos anos, descobriríamos que nosso Fusca era um legítimo boêmio que amava viajar à noite. Cruzamos várias pequenas e fantasmagóricas cidades castelhanas naquela madrugada e depois de nove horas de viagem vencemos os seiscentos quilômetros do local de nossa partida até aportarmos na Praça Independência, onde uma monumental estátua de General Artigas montava seu cavalo camuflado por detrás de uma névoa castelhana. Fizemos uma foto para publicar no Facebook e saímos para encontrar uma hospedagem minimamente barata. Estacionamos em frente ao hotel mais caro do país, o Radisson, e explicamos para o porteiro a nossa situação na esperança de comovê-lo a nos deixar passar um resto de noite como reis. Ele realmente ficou comovido nos dizendo que o presidente da República Oriental do Uruguai tinha um Fusca e nos preparou um mapa com os piores e mais ordinários hotéis da capital. Fomos em busca de um que ficava a algumas quadras do cinco estrelas. Perambulávamos pelas *calles* quando o motor apagou por falta de combustível. Por coincidência do destino, paramos em frente à Posada Del Puerto, na avenida Rincon 654. Reabastecemos com a gasolina trazida do Brasil e fomos em busca de um estacionamento próximo da nossa hospedaria, onde guardamos nosso carrinho em um local seguro, com o custo maior que a diária do nosso hotel. A Posada Del Puerto guardava um charme de uma época de ouro da região portuária, mas por nove dólares por pessoa não poderíamos esperar muito luxo. Estávamos tão cansados que nem ficamos bravos de dividir uma única cama por algumas horas. Fomos dormir às sete horas da manhã e às dez já estávamos acordados para registrar uma cidade ansiosa por defender o ídolo Luisito Soárez, recém-cortado do mundial. Ouvimos pelo noticiário no rádio AM do Fusca que o presidente Pepe Mujica tinha ido receber Luisito no aeroporto e afirmado que a Fifa era formada por "velhos filhos da puta". Os jornalistas perguntaram à esposa de Pepe, a senadora Lucía Topolansky, o que ela achava da declaração do marido, e ela respondeu: "Concordo com as palavras do presidente". Naquele dia me apaixonei por Pepe Mujica e falei para o Caio que deveríamos tentar entrevistá-lo. Como o jogo começaria às dezessete horas, antes do meio-dia iniciamos uma caçada em busca do local onde vivia o presidente mais humilde do mundo. Soubemos pelo rádio que ele iria assistir ao jogo pela TV, em sua chácara. Quem tem boca vai à Roma. Tínhamos boca, mas não tínhamos internet para pesquisar, nem GPS. Sem a tecnologia, partimos para um método à moda antiga: perguntar. Parávamos o Fusca a cada quinhentos metros e perguntávamos onde ficava a chácara de Pepe Mujica. As pessoas foram nos mandando cada vez mais para a periferia. Já em uma zona rural da cidade, um senhor de bastante idade, com um espanhol quase incompreensível, nos indicou com o braço um lugar silencioso onde parecia que o tempo tinha parado:

— *El presidente Pepe vive allí.*

Incrédulos, olhamos uma região muito simples, com casas humildes. Lembrei de uma frase de Mujica: "Pobre é quem precisa de muito" e compreendi que estava para conhecer um homem que teve a ousadia de viver a sua própria verdade. Não estava ali por futebol, estava ali para me transformar em uma pessoa melhor, para aprender. Paramos o Fusca em uma sombra e preparamos nossos equipamentos. Com instinto jornalístico, chegaríamos filmando e fotografando, depois perguntaríamos se ele concederia uma entrevista. Com tudo pronto, rumamos por uma estradinha de terra em meio a plantações de flores e, ao chegarmos a uma porteira em frente à casa de Pepe e Lucía, a polícia nos parou. Abaixaram nossos equipamentos e ordenaram que nos afastássemos da propriedade. Ao mesmo tempo que nos sentimos frustrados, compreendemos que se tratava de um presidente de um país. Não poderia chegar qualquer louco ali e pensar que seria recebido sem agendar. Jamais chegaríamos tão perto da casa de um presidente da república em qualquer lugar do mundo. Foi nossa primeira tentativa de conhecer Pepe Mujica.

Ao voltarmos para a zona urbana, notamos que a população usava máscaras de Luisito Soarez. Fiz uma foto do Caio, no Forte do Cerro de Montevidéu, que em seguida seria a foto principal de nossas redes sociais. Não demoramos para descobrir que nosso Fusca brasileiro fazia muito sucesso, mas os uruguaios não entendiam porque a gente havia saído do Brasil, onde acontecia a Copa, para ir até o país deles. O que os *hermanos* não sabiam é que as coisas no nosso país estavam estranhas. Dois anos depois da Copa a presidente Dilma sofreria um impeachment. No caminho para o centro de Montevidéu, um problema que havia se apresentado ainda em Pelotas se agravou. A quarta marcha não se mantinha. Para mantê-la engatada, prendemos a alavanca de mudança com uma borracha que usávamos para amarrar as bagagens. Como a seleção celeste disputaria naquela tarde um jogo das oitavas e caso vencesse passaria para as quartas, criei uma brincadeira interna da viagem. O nosso problema mecânico era uma premonição. O Uruguai não chegaria às quartas para jogar contra o Brasil, já que a quarta marcha do Fusca escapava. Viraram tradição as piadas nas viagens, e passamos a chamá-las de "piadas sem graça do dia". Buscávamos um elemento do lugar onde estávamos para fazer uma piada interna e darmos risadas sem que ninguém entendesse.

No Café Brasilero, de Montevidéu, o escritor uruguaio Eduardo Galeano me disse durante uma entrevista que sem o futebol o Uruguai seria um país desconhecido. Contou que o país é formado por onze jogadores e por uma população de treinadores e que nenhum povo ama tanto o futebol quanto os uruguaios. Foi esse amor incondicional e essa inexplicável paixão exacerbada que nos motivou a viajar até lá. O país estava pintado com as cores celestes. Bandeiras, camisetas e outros acessórios enfeitavam as casas e as ruas da capital. Quando chegamos ao centro, os fanáticos torcedores já tomavam toda a extensão da avenida Dezoito de Julho, a mais famosa da capital. Todos os acessos à Intendência Municipal estavam fechados, mas a polícia não entendia o que aquele Fusca brasileiro fazia ali e nos deixou cruzar de barreira em barreira, até que o Segundinho se transformou em uma atração no meio do povo, quase em frente ao telão que transmitiria o jogo. *Los inchas uruguayos querian sacar fotos com escarabajo.*

O jogo entre Uruguai e Colômbia iniciou às cinco da tarde no Maracanã, mas horas antes os torcedores apaixonadamente loucos já cantavam e faziam festa. Na Praça da Intendência, mais de vinte mil torcedores vestidos de azul e branco se aglomeravam. É impossível compreender a impressionante energia que faz parte da cabeça e do corpo desse povo quando a Seleção Uruguaia está em campo. Cartazes com os dizeres *"Gracias Luisito* e *Fifa, cambada de viejos ladrones"* se espalhavam. Crianças e mulheres com bandeiras e rostos pintados. Um homem vestido de fantasma azul celeste com o número cinquenta lembrava a conquista do mundial de 1950 contra o Brasil. A Seleção Uruguaia sentia a falta de seu astro Luisito Suárez, mas lutava bravamente. Aos vinte e oito minutos do primeiro tempo, o camisa dez da Colômbia, James Rodríguez, dominou a bola no peito e, de virada, chutou de fora da área, fazendo o gol mais bonito da Copa. Os uruguaios são guerreiros, apaixonados e nunca desistem.

Ao som dos tambores e dos cânticos, torcedores empurravam os jogadores como se estivessem no Maracanã. Por um instante a energia surtiu efeito e os uruguaios foram para cima dos colombianos e Cavani quase marcou, mas, em um contra-ataque mortal, James Rodriguez fez o segundo gol, sacramentando a vitória colombiana e condenando os uruguaios a não passarem para as quartas de final. Horas depois da partida, a praça seguia lotada de torcedores que, com suas bandeiras e máscaras do Luisito Suárez, seus tambores e suas vozes, seguiam cantando como se a seleção celeste tivesse vencido. Uma senhora com o rosto pintado se aproximou de mim e disse: "Somos bicampeões do mundo. Sem o futebol seríamos um paizinho desconhecido no sul da América do Sul. Devemos tudo ao futebol".

Já eram quase dez horas da noite quando nos demos conta de que só tínhamos comido frutas pela manhã. Estacionamos em frente a uma carrocinha que vendia empanada, milanesa e pancho. Pedimos uma cerveja Patricia bem gelada para comemorar aquele dia, em que aprendemos que os derrotados não são os que perdem, mas os que não lutam. *Los hermanos* estavam orgulhosos de sua seleção. Enquanto esperávamos a janta sentados dentro do Fusca, comentei com o Marimbondo que me sentia muito mais dentro da Copa estando no Uruguai do que no Brasil. Nesse instante Caio brincou:

— Por que não vamos para a próxima Copa do Mundo de Fusca?

Perguntei onde seria a próxima Copa, e quando ele respondeu que era na Rússia rimos de nossa insana ideia. Era apenas uma brincadeira inconsequente. Voltamos para a pousada Del Puerto e descobrimos que nosso hotel com preços módicos era na verdade *"una casa de parella"*. Traduzindo, era um ponto de encontro de casais da região portuária. Não seria a última vez que dormiríamos em motel para atenuar custos. Domingo acordamos extenuados, mas tínhamos mais de seiscentos quilômetros para rodar. Nos despedimos da capital uruguaia pela Rambla, onde fizemos a foto oficial da viagem com o Segundinho ao lado das letras gigantes que formavam a palavra Montevidéu. Depois, entramos na Interbalnearia rumo a Punta del Este. Caio se maravilhava com todas as novidades que via. Fomos até a frente da Casa Pueblo, uma edificação construída pelo artista uruguaio Carlos Páez Vilaró. No luxuoso Hotel Conrad, fizemos umas fotos do Segundinho ao lado de uma limusine. Na inocência de marinheiros de primeira viagem, víamos aquilo como uma afronta aos abastados. Éramos bem tratados por todos, sem nos darmos conta de que estávamos ali porque tínhamos escolhido sermos verdadeiramente nós. E quando somos autênticos não afrontamos ninguém, apenas somos. Eu me apaixonava cada vez mais pelo Uruguai e seu povo simples. Aquele paizito era a nossa porta de entrada para a América do Sul que sempre sonhávamos.

Um país conhecido por ser vanguarda em direitos civis e o primeiro em qualidade de vida e desenvolvimento humano da América do Sul. O que me encanta no Uruguai é que um advogado, um taxista ou um cuidador de carros são pessoas cultas e politizadas. Perambulamos pelo inverno vazio da rica Punta del Este e fizemos a foto do Fusca no monumento La Mano, obra do artista chileno Mario Irarrázabal, que representa o último gesto de uma pessoa se afogando no mar. No Farol de José Ignácio foi tanto encantamento que não percebemos o tempo passar e acabamos nos atrasando. Quando entramos na Ruta 8, que nos levaria rumo à fronteira, uma tempestade desabou sobre nossas cabeças. Os vidros embaçaram, e ao ligar os limpadores de para-brisa o do Caio saiu voando para o meio do mato. O volume de chuva era tão intenso que a pista dupla da rodovia ficou escorregadia, fazendo com que o Fusca, mesmo andando a sessenta quilômetros por hora, por vezes aquaplanasse. Os carros que viajavam em direção contrária borrifavam a água em nossa direção, transformando a rodovia em uma paisagem tenebrosa. Tivemos que parar na beira da estrada algumas vezes, porque a água molhava o platinado e o Segundinho farfalhava. Rodando a menos de cinquenta quilômetros por hora, os motoristas, irritados, formavam filas atrás e, quando conseguiam nos ultrapassar, nos ultrajavam em um castelhano incompreensível. Quando alcançamos a linha de fronteira com o Chuí já era noite escura. O Marimbondo, cansado da viagem, subitamente ficou nervoso quando o convidei para me acompanhar nos trâmites para carimbar o passaporte e dar saída do país. Neste exato instante, ele me confessou que tinha apenas dezessete anos e que nunca tinha tido passaporte na vida. Disse que para viajar para o exterior teria que ter uma autorização dos pais, mas que se me contasse antes de sair do Brasil eu não o levaria. Na madrugada em que entramos no Uruguai ele fez de conta que assinou a documentação, mas apenas pediu uma informação para o aduaneiro e voltou para o Fusca. Eu, que vinha cansado de dirigir na chuva e com a adrenalina a milhão, não sabia se ria ou se sentia raiva daquele fedelho que tinha me enganado. Receoso de ficar preso na fronteira com um menor de idade clandestino, disse a ele para se deitar no banco de trás e fui dar a saída nos meus documentos. Por muita sorte, com a chuva que caía, os preguiçosos policiais aduaneiros não revistaram o Fusca. Acelerando muito, cruzamos aliviados debaixo da placa com a inscrição "Divisa — Uruguai/Brasil" e alguns metros à frente outra sinalização com os dizeres: "Bem-vindo ao Extremos Sul do Brasil". Também estava pintada na placa a distância para algumas cidades brasileiras, mas a que nos interessava estava logo abaixo. "Pelotas a 280 km". Olhei para o Caio, que tinha um semblante aliviado por passar ileso na fronteira, e disse que seria loucura viajar à noite com aquele dilúvio. Paramos para comer um pancho e beber um pomelo e tivemos a ideia de ligar para o Ney, que vivia na cidade de Santa Vitória do Palmar, dezesseis quilômetros dali. Ney atendeu e nos ofereceu a casa de veraneio de seus pais, na Praia do Hermenegildo. Prometeu ir ao nosso encontro e depois nos guiaria até o merecido descanso. Em meia hora, estacionou a Toyota Bandeirante ao lado do Fusca, abriu a janela e gritou: "O que houve, Nauro, arregou?"

A felicidade de ver o Ney um ano depois, curado da leucemia, foi gigante. Desci do Fusca na chuva para abraçá-lo, mas ele gritou:

— Não posso me molhar ainda, Nauro, estou em tratamento. Me sigam.

Ligamos o Fusca e seguimos a Bandeirantes por uma estrada estreita e escura que nos levaria até a praia. No caminho, Ney desligava os faróis da caminhonete e guiava na contramão, acendia os pisca-alertas e andava em zigue-zague, como quem flertava com a morte. Lembrei do quanto ele tinha sido importante para o nascimento do nosso projeto e de toda a luta que ele tinha travado nos últimos doze meses. Ney tinha apenas vinte e um anos e já tinha recebido a visita da morte, por isso brincava com a vida. Chegamos em frente à casa de veraneio de seus pais e ele nos mostrou o esconderijo secreto da chave.

— Aqui que a chave tinha que estar naquele dia, Nauro. Mas se ela estivesse aqui, a gente não teria ido dormir no Koelho, e a história teria sido outra.

O menino Ney nos contou que abandonaria a faculdade de jornalismo para ajudar seu pai nos negócios da família. Antes de sair, avisou para deixar a chave no esconderijo. Já partindo, gritou pela janela da caminhonete:

— Não vamos arregar pra vida, Naurooo! Vamos viver!

Telefonei para a Gabi, disse onde estávamos e me emocionei ao contar que tinha abraçado o Ney. Prometi a ela que na segunda acordaríamos cedo e até meio-dia estaríamos em casa. Em seguida, exaustos, ouvindo o barulho das ondas bater nas pedras no fundo da casa, dormimos. Segunda-feira pela manhã acordei, olhei no relógio e descobri que estávamos muito atrasados. Gritei para o Marimbondo que já era 11h11. Arrumamos as coisas no Fusca e antes de partir fomos ver o mar. Não lembrava em nada a praia linda e serena por onde a Expedição Fucamérica se arriscara pela primeira vez. Era um mar furioso que não poupava nada que se aproximasse dele. A maior praia do mundo mostrava todo o seu poder e nos mandava um recado. Planeje suas aventuras e nunca desrespeite a natureza.

Do Hermenegildo até Pelotas existe uma estrada reta e plana com mais de duzentos quilômetros. São os Campos Neutrais. Quando retornamos por ela, descobrimos o tamanho da tempestade da noite anterior. Postes de luz e árvores caídas, telhados de casas arrancados do lugar e até um caminhão tombado na beira da rodovia denunciavam a força dos ventos. Sorte que tínhamos decidido ficar.

Nossa chegada foi tão discreta quanto nossa saída. Fui até a Palafita encontrar a Gabi e depois fomos buscar a Sofia na escola com o Segundinho. O porteiro me perguntou onde estava o Filó e falei que em breve ele retornaria, que enquanto isso eu andaria com o Segundo. No outro dia de manhã, fui cumprir expediente no meu emprego. Marimbondo, apesar dos vinte e seis anos a menos que eu, passou a ser meu melhor amigo. Juntamos todos os vídeos que produzimos na viagem e editamos uma reportagem especial para a editoria de esportes da TV. A apresentadora do *Jornal do Almoço*, Maíra Lessa, chamou a matéria com a seguinte manchete: "O J.A. embarcou em uma aventura rumo a Montevidéu para acompanhar nossos *hermanos* uruguaios pelas oitavas de final da Copa. Foi uma viagem e tanto. Uma prova de que basta pouco dinheiro e espírito de aventura para trazer muitas histórias na bagagem. Caio Passos e Nauro Júnior fizeram essa inusitada expedição a bordo sabem do quê? De um Fusca". A reportagem, que foi a mais vista do mês na TV, mostrou nossa saída empurrando o Segundinho, a tentativa de falar com o presidente, os torcedores uruguaios, os perrengues e um mapa ilustrando toda a nossa saga.

Naquela semana, a gente andava pelas ruas e as pessoas nos gritavam pelo nome do Fusca: "SEGUNDIIINHO". Ficamos conhecidos. Mas a rotina no jornal seguia a mesma. Me dediquei a assistir aos últimos jogos do Mundial. A tensão entre torcida e jogadores diminuiu um pouco ao final da partida com a atuação razoável do Brasil que venceu a Colômbia por 2x1. Mas o lance que entrou para o panteão das copas não foram os gols e sim a joelhada que o colombiano Zúñiga deu nas costas de Neymar, fraturando a sua terceira vértebra. O melhor jogador brasileiro estava definitivamente fora da Copa. Pensei em pegar o Segundinho e viajar até Belo Horizonte para assistir à batalha épica entre as duas seleções que detinham mais títulos mundiais. Teria sido uma tragédia. No dia 8 de julho de 2014, às cinco da tarde, na minha salinha no fundo do prédio da RBS TV Pelotas, assisti sozinho à maior tragédia da história do futebol brasileiro.

Aquela tarde de terça-feira ficará marcada para sempre na memória do torcedor. Na semifinal, a Alemanha massacrou a Seleção Brasileira por um placar de 7x1 em um confronto humilhante que marcou para sempre a carreira de todos que estavam em campo e de quem os assistia, em casa ou no estádio. Naquele dia, a história da Expedição Fucamérica começaria a mudar. Tivemos que nos contentar com a disputa do terceiro lugar contra a Holanda no Estádio Mané Garrincha. Gabi e eu assistimos em nossa casa à outra derrota vergonhosa, dessa vez por 3x0, ou seja, dez gols sofridos em duas partidas. Tinha assistido à seleção do Uruguai se despedir da Copa do Mundo de cabeça em pé, lutando. Tinha testemunhado o orgulho do povo uruguaio pela seleção celeste. Impactado com tudo que tinha assistido, virei para a Gabi e perguntei:

— Será que a Seleção Brasileira um dia volta a ganhar? E emendei: — Depois de tudo isso é impossível o Brasil chegar na próxima Copa do Mundo.

Gabi respondeu:

— Não sei se a Seleção Brasileira pode chegar na próxima Copa do Mundo. Mas a gente pode chegar lá de Fusca! E se nós chegarmos na Rússia de Fusca, a Seleção Brasileira pode até se tornar campeã mundial, mas os jogadores brasileiros têm que jogar igual a quem anda de Fusca. Humildes e acreditando no impossível.

Nesse instante, no dia 12 de julho de 2014, quando ainda não tínhamos percorrido mais de dois mil quilômetros com a Expedição Fucamérica, uma provocação da Gabi fez nascer o sonho de cruzar o mundo de Fusca para assistir à Copa do Mundo na Rússia. No estádio Maracanã, os alemães venceram a Argentina por 1x0 e se sagraram campeões. Eu não me lembro de nenhum lance desse jogo, porque meus pensamentos já estavam na próxima Copa. Tudo parecia uma loucura, mas foi empilhando os sonhos mais loucos que construí minha história. Tinha que convencer todo mundo de que o impossível era apenas uma palavra a ser vencida. A Gabi estava do meu lado, isso me tornava invencível. Enquanto os alemães comemoravam o título de campeão do Mundo em terras brasileiras, eu escrevi no Facebook da Expedição Fucamérica: "O impossível não existe, vamos para a Copa do Mundo da Rússia de Fusca. Ninguém curtiu o post. Teve apenas um comentário de um amigo que dizia: "Loucos não devem ser contrariados porque podem se tornar hostis". Me dei conta de que ainda tinha muito trabalho, caso eu realmente quisesse realizar aquela loucura!

Um Fusca no Maracanã

Todos os dias, ao chegar em casa no final da tarde, eu me perguntava se aquele dia a menos em minha vida teria valido a pena. Agradecer por mais um dia era tolice. O dia vivido era um a menos na corrida entre o parto e a partida. Se não houvesse um instante de felicidade que fizesse aquele dia valer a pena, não tinha como recuperar. Somos pilotos de um Fusca desgovernado, ribanceira abaixo, sem freio e sem saber o que nos espera. Portanto, mãos firmes ao volante, porque o destino é implacável. A Copa do Mundo tinha acabado no Brasil e eu matutava como cruzar os oceanos com o Fusca. Não adiantava ficar gritando aos quatro ventos que iria para a Rússia. Lembrei da frase de Amyr Klink: "Tive que cruzar o Oceano Atlântico remando um barquinho e ficar vivo para acreditarem que valia a pena investir em mim". Captei! Tinha muito trabalho pela frente. Quem depositava fé em mim eram a Gabi, por amor, a Sofia, porque tinha nove anos, e o inconsequente do Caio, que entrara clandestinamente no Uruguai. Minhas fotos tinham perdido a cor desde o dia em que a salinha escura no fundo do prédio da TV passou a ser minha trincheira. Ir para a redação era uma tortura. Um cinegrafista cruzou em frente à minha sala e notei que colou um papel na porta. Fui até lá e estava escrito "Geladeira", ironizando a minha situação no trabalho. Mas dentro daquela sala ninguém conseguia aprisionar minha mente e meus pensamentos. Continuava sonhando e minha liberdade estava em meus sonhos. Me abalar seria decretar derrota. Além da pós-graduação, precisava de um novo projeto. Sempre me encantou escrever nas horas vagas poesias, crônicas, contos e outros textos descompromissados.

Em um café da manhã, perguntei à Gabi o que ela achava de reunir meus textos em um único arquivo, reconstruindo alguns, atualizando outros e revisando todos para editar um livro. Ela resumiu a coletânea como *Andanças imaginárias*. Então, meu tempo passou a ser preenchido com essa tarefa, que me ocupava e me fazia feliz. Tinha medo de perder tempo e passei a transformar aquela angústia em espasmos de liberdade. Afinal, a poesia era o mais próximo que eu conseguia chegar da fotografia. Deixei de fazer poesia com as luzes e passei a fotografar com as letras. Precisava de um ilustrador. Quem se encaixaria naquela aventura literária? Ao chegar em casa, observei Sofia desenhando. Eu e a Gabi fomos espiar a pasta com tudo o que ela fazia desde pequena, desde os primeiros rabiscos. Era um acervo. Quem sabe, então, as ilustrações do livro poderiam ser os traços da nossa talentosa filha? Gabi ficou indecisa, pois meu estilo estava mais para o desbocado Charles Bukowski do que para o sensível Mario Quintana. Cedi um pouco. Para perpetuar o amor de pai e filha, criei novos textos e reescrevi outros.

Começamos a trabalhar juntos. Eu escrevia e lia para ela que, na sequência, apresentava uma ilustração. Em outras ocasiões, ela trazia um desenho com alguma pergunta:

— Papai, faz um poema sobre "por que eu caí da árvore"?

Com paixão, eu então produzia textos sob encomenda da coautora. Um dia, quando o material já estava a caminho da diagramação, ela comentou que os seus colegas de aula não entendiam por que a nossa casa era uma palafita. Ela quis escrever uma explicação em forma de poesia para os amigos. E então ordenou:

— Escreve aí, papai. Vou ditar...

Com o coração entre o papel e a caneta, fui pintando as palavras que ouvia daquela voz cheia de atitude, com apenas nove anos de idade:

*"Minha casa é diferente
Não existe nada igual
Minha casa de repente
Criou pernas de pau."*

Estendeu uma folha com um desenho da Palafita e concluiu as orientações:

— Publica este desenho junto com o meu poema no nosso livro!

Era uma obra verdadeira, versos de amor, mas sem pretensão literária. Queríamos que fosse bonito, mas livros lindos custam caro. Então, como sempre, nosso guru Valder Valeirão fez mais um projeto gráfico incrível. Denise Crispim conseguiu aprovar o projeto em uma lei de incentivo e buscamos verbas para realizar o sonho por completo. Na véspera de o livro ir para a gráfica, passei na *parrillada* Cruz de Malta para tomar uma cerveja e celebrar. Encontrei a professora Carla Àvila que, na conversa, perguntou como eu conseguia viajar de Fusca pelo mundo, fazer livros de fotografia e escrever romances e poesias?

— Quando eu perdi o medo de ser ridículo, passei a fazer coisas das quais muito me orgulho — resumi para ela.

Estava fazendo uma definição de mim mesmo. Ela sugeriu que eu anotasse a frase num guardanapo, para não esquecer. Acordei cedo no outro dia e telefonei para o Valder perguntando se havia espaço para colocar mais uma página no livro. Foi assim que essa frase abriu o *Andanças imaginárias*, com uma ilustração da Sofia, em que a Gabi e eu aparecíamos com a cara da Minnie e do Mickey Mouse. No prefácio, a poeta Angélica Freitas lembra que a poesia não precisa ter rima, tem que ter amor. "Andar de Fusca é uma linda poesia", escreveu. Caio Passos, que se transformava em adulto, promovido a editor de imagens da TV, propôs uma coleção de clipes para publicar no YouTube, com pessoas anônimas e famosas lendo os poemas. Seria um projeto audiovisual, em que os amigos escolheriam o poema e gravariam em diferentes lugares, transformando os vídeos e áudios em uma obra acessível para pessoas com deficiência. Com o objetivo de provar que a poesia está em todos os lugares, imprimimos textos do livro e adesivamos no transporte coletivo da cidade. Também levamos os poemas para escolas públicas, em uma série de cartões-postais e palestras, nas quais Sofia e eu instigávamos os alunos a "se libertar das amarras e poetizar sobre sua realidade". Foi gratificante.

No dia primeiro de novembro de 2014, na Tenda Cultural da Feira do Livro de Pelotas, autografamos aquele singelo projeto familiar, cuja orelha tinha um texto da mãe da Sofia: "O nome *Andanças imaginárias* nasceu junto com a minha compreensão de que uma das coisas mais genuínas e verdadeiras dessa vida é não ter medo de se arriscar", resumiu Gabi. Saboreamos cada instante daquele dia cercados por familiares, amigos e desconhecidos que se tornaram novos amigos. Aquele projeto, que surgiu com o objetivo de atenuar angústias, se transformou em um instante de vida inesquecível. O verão trouxe esperanças. Passei a ser um espectador assíduo do nascer do sol no trapiche da Lagoa dos Patos. Todas as manhãs embarcava no Segundinho com a máquina em punho. O jornal não teve como não publicar as fotos que eu produzia desses momentos de encantamento. Uma delas viria a ser capa do próximo livro.

Em 2015 comecei a ser escalado para algumas pautas. Fiquei entusiasmado ao saber que o Grêmio Esportivo Brasil estava classificado para uma competição nacional e disputaria no dia 25 de fevereiro uma partida contra o gigante Flamengo. Se não perdesse por mais de dois gols no jogo de ida, em Pelotas, haveria uma segunda partida no Maracanã. Cruzei o interminável corredor do prédio da TV e, na sala dos editores de imagens, perguntei o que eles achavam de eu ir de Fusca até o Rio de Janeiro acompanhar a batalha do Xavante. Zé Melo, um velho cinegrafista que já era patrimônio da empresa, gritou no fundo da sala:

— Nessa eu vou contigo!

Cuidando para não ser indelicado, lembrei que eu tinha um compromisso moral com o Caio, que desde sempre havia acreditado em minhas loucas aventuras. Caio, na mesma sala, disse que aceitava ir, mas se lembrou que era torcedor do Pelotas, o time rival do Brasil.

— Não estamos indo para torcer. Vamos acompanhar uma batalha de guerreiros da nossa cidade. Vamos por Pelotas — resumi.

Testemunhar o pequeno Xavante enfrentar o grandioso rubro-negro carioca no palco de duas finais de Copa do Mundo representava o espírito subjetivo do nosso projeto. Seriam quatro mil e quinhentos quilômetros cruzando cinco Estados. Caso a viagem fosse bem-sucedida, mostraríamos também aos jogadores do Brasil que o impossível não existe, motivando-os a vencer. Eu, que já havia escrito *A noite que não acabou*, agora acompanharia outra noite histórica, independentemente do resultado. Mas tinha que ser de Fusca, desafiando limites. Depois de todo esse discurso, Caio confirmou:

— Eu vou contigo.

Só que o Brasil ainda não tinha disputado a primeira partida em seu estádio e, caso perdesse para o Flamengo por dois gols de diferença, não haveria o segundo jogo. Iríamos no Filó ou no Segundinho? No final da tarde, na oficina do Jayminho, vimos o pobre Filó exatamente no mesmo lugar onde o tínhamos deixado havia alguns meses. O flamante azul pavão foi substituído pelo marrom da poeira. Os pontos de ferrugem se proliferavam na parte traseira onde uma goteira o torturava. Naquele momento, Filó vivia à margem.

O que ontem foi sonho, hoje vale menos. O que foi prioridade, pode virar descartável. O que um dia trouxe felicidade e esperança, estava atirado em um canto. É assim com as coisas. É assim com o corpo. É assim com alguns sentimentos. Jamais seremos insubstituíveis. Comentei com o Caio que um dia o traríamos de volta à vida, mas por enquanto o Segundinho iria segurar as pontas de novo. Enquanto acompanhávamos os preparativos para o primeiro jogo em Pelotas, preparávamos o Fusca para a grande viagem que nem sabíamos se aconteceria.

Hemerson Ferreira, colega do Valder, criou uma logomarca para a Expedição Fucamérica. Divulgamos nas redes sociais que se o Brasil fosse para o Rio de Janeiro, iríamos junto. E de Fusca! Ouvimos falar que o técnico Rogério Zimmermann havia usado a nossa história no vestiário para motivar os jogadores xavantes. Na noite do jogo, as arquibancadas do Bento Freitas ficaram completamente lotadas para a batalha épica.

O Flamengo abriu o placar aos trinta minutos de jogo com Alecsandro. Aos setenta e cinco minutos, Pará, com um chute improvável de fora da área, ampliou, silenciando e entristecendo o estádio. Quase perdendo as esperanças de viajar ao RJ, já nos acréscimos uma bola foi cruzada na área e o desengonçado centroavante Nena cabeceou. Gol!!!!!!!!!!!!!!! Haveria o segundo jogo, no emblemático Maracanã, dia 18 de março. Nunca imaginei ver o Caio vibrar com um gol do Xavante. Na saída, grupos de torcedores queriam fazer fotos com o Segundinho, que estava estacionado na frente do estádio como se também estivesse esperando o resultado da primeira batalha para ver se seria escalado para a segunda parte.

Havia três semanas para preparar tudo e estacionar o Fusca em frente ao Maracanã. O carro foi polido, recebeu banda branca nos pneus e bagageiro de teto. O obsoleto platinado deu lugar à ignição eletrônica. A regulagem elétrica e mecânica ficou a cargo da dupla Tramposo e Pastel. O dono de uma abastecedora, Paulo Moreira, torcedor fanático do Brasil, ofereceu o combustível para a viagem. Uma legião de torcedores se mobilizaram para nos hospedar pelo caminho. Na véspera, o Segundinho recebeu os adesivos na porta, dando um ar de expedição de verdade. O amigo Darlan, da Digital FotoArte, cedeu mais duzentos adesivos de presente para irmos "marcando território pelo caminho". Para conseguir folga de mais de uma semana, Caio prometeu à chefe de reportagem da TV uma série de matérias especiais contando a saga, em formato de diário de bordo. No dia 14 de março, véspera da partida, o Segundinho foi abastecido. A Fábrica de Biscoitos Zezé, patrocinadora do clube, também enviou pacotes de bolachas para a viagem. O Instagram da Expedição Fucamérica trazia um diário de bordo nos stories — na época, uma novidade do aplicativo que já começava a substituir o Facebook. Uma reportagem gravada para a TV, com todos os preparativos, foi veiculada no Jornal do Almoço.

No dia 15 de março terminamos de carregar o Fusca. Rezamos um "Santo Anjo do Senhor", de mãos dadas, e às oito da manhã deixamos a Palafita no retrovisor. Na estrada, Caio olhou para a nova aquisição da Expedição, uma máquina fotográfica modelo GoPro, presa no painel, e disse:

— Já estamos na estrada, nosso destino é a Cidade Maravilhosa, e mais tarde a gente grava a nossa chegada lá. — E imediatamente, titubeou:

— Tomara que a gente chegue, né.

Chamei a atenção dele e, a partir daquele momento, decretamos que jamais duvidaríamos da nossa capacidade de vencer desafios com o Fusca, mesmo quando tudo estivesse dando errado. Ao passar por Porto Alegre, a placa indicava "Rio de Janeiro, 1.598 km". Era quase uma distância superior à quilometragem da última viagem. Dentro do Túnel Morro Alto, no município de Maquiné, estacionamos para fazer algumas imagens. Esquecemos que era proibido parar dentro do túnel. Uma voz feminina, vinda de um sistema de som, passou a nos assombrar, ordenando que saíssemos imediatamente ou seríamos guinchados. Corremos como quem estava sendo perseguido e só paramos na divisa do Rio Grande do Sul com Santa Catarina, quando a gasolina acabou. Reabastecemos com um dos dois galões de reserva. Nos primeiros oitocentos quilômetros, cruzamos por protestos de caminhoneiros e enfrentamos chuva forte na hora do rush nas proximidades de Florianópolis, chegando às dez horas da noite em Brusque. O amigo Patrick, que tinha se casado com a namorada Gabi, nos acolheria naquela noite. Como não sabíamos o endereço, marcamos o encontro em frente a uma loja que ostentava uma réplica enorme da Estátua da Liberdade. Além do banho para os aventureiros, o Segundinho também recebeu uma revisão. Por telefone, Gabi informou que nossa viagem viralizava nas redes sociais e clubes de Fusca de todo Brasil mandavam mensagens colocando-se à disposição para ajudar em qualquer imprevisto no caminho.

Óleo no nível, correia apertada, luzes e piscas funcionando, limpadores de para-brisa ok e pedal de freio bem em cima. Havia uma folguinha na direção, normal em Fuscas e Kombis. Caio aproveitou para editar o vídeo que seria exibido no dia seguinte. Antes de partir, atualizamos as redes sociais e fizemos uma foto do Patrick e da esposa, com seu barrigão de quase nove meses, a Marina já pedindo passagem para sair. Em breve, Marina seria a parte mais intensa dos sonhos do nosso primeiro copiloto. A ideia era fazer a travessia da cidade de São Paulo antes de anoitecer. A partir dali, as planícies findaram e o Fusca começou a enfrentar as serras sinuosas. Cruzamos por Curitiba no início da tarde. Meu irmão Mauricio foi com a família até as margens da rodovia nos recepcionar. Meu sobrinho Pedro, de sete anos, nos deu um Fusca de chocolate e convenceu o pai a nos acompanhar por alguns quilômetros. Meu irmão nos seguiu até o outro lado da capital paranaense, onde Pedro desembarcou do Segundinho e voltou feliz para casa. Trezentos quilômetros antes de São Paulo, um *pit stop* para abastecer, revisar amarras das malas, preparar um mate e um lanche. Amyr Klink sempre ensina: "Antes da tempestade, revisa se está tudo funcionando". Perguntamos a um motorista de caminhão, com placas de Encruzilhada do Sul, se era difícil cruzar São Paulo. Dirigir um Fusca na maior metrópole da América do Sul era um temor:

— Vá até um posto de combustível no KM 28, na cidade de Embu das Artes. Os caminhoneiros esperam ali até as nove da noite, quando o Rodoanel abre para os caminhões. Fale com algum caminhoneiro mais velho, eles andam devagar, e siga ele até o outro lado de São Paulo. Não tem como te perder. Dormirei no Posto 28 e farei a travessia no amanhecer para trafegar no Rodoanel com calma — disse, perguntando em seguida o meu nome.

Em Embu das Artes, telefonei para casa. Foi quando fiquei sabendo que o Clube Carioca Volks iria recepcionar nossa chegada e um repórter do Rio pretendia produzir uma matéria para o Globo Esporte. No estacionamento, onde se aglomeravam centenas de caminhões, me apresentei a um senhorzinho que me demonstrou confiança. Ele estava escorado em um caminhão Volkswagen branco com a traseira preta. Perguntamos se ele poderia nos guiar até o outro lado da grande capital paulista. Ele nos alertou que às vinte e uma horas em ponto abria o Rodoanel e não tinha como esperar. Tínhamos que segui-lo, porque ele pretendia estar no Rio de Janeiro ainda naquela madrugada. Tudo combinado, Segundinho a postos na saída do posto.

Às nove horas da noite, o portão do estacionamento se abriu e os caminhões começaram a sair como uma manada de cavalos selvagens. Ali percebi que havia mais de cinquenta caminhões Volkswagen brancos com a traseira preta. Quase desesperado, me sentindo perdido, avistei o senhorzinho passar buzinando aos gritos, com o braço para fora da janela:

— Vambooooraaaa, gaúchooo!

Naquele instante, nos tornamos personagens de uma "corrida maluca". O motor 1300cc do Fusca não conseguia alcançar o caminhão. Entramos no Rodoanel e caímos em um túnel gigante, onde os roncos dos Scanias, Volvos e VW mais pareciam monstros querendo nos devorar. Uma estrada de oito pistas e mais de cento e cinquenta quilômetros que, entre viadutos, rotatória e túneis monumentais, se ligava a outras dez rodovias. Tivemos a impressão de que todos os caminhões do mundo resolveram marcar um encontro naquele mesmo lugar e hora. Sem paciência com o velho Fusca, os caminhoneiros colavam na traseira com a mão na buzina, velozes e furiosos. Não demoramos para confirmar que estávamos seguindo o caminhão errado, o que ficou claro quando o Volkswagen de traseira preta entrou em direção a Campinas, lado oposto de onde estávamos indo.

Confesso que fiquei apavorado. Subi com o Segundinho em cima da grama de uma rotatória e disse para Caio que estávamos perdidos. Já pensando que dormiríamos naquele lugar, onde todos os caminhões do mundo giravam à nossa volta, um milagre aconteceu. Ouvimos um grito:

- Nauroooooo, me seeeegue!

Incrédulo, avistei o caminhoneiro de Encruzilhada do Sul, que havia mudado de ideia e resolvido atravessar o Rodoanel naquela hora. Duas paredes de concreto cercavam a rodovia. Avistamos Osasco ao longe, depois entramos na Rodovia dos Bandeirantes e, em seguida, um forte cheiro de esgoto nos deu as boas-vindas ao entrar na Marginal Tietê. Foi um momento de emoção e medo. Uma segunda-feira à noite, enquanto mais de doze milhões de habitantes se preparavam para dormir, cruzamos em um Fusquinha velho a maior cidade da América do Sul, com a chuva testando os limpadores de para-brisa e os nossos limites. Quando a rodovia começou a ficar deserta, o caminhoneiro parou no acostamento, colocou a cabeça para fora da janela e gritou:

— Esta é a Rodovia Presidente Dutra. Segue reto que vocês vão sair no Rio de Janeiro. Só parem depois de rodar mais de cem quilômetros. Estamos em Guarulhos, aqui eles roubam muito.

Seguimos rodando com a adrenalina pulsando, e só nos demos conta do quanto tínhamos andado quando avistamos a placa "Rio de

Janeiro — 350 km". Tínhamos rodado setecentos e oitenta e três quilômetros naquele dia. Era hora de descansar. Paramos em uma pousada de viajantes em um posto de combustíveis em Pindamonhangaba. Nossa única condição era que o Fusca ficasse estacionado junto à janela do quarto. Acordamos orgulhosos, já que o Fusquinha tinha rodado quase mil e quinhentos quilômetros sem nenhum perrengue além da chuva que encharcou o assoalho. A folga na direção havia aumentado um pouquinho. Mas qual Fusca não tem folga na direção? Telefonei para casa e soube que os integrantes do Clube Carioca Volks estariam nos esperando em um pedágio quarenta quilômetros antes do Rio, às três horas da tarde. A Sarita, uma ex-vizinha da Palafita, que agora morava em Copacabana, queria nos hospedar, e o repórter do Globo Esportes insistia em nos localizar. Partimos. Não tardou para uma igreja gigantesca surgir no horizonte. A imagem que crescia conforme nos aproximávamos me fez lembrar a foto que marcou minha adolescência. Meus pais, muito católicos, na primeira vez que viajaram de avião foram conhecer o Santuário de Nossa Senhora Aparecida. Lúcia, minha irmã que morava em São Paulo, cicerone ou eles. Depois que ela morreu, várias cópias em preto e branco daquela imagem, em que os três pousam em frente à Basílica, foram distribuídas entre amigos e parentes. Tenho uma cópia até hoje.

Tudo era superlativo naquele lugar e não foi diferente com meus sentimentos e meu pedido de proteção para a viagem. Acendemos uma vela e nos comovemos ao estar frente à imagem da santa que foi encontrada presa nas redes de pescadores em outubro de 1717, no caudaloso Rio Paraíba do Sul, que corre nos fundos da Igreja. Aparecida do Norte era mais do que um ponto turístico. Com o Segundinho estrategicamente estacionado naquele cenário, fiz uma foto de forte impacto sentimental e simbólico. Na imagem, a Basílica representava a fé dos meus pais. O Fusca, uma catedral, na qual eu reverenciava símbolos de felicidade da nossa família. Sentindo-nos abençoados, pegamos a estrada novamente. Tínhamos que chegar no horário do encontro agendado pelos integrantes do Fusca Clube.

Antes de chegar ao Rio, enquanto o Segundinho desafiava com folga na direção a perigosa Serra das Araras, o telefone tocou. O repórter carioca avisava que nos esperaria em frente ao Maracanã. Precisávamos estar lá antes do final da tarde. Ele pediu que chegássemos buzinando e gritando o nome do Brasil de Pelotas, estando o Fusca adesivado com bandeiras vermelhas do clube. Tentei explicar que éramos jornalistas e não a torcida fanática. Falei que o projeto era chegar ao Rio de Fusca apenas para mostrar que o impossível não existe. A chegada de um carrinho de quase cinquenta anos seria a prova de que um time do interior do Rio Grande do Sul era capaz de encarar de igual para igual o Flamengo. Ele não gostou de saber que o Fusca não era vermelho. E não entendia por que não nos assumíamos como torcedores para aparecer na TV Globo. Explicamos que a história que estávamos construindo tinha que ser autêntica. A falta de sintonia ficou pior quando disse que o Caio, meu copiloto, torcia contra o Xavante. E eu não o submeteria a uma inverdade do coração. Ele ainda ligou mais uma vez naquele dia, insinuando que poderíamos "ficar famosos" e ganhar seguidores se cumpríssemos as orientações. Desligou dizendo que, se mudássemos de ideia, ele estaria esperando um telefonema. Assim que cruzamos o pedágio da cidade de Seropédica, avistamos a comitiva que nos recepcionava nas margens da rodovia, com gritos, sorrisos e uma faixa estendida: "Carioca Volks dá boas-vindas à Expedição Fucamérica". Presenteamos todos com adesivos e recebemos uma flâmula e uma carteira de Sócios Honorários do Carioca Volks.

A entrada na Cidade Maravilhosa foi triunfal. Fuscas com sirenes ligadas servindo de batedores, segurando os cruzamentos para a passagem serena do Segundinho. Quando o comboio entrou no Túnel Rebouças, um Fusca equipado com sistema de alto-falante anunciava a nossa chegada, ecoando por todas as paredes de pedra e chamando a atenção dos motoristas. A comitiva chegou ao centro de treinamento do Flamengo na Gávea se fazendo notar, e a aventura atraiu a imprensa esportiva que cobria o treino do rubro-negro carioca. A saga do Fusca virou notícia exatamente com esta manchete: "Jornalistas percorrem dois mil quilômetros em um Fusca 1968 para mostrar aos xavantes que o impossível não existe". Exatamente o que queríamos dizer. Sem camisetas, bandeiras ou estereótipos. Depois do treino, escoltados pelos veículos do Carioca Volks, rumamos para a avenida Atlântica, onde a amiga Sarita nos aguardava. O Cristo Redentor iluminado deitava seus braços abertos sobre o para-brisa. Ao estacionar o Segundinho em cima do calçadão de Copacabana, turistas, curiosos e uma excursão de torcedores xavantes recém-chegados ao Rio formaram um tumulto amigável no entorno. Não tardou para a polícia chegar. Imaginei que seríamos multados, mas um dos PMs se aproximou e confessou que era apaixonado por Fusca. Pediu para fazer uma foto dentro do Segundinho e ainda sugeriu uma brincadeira: cruzarmos a avenida para descobrir quanto custava a diária no Hotel Copacabana Palace, um dos mais caros do país. Ao saber o valor, perguntei à recepcionista se ela aceitava um Fusca como parte do pagamento. Vendo que se tratava de uma brincadeira e que estávamos filmando para as redes sociais, ela sorriu e disse que sim. Foi um dia incrível que nos mostrou que o Fusca é mesmo uma máquina de fazer amigos.

Nossa anfitriã embarcou no carro, em meio às tralhas e bagagens, e deu o endereço da rua Professor Gastão Bahiana, onde morava. Ela alertou que seria prudente deixar o carro em um estacionamento fechado. Depois de inúmeras tentativas sem sucesso, decidimos tirar tudo que havia de valor no carro e deixá-lo em frente ao edifício. Para desespero do porteiro, fizemos subidas e descidas dos dez andares, equilibrando máquinas fotográficas, computadores, malas e caixas de ferramentas, pelo elevador social. Precavidos com o carro estacionado na rua escura de uma cidade insegura, retiramos o rotor e os cabos de velas. Transformamos o pequeno apartamento da amiga em um acampamento. Ela ainda preparou um maravilhoso miojo com molho de salsicha. Para quem estava havia dois dias a biscoitos Zezé com chimarrão, a ceia preparada pela pelotense Sarita Carpena de Menezes foi um manjar. Ela ainda brincou:

— Pelotense não come miojo com salsicha. Saboreia "pasta ao molho de embutidos".

A foto do jantar fez grande sucesso nas redes. Tive insônia, pensamentos em ebulição. Em meu pesadelo, procurávamos o Segundinho dentro de uma favela. Caminhei várias vezes até a janela naquela madrugada para confirmar que o carro continuava no lugar, até o cansaço vencer. Ao despertar pela manhã, fiquei radiante ao avistá-lo lá embaixo. Combinamos um passeio pelo Rio, mas... onde estava a chave do carro? Reviramos malas, roupas, bagunçamos o apartamento, até me conformar que cortaria os fios para fazer uma ligação direta. Descemos, instalamos as peças que havíamos arrancado e, ao me sentar no banco para iniciar a ligação, avistei a chave. Na ignição! No para-brisa, um bilhete escrito a caneta: "Desculpa amigo, arranhei o paralama traseiro do seu carro. Meu pai tinha um Fusca igual ao seu. Aí está meu telefone. Liga que pago o conserto". Não viajávamos em um carro e sim em um fomentador de empatias. O Fusca faz parte da memória afetiva de muitas pessoas, por isso telefonei para o gentil autor do bilhete e o agradeci. Disse que ficaríamos só mais um dia no Rio e que trocaria o conserto pela amizade. Marcamos um encontro à noite no Maracanã — ele era flamenguista.

Combinamos com a Sarita de nos encontrar na saída do estádio. Xavante fanática, ela estaria nas arquibancadas do Maracanã. A rua onde estávamos estacionados era uma ladeira muito íngreme, e no fim da descida, lá embaixo, estava a Pedra do Arpoador. Já tinha visitado o Rio de Janeiro em duas oportunidades, mas pela primeira vez com um Fusca. Lentamente, fomos vencendo o perigoso declive, até virar à esquerda na avenida Atlântica. O sol fazia reluzir Copacabana, com seu calçadão curvilíneo, feito em mosaico de calcita branca e basalto preto importado de Portugal em 1906.

Escutei meu nome e descobri que os xavantes tomavam a orla. As camisas rubro-negras não eram dos flamenguistas. Eram os quase quinhentos torcedores do Brasil que lotaram dez ônibus para testemunhar a batalha épica. Um grupo nos disse que no fim da praia, na Pedra do Leme, a torcida pelotense organizava um churrasco. Rodamos pela Zona Sul, com o Fusca inserido em um porta-retratos do mundo, em um cenário de filme ou novela, em um poema de Vinicius de Moraes.

Tentamos subir com o Segundinho até o pé do Cristo Redentor, mas era impossível chegar até lá de carro. Fomos até o fim da praia do Leblon, onde os morros Dois Irmãos pareciam guardiões de todas aquelas maravilhas. A brisa do Leblon, Ipanema e Copacabana, como uma bossa nova, nos conduziu de volta ao Leme, onde fomos recebidos pelos tambores emocionados da Garra Xavante, em um ensaio de seus cantos de guerra para a noite. Logo se formou uma fila para fazer fotos com o Fusca, um símbolo de superação.

O Maracanã abriria suas portas para o grande espetáculo a partir das vinte horas. Era o momento de conhecer o palco. A temperatura era amena e o trânsito, caótico. Nos dirigimos para a Zona Norte, onde fica o Estádio Jornalista Mário Filho, conhecido carinhosamente como Maracanã por ter sido construído em uma área isolada, onde existia grande quantidade de pássaros vindos do norte do país que se chamavam Maracanã-guaçu. Pelas avenidas monumentais que circundam o estádio, procuramos um lugar para guardar o Segundinho em segurança, mas todos os estacionamentos do Rio pareciam escapulir. Demos quatro voltas no estádio, até que a polícia nos achou suspeitos e deu ordem de parada. Explicamos a preocupação com o carro. Os policiais confirmaram que o Fusca era muito visado para roubos e recomendaram tentar o estacionamento do estádio.

— Tentem o Portão 10, o da imprensa — aconselhou o PM.

Giramos mais uma vez e embicamos o Segundinho no portão 10. Não demorou muito para um segurança sair da guarita e nos expulsar. Expliquei toda a nossa saga e pedi que tivesse sensibilidade, mas ele disse que sem credenciamento prévio não haveria como liberar a entrada e que iria chamar um guincho se não saíssemos. As duas torcidas cruzavam pelo Portão 10 para entrar no estádio. Um torcedor com camisa do Flamengo parou e se apresentou com um sotaque carioca:

— Fui eu quem bateu em seu Fusxca.

Em seguida, perguntou o que estava acontecendo. Expliquei a situação e ele tentou convencer o porteiro. Nesse ínterim, a torcida xavante chegou. Quando o jogo estava quase iniciando, um tumulto começou a se formar no Portão 10. Não era a intenção criar confusão, mas os torcedores do Xavante e do Flamengo se juntaram e começaram a gritar em coro:

— DEIXA ENTRAR, DEIXA ENTRAR...

As redes de TV e de rádio foram ver o que estava acontecendo, enquanto Caio e eu concedíamos entrevistas contando a saga do Fusquinha. Na programação ao vivo na TV Globo e no SporTV, os apresentadores contavam a história e pediam que a administração do Maracanã deixasse o Fusquinha entrar. No meio do buchicho, apareceu um funcionário do estádio com uma credencial:

— Entra com essa porcaria logo para o estacionamento. Vocês estão aparecendo na TV mais do que o jogo.

Finalmente o Segundinho descansou em segurança dentro do emblemático Maracanã. Fomos conduzidos até a Sala de Imprensa, onde nos ofereceram credenciais para assistir ao jogo na beira do gramado. Encontramos vários jornalistas amigos e outros que já sabiam da história. A viagem rendeu matérias em diferentes mídias e uma grande repercussão. O jogo foi vencido pelo Flamengo por 2 a 0, mas o resultado pouco interessava. Os comentaristas falavam em "jogo morno", "noite sonolenta". Mal sabiam que os jogadores xavantes davam tudo o que podiam dentro das quatro linhas. Ganhar o jogo era difícil, quase impossível, mas um time ao sul da América do Sul enfrentar um campeão do mundo, clube com a maior torcida do país, mostrava em rede nacional que nem sempre o vencedor é o que termina na frente. Pode ser vencedor quem não desiste de lutar. Estar dentro daquele estádio já era vencer. Era um contentamento estar naquele embate heroico e desigual, sendo o Flamengo uma Ferrari e o Brasil de Pelotas um Fusca que desafiou um caminho improvável para estar ali. Os quinhentos torcedores queriam apenas testemunhar. Estar em vantagem no placar seria um milagre. Estávamos orgulhosos e as nossas lágrimas diziam mais que palavras. Meu olhar viajava por cada canto daquele templo sagrado. Era uma vista apoteótica e eu queria que meu pai me visse ali. As emissoras esportivas ficaram surpresas com a festa da xavantada ao término do jogo. A torcida do Flamengo aplaudia. Um fotógrafo de um grande jornal se aproximou e comentou:

— Como podem estar felizes com a derrota?

— Quem disse que foram derrotados? — perguntei.

Depois do jogo, ainda ficamos por um longo tempo sentados no gramado fazendo fotos, filmando e observando. Quando as luzes foram apagadas, os seguranças pediram que nos retirássemos. No estacionamento, o locutor do jogo que entrava em um carro da Globo perguntou:

— Como conseguiram chegar neste Fusca desde Pelotas até aqui?

— Até Curitiba foi difícil. O Fusca não passava de oitenta por hora.

Só aí vi que estava com o freio de mão puxado. Soltei o freio, e aí ele embalou — brinquei.

Demos risada com a piada sem graça e seguimos em frente. Com a Sarita na carona, fomos ao Cervantes comer o melhor sanduíche de presunto com abacaxi do Rio de Janeiro. Tínhamos agendado para depois do jogo o encontro com o amigo carioca Heitor Peixoto de Castro, que nos pagaria o jantar. Vascaíno fanático, nos achincalhou por causa da derrota para o Flamengo. Quando leu o adesivo na porta do Segundinho, Heitor perguntou:

— O que é Fucamérica?

— Fuca é o nome do carro, e América o nosso objetivo — expliquei.

Heitor, então, disse com sotaque carioca:

— Nauro, este carro é um Fusxca e não Fuca!

Percebi que se eu quisesse universalizar a Expedição, teria que acrescentar um "s". Só quem chamava o VW de Fuca eram os gaúchos. Naquela noite estávamos leves e Segundinho flanou pelas ruas vazias da noite carioca. Quando chegamos ao edifício da Sarita, o porteiro já havia reservado com cavaletes uma vaga bem em frente ao prédio e garantiu que cuidaria do Fusca que ele tinha visto na transmissão do jogo pela TV. Por precaução, subimos com os equipamentos, o cabo de velas e, desta vez, com a chave na mão. Acordamos com o coração apertado. Era hora de iniciar o retorno. Nos despedimos da Sarita e ainda circulamos pela orla antes de partir. No Corcovado, o Cristo nos abençoava. O mar azul desejava boa viagem. Era cruel o sentimento de pegar a estrada depois de, pela primeira vez, me sentir em casa no Rio de Janeiro. Isso se repetiria em várias ocasiões no futuro: partir querendo ficar.

Entramos na infinita rodovia que nos levaria de volta ao Sul. No meio da tarde, cruzamos por Aparecida do Norte e contemplamos a Basílica como uma pintura impressionista pelo para-brisa molhado por uma chuva torrencial. Tenho dois irmãos caminhoneiros. E o pai do Caio também é. Sempre tivemos muito orgulho deles. Desde criança ouvimos eles falarem dos perigos da clássica Serra do 90, também conhecida como Serra do Cafezal. Naquela noite, compreendemos o porquê de tanto respeito a ela, pois sentimos na pele o receio que é passar pelo trecho íngreme e sinuoso que liga São Paulo a Curitiba. Ficamos presos na escuridão por horas devido a um acidente. A folga na direção do Segundinho se agravou, mas ele se comportou como um experiente caminhão frente à tirania das subidas e descidas que o percurso lhe apresentava.

O que faz alguém viajar por uma rodovia escura, perigosa e fantasmagórica? Cruzava metrópoles ricas e vilarejos desventurados, socado dentro de um Fusca velho, sem um mínimo de garantia de chegar. E com um parceiro exausto ao lado. Viajar me faz sentir saudade de tudo o que já conquistei. Senti dor no corpo e nostalgia no peito. Às vezes, precisamos nos afastar para conseguir ver em grande angular nossa própria vida. Viajava para ter certeza de que as pessoas amadas me esperavam. Mais uma vez o sábio Amir Klink ensina: "Solidão não é estar só em algum lugar. Solidão é não ter alguém esperando por nosso retorno". Caio tinha idade para ser meu filho. Eu poderia ser seu irmão mais velho, daqueles que o caçula quer copiar. Em seus olhos, via a inquietude. Ele passou a ser meu amigo fiel, meu companheiro de viagem, meu sócio no enfrentamento das quimeras, incansável na busca das melhores imagens e com uma sede de cambiar os próprios conceitos e se reconstruir. Nossas almas eram da mesma idade. Por vezes, adolescentes inconsequentes, em outras, velhos sábios desvendando mundos. Era o irmão que a vida havia me presenteado. Mesmo prometendo que ficaria acordado para me fazer companhia até a chegada a Curitiba, depois da Serra do Cafezal ele foi vencido pelo cansaço. Entre paradas para abastecer e congestionamentos, a viagem já durava mais de trinta horas.

Meu sobrinho Pedro ficou inquieto naquela madrugada, esperando o Fusca do tio Naurinho. Minha cunhada Elaine, acreditando que chegaríamos cedo, preparou uma Galinha Escabelada que não tivemos forças para comer. Depois de rodar oitocentos e setenta quilômetros desde a zona sul do Rio de Janeiro, estacionamos o Segundinho às quatro horas da manhã na garagem da casa do meu irmão Mauricio, em Curitiba, e desmaiamos de sono. De manhã, tomamos café, dei uma volta no Fusca com Pedro, fizemos algumas fotos, preparamos uma marmita com a Galinha Escabelada e voltamos para a estrada. Meu pai falava que cavalo voltando para casa tem pressa. Não andávamos mais pela rodovia, ela que atravessava as lonjuras de nossa saudade, nos conectava como seres de um mesmo sonho, inebriados. Não era mais um caminho que nos ligava de um ponto ao outro, era uma viagem que fazia eu redescobrir o que havia de mais autêntico em mim.

Embalado pelos devaneios, não conseguia parar de dirigir e só dava alguma pausa no Segundinho para abastecer. Devoramos as marmitas sem estacionar. As asas da noite escureceram a estrada quando entramos no Rio Grande do Sul. Ainda longe de casa, paramos nos fundos de uma abastecedora na cidade gaúcha de Osório. Dentro do posto de lavagem desativado, reclinamos os bancos e dormimos no Fusca. Telefonei para casa e confirmei que chegaríamos no meio da tarde de sábado. Gabi ficou de nos esperar no Posto Paulo Moreira, na entrada de Pelotas, com uma surpresa. Acordamos assustados com os gritos do gerente do posto, indignado porque estávamos parados no lugar onde ele guardava seu carro.

— Estão pensando que porque apareceram na TV podem parar onde quiserem com a porcaria deste Fusca?

Partimos sem discutir. A longa estrada cobrava um preço alto e a folga na direção já tinha quase uma volta. E piorava. Como estávamos a menos de trezentos quilômetros de Pelotas, iria procurar um mecânico só em casa. No mesmo tranco cruzamos a autoestrada BR-290 e, ao entrar na Ponte do Guaíba, quase perdi a direção, indo parar na pista inversa. A distância era pouca, mas o compasso era o mesmo até chegar à Ponte do Retiro, que divide Pelotas do norte do mundo. Nossa Palafita fica onde o sul do mundo começa. Quando saímos da BR-116 para entrar na cidade pela avenida Fernando Osório, avistamos o Posto Paulo Moreira lotado de carros antigos. A Greice Pich, que trabalhava conosco na Satolep Press, fez contato com todos os clubes de Fusca da região, que nos aguardavam para iniciar uma carreata pelas principais ruas e avenidas. Foi emocionante ser recebido por gente que nos via como representantes dos antigomobilistas da região. Eles acompanharam a saga pela TV e pelas redes sociais.

Abraçar Gabi e Sofia foi emocionante. Parecia que eu tinha ficado fora de casa por um ano, e não por apenas sete dias. Viajar de Fusca é uma experiência extrema que pode ser comparada a uma aventura de barco. Andamos sempre no limite físico e psicológico. Depois de sermos escoltados por carros antigos por toda a cidade, voltamos para o silêncio da Palafita, o centro do nosso universo. Segunda-feira, deixei o Segundinho bem cedo na casa do mecânico Rogério, conhecido como Pastel, para avaliar a folga na direção. Perto do meio-dia, ele telefonou dizendo que o Fusca estava pronto. Quando cheguei para levar o carro, ele me olhou e perguntou:

— Tu acreditas em Deus?

Respondi que sim. Então ele disse:

— Tu podias estar morto. O flange de acoplamento da coluna de direção tem quatro parafusos. Vocês perderam três. Só tinha um, que eu soltei com a mão, não precisou nem de chave. Se soltasse, ficarias sem controle no volante e poderias passar reto em uma curva. Acho que Deus acredita em ti.

Essa experiência fez com que o flange do acoplamento virasse uma obsessão. Além de levar a junção e parafusos sobressalentes nas viagens seguintes, diariamente eu deitava debaixo do Segundinho para ver se os parafusos estavam apertados. Teria muitos problemas com o Fusca no futuro, mas essa peça nunca mais estragou. Falando em futuro, eu precisava resolver o meu. Só tinha duas certezas. Eu não queria mais ficar confinado naquele emprego. E tinha agora a certeza de que o mundo cabia inteiro dentro do Fusca. Qual seria a minha próxima viagem?

Do Atlântico ao Pacífico

Todo fim é um novo começo. Sentia saudade, mesmo estando, e por estar, queria partir. Meu suspiro não era falta de ar, era desejo de liberdade. O sangue pulsava clamando um novo caminho. Amei meu trabalho sem querer nada em troca. Só tinha a agradecer. Fui muito mais longe do que eu poderia imaginar. Um filósofo que me marcou na faculdade foi Diógenes de Sínope, ou Diógenes, o Cínico. Ele era uma espécie de andarilho que perambulava pelas ruas de Atenas defendendo que não devemos possuir nada para não sermos possuídos por ninguém e que a pobreza extrema é uma virtude. À vista disso, eu refletia sobre mutações que aconteciam dentro de mim. Precisava me redescobrir, não ter medo de trocar o roteiro ou mudar a direção. Lutei para ser fotógrafo de um jornal importante, só que não fazia mais sentido estar lá. Perdi o medo de viver sem salário. Meu único temor era não viver. A vida é muito curta para ser pequena. Minha real existência dependia de ultrapassar barreiras que, por vezes, pensava serem intransponíveis. Quando falo em ultrapassar barreiras, não falo só das que encontramos pelo caminho. Porque os maiores enigmas não são externos, estão em algum ponto isolado dentro dos nossos medos. Com o Fusca, atravessaria estradas invisíveis e caminhos improváveis. Com a brisa da ventarola, reconstruiria histórias a partir do desconhecido. Não deixaria para trás o que eu vivi, mas diante de mim se apresentava uma América do Sul majestosa e misteriosa para a construção de novos sonhos. Assim como Diógenes, eu precisava viver com menos. O pouco conquistado por mim era muito mais do que um dia imaginei possuir. Me perguntava: se este fosse meu último dia de vida, quão realizado me sentiria?

Estava na hora de arrebentar as correntes. Não queria viver uma vida banal, fútil, inútil. Precisava ser despojado, autossuficiente e sem vínculos para não perder tempo de vida. O caminho da minha evolução pessoal cruzava por uma cosmopista solitária e eu precisava ouvir minha própria voz interior. Era só uma questão de tempo e paciência. Plantei árvores no entorno da Palafita para criar raízes, mas também para alcançar o céu.

No esplendor desses contrários, entre o que eu tinha e o que queria, faltava o grito de liberdade. Aproveitei o tempo de espera para gestar mais um novo projeto. O *#falandonofusca* passou a ser uma espécie de *Programa do Jô* dentro do Segundinho. Com câmeras instaladas no interior do carro, rodava pela cidade, submergindo no universo da simplicidade e do autoconhecimento. Entrevistei Ney Matogrosso, Zeca Baleiro, Ricardo Amorim, Eduardo Bueno e tantos outros anônimos e famosos que, sentados no banco do carona, esqueciam que estavam sendo filmados, transformando o Fusca em um divã, um portador de memórias afetivas. Dentro dele eu conseguia os mais sinceros depoimentos para o nosso canal do YouTube.

No dia 21 de março de 2015, um mensageiro veio de Porto Alegre e me entregou a carta de demissão. Era uma etapa de vida que se finalizava. Tentei dar voz a uma região e transformar o mundo através da minha fotografia. Trabalhei ao lado do meu ídolo, Ricardo "Kadão" Chaves. Convivi com jornalistas extraordinários. Tive a oportunidade de ser testemunha ocular da história do meu tempo e cresci como ser humano. Fui pleno e intenso e, graças ao jornal, conheci a Gabi e ergui a Palafita. Parti com a sensação de dever cumprido, mas desconfortável com aquela sentença: "Tens que vir para a capital porque é uma tendência mundial do jornalismo. Os bons não ficam no interior". Eles estavam errados. O modelo de comunicação da Expedição Fuscamérica, sim, deveria ser considerado uma "tendência mundial". Quem não tem um lugar para voltar, não pertence a lugar algum. Eu tinha minha referência geográfica e emocional e o mundo poderia ser o quintal da Palafita.

Finalmente me libertei das amarras. Alguns me consideravam louco por ter aberto mão de um emprego de vinte anos para andar de Fusca. Eu me sentia livre e pretendia desbravar novas paisagens. E não existe paisagem em estado bruto. As paisagens são uma construção do olhar humano. Com minha máquina fotográfica, o Fusca e sonhos infinitos, eu seria um garimpeiro de imagens, um construtor de paisagens. A ideia era submergir no universo da simplicidade latino-americana, onde um povo miscigenado resume uma das mais fortes culturas do mundo. A Copa América de futebol se realizaria no Chile. Pensei em percorrer aquele país acompanhando a Seleção Brasileira, como um teste para a Copa do Mundo. Não tendo mais as reportagens na TV e sem o jornal na retaguarda, logo descobri a escassez dos apoios. Como decisão número um, reafirmei a minha identidade com a cidade que escolhi viver. Depois de ter sido por anos o Nauro da *Zero Hora*, passei a ser somente o Nauro Júnior. Ou o Nauro da Expedição Fuscamérica. Era voo solo!

No dia 31 de julho de 2015, apresentamos um resumo das primeiras incursões do projeto através de uma exposição multimídia no Espaço de Arte Daniel Bellora, em Pelotas. A mostra reuniu os principais momentos das primeiras aventuras. A travessia pela maior praia do mundo, a ida até Montevidéu para retratar a torcida uruguaia na Copa e um Fusca na Cidade Maravilhosa. A exposição mostrou o resultado da primeira parte do projeto e também homenageou o carro que figura no imaginário de muita gente. A expedição se chamava "Fuscamérica", mas Montevidéu era o lugar mais distante que tínhamos alcançado em terras estrangeiras. Gabi me presenteou com um mapa e uma réplica do Segundinho em miniatura. Passei a visitar todos os pontos cardeais e minha cabeça virou uma Rosa dos Ventos que só pensava em cruzar o continente de ponta a ponta. Inventei uma coordenada geográfica saindo de Pelotas até Ushuaia, cruzando depois a América até Cartagena das Índias na Colômbia. Viajaria em torno de quinze mil quilômetros. Eu tinha quarenta e cinco anos e era dono do meu tempo. Não tinha referências por não ter identificado fusqueiros brasileiros desbravando o mundo, apenas colecionadores, que se deslocavam em pequenas distâncias para participar de exposições e encontros de carros antigos, e viajantes de motorhomes ou Kombis, que enfrentavam o mundo para se encontrar e reconstruir a própria identidade. Éramos iguais na essência. Malucos que sonhavam em mudar o mundo através das próprias metamorfoses. Eu tinha a Gabi, minhas filhas, a Palafita e, por isso, jamais largaria tudo. O ideal era criar projetos com planejamento, orçamento e objetivos definidos, realizar uma viagem já sonhando com a próxima. Ir e voltar. Um sonho de cada vez.

Anos mais tarde, com a expedição já solidificada, eu receberia a visita do advogado Vitor Pacheco, que saiu de Curitiba para conhecer a Palafita. Ele contou que a Expedição Fuscamérica o havia inspirado a viajar com seu Fusca. Para ele, eu era o "Amyr Klink dos Fuscas". Me emocionei, porque Amyr sempre foi minha inspiração. Amyr sempre voltou para Paraty. Eu andaria pelo mundo, fazendo meu eterno retorno à Palafita.

A vida é cheia de processos e não existe manual. Temos que cumprir cada etapa. Desde a adolescência, o trabalho cotidiano ocupou um lugar formal em minha vida, e o ócio era um luto. Precisava aprender a viver sem rotina e transformar o ócio em criatividade para não me perder no tempo e nem perder tempo. Para isso, precisava viajar. Olhei o mapa novamente e percebi que poderia iniciar atravessando a América de Leste a Oeste. Seriam seis mil quilômetros, bem menos que a rota Sul-Norte. O copiloto ideal para correr os riscos em horizontes mais largos era o Caio, só que eu já vivia fora da curva e ele continuava o trabalho na TV. Convidamos Caio para jantar e, em torno da lareira com uma garrafa de vinho, Gabi e eu perguntamos se ele estava pronto para uma nova aventura. Ficou empolgado, mas disse que não tinha férias para gozar. Teria que pedir autorização para se ausentar. Naquela noite, começamos a planejar. Gabi lembrou que nossas viagens sempre foram pautadas pela emoção e pelo desafio ao impossível e deu a ideia de unirmos dois mares.

— A América separa os dois maiores oceanos do mundo. Por que não pegar uma garrafa de água no nascer do sol e levar até o poente, unindo a América do Sul?

Perguntei se aquela seria a grande história da nossa viagem. Ela disse:

— Vocês não querem um motivo para viajar? A grande história vocês vão encontrar pelo caminho, esta será apenas a pauta da viagem.

Iríamos passar por quatro países, saindo do Brasil, indo ao Uruguai e, pela primeira vez, pisando de Fusca na Argentina e no Chile. O Segundinho teria que vencer a Cordilheira dos Andes, espinha dorsal da América. Com sorte, conheceríamos a neve.

Fui em busca de recursos para a viagem. Gabi faria a organização das pautas e o contato com a imprensa. Caio, se conseguisse liberação, seria o responsável pela organização dos equipamentos e roteiro de imagens para nosso documentário. No dia seguinte, ele telefonou avisando que tinha três notícias: uma boa, uma ruim e a outra só daria ao final da viagem.

A boa era que ele tinha conseguido convencer a chefia com o seguinte argumento: "Será a viagem da minha vida. Se não conseguir ir, ficarei muito frustrado, porque preciso respirar o vento da estrada, da Cordilheira e da neve". Naquela noite, já estávamos tracejando nossa rota em um mapa da América do Sul, com seus doze países, seis por cento da população mundial e uma impressionante diversidade de culturas. Segundinho iria cruzar desertos e geleiras. A notícia ruim era que, por eu ser ex-funcionário, a emissora não pretendia registrar nada da nossa viagem. Nem insisti com a terceira informação. Mesmo sem o apoio da principal emissora de TV, colamos adesivos de apoiadores que acreditaram no projeto: Marvel Veículos, Studio Digital Foto Arte, Postos Paulo Moreira, Cia do Sono, Satolep Press e Nativu Design. Por outro lado, o jornal local de Pelotas resolveu abrir espaço, já que agora eu não trabalhava mais na concorrência. "Perdas e Ganhos", diria Lya Luft.

Passamos vários dias de oficina em oficina com o Segundinho para que nada desse errado no caminho. O irmão do Caio, Heron Passos, escreveu um poema sobre nossa viagem, que dizia:

"Ao perder um pouco de cá, mas levar um pouco daqui
Tal é o elevado significado
A fusão de dois mares agitados num só
Despejados à boca dos dois marinheiros sedentos
na mirada de milhas de asfaltos salgados."

Caio editou um *teaser* com as melhores imagens de arquivo e a narração do amigo Duda Keiber. Na madrugada de 5 de setembro de 2015, no terceiro ano de existência, a Expedição Fuscamérica começaria sua incursão mais emblemática. Ainda era madrugada quando Gabi me entregou um livro do escritor pelotense João Simões Lopes Neto:

— Entrega este livro na Casa de Pablo Neruda. Leva um pouco daqui e me traz um pouco de lá — orientou, emocionada.

Dei um beijo nela, outro na Sofia, e partimos rumo ao nascer do sol na Praia do Cassino, onde realizamos uma pequena cerimônia testemunhada por uma equipe do Diário Popular e por um grupo do Fusca Clube de Rio Grande, que foram nos prestar solidariedade. Em uma garrafinha de vidro, recolhemos uma porção de água salgada do Atlântico e prendemos a carga preciosa no bagageiro. Descansei as mãos no volante do Segundinho e imaginei os três mil quilômetros até o pôr do sol no Pacífico. Rumamos para Jaguarão, fronteira com o Uruguai, pouso daquele sábado.

O primeiro dia foi um teste. Rodamos apenas trezentos quilômetros, o bastante para perceber que o Fusca apresentava um sério problema. Quando alcançava velocidade de cruzeiro, falhava, engasgava e quase desligava o motor. Com o carro em movimento, eu acelerava repetidas vezes, como se bombeasse o acelerador. Então, Segundinho voltava ao ritmo normal.

Na fronteira, procurei um mecânico para fazer os últimos ajustes antes de entrar em solo estrangeiro. Revisamos carburador, elétrica, pressão do óleo, mas o defeito persistiu. Depois da manutenção frustrada, aproveitamos o resto do dia para fazer fotos, saborear os encantos da fronteira e a hospitalidade da nossa anfitriã Kiki, minha cunhada, que nos deu uma cama para dormir e abasteceu nossas bagagens com alguns quilos de erva-mate.

Com os primeiros raios de sol, agradecemos a hospitalidade da família Lenz — Kiki, Bruno, Pedro e Luísa, e partimos rumo a Paysandú. Faríamos seiscentos quilômetros naquele domingo, atravessando o Uruguai de ponta a ponta. O Fusca bravamente enfrentou as péssimas condições da Ruta 26, entre Tacuarembó e Paysandú, estrada que colocou os amortecedores à prova. O Uruguai é um pequenino país pelo qual precisamos nos apaixonar devagarinho. As milongas anunciadas pelo locutor nas ondas do rádio AM, *los coches viejos*, que faziam nosso Fusca parecer um carro novo, e o seu povo. Que lindo é o povo uruguaio!

Paramos para conversar com seu Vicente, legendário domador de cavalos que, com um castelhano quase incompreensível, nos convidou a pernoitar em sua humilde casa. Aceitamos só a água quente para o mate, porque tínhamos de andar. A simplicidade dos personagens e das paisagens do interior uruguaio me davam a certeza de que minhas escolhas de vida eram as mais acertadas. No entardecer de domingo, chegamos à fronteiriça Paysandú, na margem esquerda do Rio Uruguai.

Trinta e sete anos antes, eu havia pedido para o meu pai me levar para assistir à Copa do Mundo, mas ele acreditava que não conseguiria chegar de Fusca à Argentina. Eu estava ali, de Fusca, e já avistava a Argentina no outro lado do rio. Meu pai sempre se empenhou em dar harmonia e sustento para uma penca de filhos e, nas vezes em que falávamos sobre aquele desejo de ir para a Copa do Mundo, ele dizia nem se lembrar do pedido. De vez em quando me perguntava se realmente existiu ou se era fantasia da minha infância.

Olhando para a Ponte Internacional General Gervásio Artiga, pensei no meu pai perdendo as lembranças. Queria telefonar para ele, mas seria inútil. Ele não lembrava mais de mim. Então, comentei com Caio que estava na hora de exorcizar um sentimento de infância. Nos dirigimos à aduana, na cabeceira da ponte. Nossas caras de Guevaras modernos levantaram suspeitas na comissária e o Fusca foi revistado. Ao final, os agentes pediram licença para fazer fotos sentados no banco do Segundinho.

O sol mergulhava no Rio Uruguai com todas as suas cores quando os pneus tocaram a Ponte Internacional. Caio filmava a minha emoção que vertia pelos olhos. O velho Nauro Machado foi minha verdadeira inspiração, minha referência, meu herói e meu exemplo. Chegar à Argentina dirigindo aquele Fusca tinha um sentimento especial. A gratidão fazia eu sentir a presença dele comigo. Trinta e sete anos dividiam a Copa da minha infância daquele pôr do sol no Rio Uruguai.

Chegava à Argentina pelas minhas filhas Dane e Sofia. Queria mostrar para elas que o impossível não existe.

Em um único dia, rodamos por três países. Coordenadora da Equipe Terra, Gabi reservou hospedagem no sugestivo "Hotel Futuro", em Colón, província de Entre Rios. Era a primeira cidade em solo argentino, onde as energias foram reabastecidas com uma noite de sono. Partimos cedo de Colón com a ideia de atravessar pelo famoso túnel sob o Rio Paraná. Na saída, conhecemos seu Guigon e a esposa, também hospedados no Hotel Futuro. Nos deram dicas de *rutas*, alertaram dos poucos postos de combustíveis e até nos ofereceram pouso em Colônia do Sacramento, na volta. Córdoba, a segunda maior cidade Argentina, com mais de um milhão de habitantes, era nosso destino, a mais de oitocentos quilômetros de distância. Em uma época em que os aparelhos celulares não contavam com GPS, seguimos as orientações da "Raquel" — nome carinhoso dado por nós à voz feminina de um antigo GPS Garmin, que a Greice Pich havia nos emprestado. Porém, a rota dela nos levou para um fim de mundo e acabamos nos perdendo na saída de Santa Fé, a quinta maior cidade da Argentina. Solícitos policiais nos escoltaram até a rodovia. Agradecemos com adesivos da Expedição — era o que tínhamos.

Fizemos uma parada de emergência às margens da *ruta*, à sombra de uma árvore. Precisávamos fazer uma revisão geral no Segundinho, que continuava falhando. Retiramos o tanque de combustível para ver se não havia sujeira, limpamos o carburador e revisamos o setor, minha obsessão. Finalmente alcançamos o primeiro túnel subfluvial da América do Sul, que liga as províncias de Santa Fé e Paraná, por debaixo de um imenso Rio. Antes de cruzar, fizemos um vídeo contando as características tradicionais do lugar, um eurotúnel sul-americano construído em 1969. São quase três quilômetros de extensão, com sete metros e meio de largura em duas pistas, 4,41 metros de altura. Os tubos de concreto foram construídos em um dique e depois fundeados no Rio Paraná, unindo as duas províncias. Foi emocionante passar por baixo de um rio e imaginar que um navio gigante pudesse estar navegando sobre nossas cabeças.

Por conta do calor, a cada cento e cinquenta quilômetros, parávamos para resfriar o motor, atrasando a chegada a Córdoba. Perto da meia-noite, nos acomodamos em um hotelzinho de idoneidade duvidosa. O jantar foi um pacote de biscoitos Zezé e refrigerante Biri, trazidos de Pelotas. Prometemos na noite seguinte jantar e beber um autêntico vinho mendocino. Depois do café da manhã, revisamos o nível do óleo e pegamos a estrada rumo a Mendoza. Com a proximidade do frio, as paradas para resfriar o motor reduziram. Otimistas, prometemos dar notícias para a Equipe Terra no começo da noite. Se nos primeiros dias rodamos pelas planícies do pampa gaúcho por três pátrias, os mais de setecentos quilômetros que separam Córdoba e Mendoza fariam o nosso coração e o motor do Segundinho pulsar em outra cadência, devido à mudança brusca de geografia e clima. Imagens incríveis surgiam no para-brisa ao passo que a metrópole ia sumindo pelo retrovisor.

Alcançamos os Caminhos de Altas Cumbres e o motor 1300cc começou a tracejar em meio a uma serra rochosa, árida e gelada. Aquela geografia diferente ao nosso olhar cotidiano atingia o cume a dois mil e trezentos metros, baixando a temperatura dos trinta e cinco graus do café da manhã para quase zero em poucas horas.

Tivemos muita sorte de passar por esse lugar. Quando planejamos o roteiro, ainda no Brasil, existia a dúvida se iríamos por Rosário, onde nasceu Che Guevara, Messi e Fito Páez, ou por Córdoba. A vontade de conhecer o túnel subfluvial nos levou a Córdoba e, por consequência, às Altas Cumbres. A vida é feita de escolhas e pitadas de sorte, e o destino nos deu a oportunidade de conhecer aquela pré-cordilheira. Paramos em um mirante. Contemplamos as cenas como se fosse um filme. Tudo era diferente de qualquer paisagem que já tínhamos visto. Alguma ação vulcânica produziu ali uma plantação de pedras parecendo o solo de Marte. Avistamos ao longe uma raposa à caça de almoço. Caio estava emocionado. Comentamos que se tivéssemos que voltar dali, já teria valido a pena. Mal sabíamos o que estava por vir.

O silêncio foi quebrado por motores de Mitsubishis, Trollers e Land Rovers que estacionavam na nossa volta como se se organizassem para uma foto. O mecânico do Rally dos Sertões, Denir Serafim, e sua esposa, Fabiana, organizavam a Expedição Lagos Andinos, vinda da cidade de Franca, interior de São Paulo. Numa logística com mecânico, médico e assessor de imprensa, felizes proprietários de caminhonetes 4x4 se sentiam seguros desbravando o mundo ao lado de Denir. Para alguns deles, nós e o Fusca éramos semelhantes a um animal exótico. Nos fotografavam de longe. Um empresário aposentado perguntou:

— Expedição Fuscamérica! Que é isso? Onde estão os outros Fuscas?

Ele não compreendia que, com coragem e simplicidade, dá para ser feliz com pouco. Expliquei que viajávamos sozinhos. Inadvertidamente, grudou um adesivo no capô do Segundinho e sentenciou: — Agora vocês fazem parte da Expedição Lagos Andinos — provocando um sorriso constrangido em sua esposa. Chateado, retirei o adesivo e brinquei que se ele quisesse ser parte da Expedição Fuscamérica, aceitaríamos seu ingresso. Mas o alertei de que nós éramos guias, médicos, mecânicos e assessores de imprensa da nossa própria história. Fizemos uma foto todos juntos e partimos. Em poucos quilômetros, descemos mais dois mil metros de altitude por curvas e penhascos até a cidade de Mina Clavero, onde às margens da rodovia um artista talhava esculturas em madeira, usando motosserra. Paramos para entrevistá-lo. Uma senhora surgiu do fundo de uma tenda, trazendo pão caseiro, salame e queijo. Perguntamos o preço, e ela abriu os braços: um abraço, nossa gratidão e mais uma história para contar foi o pagamento.

Raquel, a voz do GPS, indicou um caminho alternativo. O sensato seria ingressar na autopista, mas, confiando nela, acabamos no meio de um deserto da tríplice fronteira provincial. Por sorte, em Mina Clavero tínhamos abastecido o Segundinho e enchido mais um galão de vinte litros, para caso surgisse alguma emergência. E surgiu. Foram quase quinhentos quilômetros por uma estrada reta, deserta, em péssimas condições, sem cruzar por carro nem cidade. E sem posto de combustível. Como uma miragem, surgiu um campesino com seu cavalo magro na aridez do caminho. Paramos para conversar. Ele contou que desde a construção da autopista aquela região havia entrado em decadência. Só sobreviviam vacas magras, cabras, raposas cinzentas e animais peçonhentos. A brisa quente entrava pela ventarola e queimava a pele do rosto. A gasolina faltou e o motor morreu, mas com os vinte litros sobressalentes concluímos a viagem. É espantoso como um dia pode se tornar especial quando nos permitimos fugir da sensatez. Tínhamos acordado em Córdoba, sob calor de trinta graus. Subitamente fomos presenteados pelos encantos e o vento gelado das Altas Cumbres. Depois de defender a verdade de nosso sonho aos excêntricos aventureiros paulistas, fomos surpreendidos pelo deserto numa experiência inesquecível.

Chegamos a Mendoza por volta das nove horas da noite para uma noite de descanso em um hotel reservado pela Gabi pelo Booking. Quanto mais mergulhávamos nas entranhas da América, mais difícil ficava a comunicação. Se até o dia anterior o português havia sido compreendido, na recepção do Hotel Ariosto teve que se transformar em um delicado portunhol. Quando a natureza não dá conta é preciso improvisar, prestar atenção nas palavras, se inserir. Admito que não conseguia compreender muito do dialeto mendocino, mas com um pedido carinhoso de *"habla despacio"*, nos comunicávamos. Nessa noite, aconteceu o milagre da tecnologia. Sempre falando por mensagens de texto ou ligações internacionais, meu telefone celular começou a tocar. Preocupado com a necessidade de pagar taxas de deslocamento internacional, demorei a me dar conta de que se tratava de uma chamada de vídeo pelo WhatsApp. Sofia, com apenas onze anos, apareceu na tela do meu celular:

— Papai, tô com muitas saudades e queria estar aí contigo.

Em seguida, surgiu a Gabi, radiante com a descoberta da nossa filha. Bastaria uma rede de internet para elas estarem dentro da nossa viagem quase que fisicamente. Emocionado, narrei para elas o nosso dia e o quanto estava sendo incrível percorrer a Argentina. Falei para a Sofia que subiríamos a Cordilheira dos Andes e faríamos um boneco gigante de neve para ela. Fomos dormir ansiosos pelo dia seguinte. Saímos do hotel por volta das oito da manhã. Cruzamos pelo aeroporto no momento em que um avião da Aerolíneas Argentina pousava e, bem próximo à cabeceira da pista, fizemos uma imagem com aquele gigante por cima do Segundinho. Refleti acerca dos turistas que chegavam naquele Boeing para curtir as estações de esqui. Para eles, o que importava era o destino. Para nós, era o caminho.

A voz do GPS indicou a lendária Ruta 40, por alguns quilômetros até entrar na Ruta 7, onde enxergamos pela primeira vez sua majestade, a Cordilheira dos Andes. A espinha dorsal da América do Sul se materializar aos nossos olhos não era um momento qualquer, mesmo a quilômetros de distância.

A Ruta 7 serpenteava as montanhas, cruzava túneis e margeava rios de águas cristalinas formados pelo degelo. A intenção era abastecer o carro em Uspallata e dormir em algum hostel barato em Las Cuevas, para cruzar a fronteira com o Chile na manhã seguinte. Uspallata, pequenina cidade do Departamento de Las Heras, na Província de Mendoza, era a última povoação antes da subida. Já sentíamos bem de perto a presença imponente das montanhas. Essa curiosa cidade sobrevive dos aventureiros que passam por lá. Tem uma população de cerca de dez mil habitantes, a maioria com traços indígenas. Conversamos com muitas pessoas, receptivas e simpáticas, curiosas em saber sobre a viagem no "Escarabajo". Um senhor chamado Carlo Vidal disse que, na volta, éramos seus convidados de honra para dormir em sua casa, em Mendoza. Ele lembrava muito meu sogro, Carlinhos, que foi um grande aventureiro. No posto tinha filas para abastecer e o frentista comentou que "El Paso Internacional Los Libertadores estava cerrado por *el viento blanco*". Descobrimos que não havia previsão de a Cordilheira ser liberada para cruzar. O vento que passava pelo meio das montanhas geladas chegava com muita força, cortando a pele do rosto. Era um frio que fazia doer. Estávamos em segurança em Uspallata, mas com pouco dinheiro. Caso o Paso Los Libertadores não abrisse até o final de semana, teríamos que voltar para casa.

O Paradouro Los Patos era um ponto de encontro de gente que esperava a neve baixar. Caminhoneiros, ônibus lotados de passageiros comuns ou turistas, caravanas de motociclistas e expedições vindas de todas as partes à espera para seguir viagem. Em um local onde todos aguardavam o bom humor da montanha, fazíamos amigos. A estratégia era gastar o mínimo possível e usar a internet *free* do lugar para atualizar a Equipe Terra. Postamos um texto em nossas redes sociais com as últimas notícias e nossos seguidores passaram a contribuir com informações meteorológicas da região. Gabi monitorava o Twitter da Comunidade Pasos Fronterizos e nos atualizava a cada três horas sobre as condições de neve. Entre tantos curiosos que faziam fotos ao lado do Segundinho, um senhor de barba branca em uma velha bicicleta motorizada, equipada com uma carretinha cheia de bandeiras de países, chamou a atenção.

Don Henrique Gramajo, setenta anos de idade, estava nômade pelo mundo havia dezessete anos. Nascido no norte argentino, perambulava tal qual um Diógenes de Sínope latino-americano. Tudo que precisava para viver estava naquela bicicleta. Dizia que não tinha bens para não ser escravo deles. Escutava mais do que falava e quando abria a boca tinha informações preciosas. Sugeriu que fôssemos até o bloqueio da Polícia Camiñera, pois o guarda certamente nos autorizaria a rodar com o Fusca até as estações de esqui, e informou que para fazer a travessia era obrigatório usar as *gadenas*, correntes usadas nos pneus para rodar na neve. "Vai lá fazer o boneco de neve para a sua filha. Não tenha pressa, mas não perca tempo". Nos despedimos de nosso novo amigo e seguimos para o local onde a polícia obstruía a Ruta 7. Tentei comover o policial com o argumento de que tinha prometido um boneco de neve para minha filha. Ele insistiu nas *"gadenas"*. Respondemos que não tínhamos o equipamento, então ele nos mandou voltar.

Descobrimos o gadeneiro La Bruja, um velho mecânico que passou a vida ao sopé da Cordilheira realizando pequenos reparos em carros velhos e fabricando correntes para vender aos viajantes. Pechinchamos um bom desconto, mas La Bruja era duro nos negócios. O argumento de que éramos desventurados viajantes de *escarabajo* não o convenceu e nos arrancou oitenta dólares pelo equipamento obrigatório. Voltamos ao bloqueio policial com *las gadenas*. O guarda nos informou que já estava caindo a noite e uma nevasca poderia custar nossa vida lá em cima, mas cochichou:

— *Mi nombre es Juan Nuñes. Soy el padre de una niña. Mañana estaré aquí. Te dejaré pasar.*

Agradeci e voltamos a Los Patos para usar a internet e atualizar as fotos e os fatos do dia. Avisei para a Gabi que iríamos dormir em um lugar sem wi-fi. Ela só se esqueceu de perguntar onde era, e eu não falei. Com orçamento apertado, compramos uma galinha assada, pão e uma garrafa de vinho. Iríamos montar acampamento em algum lugar isolado. Rodamos por uma estrada vicinal e escolhemos um local assustadoramente lindo, com montanhas por todos os lados e a poucos metros de um túnel da fantasmagórica estrada férrea desativada. No meio do nada, chegamos quando a noite já caía e tivemos dificuldade até para encontrar lenha. O velho Fusca emoldurado pela imensidão gelada e iluminado pela luz da fogueira compôs uma cena que jamais se desprendeu das minhas retinas.

Tomando uma caneca de vinho, aquecidos pelo fogo, comentamos sobre a grandeza daquele momento. Era uma mistura de autoconhecimento, autocontrole e medo de não sentir medo. Nosso lúdico acampamento era tão inóspito que provocava a certeza de que nossa existência frente à imensidão da natureza era insignificante. Ali o tempo tinha seu próprio tempo. Estávamos em algum lugar da fronteira entre Argentina e Chile. Deitado dentro do Fusca, vivi mais um instante de felicidade que eu gostaria que durasse a vida inteira. Precisamos tão pouco para ser feliz. Caio instalou a barraca e se enfiou em um saco de dormir. Pingos caíam no teto do carro, quebrando o silêncio. Não sei se era chuva ou neve. Preferi não sair para conferir e usei todas as roupas que tinha para me aquecer.

Meus pensamentos viajavam até as pessoas que amo, e que me amam. Gabi compreendia minha insana aflição de tocar no mundo. Estava plenamente feliz naquele lugar e naquela experiência. Na madrugada deve ter feito mais de dez graus negativos. Quando amanheceu, vimos que não existia absolutamente nada ao redor. Absolutamente nada além de nós, o Segundinho e a natureza selvagem. Tomamos um café quente e fomos descobrir de onde vinha o som do desaguadeiro que tínhamos escutado à noite. Era do Rio Diamante, formado pelo degelo. Quase impossível escovar os dentes naquelas águas gélidas. Dificilmente teríamos a oportunidade de viver outra experiência como aquela. Desfizemos o acampamento e voltamos até Uspallata. Eu estava ansioso para contar para Gabi e Sofia como tinha sido a noite. Enviamos fotos lindas para atualizar as redes sociais. Gabi disse que o Serviço Meteorológico Nacional havia emitido um alerta de ventos intensos e a Unidade de Pasos Fronterizos do Chile informado que seguia nevando.

Enquanto toda a cidade esperava um alívio da natureza, fomos até o bloqueio policial, onde o guarda, empático a um pai de menina, abriu a cancela que bloqueava a estrada e nos autorizou a viajar até onde estava nevando, para fazer um boneco de neve para a Sofia. Nosso ponto de partida alguns dias antes tinha sido a Praia do Cassino. Fomos ascendendo aos poucos, sem notar a altitude avançando. Mas quando o Juan Nuñes abriu a porteira, uma parede gigante se formou. A partir dali tudo mudou, e com Belchior cantando no rádio AM: "Eu sou apenas um rapaz, latino-americano sem dinheiro no banco", era hora de subir pela primeira vez a majestosa Cordilheira do Andes. Emolduradas no para-brisa do Segundinho, a imponência das montanhas com seus picos nevados nos emocionava. A rodovia parecia um caminho rumo ao céu. O encontro com a neve foi sobrenatural. Primeiro ela estava lá nos picos, depois foi se aproximando, surgindo no acostamento, e por fim tudo se tornou branco, como se o Segundinho voasse em meio às nuvens. Andamos até nos depararmos com as escavadeiras retirando gelo da pista no vilarejo chamado Puente del Inca, próximo à fronteira, um lugarejo onde alpinistas fazem a aclimatação para iniciar a escalada do Aconcágua, o monte mais alto das Américas. Hipnotizados, não nos demos conta de que em sessenta quilômetros saltamos para 2.740 metros de altitude.

Com 6.962 metros de altura, o gigante estava bem próximo, camuflado pelo vento branco. Estações de esqui, pequenos hotéis, carros e casas estavam todos cobertos de gelo. Tudo parecia deserto e silencioso. Por incrível que possa parecer, o lugar mais confortável e menos gelado era dentro do Segundinho. Foi então que resolvemos sair da estrada e enfiar o Fusca na neve para fazer algumas fotos. Péssima ideia. A roda girava na neve e se enterrava. Tivemos que deitar no gelo para instalar as correntes nos pneus e conseguir voltar ao asfalto. Um policial que monitorava as máquinas Limpa Gelo quis saber quem tinha permitido nossa passagem. Preservamos a fonte e, antes de retornar, perguntamos quando abriria El Paso. Ele disse que na manhã seguinte havia a possibilidade de abertura se toda a neve fosse retirada da estrada pelas máquinas. *El viento blanco* era o vilão. Um vento forte que soprava do topo das montanhas, carregando milhares de toneladas de neve que encobriam as estradas e atrapalhavam a visibilidade.

No caminho de volta, abriu-se um sol em um céu azul lindíssimo, que contrastava com a cordilheira branca, parecendo uma pintura. Gravamos um vídeo montando o boneco de neve para a Sofia. Fotografamos muito e até tomamos mate sentados em cadeiras de praia no meio do gelo. Como irmãos, Caio e eu aproveitamos aqueles momentos que vão ficar impressos nas nossas almas. Não há foto que traduza. Por volta das seis horas da tarde, retornamos para Uspallata e encontramos a Expedição Lagos Andinos. Com certa ironia, perguntei se eles haviam gostado da neve em Puente del Inca. O senhor que tinha colado o adesivo no capô do Fusca disse:

— A estrada está trancada e ninguém conseguiu passar!

Abri o laptop e mostrei as fotos. De loucos, passamos a convidados de honra para tomar vinho, fumar charuto e jantar no melhor hotel da cidade, onde estavam hospedados. Aproveitávamos a internet para mandar vídeos, fotos e conversar com a Equipe Terra. Um grupo se acotovelava atrás do meu computador para ver as imagens. Queria saber como tínhamos conseguido furar o bloqueio. Comentei que, com simplicidade e humildade, tudo fica mais fácil.

O médico da Expedição, Paulo Henrique Souza, que viajava com o sogro e dava carona para o mecânico, trouxe um charuto cubano, mais uma garrafa de vinho e um boletim expedido pelo hotel, informando que até o meio-dia de sexta-feira talvez abrisse o Paso Del Libertador. Seriam liberados trezentos veículos por vez. Terminado nosso vinho, fomos procurar uma pousada para descansar. Combinamos com Denir e Fabiane de fazer a travessia juntos. Próximo ao Los Patos, encontramos um hostel a preços modestos, onde dividimos um quarto com mais quatorze pessoas. Segundinho ficou em segurança, estacionado à vista de nossa janela. Depois de um dia importante para os diários da Expedição Fuscamérica, um banho quente e uma cama caíram bem. Acordei com o telefone tocando. Era a Gabi informando que tinha lido no Twitter do Pasos Fronterizos que a Cordilheira estaria aberta a partir das dez horas da manhã. A notícia, em primeira mão, agitou todos os hóspedes. Organizamos tudo rapidamente e partimos. Andamos uns cinco quilômetros de estrada e o pneu furou. A Expedição Lagos Andinos cruzou no momento da troca, e Denir perguntou se precisávamos de ajuda, mas só agradecemos. Mesmo tendo dois estepes, decidimos voltar. Tínhamos o dia todo para rodar os trezentos quilômetros até o destino final, Valparaíso. Consertamos o pneu na oficina de La Bruja e, finalmente, partimos para a travessia.

Iniciamos a subida da Cordilheira com a imagem do negro asfalto e as montanhas brancas emoldurando o capô do Fusca. Como um "feixe azul" de uma caneta, tracejamos com humildade nossa história na maior montanha da América do Sul. A luz que secava o asfalto era a mesma que refletia a neve e ofuscava nossos olhos de tanta beleza. Em uma caixinha de som de madeira, dessas adquiridas no Paraguai, Belchior ditava a trilha sonora:

"Tenho vinte e cinco anos
De sonho e de sangue
E de América do Sul
Por força deste destino
Um tango argentino
Me vai bem melhor que um blues."

Com vinte e cinco anos eu chegava para viver em Pelotas. Já fazia vinte anos que eu andava por lá. Os anos mais intensos da minha vida. Precisei de tempo para descobrir que a liberdade verdadeira é decorrência de um amor verdadeiro. Só passei a viajar na direção dos meus sonhos porque construí um porto seguro, onde minha alma se acalma. A partida é sempre de paz para quem tem para onde voltar. Me perguntei: "Aonde este Fusca pode me levar? Aonde eu quero chegar?". Teria combustível para andar até onde habitam todos os meus sonhos?

Cruzamos novamente por Puente del Inca. Em contraste com o dia anterior, tudo estava lotado. Alpinistas caminhavam em direção à montanha com mochilas nas costas. Em seguida, avistamos uma placa indicando o Parque Provincial e, ao fundo, estava o emblemático Monte Aconcágua. A mais alta e temida montanha das Américas cabia inteira no para-brisa do Fusca. Existia algo de sagrado naquele lugar. Não sei se pelas vidas perdidas no penhasco ou se por estar tão perto do céu. Depois de vários dias com El Paso del Libertador fechado, milhares de veículos correram rumo à fronteira. Acabamos enfrentando um congestionamento de sete horas. Caio e eu estávamos onde queríamos estar. Aproveitando para fazer amigos. Um caminhoneiro na fila nos emprestou seu telefone móvel para enviarmos notícias para a Equipe Terra.

Já era noite quando entramos na aduana. Não se tratava de cruzar mais uma fronteira entre um país e outro. Já era o encontro do sonho com a realização. Do medo de partir com a coragem de chegar. Quando soltei as amarras para pisar o mundo com os pés, sabia que na volta amaria com mais intensidade. Imaginei que, ao voltar, eu seria eu e mais o que a estrada faria de mim. Cada carro que chegava era revirado do avesso, mas o guarda aduaneiro se encantou com o Segundinho e não nos revistou... nada! Quem sabe, tinha alguma boa lembrança de Fusca na memória. Pediu para fazer uma foto sentado com as mãos ao volante. Carimbou nossos documentos e nos liberou. Nos despedimos do Denir, da Fabi e do Dr. Paulo Henrique Souza com um abraço. Nunca mais nos vimos.

Precisávamos seguir em direção à tão sonhada sequência de curvas de Los Caracoles, que teria de ser vencida à noite. Vencida, não. Ninguém vence a Cordilheira. Com o coração acelerado e o motor na lenta, mergulhamos na escuridão das vinte e nove curvas em um ziguezague frenético e inesquecível. Nos sentimos parte da montanha. Com os freios fervendo, chegamos a Los Andes, a primeira cidade do lado chileno. Ainda faltavam cento e trinta quilômetros para chegar a Viña del Mar quando, num posto de combustível, conseguimos internet para atualizar a Gabi. Estávamos cansados e nosso encontro com o Oceano Pacífico seria protelado por mais um dia. Dormimos em um alojamento para caminhoneiros, próximo ao posto, onde havia camas e um banho quente. Acordamos cedo e ansiosos para o grande encontro com o maior mar do mundo. Percorremos os cento e trinta quilômetros finais parecendo crianças à espera do Natal. A ansiedade quase ofuscava a beleza de uma rodovia litorânea em meio a povoados, vinhedos e túneis. Saímos do Atlântico e chegamos ao Pacífico. Quanto simbolismo!

Fomos direto ver a praia. Estacionamos o Segundinho na rambla e ficamos emocionados ao nos depararmos com aquela imensidão esmeralda. Viña del Mar é moderna, colorida e agitada. Mal estacionamos o Fusca e algumas pessoas vieram conversar. Queriam saber o que era a Expedição Fuscamérica, de onde vínhamos, por onde tínhamos andado e para onde iríamos. Essa relação instantânea das pessoas com a aventura é inexplicável e, ao mesmo tempo, emocionante. O casal Jorge e Cláudia, de Valparaíso, quis tirar fotos dentro do Fusca. Logo depois chegou um francês de quarenta e dois anos, Cedric Dellova, de Lion, que havia saído da França em um navio e desembarcado com sua moto BMW 1.200 no Chile, de onde partiria para desbravar a América Latina. Desvendamos sua história por mímica, já que ele só falava francês, eu arranhava um portunhol e o Caio improvisava no inglês. Inventamos um idioma próprio no anseio de nos comunicarmos e conseguimos até entrevistá-lo. Na despedida, anotei o e-mail da Satolep Press em um papelzinho e pedi para que ele desse notícias do nosso encontro. Queria ter certeza de que tínhamos nos feito entender.

O propósito da viagem era fazer a união das águas, mas também o encontro de Simões Lopes com Neruda. Partimos para Valparaíso em busca da La Sebastiana, a casa onde viveu o poeta chileno. Quase virou crônica de uma tragédia. O GPS mandou subir o Cerro Florida, um morro muito alto onde fica o museu. Por uma avenida alcançamos o topo da subida, mas de repente a voz feminina do GPS indicou virar à esquerda em uma estreita ruela de terra e pedra com mais de quarenta e cinco graus de inclinação. Qualquer motorista de caminhonete 4x4 titubearia, mas, por instinto, obedeci. Com excesso de peso no Fusca, não tardou para o valente motorzinho 1300cc pedir socorro. Pisei fundo no freio, mas ele voltou de ré, arrastando as rodas e espalhando pedras, até que encostou na parede de uma casa. O pequeno arranhão foi o menor dos sustos. Caio saltou rapidamente e calçou a roda com uma pedra para eu conseguir manobrar. Quando apontei a frente do carro para o lado contrário, Valparaíso ficou inteira aos meus pés. A descida era tão íngreme que os tambores dos freios começaram a ferver, e mesmo pisando o mais fundo que eu alcançava, não segurou e, com a primeira marcha engatada, descambamos em desabalada carreira. A avenida com carros cruzando em alta velocidade se aproximava rapidamente. Prevendo a tragédia, Caio filmava o que seriam os últimos instantes da Expedição Fuscamérica e talvez os nossos. Com o desespero no rosto, eu rezava enquanto tentava dominar o potro xucro e sem rédeas. Com a buzina fanhosa, sinalizamos para que os pedestres saíssem da frente. Entramos em uma curva chicane pela avenida Ricardo Ferrari e, por milagre, nenhum carro cruzou naquele instante. Conseguimos diminuir a velocidade aos poucos, até que paramos. Fiquei calado por um tempo, ouvindo meus próprios batimentos cardíacos.

Olhamos para o lado e descobrimos que estávamos estacionados em frente à Casa La Sebastiana, onde Pablo Neruda viveu com uma de suas mulheres. Ainda tremendo, entramos para concluir a missão de entregar um exemplar de *Contos gauchescos*, do nosso João Simões Lopes Neto. Comprei *Cem sonetos de amor*, de Pablo Neruda, para presentear a Gabi. Doei ao Museu de Pablo Neruda um exemplar do meu livro *Pelotas em imagens* e outro de *Andanças imaginárias*, feito por mim e pela Sofia. Deixamos um pouco de nós por lá.

Nos sentamos a uma mesa, pedimos um café e, em total silêncio, pude mirar o mar pela janela. Fiquei pensando no que não aconteceu, no que poderia ter acontecido. Aproveitamos a internet para conversar com a Gabi, e a primeira coisa que ela indagou foi:

— Que loucura é essa do e-mail de um francês? Um cara chamado Cedric Dellova avisou que está tudo bem com vocês!

Entendi perfeitamente que não existem fronteiras, idiomas ou diferenças, apenas sonhos em comum. Dialogamos através das emoções. Tudo que disse ao Cedric estava no e-mail que a Gabi relatava, incluindo as fotos que ele havia feito conosco. Cedric viria a sofrer um acidente de moto na Cordilheira meses depois do nosso encontro. Sentimos a morte dele como quem sente a perda de um amigo próximo.

Combinei de atualizar a Equipe Terra à noite, depois da cerimônia do encontro das águas. Antes de desligar, Gabi disse que havia reservado um hostel para nós. Acabei nem falando da perda dos freios. Comprei pequenas lembranças do Chile para Gabi, Sofia e Dane. O fim da tarde se aproximava e ainda havia mais uma descida até o mar. Depois que os tambores esfriaram, o freio voltou. Aprendi que o Fusca jamais nos decepcionará se não exigirmos dele mais do que ele pode oferecer.

Quando molhamos os pés na Praia do Cassino (Rio Grande/Brasil) no dia 5 de setembro, coletando em uma pequena garrafa meio litro de água do Oceano Atlântico, fomos iluminados pelos raios de sol que nasciam a leste. Com a garrafinha amarrada junto ao bagageiro do Fusca, enfrentamos a desconfiança do guarda aduaneiro, o frio negativo da Cordilheira dos Andes e o calor do deserto argentino. Enquanto o mesmo sol se despedia no oeste, Valparaíso/Chile, naquele fim de tarde, as águas do Atlântico se fundiam ao Pacífico, tornando tudo um único mar. Caio era a melhor companhia que eu poderia ter naquela hora. Meu melhor amigo, irmão do coração, alguém que eu sempre poderia contar. Com a câmera na mão, ele eternizou a emoção do instante em que nossa carga preciosa se encontrou com o pôr do sol no Pacífico. Unir os dois oceanos de uma forma simbólica traduziu a essência da Expedição Fuscamérica. Quando decidi usar o Fusca como instrumento de descobertas, tinha em mim a vontade de pisar um mundo sem fronteiras, separações, divisões culturais ou políticas.

Uma voz feminina abafou o marulhar das ondas. Era uma ilustre cantante chilena, Sabrina Odone, que, com sua equipe, gravava um clipe no pôr do sol de Valparaíso. A letra da música dizia que "países e fronteiras são linhas imaginárias criadas pela vaidade dos homens". Mirei os últimos raios de sol que sumiam no horizonte e lembrei ter um dia sonhado chegar velejando à Ilha de Páscoa. Ela estava bem na minha frente, a quatro mil quilômetros de distância, inalcançável para o Fusca. Nem todas as fronteiras são imaginárias.

Enchi a garrafinha novamente com água e a amarrei no bagageiro do Segundinho, sem saber bem o que faria com ela. Dentro, eu carregava um fragmento do Oceano Pacífico. Nos sentamos no Fusca com aquela sensação boa na alma antes de sair em busca do hostel. A Gabi tinha reservado um lugar muito simples, com vários mochileiros, quartos coletivos e uma gente bem excêntrica. Vivemos um dia que valeu por anos e precisávamos digerir tudo o que havia acontecido. Saímos a garimpar uma pizzaria com cerveja chilena bem gelada.

Caminhando pelas ruas de Viñas del Mar, confessei ao caio que faltava exorcizar um último demônio. Saquei do bolso o crachá do jornal que, por vinte anos, carreguei pendurado no pescoço, quebrei-o em dez pedaços e o joguei em um rio que cortava a cidade. Era minha alforria simbolizada naquele instante. Prometi que nunca mais usaria um crachá e que a partir daquele dia seria dono do meu destino. Foi muito inesperado quando o pizzaiolo chegou com o nosso pedido e uma roleta de jogo, dizendo que não pagaríamos nada se acertássemos o número. Era nossa esperança de não precisar pagar pelas fatias de pizza e pela cerveja, aliviando o orçamento no único momento que tínhamos chutado o balde. Gritei: Vermelho 21. A placa do Segundinho. Me senti apostando a fortuna em um Cassino quando vi a roleta girando e a bolinha saltitando até cair no Vermelho 19. Em seguida, saltou para o Preto 4 e foi para o Vermelho 21. A roleta já girava lentamente e meu coração saía pela boca, mas assisti à maldita bolinha dar um derradeiro pulo em direção ao Preto 2. O pizzaiolo disse que torceu por nós. Foi divertido. Disse a ele que nossa dose de sorte naquele dia tinha se esgotado quando cruzamos uma avenida no Cerro da Florida sem freios, e que tínhamos que esquecer o azar no jogo, porque na manhã seguinte começaríamos o retorno para casa.

    Acordamos muito cedo para nos despedir do Oceano Pacífico. Depois, passamos pelo Relógio de Flores, ponto obrigatório para fotos e um dos símbolos da cidade. Ele marcava nove e vinte e quatro da manhã quando partimos. A intenção era cruzarmos Los Caracoles durante o dia. Fazer a travessia com calma, com sol, com tempo para tirar fotos, apreciar a imensidão e sentir aquela paz. Avistamos a capital Santiago ao largo. O sonho de conhecer a Casa de La Moneda, onde Salvador Allende foi assassinado em um golpe militar em 1973, ficaria para a próxima vez. Não demorou muito para chegarmos a Los Andes e, em seguida, visualizar Los Caracoles, a vertiginosa sequência de curvas em zigue-zague que mais parecia uma escadaria gigante construída por Deus. Na faculdade, o professor Manuel Vasconcelos, que ministrava aulas de Filosofia Medieval, dizia que para compreender a existência de Deus tínhamos que ler o argumento ontológico do filósofo Anselmo de Aosta: "Deus é o ser do qual não se pode pensar nada maior e, também, que é impossível pensá-lo não existente". Sempre fui cético e desconfiado com as religiões. Mas parado ao pé daquela gigante branca, me pus a pensar na existência de Deus. Se Deus é um ser do qual não podemos pensar nada maior, qualquer explicação geológica sobre a formação da montanha seria menor do que pensar que os Andes são uma obra Divina. Era tanta beleza invadindo meus olhos que faltava o ar. Minha insignificância frente ao Universo ficava muito clara. Estava ali com o Fusca, com a minha infância, meus sonhos, com a Gabi e com minhas filhas. Era inevitável sentir que o amor e os momentos especiais são o que faz nossa existência valer a pena. A vida foge entre nossos dedos e eu sentia felicidade em saber que estava ali fazendo coisas que amo. Dirigir o Fusca e fotografar. Registrar para sempre aquela estrada histórica, sinuosa, e seu vai e vem alucinante entre o Chile e a Argentina. Era um dia especial em minha vida. Eu poderia subir aquela montanha mais vinte vezes, mas jamais sentiria o deslumbramento e o temor daquela primeira vez. Por ser domingo, quase não havia caminhões na pista, e se na descida nossos olhos só enxergavam o que o farol do Segundinho alcançava, agora tínhamos a Cordilheira inteira sob nosso olhar. Me lembrei de meus irmãos, caminhoneiros. Tinha que ser bom na boleia e ter muita segurança no volante para enfrentar aquela estrada íngreme, de concreto raiado e neve por todos os lados. Eles adorariam dirigir por ela.

Nesse instante, perguntei para o Caio:

— O que tu achas de a gente voltar a Montevidéu e tentar novamente entrevistar Pepe Mujica?

Ele ficou empolgado.

— Mas não é caro cruzar o Buquebus de Buenos Aires para Montevidéu?

— Dinheiro, nós recuperamos, tempo de vida, não.

Em Los Caracoles, o aprendiz de fotógrafo ficou responsável pelos vídeos para o documentário. Eu me divertia subindo e descendo a montanha várias vezes na busca das melhores cenas. Segundinho, como sempre, se encaixava muito bem naquela paisagem. Em vinte e nove curvas, fizemos quatro quilômetros e subindo mais de setecentos metros de altitude. Chegamos ao Paso Internacional Los Libertadores no meio da tarde. Em cada travessia de fronteira, o friozinho no estômago era indomável, mas Segundinho abria portas. Fizemos os procedimentos de saída do Chile e entrada na Argentina rapidamente. Os guardas alfandegários nos sacaram uma foto e nos mandaram seguir, mais uma vez sem revista. Logo que passamos Puente del Inca, encontramos um hostel para passar a noite. Banho quente, quartos coletivos e a promessa de um bom café da manhã, pelo preço justo de quatorze dólares. Chegamos com tempo para uma atenciosa revisão no Fusca que começava a arranhar a quarta marcha. Antes de dormir, conversamos por horas com um hóspede, convertido à Igreja Maradoniana. Ele bradava que os brasileiros eram amigos dos argentinos e que os adversários eram os chilenos, que apoiaram a Inglaterra na Guerra das Malvinas. Já estávamos no corredor indo dormir quando ele gritou:

— *Chile es un país hermoso, con una gente de mierda*!

Às cinco horas da manhã, saltei da cama com uma angústia no peito. Tateei entre os beliches até chegar aonde Caio dormia:

— Vamos embora, estou passando mal!

Arrumamos nossas bagagens com urgência. Acordamos o recepcionista do hostel para abrir a porta. Abrimos mão do *desayuno*. Ainda estava escuro quando descobrimos o pneu dianteiro do lado do motorista furado. Uma voz soava nos meus ouvidos, como se avisasse que tínhamos que fugir daquele lugar. Resolvemos o imbróglio do pneu rapidamente e fomos abastecer. Faltavam dois dias e mil e trezentos quilômetros até a capital Argentina. No único posto de combustível de Uspallata, pedi para completar o tanque. A angústia no peito aumentou quando descobri que o cartão de crédito estava bloqueado. Com a certeza de ter saldo, tentei passar o cartão várias vezes, mas foi negado em todas. Constrangido, juntei todos os pesos da carteira e as moedas espalhadas pelo Fusca e pagamos a gasolina do tanque e um galão com vinte litros de reserva. Com o que sobrou, tomamos duas xícaras de chá com *medialunas*. Por ser cinco e meia da manhã, não quis acordar a Gabi. Enviei uma mensagem explicando a situação e pedi para ela estar na porta do Banco do Brasil assim que abrisse para tentar resolver o problema.

Os primeiros raios de sol surgiam entre as montanhas quando nos despedimos de Uspallata, que ficava no retrovisor. Caio, ainda insone e sem compreender minha aflição, gritou:

— CUIDAAADOOO!

Subitamente, meus olhos trocaram o retrovisor pelo para-brisa e, no crepúsculo do amanhecer, surgiu um animal no meio da estrada. Pisei no freio com todas as forças, mas o inevitável aconteceu. Ouvi o estrondo e vi o cachorro gigante, que mais parecia um lobo, disparar gritando em direção ao mato. Paramos no acostamento. Só escutávamos o motor do Segundinho quebrando o silêncio. Estranhei a rodovia cheia de pedras espalhadas pelo asfalto. Engatei a primeira marcha e partimos. Precisávamos fugir daquele lugar. Quanto mais nos afastávamos da Cordilheira, menor era minha ansiedade. Seguimos pela tradicional Ruta Nacional 7, infinita *highway* que liga o Chile à Argentina, com suas paisagens espetaculares, retas infindáveis no típico retrato do pampa sem fim. No rádio, Luiz Marenco cantava: "Falta distância de pago e sobra cavalo!". Às 11h11 fomos atacados numa barreira, mais para ouvir nossas histórias do que para proceder a fiscalização. Um dos policiais pediu para abrir o capô traseiro. Quando deu de cara com o motor, surpreso, perguntou: *"Donde esta el baul?"* E queria saber por que o farol estava pendurado. Expliquei que *Habíamos atropellado a un perro*. Fizemos um conserto improvisado com fita tape. Mas o melhor estava por vir: ele perguntou sobre a garrafa que estava em cima do carro. Quando respondemos que era água do Oceano Pacífico, incrédulo, pediu para ver. Ainda em dúvida, falou em trazer um *perro rastreador*. Mas não passou de uma brincadeira. Após a revista, *sacáran una foto con nosotros*. E seguimos.

Já passava do meio-dia quando paramos em um restaurante de beira de estrada para reabastecer com a gasolina reserva e tentar uma internet para saber notícias da Equipe Terra. Para nossa frustração, o local não tinha wi-fi. Preocupado por estar sem dinheiro e sem poder usar o cartão de crédito, disse ao Caio que estava pensando em rumar para uma fronteira seca. Teríamos de parar em alguma cidade e trabalhar em troca de combustível. Caio respondeu:

— Não te preocupa que a Gabi sempre dá um jeito, e temos que ir a Montevidéu para conhecer Pepe Mujica.

Caio, em fase de crescimento, avistou uma família robusta e bem nutrida que abandonava uma mesa com muitos restos desperdiçados de um café da manhã e se serviu com *sobejos de medialunas*, devorando as que não haviam sido tocadas. Ainda pediu ao garçom uma água quente e preparou um mate para a viagem. Quando chegou ao Fusca, pedi para encontrar algo para eu comer também. Desde a nossa saída de Pelotas, vários de nossos cafés da manhã, almoços e até mesmo algumas jantas tinham sido à base de Biscoitos Zezé. Conseguimos inclusive passar nas fronteiras com nosso rico contrabando. Mas o último saco havia sido devorado em Viñas del Mar. Nenhum outro biscoito chileno ou argentino chegaria aos pés do nosso genuíno sabor pelotense. Caio revirou as tralhas no banco traseiro e descobriu meio saco de bolachas salgadas e um Danete meio vencido. Esfarelou os biscoitos dentro do pote do iogurte. Para quem estava sem um peso no bolso e se alimentando de chimarrão desde as cinco horas da manhã, aquela torta de bolacha com chocolate cremoso meio azedo foi um almoço cinco estrelas.

No meio da tarde, desesperados e com a gasolina chegando à reserva, alcançamos um posto multisserviços da Petrobras. Estar em um posto brasileiro, mesmo que na Argentina, me dava uma certa sensação de segurança. Não fossem os argentinos falando em espanhol, pensaria que estávamos em casa. Na lanchonete, conseguimos acesso ao wi-fi. Assim que o celular foi conectado, começaram a entrar centenas de mensagens da Gabi e de alguns seguidores preocupados, já que tínhamos sumido. Fiz uma chamada de vídeo com a Gabi. Muito nervosa, ela relatou que na madrugada um terremoto de escala sete havia atingido o Chile e que Valparaíso e Viña del Mar estavam com alerta de tsunami. As informações eram de avalanches de pedras nas estradas e de pessoas presas nos túneis. O povo que havia nos recebido tão bem, agora passava por essa situação tão triste. Mais de um milhão de desabrigados no país e muitas vítimas fatais.

Algo miraculoso havia acontecido naquela manhã, quando acordei angustiado em um hostel aos pés da Cordilheira. Sempre penso que Deus tem mais o que fazer do que ficar cuidando de um maluco que resolveu sair pelo mundo de Fusca, mas não tenho direito de duvidar de que naquele dia foi Ele que nos mandou embora daquele lugar. Mesmo preocupada e sem saber se estávamos vivos, Gabi naquela manhã foi ao banco e conseguiu aumentar o limite do meu cartão de crédito em seiscentos reais. O gerente, que havia lido sobre nossa viagem no Diário Popular, se solidarizou com a história. Com esse valor, chegaríamos a Buenos Aires, onde encontraríamos uma Agência do BB para sacar dinheiro no caixa. Com o cartão liberado, abastecemos o Segundinho, que bateu um recorde de distância jamais superado. Com desempenho de carros modernos, nosso Fusca 1968 rodou inimagináveis 1.221 quilômetros em um único dia.

Partimos às cinco e meia da tarde do pé da Cordilheira dos Andes, percorremos uma estrada plana e reta no meio da Pampa Argentina até chegar, por volta da meia-noite, aos arredores de Buenos Aires, onde dormimos no pátio de um posto de gasolina. Perto do meio-dia, entramos em Buenos Aires. A cidade estava em ebulição com a proximidade das eleições. Manifestações e agitação à flor da pele. Estacionamos o Fusca em frente à Plaza de Mayo e fizemos um mate. Ficamos observando aquele palco de tanta história. A presença do

Segundinho era estranha aos olhos deles, e, por sinal, não vimos Fuscas circulando no coração da capital argentina.

Saímos à cata de uma agência do Banco do Brasil e descobrimos que na Argentina o BB funciona dentro do Banco da Patagônia. O que poucos brasileiros sabem é que somos donos de um banco argentino. Conseguimos sacar moeda brasileira no caixa do Banco da Patagônia para, em seguida, trocar por pesos argentinos. Depois fomos comprar o ticket para o Buquebus, que foi um capítulo à parte. Na bilheteria, nós brasileiros não podíamos pagar com pesos argentinos. Eles só aceitavam dólares, sendo que eu estava com a moeda deles na mão. Depois de muita conversa e um pouco de alteração, cederam aos argumentos de que era um absurdo eles exigirem que um viajante fizesse o câmbio negro para pagá-los na moeda norte-americana. Na dúvida se iríamos para Colônia do Sacramento ou para Montevidéu, escolhemos Colônia por ser mais barato.

No Buquebus, Segundinho foi recebido por um cão farejador. Antes de estacionar o Fusca no porão daquele navio gigante, um Golden Retriever revirou nossa bagagem.

Nos despedimos da Argentina pelo Rio da Prata e chegamos à Colônia por volta das oito horas da noite. Encontramos a hospitalidade do casal Luciano e Noelia do Celestino Hostel, que também tinha Fusca. Cheio de mochileiros, com quartos coletivos e um bom banho: era a premissa de uma boa noite de descanso. Com dinheiro no bolso, nos demos ao luxo de comer uma pizza e beber uma Patricia gelada, a típica cerveja uruguaia.

Pela manhã, antes de deixar Colônia do Sacramento, demos uma volta para um ensaio fotográfico do Segundinho. De todos os lugares que percorremos, aquele era o cenário que mais parecia ter sido feito para um Fusca. O Centro Histórico da cidade é reconhecido pela Unesco como Patrimônio da Humanidade. A descrição, em palavras, não traduz o que meus olhos viram. Parecia um filme. Prometi voltar lá um dia com Sofia e Gabi. Descansados, saímos de Colônia depois do almoço, prontos para percorrer os cento e oitenta quilômetros até Montevidéu, porque era o dia de um encontro bastante esperado.

Aportamos na capital uruguaia tendo em mente a intenção de repetir a tentativa que fizemos na Copa do Mundo, quando acompanhamos a emoção dos torcedores da Celeste: bater na porta do Presidente Mujica.

Ele mora com a esposa, a senadora Lucía Topolansky, em um sítio em Rincón del Cerro, bairro operário a vinte minutos do centro de Montevidéu. Desde que deixou a presidência, na propriedade de vinte hectares, se dedica ao cultivo de hortaliças e flores, um hábito que vem da infância, quando perdeu o pai e precisou ajudar a mãe na pequena produção para sustentar a família. Acabou se apaixonando pela terra.

Sabíamos que a tarefa não seria fácil, mas resolvemos tentar. Chegamos em frente à porteira e encontramos, de novo, seus seguranças. Só que desta vez, fomos recebidos com sorrisos. Falamos de onde vínhamos e qual era nosso propósito. Nos informaram que Mujica estava na Espanha para conhecer a origem de seus antepassados, na região do País Basco. Enquanto o ex-presidente falava em uma coletiva para a imprensa sobre a importância de a Europa reconhecer os refugiados como uma oportunidade e não como um problema, contemplávamos emocionados o lugar onde este grande homem vivia sua vida na mais pura simplicidade. Entramos no sítio e tivemos a honra de fazer um grande encontro: Segundinho e *el escarabajo*, de Mujica.

Dois Fuscas guerreiros, dois tons de azul. Mais experiente, o Segundinho — que nasceu em 1968 — posou com elegância ao lado do mais jovem. O Escarabajo, de 1987, mesmo sendo mais moço, carregava o orgulho de seu dono ter recusado sua venda a um sheik árabe por um milhão de dólares. Fizemos muitas fotos e depois deixamos um adesivo da Expedição Fuscamérica colado no vidro do Fusca de Pepe Mujica. Não sei onde eu estava com a cabeça quando recusei a oferta do Turco, o braço direito de Mujica, para pernoitar em sua casa ou passar a noite acampado por lá! Acho que foi uma mistura de emoção e nervosismo.

Decidimos partir de Montevidéu para chegar o mais perto possível de casa. Percorremos quatrocentos quilômetros e acampamos em frente ao Forte Santa Tereza, a menos de trinta quilômetros do Brasil. Pela manhã, rumamos ao Chuí, e foi aí que algo inesperado aconteceu. No que cruzamos a placa "Bem-vindo ao Brasil", Segundinho emperrou. A quarta marcha, que ameaçava escapar desde a Cordilheira, sumiu com todas as outras. A alavanca do câmbio ficou bailando. Fizemos contato com a nossa eficiente Equipe Terra e as gurias se lembraram de uma seguidora da Expedição Fucamérica que se colocou à disposição para qualquer eventualidade nas bandas do Chuí. Dito e feito! Caroline Fontoura Danigno foi nosso anjo da guarda. Depois de receber a mensagem via Facebook, foi direto até o ponto onde estávamos. Com toda a gentileza do mundo, nos levou até um mecânico castelhano. O "Seu Torto" não era de muitos sorrisos, mas arrumou o trambulador das marchas em menos de cinco minutos. Ao levantar o banco traseiro, viu que a mangueira de gasolina estava esmagada, descobrindo o motivo de o fusca estar falhando desde a saída de casa. Cobrou vinte reais, e quando pedi para ele verificar o freio, disse em um portunhol doble-chapa:

— *Te escapa daqui, porque sois un escarabajo kamikaze, irse ao Chile com este auto és cosa de loco!*

O Caio pediu para "*sacar una foto*" e a resposta obviamente foi negativa. Nos despedimos de Caroline, agradecemos ao Seu Torto e fomos comer uma *parrilla* uruguaia, já que estávamos na fronteira e os restaurantes recebiam dinheiro brasileiro. Pegamos a estrada com a meta de chegar por volta das sete horas da noite a Pelotas. Avisamos nas redes sociais que quem quisesse aparecer para uma recepção, seria muito bem-vindo. Estávamos de volta da nossa maior viagem. Do Pacífico para o Atlântico. De Neruda para Simões. Do nascer ao pôr do sol. Chegamos a Pelotas empolgados, buzinando, mas logo nos demos conta de que, ao contrário da viagem anterior, onde uma caravana de Fuscas e Kombis nos esperaram, na nossa chegada da travessia pela América de leste a oeste, só a Gabi, a Sofia e o amigo Claudinho nos aguardavam, protegendo-se debaixo da aba do Posto Paulo Moreira em uma noite fria e chuvosa de fim de inverno. Dessa vez não havíamos aparecido na TV todos os dias. Deve ter sido esse o motivo. Me lembrei de uma frase de Pablo Neruda, que a Gabi escreveu num papelzinho que acabamos colando no painel do Fusca: "*Yo creía que la ruta pasaba por el hombre, y que de allí tenía que salir el destino*".

Gabi é minha fonte infinita de amor. Conhece minhas fraquezas, minhas fortalezas e meus propósitos. Confia em mim e no meu potencial de evolução. Posso ter crenças equivocadas, mas o amor que sinto por ela é meu sagrado e minha fé. Não tenho medo de me perder, pela certeza de que nunca vou me perder dela. Enquanto souber que ela estará me esperando, não terei medo de navegar pelo mundo. Não tinha mais dúvidas do que faria com a garrafinha de água. Desamarrei-a do bagageiro e a ofereci de presente para minha companheira. Um pedaço do Oceano Pacífico estaria para sempre dentro da nossa casa. Agradeci ao Claudinho com um abraço e partimos rumo à Palafita.

No caminho, fui deixar o Caio em casa. Antes de abrir a porta para desembarcar, ele me perguntou se eu não queria saber qual a terceira notícia que ele tinha para me contar. Sim, claro que eu queria saber.

— Lembra quando pedi para minha editora me liberar para essa viagem? Pois é. Ela me avisou que quando eu voltasse seria transferido para Porto Alegre. Estou indo embora.

Por um instante, a vida passou inteira pela minha cabeça. Deveria dizer a ele que não precisava sair pelo mundo em busca do que ele já tinha? Para que correr atrás de ambições, status, dinheiro? Como explicar que a felicidade está nos pequenos instantes e nas pequenas coisas? Mas não adiantaria dizer nada. Quando decidi vir para Pelotas, em 1996, não teria ouvido ninguém. Nos abraçamos, e ele foi embora. Só voltaria a entrar no Fusca anos mais tarde — e do outro lado do mundo. Só que nem eu, nem ele, nem o Segundinho seríamos mais os mesmos.

A primeira e última lembrança

Pai, nosso silêncio grita coisas
sobre o que vivemos
Nosso silêncio fala verdades,
onde palavras são desnecessárias
É incrível como tu me és espelho
Amo te amar
Sei que às vezes nem lembras bem quem eu sou
e mesmo assim, com teus silêncios,
ofereces amor a um estranho
Adoro zelar por ti,
assim como zelavas por teu menino frágil
Te amar, te cuidar, é amar e cuidar a mim mesmo
Nunca conheci alguém que se doasse tanto,
que amasse tanto
Por mais que eu grite, tuas palavras são quietude
O sinônimo desse vazio, é cumplicidade
Nosso amor sobreviverá a este silêncio

*Os longos silêncios andam
como um velho relógio de cordas.
Lentamente...
Silêncio nostálgico. Silêncio assustador.
Às vezes uma pergunta sobre o passado.
O tempo pede pausa.
Tento voltar no tempo para encontrar respostas.
Só encontro o vazio.
As respostas estão em uma dimensão
onde tudo era alegria.
O porta-retratos, os quadros nas paredes,
mostram sorrisos que não existem mais.
Nada é mais triste
do que uma casa que silenciou.
Nada é mais triste
do que não lembrar que fomos felizes.*

Poema publicado no meu livro *Andanças imaginárias*
(Satolep Press), na primavera de 2015.

O Fusca estava pronto para viajar. Carregado e revisado, percorreria os trezentos e vinte e dois quilômetros até a casa da minha infância. Os fins de semana socorrendo a mãe nos cuidados com meu pai passaram a ser minha maior aventura.

Sentado dentro do Fusca, ainda na garagem de casa, me dei conta de que viajava por uma estrada sem sinalização, sem destino, sem atalhos. Eram caminhos sem volta.

Gabi me chamou:

— Não sai ainda, quero mandar fraldas geriátricas para o teu pai e umas "deliciúras" para tua mãe.

A palavra "Deliciúra" fazia parte do vocabulário da Gabi, mas "fraldas geriátricas para o teu pai" foi como se o GPS recalculasse a rota dos meus sentimentos. Havia muito tempo que ir à casa deles já não era mais um encontro no tempo presente. Há muito passamos a ser pai de nosso pai.

O Fusca sempre foi meu divã e, com o horizonte no para-brisa, eu refletia sobre o tempo, que nos dá e ao mesmo tempo nos tira.

A previsão de chegada em Novo Hamburgo era no final da tarde. Mas uma obra na ponte sobre o Guaíba me prendeu dentro do Segundinho por horas. Já que perderia aquele tempo, resolvi enganá-lo, rememorando lembranças do velho Nauro Machado.

Meu pai já passava dos setenta anos e sua vida nunca tinha sido muito fácil. Jamais ouvimos uma queixa ou um lamento vindo dele. Mesmo discreto, sempre foi imensamente afetivo. Respeitado na comunidade, foi patrão do clube do bairro, presidente da associação de moradores, ministro da igreja e dono do armazém onde tudo acontecia no Morro do Lampião.

Já tinha se aposentado e naquela manhã foi buscar as migalhas que a Previdência Social lhe devolvia por ter contribuído uma vida inteira. Dias antes havia comemorado cinquenta anos de casado com a mãe, e um desentendimento entre os filhos durante a festa o deixou bastante abalado.

Ao voltar do banco, se envolveu em um acidente de trânsito. Culpa dele, disseram. Cruzou uma avenida sem olhar para os lados. Bateu forte.

Durante um breve período de tempo, esteve à margem daquele acontecimento. Minha mãe acalmava o motorista de um Corolla, que esbravejava contra aquele velho que, com um automóvel também velho, havia destruído seu carro de luxo. Silente, meu pai não reagia. O homem de personalidade forte estava apático. Retornando da inércia, se aproximou do proprietário do Toyota e calmamente o tranquilizou dizendo que pagaria o conserto. Era um homem de palavra. Cumpriu.

Pagou o Corolla em prestações, e seu Golzinho, usado para ir à missa, visitar os filhos e viajar com a mãe, ficou na garagem esperando restauro. Aliás, viajar era o que meus pais mais amavam fazer, só que a vida de trabalho protelou o sonho. Estavam realizando depois de aposentados.

Aquele acidente foi o primeiro sintoma de uma doença que em breve roubaria todas as suas lembranças. Meu irmão mais velho e eu, sabendo que em breve partiriam todas as suas memórias, o levamos para refazer nossa viagem da infância. Cruzamos em frente a um hotel de madeira em São Francisco de Paula, improvisamos um piquenique na porteira de uma fazenda, almoçamos em Cambará do Sul, e cada quilômetro foi registrado pela minha câmera fotográfica.

Se na viagem da infância não foram tiradas fotos, agora teríamos muitas imagens para eternizar aquele passeio. Fotografei o pai de braços abertos, no alto dos desfiladeiros dos campos de cima da serra, em um desafio titânico, onde ele garimpava reminiscências para nos contar histórias vividas lá.

Na volta fomos mostrar as fotografias para a família, mas elas não existiam. Algo aconteceu com a máquina digital e nada ficou registrado. As imagens daquela viagem, assim como as de nossa excursão da infância, ficaram guardadas somente no espectro da minha alma, enquanto eu existir ou lembrar.

Os dias foram passando e as memórias do meu pai foram partindo uma a uma. Esqueceu o nome das frutas, dos objetos, depois dos filhos e, por fim, esqueceu o nome da minha mãe. Com os pensamentos confusos, ele criou uma fábula em que sua família o tinha abandonado. Me confidenciou quase sussurrando que tinha se apaixonado pela moça que chegou para cuidá-lo e que seriam dela todos os seus bens, deixando a esposa e filhos sem nada, punindo-os por terem partido e o deixado só.

Meu pai casou com minha mãe muito jovem e se orgulhava de dizer que ela foi a única mulher na sua vida, a única mulher que conheceu o corpo. Por mais de sessenta anos foram fiéis na alegria e na tristeza e, mesmo quando pouco restava, o amor sobreviveu.

A essa altura, afiançado pela perda de memória, meu pai resolveu se entregar a novos amores. A doença o eximia de culpa para se apaixonar por quem quisesse, mas se apaixonou perdidamente pela cuidadora que, sem saber, era a minha mãe.

Durante a vida toda, meu pai amou apenas duas mulheres: minha mãe e minha mãe novamente.

O romance foi virando drama e as coisas foram ficando mais difíceis. Meu pai passou a ter dificuldades de falar, se alimentar e já não conseguia mais tomar banho sozinho.

Em uma das expedições que embarquei no Fusca para cuidar do meu pai, ele foi internado. Estendi meu fim de semana e dormi com ele no hospital. Poderia ser uma noite qualquer de segunda-feira, mas não era. Na beira de um leito de SUS de um hospital decadente, meu pai não largava a minha mão.

O homem que me cuidou pedia ajuda. O homem que me protegeu estava com medo. A minha mão estendida o protegia e o consolava. Retribuía.

Eu também sentia medo. Invertiam-se os papéis. Lembrei do quanto ele me dava segurança quando eu era um menino medroso. Naquela noite, a criança era ele. Tinha um olhar assustado. Eu queria pegá-lo no colo. Eu queria colo. Queria que ele ficasse, porque sentiria saudades. Queria que ele partisse, porque o amava.

Pensava nas palavras de Milan Kundera e sua "insustentável leveza do ser". Em Niemeyer, dizendo que "a vida é um sopro".

Respirar. Simples assim. Respirar. Um ato involuntário, para meu pai era dádiva. Balbuciava sons como uma criança que não aprendeu palavras. Logo ele, que um dia pensei que conhecia todas as palavras do mundo. Logo ele, que me ensinou as palavras. Não havia mais palavras. Não havia diálogo. Só nostalgia.

Seus olhos ainda diziam muito. Sua mão, apertando a minha, eram frases de dor. O curioso é que ele não esqueceu como beijar. Levava meu rosto até ele e me beijava. Tinha algo de lindo nele, que não sumiu. Tinha algo de mim nele. Era como se eu olhasse um espelho.

Minha filha Daniele nasceu naquele hospital. A alguns metros de onde estávamos, peguei meu bebê no colo e, mirando seus olhos, falei sobre o futuro. Naquela noite o futuro do meu pai já havia chegado. Só existia um passado sem lembranças. Que privilégio aquela noite. Uma noite inteira de mãos dadas. Sem palavras ditas. Somente a batida de nossos corações quebrando o silêncio.

Amava amar meu pai. Amei a chance de ter uma noite só para nós dois. Deveríamos ter feito mais isso. Deveríamos ter brincado mais, acampado mais, viajado mais de Fusca. Enquanto eu viver meu pai estará vivo. Isso é física quântica. Se penso nele, viverá em mim.

Tudo bem, não é hora de lamentar, mas de agradecer. Tive o privilégio de ter uma noite com o cara mais incrível que conheci. O mais sensível. Uma noite de compensações. Uma noite em que o silêncio dos nossos olhos respondeu perguntas de uma vida inteira. Vivemos um ensaio de nostalgia.

Quando o pai saiu do hospital, nunca mais pronunciou uma palavra.

Minha mãe, com sua fé inabalável, anunciou que cuidaria dele em casa até o último dia. Minha mãe passou a ser mãe de meu pai e guardiã do seu passado. Cuidou com a força de um amor prometido no altar. De vez em quando, aparecia um filho para tomar mate. Entre uma cuia e outra, palavras lembravam de como fomos felizes.

No dia 29 de fevereiro de 2020 meu pai partiu. Ele foi, porque não mais estava. Foi para se encontrar com o que tinha perdido.

Ficamos com o melhor dele. O exemplo, o amor. As boas lembranças. Cada vez que alguém pronunciar meu nome ele estará em mim. Meu pai me ensinou a ser feliz na infância e teve orgulho da minha felicidade adulta. O Fusca sempre nos uniu como dois meninos. Faltou dizer tantas coisas. Sempre falta.

Lembro quando completei cinco anos e ganhei um fusquinha de brinquedo. Tenho ele até hoje e penso na importância daquele objeto na formação da minha personalidade e na construção da Expedição Fuscamérica. Há quase cinquenta anos o fusquinha de brinquedo me acompanha. É um pedaço da minha infância que vive em mim. Faltam as rodas, faltam algumas partes, como às vezes faltam memórias para lembrar daquele tempo em que a vida era leve e as preocupações pertenciam aos adultos. Toda vez que eu andar de Fusca, meu pai estará comigo. Em cada quilômetro percorrido, no cheiro de gasolina, no retrovisor, no horizonte que se descortina pelo para-brisa. Beijará meu rosto pelo frescor da ventarola.

Vai estar no sonho de desbravar o mundo. Na felicidade infantil de dirigir meu Fusca. No respeito, no carinho, na empatia e no legado. Tive um pai incrível, que moldou parte significativa de quem sou. Me mostrou o melhor do ser humano: a generosidade, a simplicidade, a humildade e o amor ao próximo.

As lembranças partiram antes, mas o amor sobreviveu, e enquanto eu puder viajar meu pai me fará companhia. Minha vida inteira cabe dentro de um Fusca com todas as lembranças na carona. Dentro dele me sinto abraçado.

Lembro que a primeira vez que entrei em um carro meu pai estava dirigindo. Uma das últimas recordações que tivemos juntos foi no dia em que o levei para passear no Segundinho. Eu dirigindo e o pai de copiloto. Ele olhou para o teto, tocou no painel, abriu o porta-luvas, segurou no "putamerda", sorriu e, admirado, disse:

— Me parece que eu tive um desses! Este auto é do senhor?

Em silêncio, pensei: sim, pai. Este auto foi o roteirista de nossas vidas. Ele deu sentido às nossas histórias.

Então respondi:

— Este auto é nosso, pai!

O Fusca foi nossa última lembrança.

Operação Antártica

Caio morava em Porto Alegre havia quase um mês quando, na véspera do lançamento do meu livro, telefonei para lhe desejar feliz aniversário. Ao completar dezenove anos, ele comentou que estava vivendo o seu auge e imaginava que tudo aconteceria na sua vida até seus trinta anos. Depois, seria só a manutenção do tempo. Falou que tinha convicção de que seu futuro dependia dos seus próximos onze anos.

Era incrível como suas teorias eram sinônimos de certezas. Diferente da minha trajetória. Aos dezenove anos, eu não tinha a mínima noção do que faria ou seria na vida. Estava desempregado e abandonava a profissão de sapateiro mais por falta de oportunidade do que por vontade. E iniciava ali uma carreira de fotógrafo mais por necessidade do que por talento. Ainda pensava na minha tentativa frustrada de ser artista do Circo Zé Folia. Queria namorar sem pensar em construir casa nem ter filhos. Almejava um emprego fixo mais preocupado em garantir o dinheiro da cerveja do que do plano de saúde.

Aos vinte e três anos me tornei pai da Dane e aprendi, aos trancos e barrancos, que minha vida não era mais só minha. Minha vida começava a mudar de verdade, e com uma filha, além do amor maior do mundo, eu recebia uma série de responsabilidades. Três anos depois, veio a oportunidade de morar em Pelotas.

Já tinha mais de trinta anos de idade quando comecei a perceber que eu era coadjuvante no filme da minha vida. Tinha a escolha de ser o roteirista e não interessava a direção dos ventos. Para ser protagonista, tinha que ajustar as velas e definir os rumos do destino. Voltei no tempo em busca da minha verdade original. Aos três anos, na imagem do Fusca azul de meu pai, habitava minha autenticidade. Resgatei aquele instante para percorrer novos mundos, novos desafios. Não podia perder nem esquecer minhas referências. Lá estava a mensagem que eu deveria passar para as minhas filhas. O centro do meu universo estava dentro de mim. Passos certos, movidos pelas minhas incertezas, mostravam que a vida não tem ensaio. Gabi sempre disse que o nosso norte fica no sul. E foi nesse sul de mundo atemporal em que flutua a nossa Palafita que, em 2015, compreendi que novos rumos surgiam no horizonte.

Em 31 de outubro lancei *Laranjal em imagens*. O meu quinto livro foi o resultado da alquimia das quatro estações daquele ano distinto. Na tenda de autógrafos da 43ª Feira do Livro, eu não imaginava que, em breve, uma notícia iria me levar a um antigo sonho. Mas o que mais poderia esperar daquele ano que findaria dentro de dois meses? A vida nos surpreende e, mesmo ainda não sabendo, no último dia daquele 2015 me sentaria à sombra de uma árvore no Cerro de Montevidéu para tomar mate com Pepe Mujica.

Meu objetivo era concluir a pós-graduação em dezembro e já projetava para o ano seguinte cruzar "Sete Pátrias em um Fusca", o que demandaria muito planejamento. Segundinho voltou do Chile com problemas. A quarta marcha escapava, vazava óleo, os pneus estavam carecas, além da aparência com muitas ferrugens e alguns podres. Mas o problema maior foi Caio ter deixado vago o banco do copiloto. Conseguir um maluco disposto a se aventurar de Fusca pelo Deserto do Atacama certamente não seria fácil

Contei para a Gabi que estava planejando iniciar um mestrado assim que concluísse a pós-graduação. Ela comentou que eu deveria exorcizar a faculdade de Belas Artes nunca concluída e sugeriu procurar a Renata Requião, então coordenadora do mestrado em Artes Visuais da Universidade Federal de Pelotas. Telefonei para ela, que me convidou para assistir como aluno ouvinte a algumas aulas. A ementa do curso era "Percursos, Narrativas, Descrições e Mapas Poéticos", com a proposta de "despertar a potência crítica-criadora do artista visual frente às urgências da realidade contemporânea, onde cada aluno acionasse em si próprio, artista ou não, uma potência criadora: desimpedida e formuladora de novos sentidos".

Percebi que a mudança era a alteridade e que a conquista seria o resultado de meus deslocamentos pela vida. Tomar posse das minhas decisões implicava uma abertura para o outro. Aprendi que o Segundinho era o "pequeno território" onde encontrava minha maior potência, a que me levava a desbravar terras estrangeiras dentro de um exíguo espaço, sendo observador e personagem. Uma cápsula onde eu me deslocava em liberdade controlada. Ao mesmo tempo que o Fusca me levava, ele ia comigo. Me colocava em movimento e era meu porto seguro. Deixava tudo para sair pelo mundo, mas minha vida cabia dentro do Fusca. No Segundinho eu tinha todas as idades. O guri em máxima potência e o homem dentro dos domínios do universo adulto.

Nas aulas com a Renata Requião eu descobri que o Fusca era o meu "Mapa Poético" e o meu "Devir". Lá eu alicercei teoricamente meu sonho. As poucas aulas que frequentei ajudaram a embasar com profundidade os verdadeiros objetivos da Expedição Fuscamérica. Meu carro, objeto manufaturado, delimitava e ocupava dimensões, mas se deslocava pelo tempo e espaço, me induzindo a ver as sutilezas do mundo. Foi em grupos de estudos e em trocas intelectuais que percebi com profundidade que minha viagem tinha um interesse de descoberta individual, mas era compartilhável e se expandia através de todas as mídias, potencializando e inspirando outros a construir suas utopias.

Felipe Campal, o Castilla, com quem dividia a sala de aula, tinha experiência profissional em fotografia e cinema e estava lá em busca de expandir sua potência crítica e criadora. Trocando ideias, ele se interessou pela viagem. Telefonei para a Gabi avisando que teríamos visita para o jantar. Depois da aula, rumamos para a Palafita para continuar a conversa.

No caminho, dentro do carro, Castilla perguntou:

— Mas tu vais reformar este Fusca, né Lôco?

— Sim, por isso marquei a viagem por sete países para março do próximo ano.

Gabi, que também já conhecia Felipe, nos esperou com fogo na lareira e uma garrafa de vinho. Abrimos o mapa da América sobre o tapete da sala e passamos a mirar distâncias, caminhos e rotas possíveis. Em frente ao fogo, descrevia o que pensava ser a viagem, quando fui despertado pelo toque do celular. Do outro lado, Guilherme Mazuí, repórter do G1 e um velho companheiro na Expedição Mares do Sul, contou ter recebido um convite para participar da Operação Antártica, mas declinado e indicado meu nome. Mazuí creditava a mim sua paixão pelas reportagens sobre o mar e, por termos recebido a Comenda Amigo da Marinha, ele já tinha visitado a Antártica duas vezes. Eu, nenhuma.

O amigo encerrou o telefonema dizendo que o comandante da Marinha provavelmente oficializaria o convite na manhã seguinte:

— São duas vagas, leva a Gabi — sugeriu.

Assim que desliguei, Gabi já perguntou:

— Antártica?!

Confirmei. Mas fui logo avisando que o sonho já estava no passado, pois a Marinha convidava jornalistas para divulgar o Proantar e eu nem trabalhava mais em veículos de comunicação.

— Por que não vais pela Satolep Press? A gente distribui o material pela nossa agência!

Ponderei que a Marinha era responsável pela logística a partir de Punta Arenas no Chile e que as passagens aéreas para chegar até lá custariam uma fortuna. A possibilidade de uma viagem que vinha sendo planejada havia muitos anos, mas que nunca saíra do papel, a série de projetos não aprovados e outros desencontros embasavam minha descrença. Gabi, então, apresentou uma alternativa:

— Vamos fazer o Projeto "Expedição Fuscamérica — Operação Antártica". A gente adapta um projeto antigo, e se não aceitarem, não tem problema algum.

Perguntei se ela iria comigo. Com olhar contrariado, me lembrou que eu a tinha pedido em casamento no último verão e que a data do enlace seria 8 de janeiro próximo. Tentei convencê-la de nos casarmos na Antártica, mas ela argumentou que não gostava do frio e que ficaria organizando nossa festa e dando suporte na Equipe Terra.

Suspirei, olhei para o lado e vi a pessoa certa, no lugar certo e na hora exata.

Perguntei ao Castilla:

— Tás a fim de viajar pra Antártica?

Ele aceitou na hora.

— O sonho de qualquer fotógrafo é conhecer as luzes polares — comentou.

Eu sabia muito bem disso!

No outro dia, conforme o previsto, o comandante da Marinha telefonou solicitando um projeto para ser avaliado pela Secretaria da Comissão Interministerial para os Recursos do Mar.

Adaptamos um dos tantos projetos que havíamos elaborado nos últimos dezoito anos. O objetivo era acompanhar as atividades da Marinha do Brasil e dos pesquisadores, distribuindo material para veículos brasileiros.

Entre as atividades a serem acompanhadas, estava o início das obras da Estação Comandante Ferraz, parcialmente destruída por um incêndio em 2012. O governo havia anunciado que uma empresa chinesa vencera a licitação para a reconstrução. Nosso projeto foi aprovado.

Era final de novembro e a ida até Punta Arenas seria por nossa conta. O Segundinho não tinha a menor condição de vencer os quatro mil quilômetros que nos separavam da cidade mais austral do continente americano. No dia 15 de dezembro, a equipe da 34ª Operação Antártica (Operantar) partiria em um avião Hércules da Força Aérea Brasileira. Tínhamos, portanto, vinte dias para organizar tudo, cruzar três países e embarcar.

Menos de três meses depois de retornar da aventura até a costa chilena, voltaríamos para a estrada. Com o mesmo espírito de improviso, o rumo era o extremo sul do planeta e o frio voltaria a desafiar o frágil motor a ar fabricado em 1968. Cada milímetro de nosso destino está traçado. E foi assim que, ao final de um 2015 de tantas transformações, veio mais esse presente. A vida é exatamente como deve ser, pensei.

Castilla foi então "empossado" oficialmente como copiloto, e com entusiasmo mergulhou de cabeça no projeto. Logo se mostraria um cara metódico, organizado e cheio de iniciativas. Trouxe o posto de combustível de um amigo e a cervejaria de um familiar como patrocinadores da viagem e comprou mais equipamentos de áudio e vídeo. Gabi explicou a ele que a tradução de muitos dos nossos sentimentos estava nas imagens captadas e na subjetividade dos caminhos desbravados. Com ele na equipe, pela primeira vez pensamos em um roteiro para o documentário e em um planejamento de captação de imagens de uma forma mais profissional.

Empenhado em deixar o Segundinho apto para a saga, saquei o banco traseiro e adaptei uma tábua para abrir espaço para bagagens, equipamentos e gasolina sobressalente. Soldamos o cabeçote, revisamos freios, embreagem, inspecionamos todas as peças do motor e a parte elétrica. Castilla apareceu garboso com uma lanterna do Paraguai na mão:

— Se apagar as luzes do Fusca, ilumino a estrada com a minha lanterna!

Mal sabia eu que a premissa era verdadeira. Na véspera da partida, problemas mecânicos ainda se acumulavam e tomavam parte do tempo. O cilindro de freio traseiro estourou e tivemos que telefonar para um amigo abrir sua loja à noite. Compramos um cilindro novo e aproveitamos para encher uma caixa com peças que, porventura, pudessem apresentar problemas no caminho. Se não fossem usadas, devolveríamos na volta.

Com uma verba exígua, carregamos o mínimo possível de bagagem, de roupa e alimentos, e de conforto. A ideia de viajar em um Fusca serve também para mostrar que não é preciso mais do que disposição para colocar um sonho em prática. Já passava da meia-noite quando Segundinho ficou pronto. O planejado era acordar cedo e rodar oitocentos quilômetros até a Argentina. Com a organização da Gabi e do Castilla, não tinha como dar errado. Pela primeira vez saímos com mapas, planilhas, rotas definidas e hotéis reservados.

Ansioso, passei insone. Às seis da manhã já estava de pé com o mate pronto, pensando no significado daquela viagem. Ainda levei Sofia para a escola. Só voltaria a vê-la na noite de Ano-Novo. Às oito horas do dia 8 de dezembro de 2015, em frente à Palafita, Gabi e eu rezamos juntos um Santo Anjo Protetor.

— Entendes agora que as coisas acontecem quando têm de acontecer? — disse Gabi, perguntando e afirmando ao mesmo tempo.

Nos despedimos e parti. Sonhei tantas vezes em pisar na Antártica que, ao ver a Palafita sumindo no retrovisor, ainda duvidava que chegaria lá. Cruzaríamos o Uruguai de ponta a ponta e dormiríamos a primeira noite em Mercedes. O primeiro dia sempre é de adaptação, mas eu não esperava que seria de tantos percalços, um verdadeiro teste de resistência.

Em frente ao Hospital Espírita, especializado em saúde mental e doenças psiquiátricas, apenas dois quilômetros depois de sair de casa, o Fusca morreu. Castilla, que havia conseguido o apoio do Posto da Figueira, combinou de fazer fotos do lugar e divulgar nas redes sociais. Com tantos compromissos na organização, planejei abastecer na saída e fazer as tais imagens. O que eu não calculava era que a gasolina acabasse antes de chegarmos ao patrocinador. Olhei para o lado e notei a aflição do meu amigo. Quando algo dá errado eu mantenho a calma.

Ataquei um carro no portão do hospital. Era um psiquiatra saindo do plantão. Por casualidade, ele lera sobre a nossa aventura no Diário Popular e comentou que imaginava que já estávamos na Argentina. Ele então nos deu uma carona até o posto mais próximo para comprarmos gasolina em uma garrafa de refrigerantes e me trouxe de volta. O olhar do médico sobre nosso Fusca justificava a apreensão do copiloto. Assim que o motor roncou, nos despedimos com um aceno. O psiquiatra manteve o silêncio. Talvez tenha pensado que louco não se deve contrariar. Com a migalha de gasolina, conseguimos chegar ao nosso patrocinador, que completou o tanque, encheu um galão reserva e trocou o óleo.

Na fronteira entre Jaguarão e Rio Branco, recebemos alguns quilos de erva-mate da família Lenz, e antes de cruzar a aduana passamos em um *free shop* para comprar uma garrafa de uísque Cutty Sark, que eu planejava beber com gelo de iceberg. Ao começar a flanar pelas pradarias uruguaias, tentei relaxar e recuperar o tempo perdido, mas minha leveza não demorou muito. Ao sentir o volante pesado, descobri que o pneu dianteiro do lado do carona havia rasgado. A roda reserva estava enferrujada e a estourada estava com os arames aparecendo. Olhando para aquela roda reserva, que mais parecia saída de um ferro-velho, Castilla perguntou:

— Lôco, tu sabes o que estás fazendo?

Cheio de certeza nas palavras e com a alma tomada por imprecisão, falei para ele ficar tranquilo. Daria tudo certo. Castilla e Segundinho ainda estavam se conhecendo. A equipe não estava totalmente afinada. Logo em seguida foi minha vez de suspeitar do meu organizado copiloto. Na cidade de Treinta y Tres, chegamos a uma encruzilhada. Estando ele na função de navegador e com autonomia para decidir caminhos, perguntei: "À direita ou à esquerda?" Com planilhas e mapas, Castilla sinalizou para a esquerda. Nossa direção era o sul do planeta, mas acabamos indo parar em Montevidéu. Quando diagnostiquei o erro não tinha mais como retornar.

Mesmo fora dos planos, cruzamos por dentro da única metrópole do Uruguai para depois rumarmos novamente ao interior. A noite caía quando paramos para abastecer e notei que as luzes dos faróis estavam fracas. Na ânsia de recuperar quilômetros perdidos, imaginava varar a madrugada dirigindo. O que eu não previa é que, depois do atraso na saída, de um pneu furado e de um erro de rota, o pior infortúnio ainda estava por vir. Os faróis do Segundinho começaram a piscar e foram enfraquecendo, até se apagarem por completo. A rodovia foi engolida pela escuridão e a única luz que brilhava no painel acusava bateria esgotada. Com o braço para fora da janela, Castilla passou a iluminar a *ruta* castelhana com a sua lanterninha de camelô paraguaio. Andamos assim por trinta quilômetros, até chegar a Canelones.

Ávidos por um lugar para descansar, buscamos um posto de combustível. Os ponteiros do relógio davam a última volta daquele dia, e antes de qualquer pedido de informação, o motor se apagou. Virei várias vezes a chave, mas o Fusca não deu sinal nenhum de vida. O funcionário do posto apontou para um painel com letras vermelhas de neon, do outro lado da rodovia, indicando o sugestivo nome do Motel Oasis. Não havia escolha, teríamos que dormir naquele endereço capaz de destruir reputações.

Decidi que Segundinho não ficaria sozinho naquele posto. Por quinhentos metros, empurramos o Fusca ladeira acima, até alcançar a garagem do motel. Ao entrar no quarto, avistei uma única cama redonda com lençóis de cetim. Descarreguei o mínimo de bagagem e fui direto ao banho. Acessei o wi-fi e contei para a Gabi onde estávamos e sobre a nossa saga. Enquanto conversávamos corri o olho para o lado e vi, entre o quarto e o chuveiro, por uma divisória de vidro fumê, a silhueta de Castilla se banhando. Descrevi para a Gabi aquela cena nada sensual e confessei que queria esquecer aquele dia. Demos muitas risadas.

Ao deitar na cama, me vi refletido em um espelho gigante no teto. Castilla deitou em seguida e, se divertindo, falou:

— Vamos *sacar* uma foto?

Cobri a cabeça me perguntando:

— Por que é tão difícil chegar à Antártica?

Hoje me arrependo de não ter aquela foto.

Depois de pernoitarmos no motel, onde havia catálogo de venda de bonecas infláveis e outros brinquedos eróticos na cabeceira, a ladeira que tínhamos subido na noite anterior ajudou o Fusca a pegar no tranco. Não encontramos autoelétrica em Canelones e então fomos para a estrada com as luzes desligadas. Ao chegar a San Jose de Mayo, Frederico, um típico mecânico uruguaio, diagnosticou que as escovas do alternador haviam caído. Uma peça do tamanho de um grão de feijão que transforma potência elétrica em potência mecânica foi trocada e o problema foi resolvido em minutos. O menino Franco, filho do eletricista, era apaixonado por Fuscas e, por essa razão, o mecânico nos ofertou o serviço dizendo que era *"un regalo aos viajeiros"*.

Compramos um pneu novo em uma *gomeria* e antes do final da manhã já estávamos na estrada novamente. Almoçamos milanesa e *chivitos* em Fray Bentos e partimos para a fronteira. Como sempre, fizemos uma revista rápida e algumas fotos com os guardas aduaneiros antes de entrar na Ponte Libertador General San Martin.

É impossível chegar à Argentina de Fusca e não lembrar do meu pai. Logo que entramos em Gualeguaychú, cidadezinha na província de Entre Rios, paramos para buscar água quente para o mate. Assim que voltamos à *ruta*, recebemos as boas-vindas da Policia Camiñera, que nos parou. Tudo que o guarda pedia, tínhamos. Então ele alegou que estávamos com os faróis desligados.

Argumentei que tínhamos acabado de fazer um *pit stop* e esquecido de ligá-los. Mas não teve choro. Uma multa de cem dólares pela infração teve que ser quitada na hora, sob pena de não podermos seguir com o carro. Gosto de olhar a vida pelo lado bom. Se fosse no dia anterior, não teria como acendê-las. Liguei os faróis e seguimos viagem. Os cem dólares fariam falta, mas o que eram cem dólares para quem estava indo conhecer as luzes da Antártica?

Passamos trabalho ao cruzar pelo entorno de Buenos Aires. Com o cabo do acelerador trancado, toda vez que era necessário reduzir a velocidade era preciso pisar na embreagem. O motor gritava parecia que um pistão estava prestes a saltar. Avistamos a capital argentina de longe, mas não entramos. Uma das poucas paradas foi à noitinha. Em um posto, pedimos para completar o tanque de combustível e fomos jantar. Fizemos o rotineiro contato com a Equipe Terra e, quando fomos partir, o cheiro de gasolina estava insuportável. Comentei com Castilla que "Fusca é assim mesmo". Mas antes de ligar o motor, ele disse que, provavelmente ao lavar o para-brisa, o frentista teria jogado água no assoalho do carro e molhado as máquinas fotográficas. Estranhei, pois não tinha lavado o vidro. Ao cheirar, vi que os equipamentos fediam a gasolina.

Abri o capô depressa e tudo estava ensopado. Inclusive a cuia e a térmica. O frentista havia enchido demais o tanque, e a gasolina vazado pela boia que fica no teto do tanque. Tiramos alguns litros de gasolina e começamos a limpeza do carro com papel, pano e detergente. Depois, isolamos a boia com um saco de plástico, um pedaço de borracha do pneu que estourou, além de muita fita tape. Segundinho ficou cheiroso, até.

Passando vinte minutos da meia-noite, estacionamos em frente a um pequeno hotel, desta vez com ar familiar. De Canelones, no Uruguai, a San Carlos de Bolívar, na Argentina, viajamos novecentos e oitenta e seis quilômetros em dezoito horas. Se o objetivo era recuperar quilômetros perdidos, dormiríamos com a missão cumprida.

Pela manhã, tomamos um *desayuno* em um lugar muito parecido com o Café Aquários de Pelotas. Numa TV pendurada no canto, um locutor vociferava que Mauricio Macri havia derrotado o peronismo e o Kirchnerismo. Compramos o jornal *El Clarín* e a manchete estampada da capa era: "51,4 %, MACRI PRESIDENTE". Depois de muitos anos, um político neoliberal assumia a presidência da Argentina. O país vivia mergulhado em uma crise econômica e o novo presidente trazia esperança. Porém, bastaria um mandato para o povo descobrir a perpetuação do dramático tango da política argentina.

Era o terceiro dia de viagem e já havíamos rodado mais de mil e quinhentos quilômetros. Partimos de Bolivar rumo a Bahía Blanca, uma *ciudad muy hermosa*. Em seguida começava a temida Ruta 3 com seu deserto patagônico. Fomos avisados de que dali em diante tudo seria extremo. Pela primeira vez na história da Expedição Fuscamérica, deixaria alguém assumir o posto de piloto do Fusca. Para marcar o momento, fizemos uma troca apoteótica com o carro em movimento. Reclinamos os bancos, eu me lancei para frente com o peito encostado no volante e, com o espaço dos assentos deitados, Castilla pulou pelas minhas costas e, ao alcançar a direção, saltei rápido para o banco do carona. Em grande estilo ele seguiu pilotando.

Uma sensação estranha a de ser caroneiro. Fiz um mate e tratei de aproveitar a paisagem. Percebi que Segundinho e Castilla se acertavam aos poucos, acho até que estavam se tornando bons amigos. Uma placa na lateral da rodovia anunciou:

"Ushuaia 2.500 km — Terra do Fim do Mundo"

Estávamos com uma energia absurda para andar. Não sei se por causa do dia lindo ou do gosto da gasolina que se misturava ao mate. Depois de setecentos e sessenta quilômetros, chegamos na litorânea San Antonio Oeste e o sol ainda brilhava, mesmo sendo dez horas da noite.

A cidade tinha uma curiosa paisagem: a tábua de marés variava em oito metros. Sem saber que estávamos no porto e encantados com o colorido dos barcos no seco, estacionamos ao lado de traineiras gigantes usadas na pesca de lagostas. Sem motivos aparentes, os pescadores nos expulsaram do lugar. Encontramos uma pousada barata que nos disponibilizou um quarto limpo, um chuveiro e, por sorte, uma boa internet. Comemos pizza, bebemos uma cerveja, descarregamos imagens e contatamos a Equipe Terra.

O nascer do sol nas planícies de San Antonio Oeste é lindo. Voltamos ao porto para fazer fotos e descobrimos o motivo da aflição dos pescadores. Com a maré alta, as traineiras flutuam, e aquele lugar em que o Fusca estivera no dia anterior agora era mar profundo.

Partimos pelas infinitas retas da Ruta 3 com o vento soprando constantemente. Horas e horas durante as quais o silêncio só era rompido pelo esforço do motorzinho na longa e árida estrada rumo a Comodoro Rivadavia, cidade na província de Chubut. Fundada em 1901, tem cento e quarenta mil habitantes e é considerada a capital argentina do petróleo. Com o vento contra, não passávamos dos setenta quilômetros por hora. O consumo de combustível só aumentava e um vazamento de óleo começou a preocupar. Foram setecentos fatigosos quilômetros.

Mesmo com o Segundinho falhando um pistão e com a vela molhada, conseguimos chegar no começo da madrugada a Comodoro Rivadavia. Fomos recebidos com os sorrisos de uma linda família: Juan, Carla e os pequenos Marcos e Carmela. Aquela aproximação começou quando a Equipe Terra informou, pelo Facebook, que a nossa próxima parada seria em Comodoro. Débora Allemand, que acompanhava a Expedição Fuscamérica pelas redes sociais, entrou em contato dizendo que tinha um amigo na cidade e que poderia nos receber. Geógrafo da Universidad Nacional de La Patagonia, Juan tinha feito muitos amigos em Pelotas, entre eles a Débora.

A alegria da recepção renovou qualquer possibilidade de desânimo. Um jantar delicioso, um bom papo e uma noite de sono nos deixaram prontos para seguir viagem. Quando fui presenteá-los com o *Pelotas em imagens*, percebi que eles já tinham o livro na estante. Meu livro chegou antes de mim ao sul do mundo. Aquele encontro estava escrito. Acordamos no sábado com uma mesa de café em família. Emoldurado pela janela do apartamento, o azul turquesa do mar argentino enchia nossos olhos de tanta beleza. Nos despedimos com o compromisso de um novo encontro.

A partir de Comodoro Rivadavia a paisagem se modificou completamente. Por setenta quilômetros, a Ruta Nacional 3 margeava o Oceano Atlântico em curvas e falésias, dando a impressão de que o Fusca navegava sobre as ondas do mar. Ao cruzarmos pela cidade de Caleta Oliva, percebemos sinais de luz vindos de um carrinho velho que nos perseguia. Do diminuto Fiat 600 com seu motorzinho de 28 cv, saltou um senhor. Imaginei ser um fã de VW querendo pedir uma foto. Mas a história era outra.

Enamorado por uma brasileira de Minas Gerais, ele pediu para irmos até a sua casa para convencer a companheira de que seu pequeno Fiat poderia chegar ao Brasil. Queria ser apresentado à família de seu crush, no Triângulo Mineiro.

— *Sí llegaron aquí en un escarabajo, yo también puedo ir a Brasil em Fiat 600* — afirmava.

Ele nos guiou até a frente da casa para conhecermos a simpática senhora, que se mostrou feliz em falar português. Pelo olhar, acreditamos que havia reciprocidade naquele amor maduro. Tentaram nos convencer a ficar mais um dia para saborear uma feijoada mineira no meio da Patagônia. O avião decolaria para a Antártica em três dias, melhor não arriscar.

Ao sair da cidade, deixamos para trás o mar e voltamos para o deserto. Se colocassem energia eólica na patagônia, metade do mundo teria energia limpa. Enfrentando ventos de oitenta quilômetros por hora e rajadas de mais de cem, Segundinho se agarrava no asfalto como podia, e com um quarto de volta de folga na direção eu fazia o possível para mantê-lo em linha reta no contravento.

Uma luz piscando no painel denunciou o aquecimento do motor. O óleo estava sumindo. Por baixo do carro, vi que a ferrugem havia feito um buraco na capa de um tucho, permitindo o vazamento. Conseguimos conduzir o carro até um posto de combustível abandonado. As bombas, que já não funcionavam havia muito tempo, lembravam uma imagem do filme *Easy rider* na Ruta 66 dos EUA. Paramos para fazer fotos e revisar o nível da vareta do óleo.

Fomos recebidos por El Nano, chileno, um legítimo ermitão que vivia isolado no meio do deserto, administrando um restaurante decadente, o La Cabaña, e uma pequenina loja que comercializa bonecas de plástico, pedras do deserto e perfumes baratos. O cardápio era o que Nano estivesse cozinhando para o seu almoço e a especialidade as típicas sopas de feijão "porotos" com carne de guanaco e bastante pimenta, provavelmente para disfarçar o gosto de carne vencida. Enquanto almoçávamos, perguntamos como ele conseguia viver tão longe de tudo. Nos contou parte de sua vida e disse que seu companheiro sempre foi o vento patagônico, o único que não o tinha abandonado.

Ao sairmos do La Cabaña, sentimos uma queda brusca de temperatura. O vento do deserto fazia a sensação térmica despencar. Vestimos todas as roupas que levamos. Em nosso quinto dia de viagem, navegamos pelo horizonte infinito da Ruta 3 até avistar um oásis. Um rio de coloração verde esmeralda, com a cidade de Comandante Luis Piedra Buena em suas margens. Era sábado à tardinha e o avião para a Antártica decolaria na terça-feira. Tínhamos dois dias para percorrer os quinhentos quilômetros até Punta Arenas, então decidimos parar para jantar, tomar uma cerveja e descansar em um hotelzinho junto ao posto YPF.

A cidade é a terceira em qualidade de vida do país e estava lotada de turistas ávidos pelas águas cristalinas do Rio Negro. Acordamos cedo no domingo, e no posto conhecemos Gilmar de Oliveira, o Salsicha, um caminhoneiro de Uruguaiana que transportava móveis de Bento Gonçalves até os *free shops* de Punta Arenas. Salsicha dirigiu à nossa frente por cerca de duzentos quilômetros, criando um vácuo que nos protegia do vento forte. Uma gentileza entre viajantes.

Em Río Gallegos, paramos em um posto de combustível para improvisar um almoço. Foi onde conhecemos um casal de Rosário, Argentina, que recentemente havia vendido tudo o que tinha para partir com o filho de um ano em uma aventura sem data de retorno. Batizaram o projeto de *"Creciendo en el Camino"*. Enquanto conversávamos, percebi que um motociclista estacionou ao lado do Fusca para fazer fotos. Era um italiano que abandonara a rotina de seus dias e caíra no mundo havia alguns anos, sustentando-se com pequenos trabalhos, que iam de massagem tailandesa a lavagem de pratos em restaurantes. Eram histórias semelhantes que se cruzavam no fim do mundo.

Depois de quase quatro mil quilômetros enfrentando calor, frio, ventos, desertos, cruzando por manadas de guanacos, navios encalhados e cidades fantasmas, chegamos a Punta Arenas com o poente, às dez horas da noite. Gabi já havia reservado o hostel Entre Vientos, com fachada de vidro e vista para o Estreito de Magalhães, onde ficaríamos por dois dias, até embarcar no avião. Depois de uma noite bem dormida, aproveitamos a manhã para curar a ressaca da viagem descansando.

No fim da tarde, encontramos cinco amigos puntarenenses às margens do Estreito de Magalhães. Nos falaram com orgulho de sua cidade. Entre eles, Gonçalo, professor de História, disse ser Punta Arenas a cidade mais austral do continente americano.

— Quem pensa que é o Ushuaia, está enganado. Ushuaia fica em uma ilha na Argentina. Punta Arenas fica no continente.

Em dezembro escurece em torno das onze horas da noite. Tínhamos, portanto, muito tempo de luz. Para quem se alimenta de luz, é quase uma overdose. A hora mágica no Brasil dura o período de uma hora entre o antes e o pós pôr do sol. Em Punta Arenas são quase quatro horas à disposição. Castilla, hipnotizado, não conseguia acreditar no que via:

— Nunca na minha vida presenciei tamanha beleza de luz.

Sabíamos que o melhor estava por vir. Na véspera do embarque, fomos ao Hotel Cabo de Hornos, onde uma equipe da Marinha distribuía roupas especiais corta-vento e outros equipamentos para enfrentar o frio extremo.

Nesse dia, conheci Júlio Uchoa, um produtor de cinema carioca que rumava à Antártica fazendo pesquisa para um filme. Logo descobri que ele faria daquela viagem uma festa. Irreverente, inteligente e verdadeiro, exclamava em voz alta repetidas vezes uma frase que nunca mais saiu da minha cabeça: "VIVA A VIIIDA!" Nos tornamos inseparáveis na viagem e ele se apaixonou pela Expedição Fuscamérica. A toda hora sentenciava com sotaque carioca:

— Esse Fuxsquinha tem que virar filme!

No dia 14 de dezembro de 2015, deixei Segundinho bem instalado no estacionamento do Aeroporto de Punta Arenas, porque chegara o dia e a hora esperados por tantos anos. Embarcamos em um avião da Força Aérea Brasileira rumo ao único continente desabitado do planeta.

Voar em um Hércules é uma experiência incrível. Tudo o que se ouve falar sobre avião, dentro de um C130 ganha novas proporções. É uma espécie de tanque de guerra que voa, preparado para se adaptar à missão que lhe for destinada. Sentados nos bancos de lonas, dividimos espaço com as bagagens. É um dos aviões mais seguros do mundo e um dos poucos que pousa na Antártica.

Enquanto sobrevoávamos algum ponto geográfico entre a América do Sul e o continente gelado, eu tentava assimilar aquela experiência tão surreal. Segundinho havia vencido quase cinco mil quilômetros em seis dias. O percurso da Palafita até Punta Arenas exigira a certeza do que eu queria. Erro de rota, problemas no motor, óleo vazando, quatro países no retrovisor. Parecia uma corrida de obstáculos.

Me sentia confortável no Hércules, que parecia um Fusca com asas, e passei toda a viagem na janela ou na ventarola. Fomos informados de que pousaríamos na base chilena, já que a estação brasileira não tem pista de pouso. Pisar no solo congelado da estação chilena Eduardo Frei Montalva foi um sentimento imensurável de alegria. Conquistas não são fáceis, mas não são impossíveis. Obstáculos devem serem vencidos e medos superados. Sabia o quanto nossa viagem era fonte de inspiração para tanta gente e uma bússola no meu futuro.

Quando desembarquei do Hércules e pisei na neve eterna da Antártica, me lembrei de uma frase que criei quando ainda era sapateiro: "Quem tem medo de pesadelo, jamais se permite sonhar". Me sentia feliz com o vento forte e uma temperatura de onze graus negativos castigando o rosto. Me percebia vivendo aquele momento histórico. Inspirado em Neil Armstrong, desfraldei a bandeira da Expedição Fuscamérica e fiz uma foto.

Embarcamos no Navio Almirante Maximiano, chamado pelos marinheiros de Tio Max, que nos levou até a Estação Brasileira Comandante

Ferraz. No convés daquele navio polar, vivi instantes que vou carregar em minhas saudades. Icebergs que são verdadeiras catedrais azuis flutuavam ao sabor dos ventos. Estar na Antártica era felicidade plena. Todo ser humano deveria ter o direito sagrado de pisar pelo menos uma vez na vida naquele solo.

Faço parte deste grupo privilegiado. Viajar alimenta a alma. Se de Fusca, Hércules ou barco... não importa. O importante é sentir o vento no rosto, transformar o desconhecido em sabedoria e desbravar limites. E não existe lugar mais intenso para isso que a Antártica. A Estação Comandante Ferraz foi nossa casa por três dias. Uma casa sagrada, única, indescritível. Um território de paz e ciência, onde a hierarquia não é militar, mas colaborativa. A lei é a da preservação. Não existe ganância nem competição, mas respeito entre as nações.

A Antártica tem papel essencial nos sistemas naturais globais. É um regulador térmico do Planeta, que influencia nas condições climáticas e de vida na Terra. O continente tem as maiores reservas de água doce do mundo, chegando a noventa por cento da água potável do planeta em forma de gelo. Intocáveis são as baleias, os pinguins e as focas. Quem dita as regras é o clima: não existe programação sem saber como está o tempo. No continente Antártico não existe idioma, moeda, nem fuso horário.

Me adaptei àquele estado de espírito, pois quando viajo de Fusca defendo que podemos consumir menos, que podemos viver com menos, podemos rejeitar o supérfluo e evitar o consumo desnecessário. É o que nos ensina a Antártica. A Estação Comandante Ferraz é uma prova disso. A vida por lá é feita de pequenas coisas, pequenos gestos. Vida simples.

Caminhei, fotografei, entrevistei e consumi cada um dos 259.200 segundos que estive lá, como se cada segundo fosse um dólar depositado em minha conta e que seriam perdidos depois que eu fosse embora. Havia uma Agência de Correios na Estação e aproveitei para escrever uma carta para a Gabi e para as minhas filhas, registrando a experiência de ter pisado naquele lugar. A carta chegaria em casa dois meses depois de mim, mas o importante era passar o sentimento daquele momento especial.

No terceiro e último dia, acordamos cedo para ir embora, só que uma tempestade de neve alterou a programação. O navio polar Almirante

Maximiano estava atracado no meio da Baía do Almirantado, em frente à Estação, esperando nosso embarque marcado para o meio-dia. De hora em hora saía uma nova previsão do tempo.

No almoço, revelamos ao chefe da Estação Comandante Ferraz que tínhamos uma garrafa de Cutty Sark na mochila e que seria uma pena ela voltar cheia. Compreensivo, ele pediu para um marinheiro buscar pequenos pedaços de iceberg. Durante o brinde, um pesquisador da USP brincou que não sabia assegurar a idade verdadeira do uísque, mas afirmava que o gelo tinha dois milhões de anos. Em uma pequena cerimônia, recebemos um certificado e um raro e valioso carimbo no passaporte, marcando nossa passagem pelo continente gelado.

Perto das dezoito horas nos chamaram para a praia, onde botes infláveis nos esperavam para nos conduzir até o navio. Em meio a uma nevasca polar, embarcamos no Tio Max. Ninguém sobrevive intacto à Antártica. Saímos melhores.

Foram cinco dias a bordo do Tio Max, viajando pelo Mar de Drake, que liga a Península Antártica ao continente americano. Drake é considerado o "pior mar do mundo" e parece uma passagem para outro universo. Ele lambe os pés da imensidão branca da Antártica, e se num instante guarda todo o silêncio do planeta, no instante seguinte pode ser palco de rugidos dos ventos e tempestades violentas. É tão impactante que quem faz a travessia a bordo de um navio da Marinha Brasileira recebe um Certificado de Bravura.

Mesmo com o Estreito de Drake mais calmo do que o habitual, o navio quebra-gelo, com seus noventa e três metros de comprimento, parecia uma casca de amendoim batendo nas ondas e causando mal-estar em toda a tripulação. Vi marinheiros vomitando, sem conseguir resistir.

Castilla não sentiu nada. Eu só fiquei um pouco enjoado ao receber uma mensagem pelo telefone. Meus amigos se reuniram na Palafita para comer um churrasco e tomaram uma decisão. Gabi não deveria se casar comigo. O argumento era de que time que está ganhando não se mexe e que éramos felizes vivendo juntos, sem registro oficial de casamento.

Gabi estava sobrecarregada com a organização da minha viagem à Antártica e com as festas de fim de ano. Concordou. Eu e meus amigos sempre fomos assim, nos reunimos para decidir coisas importantes em nossas vidas. Mas se Gabi me representou e concordou com eles, estava tudo certo. O sonho de nos casarmos sempre foi muito mais meu do que dela e não era a primeira vez que adiávamos nossas bodas nem seria a última. No futuro a gente resolveria.

Quando nos aproximamos do Cabo Horn, o comandante André Macedo explicou se tratar de uma região de mares revoltos, onde ocorre o encontro das águas dos oceanos Atlântico e Pacífico. Fiquei em silêncio, admirando tudo pela escotilha e pensando: "Cruzei a América do Sul de Fusca para juntar esses dois oceanos e eles já se encontravam no extremo sul da América do Sul".

No dia 21 de dezembro, Castilla completou trinta e um anos. Ainda estávamos a bordo. O comandante mandou preparar um bolo e eu coloquei uma vela do motor do Fusca em cima para cantarmos o "Parabéns a você". Na mala, uma surpresa para o meu copiloto: o livro *Endurance* de Sir Ernest Shackleton, o heroico explorador polar britânico, que liderou três expedições à Antártica no início do século XX. No futuro, Castilla contaria para os netos sobre aquele dia. Um trecho de *Endurance — A lendária expedição de Shackleton à Antártida* deixa clara a emoção sentida em 1905 e atravessa gerações: "A imagem da Antártida cresceu na mente ocidental. É um símbolo do sonho inalcançável, do isolamento absoluto, da mais dura batalha do homem contra a natureza e da medida extrema da capacidade física e mental de uma pessoa. Representa o tipo de teste que, quando se sobrevive a ele, é por um triz — e depois dele se emerge uma pessoa melhor". Durante a madrugada, finalizamos a passagem pelo Drake e entramos nos largos e deslumbrantes canais chilenos, emoldurados por montanhas nevadas e glaciares nas duas margens. No último dia, cruzamos em frente a Puerto Williams, à esquerda do Canal de Beagle. Só ali descobri que Ushuaia na Argentina não é o fim do mundo, como é gritado aos quatro ventos. Pode ser a mais famosa, glamurosa e a mais visitada por turistas. Mas cinquenta quilômetros ao sul existe a verdadeira cidade do fim do mundo: Puerto Williams, que pertence ao Chile.

Desembarcamos no Porto de Punta Arenas em 23 de dezembro, às 11h11. Na bagagem, os certificados de participação da Expedição

Fuscamérica na Operantar XXXIV, além de um diploma pela travessia no Mar de Drake. No porto chileno, nos despedimos com lágrimas nos olhos. Sabíamos que tínhamos vivido momentos históricos e extraordinários.

Antes de partir, fomos até a praça central de Punta Arenas, onde reza a lenda que quem tocar no dedo do pé da estátua de um índio Patagón e fizer um pedido será atendido. Pedi que fosse possível voltar ao fim do mundo, com a Gabi, a Sofia e o Segundinho.

Hora de voltar à vida real, de trocar o navio pelo Fusca e regressar para o Brasil. Ao avistar o Segundinho no estacionamento do aeroporto, observei de longe uma poça sob ele. O óleo tinha vazado. Limpamos o motor, passamos fita tape e completamos o óleo novamente. Ao virar a chave, uma fumaceira branca emergiu pelo escapamento. Mas o Fusca funcionou como um reloginho. Castilla perguntou se deveríamos, ainda, ir até o Ushuaia como tínhamos planejado. Argumentei que voltávamos de um lugar muito além do fim do mundo e que a Gabi me esperava em uma casinha na Barra do Chuí para o Réveillon.

Naquele dia, andamos menos de trezentos quilômetros até Rio Gallegos. A luz do óleo voltou a acender, o que nos fez comprar dois galões de cinco litros como garantia. O velho amigo Segundinho já não era mais o mesmo. O consumo de combustível aumentava e ele perdia muito óleo. Nas infinitas retas da Ruta 3 bateu a saudade. A noite de Natal seria na pequena cidade de Puerto San Julian, no meio da Patagônia. Desde que nos conhecemos, era a primeira vez que a Gabi e eu passaríamos um Natal separados.

Não podia reclamar. Viajava para me encontrar e a saudade era alimento para o amor. Só se sabe o quanto se ama quando se sente saudade. À noite, depois do jantar, peguei uma garrafa de vinho e fui até a praia onde havia uma réplica do navio de Fernão de Magalhães. Fumei um charuto, produzido por cubanos que vivem na Nicarágua, com o sugestivo nome de "Perceverancia". Entre um gole e uma baforada, Castilla me entregou um bauzinho de madeira:

— Este é um *regalo* que a Gabi pediu para te entregar nessa noite — explicou.

Dentro, um bilhete com árvores de Natal e corações desenhados:

"*Meu amor,*

Neste instante, alguns milhares de quilômetros nos separam, mas tu chegaste à Antártica e temos juntos mais um sonho pra riscar na listinha do guardanapo do Café Aquários.

Isso por si só já é um presente, mas queria que nesta noite de Natal tivesse um pedacinho da gente contigo.

Aqui estão um dentinho da Sofia, que mandei pôr em um pingente de ouro, e uma mecha do meu cabelo.

Aproveita cada minuto dessa aventura e volta pra Palafita para continuarmos sonhando juntos!!!

Te amo!

Feliz Natal!

Ass. Gabi."

Obs: e com uma letrinha infantil:

"*Querido Papai*

Te amo muito, que tenha um ótimo Natal e até o Ano-Novo!!!

Sofia."

Fiquei em silêncio por um tempo, enquanto as lágrimas corriam pelo meu rosto. Mais importante que percorrer a América do Sul, conhecer a Antártica, era a felicidade de ter encontrado o amor verdadeiro nessa vida. Eu saía para conhecer o mundo, mas minha maior verdade estava no sentimento pela Gabi.

Combinei com Castilla de sairmos muito cedo na manhã seguinte. Chegaríamos antes do Ano-Novo à Barra do Chuí. A puxada era grande e exaustiva. O sonho antártico com experiências inesquecíveis se distanciava no retrovisor. No dia do Natal percorremos oitocentos quilômetros de San Julian até Trelew, na Província de Chubut.

A Patagônia é mesmo surpreendente, em especial para quem viaja em um Fusca, sem ar nem conforto de um carro moderno. Poderia falar por horas da exuberância do deserto, da emoção de vencer retas intermináveis, dos problemas mecânicos ou do companheirismo de Castilla. Só que o mais impactante era o vento. O famoso e temível vento patagônico. Ele viaja livre pelo horizonte e faz da Ruta 3 uma estrada mítica.

Pela primeira vez não me interessava mais o caminho, eu precisava chegar. Então viajava os dias inteiros e só parávamos para completar o óleo e abastecer. O vento não dava trégua e o motor do Segundinho ficava cada vez mais frágil. De vez em quando éramos ultrapassados por grupos de aventureiros que se equilibravam em sua Harley-Davidson para não serem arrastados pelas rajadas. Pilotavam inclinados, parecendo lutar contra uma curva imaginária, dando a impressão de que era o horizonte que estava enviesado. O vento que mudava de direção e intensidade ao bel-prazer fazia as motos e o Segundinho dançarem no mesmo ritmo.

Pilotar na Patagônia é uma questão de resistência física e psicológica. O perfeito equilíbrio de forças e respeito ao poder e opulência da natureza em estado bruto. Rajadas assobiando pelas ventarolas davam o tom de uma sinfonia que jamais esquecerei.

Logo estaria de volta à Palafita, mas jamais seria o mesmo. Tudo na vida tem seu tempo, e a brancura da Antártica, o vento da Patagônia, a descoberta de Puerto Williams davam a certeza de que o mundo é de quem tem a coragem de abrir a porta de casa e partir. Nas planícies totalmente expostas, o vento frio e seco não encontra obstáculos para desenhar caprichosamente a paisagem, deixando em seu rastro uma terra árida, onde bailam pequenos arbustos.

Segundinho fazia uma força monumental contra o vento e acelerar era forçar o desgaste. Tínhamos que manter a direção, a concentração e o foco. Os guanacos eram as únicas companhias em centenas de quilômetros. Em qualquer lugar do mundo o vento é sinônimo de liberdade, mas o vento gelado da Patagônia produz um desajuste psicológico.

Exuberante, magnânimo, majestoso, assim é o deserto patagônico. O prazer de cruzar por suas estradas na véspera da virada de 2015 era o tempero para aquele ano simbólico na minha vida.

Paramos no acostamento para colher flores. Já havia uma garrafa de água do Oceano Pacífico em nossa casa e agora haveria também um buquê de flores do deserto. Aquelas flores que resistiam às forças dos ventos eram como o nosso amor. Gabi dizia, em nossas conversas por telefone, que nossa viagem alimentava a alma de muita gente que nos acompanhava pelas redes sociais. A cada postagem, centenas de olhos brilhavam, corações palpitavam, rotas de vidas eram recalculadas e alguns sonhos eram tirados da gaveta, inspirados na nossa doce loucura.

Terça-feira, 29 de dezembro, três da tarde, depois de seis dias atravessando o sul da Argentina, chegamos às margens do Rio da Prata com a intenção de cruzar rumo a Montevidéu. Mas alteramos os planos ao descobrir que o Buquebus da meia-noite para Colônia de Sacramento estava custando a metade do preço. Adquirimos as passagens e saímos para desbravar Buenos Aires. Cada esquina da capital portenha lembrava meu pai. Como teria sido se tivéssemos ido à Copa do Mundo de 1978? Talvez o não do meu pai tenha me desafiado a conhecer o mundo.

O relógio marcava a última hora daquele dia quando estacionamos o Segundinho no porão de um navio colossal. Pela escotilha, observei as luzes do Puerto Madero sumindo, e em poucas horas desembarcamos em terras uruguaias. Fomos direto ao Celestino Hostel procurar uma cama para descansar o resto daquela noite. Pela primeira vez em uma viagem, não dormi nenhuma noite dentro do Fusca.

Ansioso para encontrar Gabi e Sofia, acordei cedo no dia 30 de dezembro. Apenas quinhentos e três quilômetros nos separavam. No final daquela tarde poderíamos nos abraçar. Perto do meio-dia, quase chegando à capital uruguaia, reconheci uma estradinha que levava até a chácara Rincón del Cerro. Depois de duas tentativas frustradas de conhecer Pepe Mujica, falei para o Castilla que faríamos um rápido desvio de rota para darmos um abraço no amigo Turco.

Ao nos aproximarmos da casa do ex-presidente, fomos reconhecidos e convidados pelo querido Javier Hernández Dinardi, o Turco, para tomar um mate. Mais do que responsável pela segurança de Pepe Mujica, ele tem o privilégio de compartilhar do cotidiano e do universo particular *"del viejo"*. Além de ser um cara de firmes ideais e dedicação a uma causa, Turco é fã de Raul Seixas.

— *Viniste a ver Pepe?*

Expliquei que estava voltando da Antártica e tinha passado somente para lhe dar um abraço. Então, Turco deu a notícia que não esperávamos:

— *Pero hoy Pepe esta en casa*!!!

Meu coração disparou. Seria um prêmio passar algumas horas com Pepe Mujica ou até mesmo ter uma foto ao lado dele no final daquela viagem histórica. Um momento sublime, a realização de um grande sonho que encerraria o ano com chave de ouro. Incrédulo, com as mãos suando, perguntei ao Turco que horas poderíamos conversar com Mujica, então ele respondeu:

— *Ahora. El esta llegando a tua espalda*!

Olhei para trás e vi Mujica me estendendo a mão.

Turco lhe contou que era a terceira vez que eu tentava falar com ele e que estávamos chegando da Antártica de Fusca. Pepe caçoou perguntando se não trabalhávamos. Pedi uma entrevista para o nosso documentário, então ele respondeu que estava indo para o Senado trabalhar, que nos atenderia no dia seguinte, às quatorze horas. Expliquei que seria véspera de Ano-Novo e que eu havia prometido à minha esposa que estaria com ela na Barra do Chuí.

Com bom humor, Pepe disse:

— *Tres veces para verme y ahora no quiere esperar*?

Respirei fundo e respondi a ele que nos encontraríamos no dia seguinte.

Ele embarcou em seu Fusca azul celeste e partiu rumo ao Palácio Legislativo. Eu dei um abraço de gratidão no Turco e peguei o telefone para avisar Gabi que ela teria que estar em Montevidéu no dia seguinte para viver aquele momento histórico comigo. Gabi, então, escreveu um texto nas redes sociais:

A última parada

(Por Gabi Mazza — Equipe Terra)

Saí de Pelotas na segunda-feira, com a Sofia e a minha mãe, rumo à Barra do Chuí. Nosso plano era ficar em um ponto mais próximo da chegada dos guris, que vinham da Antártica.

Fomos recebidas com um dia nublado, mas em uma acolhedora casinha com ares uruguaios nos extremos sul do Brasil. No dia seguinte, enquanto nos preparávamos para ir à praia, Nauro me liga pelo WhatsApp:

— Falamos com o Mujica, ele disse que nos recebe amanhã, às quatorze horas. Vem pra cá para fazermos juntos a entrevista. Dessa vez vai dar certo!

Gelei. Como assim? Mujica? Amanhã? Essa era a quarta tentativa.

Tem sonhos que parecem inatingíveis. Quando batem à nossa porta, parecem até irreais.

Organizei a Sofia com a mãe e peguei um ônibus no final da tarde no Chuy, com destino a Montevidéu. No trajeto, pensava no que iríamos perguntar a esse cara que traduz o ideal de mundo que sonhamos. São tantas coisas, mas por onde começar?

Desembarquei em uma esquina do bairro Carrasco e fui recebida pelo abraço do meu marido, parceiro, aventureiro. Tão bom! Estávamos longe havia quase um mês. Foi o maior tempo que já passamos distantes.

Com ele estava o Felipe Castilla, seu pai Francisco e a esposa Mirtha, que vivem em Montevidéu e nos hospedaram. Dormimos uma noite curta e ansiosa.

No dia seguinte, a expectativa de que realmente conseguiríamos parecia uma sombra a nos acompanhar. Almoçamos os três no Mercado del Puerto e seguimos no Segundinho, rumo à chácara Rincón del Cerro.

Esperamos alguns minutos, porque ele estava recebendo dois antigos seguranças de sua cota pessoal da Presidência. Pouco tempo depois, esse cara incrível chamado Pepe Mujica foi ao fundo da chácara com uma sacola na mão para colher tomates da sua plantação para a dupla de visitantes. Ou seja, ele era exatamente como imaginávamos.

Em seguida, surgiu caminhando em nossa direção. Os guris apertaram a mão dele. Eu dei um beijo no seu rosto. Estava visivelmente cansado. Ainda não tinha almoçado. Éramos os quintos na agenda daquele dia. Antes dos policiais, uma comitiva de políticos de algum canto da América *latina. Assim é sua rotina.*

Felipe sugeriu fazermos a entrevista ao ar livre, e ele nos dirigiu para uma sombra próxima a sua casa. Nos acomodamos, e ali foram quarenta minutos de intensas lições de vida, liberdade e simplicidade. Ao final, sua esposa, a senadora Lucía Topolansky, apareceu. Uma mulher discreta, que alguns minutos antes terminava de envasar suas conservas de tomate.

A entrevista, e tudo mais, estará no documentário que estamos preparando sobre a Expedição Fuscamérica.

Saímos dali inebriados. Existem alguns raros momentos de nossas vidas que sabemos que estarão conosco até o último dia. Esse foi um deles.

Pegamos a estrada de volta. O Felipe, em um banco improvisado com travesseiros na parte de trás do Segundinho. Eu com o Nauro na frente. O que veio depois foi pura diversão. O Fusca na estrada é sinônimo de alegria.

Parece que tudo é mais divertido. Fomos parados pela polícia, fizemos xixi na beira da estrada, colocamos óleo no motor e contamos piadas sem graça, das quais ríamos até doer a barriga.

O meu relato sobre a última parada do Segundinho é uma forma de encerrar o ano celebrando e agradecendo. "Gracias a la vida!"

Tive o prazer e o privilégio de sair da Equipe Terra e tocar a estrada. É uma sensação de liberdade e leveza. Como disse Mujica, o tempo que temos hoje é sempre o mais precioso, cabe a nós decidir o que fazer com ele.

Foi uma despedida de 2015 para não se esquecer jamais.

Obrigada, Expedição Fuscamérica.

E que venha 2016!

...

E assim, a Equipe Terra deixou de ser virtual e embarcou fisicamente em uma viagem. Se cheguei além do fim do mundo, com a Gabi e a Sofia ao meu lado, alcançaríamos o infinito. À noitinha, chegamos à Barra do Chuí, onde a mãe do Castilla, a Sofia e a mãe da Gabi nos esperavam com uma grande faixa em que estava escrito:

"Bem-vindos ao Extremo Sul do Brasil — Expedição Fuscamérica".

Fogos de artifício espocavam no céu, patrocinados por amigos do Castilla. Tive a certeza de que ele seria o copiloto ideal para as próximas viagens. Voltamos para casa no dia 8 de janeiro de 2016. Livre de todas as amarras, acreditava que em março já estaria nas estradas da América do Sul novamente.

Em 2016 não faltariam estradas, sonhos e realizações. Mas a viagem por "Sete Pátrias" com o Fusca só teria início um ano mais tarde.

Nascimento da Familiamérica

Nauro Júnior, eu te amo!

Tenho um irmão em Pelotas. Já fizemos o DNA do espírito, o DNA de décadas de cumplicidade, o DNA da amizade, o DNA de viagens. E deu igual: o mesmo pai (a estrada) e a mesma mãe (a poesia). Somos tão parecidos que ninguém pode duvidar de nossa alma lírica e peregrina. Nossos rostos se assemelham nas risadas.

Nauro Júnior completa aniversário hoje. Não conheci ninguém mais generoso. Com a boina, a camisa xadrez por cima da camiseta básica, com a barba rala, com o sotaque platino, é um contador de histórias que cria fogueiras em cada esquina. Seu violão é a voz de pescador. É o melhor fotógrafo, e o melhor homem. Pois sempre me olha nos olhos, no fundo do pântano de meus olhos, e pesca a melhor versão de mim.

Leal e atento, Nauro jamais me negou um abraço, e me devolveu quando eu não acreditava mais em mim. Foi de Fusca de Pelotas a Belo Horizonte me levar para a igreja, como um segundo pai. Ele nunca reclamou do cansaço, nunca exaltou as suas façanhas. Vive me dando provas de amor silenciosamente. Desde que trabalhamos juntos na Zero Hora, ele me protege, capaz de entrar em brigas por minha causa, mesmo quando não tenho razão. Ele cria razões para me explicar.

Quando pequeno, eu queria ser escritor para me descobrir nos outros. Quando envelhecer, não desejo ser uma profissão, mas uma família: Nauro, Gabi e Sofia da Palafita, às margens do Arroio Pelotas, em sua casa flutuante, de madeira, onde o que é de um é de todos, e o que é de todos é de Deus.

Fabrício Carpinejar
9 de abril de 2017

No livro *As palavras andantes*, Eduardo Galeano cita o cineasta argentino Fernando Berri em uma definição para utopia: "Ela está no horizonte e serve para nos fazer caminhar". Perseguia minha utopia pelas veias abertas da América do Sul. Entretanto, a conclusão da pós-graduação em Docência em Ensino Superior me inquietava. Só faltava a entrega do Trabalho de Conclusão de Curso (TCC). Eu tinha a certeza de que meu trabalho envolveria fotografia, mas queria um tema de vanguarda.

Ao trocar a inscrição no vestibular para Filosofia, Gabi me condenou a correr eternamente atrás de respostas que me levaram a mais perguntas. E uma das perguntas que me atormentava era: por que temi tanto que as minhas filhas viessem ao mundo sem enxergar? Dane e Sofia nasceram desbravando as luzes do mundo e meu TCC era a oportunidade de exorcizar aquele medo da escuridão que rondava minha mente por anos.

Intrigado, procurei a Escola Louis Braille e propus um curso de Fotografia para pessoas cegas ou com baixa visão. Idealizei um projeto chamado Luz na Escuridão, no qual criei uma técnica de fotografia para alunos deficientes visuais. As aulas tomaram rumos inimagináveis e aprendi mais do que ensinei. Agucei todos os meus sentidos e me dei conta de que se as imagens fossem criadas pelos olhos, nos sonhos não seria possível decifrá-las, pois dormimos com os olhos fechados.

Parecia incoerente um fotógrafo defender que a linguagem visual não era a mais importante manifestação do indivíduo e que ninguém enxerga somente com os olhos. Em março, fui à PUC, em Porto Alegre, de Fusca, para defender o meu TCC. Na tese, argumentei que pessoas cegas eram discriminadas dentro das universidades brasileiras e o ensino excludente não se adaptava para receber alunos com deficiência visual.

O projeto foi indicado para publicação e ganhei um prêmio estadual de inovação na área da Educação. O trabalho acabou se transformando em uma reportagem na TV Globo e as fotos captadas por meus alunos receberam uma exposição itinerante. Compreendi que o medo cegava e não permitia me relacionar com o desconhecido. Temia que minhas filhas não compreendessem a arte com a qual eu me relacionava com o mundo. Eu, que sempre me achei um desbravador, me desconstruí mais uma vez e passei a ver e fotografar com todos os meus sentidos. Dois anos depois de me formar em Filosofia, concluí uma pós-graduação.

Gabi sugeriu uma celebração. Decidimos que estava na hora de levar Sofia para ver o mundo pela janela do Fusca. Como o meu aniversário se aproximava, ela perguntou o que eu achava de dirigir o Segundinho rumo ao Uruguai, no dia 9 de abril. Fui feliz no Fusca azul da minha infância. O meu amor chegou a bordo de um Fusca, e chegamos os três juntos à Palafita de Fusca. Foi em um Fusca que me reinventei no Jornalismo e nada como estrear a Família Fuscamérica em um dia tão especial. Seria uma metáfora da minha existência.

Era uma sexta-feira quando buscamos Sofia na escola com o bagageiro carregado de sonhos. O farfalhar do motor me fazia lembrar das vezes em que caminhei pelo mundo enquanto elas me esperavam em casa. Gabi viveu cada história com o coração cheio de ansiedade, mesmo estando na Palafita. A vida é isso. Tive que me entender e sentir segurança. Nada nesse roteiro acontece por acaso. Com as ventarolas abertas, arejamos a alma. E com elas, a América do Sul tinha mais cores.

Andar devagar para degustar o caminho, este era o conceito que nascia na nossa primeira viagem em família. *Travel in slow car* era mais do que um conceito. Era um modo de vida criado por nós. Ao cruzar a fronteira, passamos a explorar aquele pequeno rincão, vasto de horizontes e suavemente ondulado. Acampamos em praias desertas e visitamos balneários badalados. Serpenteamos o aconchegante litoral uruguaio até alcançar Montevidéu, onde reencontramos nosso amigo Turco que, com sua esposa Dinôra, passou a ser nossa família castelhana. Ao nos rever, Mujica perguntou, em tom de brincadeira, se só andávamos pelo mundo de Fusca e não trabalhávamos. Gabi reencontrou o velho homem que tanto nos inspirava. Sofia, aos onze anos, finalmente conheceu *"el viejo"* que, ao abraçá-la como um avô, comentou:

— *Qué hermosa Sofi, es preciosa*!!!

Pepe Mujica assumiu o banco do motorista do Segundinho e deu uma volta com dona Lucía e a Sofia na carona. Um momento para guardar na memória de um porta-retratos.

De Montevidéu, rumamos a Colônia de Sacramento, a cidade mais portuguesa do Uruguai, e de lá, em uma decisão intempestiva, daquelas que a gente só toma quando está muito feliz e confiante, decidimos colocar o Segundinho no Buquebus e navegar de ferryboat até a Argentina. O sol mergulhava no Rio da Prata e as belezas *al otro lado del rio* emolduravam aquele mar de possibilidades. Diferente da pacata Colônia, a capital argentina é acelerada. Turistas e selfies por todos os lados. Depois das burocracias de cruzar mais uma fronteira internacional, com paciência garantimos um valor justo na compra de pesos argentinos. Quando se está viajando por muitos países, sempre se tem a impressão de estar sendo enganado na hora do câmbio.

Nos acomodamos em um hostel barato na Recoleta e saímos para desbravar. Queríamos conhecer a tradicional Livraria Ateneu, templo literário erguido em um antigo teatro. Estacionamos o Segundinho em frente à porta, o que combinou com a arquitetura art déco da livraria considerada uma das mais lindas do mundo. Imaginamos que, no futuro, o livro da Expedição Fuscamérica poderia ocupar aquelas emblemáticas estantes. O primeiro dia terminou com uma foto noturna no clássico Obelisco, principal referência da cidade.

Com poucos dias para aproveitar, acordamos cedo e logo nos integramos às largas e cosmopolitas avenidas portenhas. Segundinho parecia ter nascido ali, de tão adaptado à paisagem. Estampada na parede de um café, uma frase do escritor argentino Julio Cortázar nos definia: "*Andábamos sin buscarnos, pero sabiendo que andábamos para encontrarnos*". Visitamos o icônico Malba — Museu de Arte Latina de Buenos Aires, cientes de que certos acontecimentos fariam, para sempre, diferença na vida de uma adolescente. Estar em frente às telas de Tarsila do Amaral, Diego Rivera, Frida Kahlo ou Portinari oferecia a verdadeira necessidade da arte. Diante do Abaporu ou do autorretrato de Frida, compreendemos melhor as imperfeições da beleza e da dor. As miscigenações e desigualdades sociais da América Latina estavam implícitas em cada obra espalhada pelos quatro andares do Malba. A arte serve para encher a alma de beleza e a consciência de desconforto. Saímos nos perguntando "o que estamos fazendo para mudar o mundo? Existe arte no que fazemos? O que deixaremos de legado?"

Visitamos o Cemitério da Recoleta, andamos por Puerto Madero, La Boca, Caminito, flanamos por La Calle Florida e pelos bosques de Palermo. Fotografamos o Segundinho em frente ao pulsante estádio La Bombonera e na Casa Rosada. Permitimos nos perder e riscar as artérias coloridas da capital, onde o sangue portenho se espalhava por nossas veias. Passei a ouvir o timbre do motor do Segundinho como um tango de Gardel que remetia a voz do meu pai dizendo que a Argentina era muito longe para ir de Fusca. Um ciclo se fechava, e o filho, que agora era pai, levava a filha caçula ao palco da Copa do Mundo de 1978. Pelas ondas do rádio, Fito Páez cantava "*El amor después del amor, tal vez se parezca a este rayo de sol*". Aquele cheiro de Fusca, o sonido de um rádio AM, um ritual que rememorava a manhã de sol no Morro do Lampião. Ao embarcar no Fusca do meu pai aos três anos de idade, aprendi que o mundo era um grande mistério a ser desvendado. Ao dizer que não dava para chegar à Argentina de Fusca, meu pai me entregou uma bússola que conduziu meu destino aos limites do impossível. Em nenhum momento tive traumas com meu pai. Pelo contrário, ele foi maravilhoso e me ensinou que os "NÃOS" também são formas de amor e de transformação. Meu pai me ofereceu o amor muito antes do amor.

Pelas avenidas, museus e parques, nosso Fusca parecia fazer parte da paisagem. A cada sinaleira, sorrisos, buzinas e acenos para nossa singela Expedição. Foi muito bom estar em Buenos Aires e mostrar para as minhas filhas que com perseverança a Argentina não é tão longe para o Fusca da família. Talvez esse livro pudesse terminar aqui. Mas ainda tínhamos muito a viver, muito a dizer.

Gabi produziu um diário de bordo com dicas de viagens e emocionou a todos com o relato do encontro entre Pepe e Sofi. Percebi que havia viajado com a copiloto dos copilotos: Gabi, o meu amor, definiu rotas no GPS com precisão, se preocupou com o bem-estar da Sofia, fez mate, leu o livro de Manuela d'Ávila em voz alta e, quando a viagem ficou monótona, colocou para tocar uma playlist de fazer inveja a DJs latino-americanos.

Meu amigo, se você tem alguma dúvida sobre a solidez do seu casamento, convide seu amor para uma grande viagem. Se for uma viagem de avião, e o destino for Paris, alguma dúvida prevalecerá. Mas se a pessoa amada viajar em um Fusca 1968, privada de conforto, por estradas desertas do interior do Uruguai e chegar à noite com alegria e disposição para tomar uma Patricia gelada, comer uma *parrilla* e ainda esbanjar sorrisos, meu bom amigo... você descobriu o amor que vai ficar a vida toda ao seu lado. Com sabedoria pré-adolescente, Sofia foi autora da melhor reflexão. Já retornávamos para casa quando ela, inclinada entre os bancos, comentou: "Papai, normalmente as pessoas viajam para ir de um ponto ao outro, mas de Fusca a gente viaja junto com a viagem. Dá pra observar as paisagens devagarzinho e conviver com as coisas à nossa volta". Fiz um retrospecto relâmpago do que eu já tinha vivido em meio aos Fuscas de minha vida e concluí que, independentemente de Sofia gostar ou não desse veículo, eu estava deixando um legado de simplicidade e sonhos para ela. A Expedição Fuscamérica não tinha cambiado somente a minha vida, mas a de toda família e das pessoas que se inspiravam nessa eterna e louca viagem.

Ainda em terras uruguaias percebi várias chamadas ao telefone, mas todas devidamente ignoradas. Com a persistência das ligações, Gabi me convenceu a atender, pois podia ser alguma urgência. Com o celular em viva voz, reconheci Marcus Spohr, ex-colega que coordenava o curso de Jornalismo da Universidade Católica de Pelotas. Disse que estava montando uma nova equipe de professores e precisava saber se eu havia concluído a pós-graduação. Queria me convidar para a vaga de professor nas cadeiras de Fotografia na universidade. Logo eu, que mal me imaginara em um banco de faculdade como aluno, agora era convidado para ser professor universitário. Nosso último dia de acampamento foi no pátio emprestado de uma casa na Barra do Chuí. O verdadeiro extremo sul do Brasil é daqueles lugares singelos no mundo. O silêncio da luz do farol. O som ritmado do mar. As ruas de chão batido. O sotaque autêntico da última fronteira. A estrada nos trouxe paz naquele hiato de felicidade em família. O corpo dos desbravadores tem mente e corações arejados.

Ao chegarmos à Palafita, na rádio Belchior cantava com voz fanhosa: "Não quero o que a cabeça pensa, eu quero o que a alma deseja". Seguiríamos mirando horizontes e arquitetando novos roteiros. Queríamos um mundo de simplicidade dentro do Fusca, onde as fronteiras significassem conexões, em vez de divisões. Onde as dores do mundo espiassem pela fresta, oferecendo paz e amor para seguir. Almejar sucesso, dinheiro e seguidores nas redes sociais? Não. A vida é melhor se vivida organicamente.

Ao chegarmos ao nosso marco zero, mais uma surpresa. Nosso querido amigo Duda Keiber, que no ano seguinte seria o copiloto em uma viagem até o Rio de Janeiro, trouxe um Fuscão preto ano 1982 e presenteou Sofia. O carro havia acompanhado os Keibers por anos, e nele Duda levara Mariana, sua amada, para dar à luz os filhos Pedro e Johan. Duda queria dar um fim nobre àquela lata velha porque precisava desocupar a garagem para estacionar o carro novo da família. Sabia que presenteando a Sofia daríamos um jeito de ressuscitar a relíquia que se encontrava em estado lastimoso. No futuro, metade do Fuscão preto viajaria por dezessete países como parte da caravana Fuscamérica.

Fui convocado para uma reunião com a coordenação do curso de Jornalismo na reitoria. Muito lisonjeado com o convite, contei que minha vida tinha tomado um novo rumo e que não me via mais com um crachá no pescoço cumprindo horário. Ser professor da universidade iria frustrar meu plano de viajar. O reitor, José Carlos Bachettini, sentenciou que não aceitava um não. A intenção da universidade era contratar professores que tivessem experiência prática na profissão e a Expedição Fuscamérica era um ótimo exemplo de projeto de jornalismo de vanguarda. Bachettini jurou que eu não precisaria parar de viajar e que com a evolução dos cursos superiores em EAD (Ensino a Distância) eu poderia ministrar aulas de qualquer lugar do mundo, tendo a diretora do curso, Cristina Porciúncula, como um anjo da guarda a me prestar suporte. Quando estivesse na cidade, eu levaria os alunos para as aulas práticas e vivências na profissão. Saí da conversa contratado como professor nas cadeiras de Imagem do curso de Jornalismo da Universidade Católica de Pelotas, o mesmo curso em que a Gabi se formou jornalista.

Nem nos meus mais loucos devaneios pensei que um dia seria professor. De onde vim, criança que não ia bem na escola tinha que trabalhar. Era essa a regra. A vida foi bruta e poucos amigos de infância chegaram a completar o Ensino Médio. O mundo nunca foi gentil com a mão de obra barata. A luz me alforriou. Me tornei fotógrafo. Descobri que queria ser fotojornalista. Queria mudar o mundo através das imagens. Para entrar em um jornal não bastava o conhecimento técnico, "tinha que ter faculdade". Cursei uma somente por isso. Professores sempre foram seres extraordinários que transformam vidas. Cursei Educação Artística aos vinte e três anos, mas só aos quarenta e três recebi um diploma em Filosofia. O menino que assinou carteira aos doze anos driblou o destino ao exercitar o pensamento crítico. Por que estou pensando sobre tudo isso? Porque agora eu poderia devolver um pouco da inquietude da minha alma aos estudantes. Cada professor que passou pela minha vida me transformou. Eles me mostraram que existia vida além do chão de fábrica. Eles disseram que a única coisa que me libertaria era o conhecimento. E estavam certos. Decidi que não viajaria mais naquele ano para poder me dedicar às aulas. Queria oferecer o melhor de mim a meus alunos.

Convidei Fabrício Carpinejar para ministrar uma palestra na faculdade. Carpinejar foi meu colega no jornal *Zero Hora* e se transformou em um dos mais renomados escritores e poetas contemporâneos do país. Foi um sucesso. E em uma parrillada após a palestra, Carpinejar confessou um desejo especial.

— Nauro, meu querido. Encontrei a mulher que despertou o meu melhor poema. O grande amor da minha vida. Vou casar com Beatriz no dia 18 de novembro e ela vai chegar à igreja em um clássico Chevrolet Bel Air vermelho. Eu pretendo demonstrar toda minha humildade chegando no teu Fusca para o grande dia.

Nem titubeei. Disse a ele que seria uma honra viajar a Porto Alegre para compartilhar esse momento tão especial com meu velho amigo. Mas Fabrício me corrigiu: "Beatriz é mineira e o casamento será no dia 18 de novembro em Belo Horizonte". Enquanto ele contava que a celebração seria feita pelo padre Fábio de Melo, seu amigo, e descrevia a arquitetura gótica da Basílica de Nossa Senhora de Lourdes, na capital mineira, eu só pensava que havia prometido aos meus alunos não viajar mais em 2016. Mas como negar o pedido de um amigo?

A Expedição Fuscamérica sempre navegou para os lugares mais distantes em busca de grandes histórias. A simplicidade e a superação dos limites do impossível sempre pautaram nossos destinos. Mas em

2016 o amor em sua forma mais plena havia surgido nos horizontes do Segundinho. Se em abril tínhamos embarcado em uma viagem de descobertas em família, Belo Horizonte despontava como uma missão diplomática em nome do amor e da amizade.

Desde a época em que trabalhamos juntos no jornal *Zero Hora*, estive envolvido em incríveis enrascadas ao lado de Fabrício. Lembro da vez que no Alegrete quase fomos presos porque ele queria pintar as unhas em um salão de beleza. Naquele rincão distante, salão de beleza era coisa de mulher. Tive que contornar a situação do meu excêntrico amigo. Lembro que chorei silenciosamente quando ele escreveu de próprio punho, em um guardanapo de papel, um prefácio para o *Andanças imaginárias*, dizendo coisas sobre mim que nem eu mesmo sabia. Nossa relação foi forjada na estrada, nas risadas, nas viagens poéticas em busca da beleza interior que habitava os confins do Rio Grande do Sul.

A vida seguiu seu fluxo, e no fim do outono recebemos um jovem casal em período de transição de suas vidas. Arthur Chacon e Sophia Reis, inebriados por planos, sonhos e dúvidas, criaram a Expedição Caudalosa América para desbravar o mundo a bordo de uma Land Rover Defender herdada do pai dela. A casinha de hóspedes erguida em 2010 para receber meus pais estava desocupada desde o diagnóstico de Alzheimer do velho Nauro. Então a transformamos em um porto seguro para aventureiros, pois sabíamos o significado de um banho quente, uma cama limpa e uma máquina para lavar roupas de expedicionários em missão. Chegaram para dormir uma noite, mas se apaixonaram por Pelotas e acabaram ficando dez dias. O que desfrutamos juntos nos deu a certeza de que a solidariedade forja amizades sólidas.

O inverno caiu sobre Pelotas e as aulas na universidade passaram a ocupar a maior parte do meu tempo. Contei aos alunos que uma incursão de Fusca até Minas Gerais, na primavera, seria uma oportunidade para colocar em prática o jornalismo autoral. Convidei a todos para participarem da viagem virtualmente. Durante uma semana teriam intensas aulas on-line, às quais, como um correspondente, eu enviaria conteúdo. Eles, como editores, abasteceriam as redes com os relatos. Enquanto nos organizávamos, chegou o convite para o casamento em forma de livro, no qual Carpinejar publicara as cartas de amor dedicadas a Beatriz durante o namoro. Como nossa pequena estava em aula e a Satolep Press não podia parar, combinamos que eu venceria os mais de dois mil quilômetros de Pelotas a Belo Horizonte pilotando o Fusca. Gabi e Sofia chegariam de avião à capital mineira na véspera do matrimônio. Mesmo se tratando de uma viagem rápida, é essencial escolher rotas e planejar cada detalhe. Com o Fusca revisado, lavado, polido e cheiroso, embarquei minha fatiota e os vestidos longos das gurias. Quando cruzei Porto Alegre, a lua cheia emoldurava a Estátua do Laçador. Aquela centelha de luz da lua seria minha energia para seguir viajando até tarde daquela noite. Preparei um mate e segui. As luzes bruxuleantes dos faróis, o barulho do pneu no asfalto, um charutinho de vez em quando para saciar a fome. Depois de quatrocentos e trinta quilômetros, em Santa Catarina busquei um hotelzinho de beira de estrada, onde desmaiei de sono. Acordar cedo, revisar o óleo, preparar um mate novo e voltar para a estrada era o objetivo do segundo dia. No banco de trás, o tradicional carregamento de Biscoitos Zezé e alguns Pomelos para matar a fome e a sede.

Próximo a Florianópolis, um carro deu sinal de luz, com o motorista em frenesi pedindo para eu estacionar no acostamento. Pensando em algo errado, obedeci. Wemerson Fernandes, mineiro que vivia na capital catarinense e trabalhava como barbeiro, era apaixonado por carros antigos. Só queria conhecer nossa história e tirar uma foto. Aproveitei e pedi para ele dar um trato no meu visual, afinal eu estava indo para um casamento chique. Ali mesmo, sentado no para-choque, às margens da BR-101, ele sacou as ferramentas e fez barba, cabelo e bigode, para o delírio dos caminhoneiros que passavam buzinando. A PRF foi conferir o que estava acontecendo e acabou sinalizando a estrada para que pudéssemos cuidar da aparência com tranquilidade em nossa barbearia improvisada. Depois da confraternização estética, pelo retrovisor vi que o barbeiro entregava seu cartão para os patrulheiros, aliciando novos clientes. Assim, deixamos mais uma história a ser contada pelo caminho.

Em Registro, já em São Paulo, dormi a segunda noite. No saguão de um pequeno hotel, bati um papo com os alunos. Enviei um diário de bordo e as imagens do dia para que as redes sociais fossem atualizadas.

Cruzar a cidade de São Paulo de Fusca é sempre tenso, e essa era a principal missão do terceiro dia. As perimetrais gigantes, as marginais que cortam a maior cidade da América Latina e os motoristas que sempre têm pressa são elementos assustadores para um Fusquinha de cinquenta anos. Mesmo espremido naquele trânsito louco, me sentia poderoso no comando da minha espaçonave. Às quatro horas da tarde, risquei mais um estado brasileiro no mapa da Expedição Fuscamérica. Entrar em Minas Gerais de Fusca foi como voltar às aulas de Geografia da quinta série: os planaltos escarpados, o sotaque do mineiro que acalenta a alma, o cheiro dos cafezais. A poesia de Drummond, o branco e preto de Sebastião Salgado. Aleijadinho e Tiradentes. Em Três Corações, parei para uma foto do Fusca na estátua de Pelé.

Hipnotizado pelas Minas Gerais dos livros que li, nem percebi que tinha rodado mais de setecentos quilômetros. Pernoitei em Betim, numa hospedaria de caminhoneiros em frente à fábrica da Fiat. Comi frango com quiabo, vaca atolada e tutu de feijão. De sobremesa, um doce de abóbora com pãezinhos de queijo. O hotelzinho era humilde, mas servia um café da manhã capaz de despertar a felicidade no caminhoneiro mais raiz. Tentei visitar a fábrica de automóveis da Fiat naquela manhã. Apesar de o Fusca fazer sucesso entre os trabalhadores na portaria, a entrada foi vetada. À tarde, busquei as meninas no aeroporto, e de lá fomos para o Mercure Belo Horizonte Lourdes Hotel, onde Carpinejar e seus convidados se hospedavam. Formou-se uma aglomeração na portaria para conhecer o Fusca que havia viajado mais de dois mil quilômetros em nome da amizade. Pensando se tratar de alguma celebridade, o garçom me trouxe um drink e petiscos de boas-vindas. O manobrista se prontificou a estacionar o carro famoso, mas, ciumento que sou, não entreguei a chave. Com quarto climatizado e wi-fi de qualidade, aproveitamos o resto do dia no hotel para relaxar e atualizar as redes.

As meninas marcaram o salão de beleza no hotel; eu agendei o embelezamento do Fusca em um lava-jato. Atores e cantores, celebridades e subcelebridades circulavam pelos corredores. Faltando menos de uma hora para a cerimônia, o elevador se abriu e o saguão foi iluminado pelo brilho apaixonado do noivo. Vestindo uma casaca marrom com mangas bufantes estranhamente linda, acompanhado pelos filhos Vicente e Mariana, ele se equilibrava em uma bengala de madeira rumo ao Fusca que o esperava na porta de vidro do luxuoso hotel. Na tarde morna de primavera, uma aglomeração de paparazzis, videomakers, padrinhos e convidados se formou para assistir à sua entrada no carrinho humilde que atravessara o Brasil. Gabi e Sofia nos escoltariam de táxi até a igreja.

Liguei o motor para percorrer os cinco quilômetros que separavam o hotel da Basílica Nossa Senhora de Lourdes. Com o coração palpitante de ansiedade, Carpinejar notou as primeiras gotas de chuva que caíram sobre o para-brisa e logo se transformaram em uma chuva torrencial. O trânsito de BH imediatamente virou um caos. Um trajeto simples passou a ser de tensão, congestionamento, poças d'água e vidros embaçados. Os cinco minutos de deslocamento se transformaram em quase meia hora. Nada é fácil para quem decide ser simples. Se estivesse em uma limusine, meu amigo teria mais conforto, mas o que importava naquele instante era o destino. E o Fusca chegaria ao mesmo destino, só que com emoção. A vida é breve demais para não ser especial e intensa. Aquela chuva caindo, a dificuldade de chegar ao momento mais importante da vida... tudo comprovava que a felicidade é um lugar penoso de alcançar. Agradeci ao Fabrício por estar ao seu lado. Relembramos que nos tornamos amigos quando Mariana era ainda um bebê. Ele era só um repórter, meu amigo Fabro. Sempre foi um homem cheio de trejeitos que passou a vida se reinventando. Admirava aquela alma sensível do Fabrício poeta e escritor, do Fabrício carente, do Fabrício fiel aos amigos. Cruzei o país para levá-lo para o sim mais importante da sua vida. Como um irmão, um cúmplice.

Os olhos de Fabrício brilharam no altar quando Beatriz caminhou pelo corredor da Basílica, integrando-se em proporção e harmonia à beleza gótica do templo. No sermão, padre Fábio de Melo traduziu o amor citando o filósofo judeu Martin Buber que, de maneira muito sofisticada, diz que no encontro de duas pessoas nasce filosoficamente uma terceira. E que a existência dessa terceira pessoa depende da intensidade das relações que o casal estabelece. Temos que alimentar essa pessoa com amor diariamente. De mãos dadas com a Gabi em um dos bancos da catedral, estava certo de que nossa terceira pessoa tinha existência própria e era muito feliz pela relação que havíamos construído. Gabi e eu, tão diferentes e tão iguais nessa terceira pessoa.

Não era amor de conto de fadas. E faltava um dia a gente também realizar o sonho de se casar. Um dia, quem sabe?

Depois da inesquecível celebração ao amor, Beatriz e Fabrício entraram no Chevrolet Bel Air vermelho que brilhava com a luz da noite e as gotas da chuva. Escoltados pelo Fusca, partimos em caravana para uma festa alucinante nos arredores de Nova Lima, mas o Fusca perdeu forças na subida e teve dificuldade em alcançar o carro dos noivos. Cada detalhe da festa havia sido pensado com carinho e cuidado aos mais de quinhentos convidados. Tivemos a sorte de dividir a mesa com o escritor e jornalista mineiro Afonso Borges. A sintonia foi tanta que o presenteei com minha gravata de seda vermelha que um amigo havia me trazido da VW na Alemanha, bordada com dezenas de Fusquinhas de todas as cores. Luana Piovani cantando Legião Urbana em homenagem aos noivos foi um dos pontos altos da noite. Em um discurso poético, Fabrício agradeceu a Beatriz por ser o seu melhor poema.

Gabi, Sofia e eu nos esbaldamos na pista de dança até o amanhecer. Meu mais novo melhor amigo, Afonso Borges, definiu aquele momento de celebração: "Foi uma noite de sintonia fina entre amor, amizade e confraternização. Coisas raras de andarem juntas". As gurias só voltariam para casa na segunda-feira, o que nos permitiu aproveitar o final de semana para desbravar Belo Horizonte de Fusca. No sábado, almoçamos no Mercado Central e à tarde visitamos a Praça da Liberdade. À noite, percorremos o bairro Savassi, repleto de restaurantes e bares com o melhor da culinária mineira. No domingo, Carpinejar nos convocou para um almoço com seus familiares. No meio da tarde embarcamos em direção à Lagoa da Pampulha. Algo me dizia que o Fusca não estava bem. Fizemos a foto oficial da viagem em família na Igreja da Pampulha, concebida por Oscar Niemeyer em linhas onduladas, com mosaicos azuis de Paulo Werneck e pinturas de Candido Portinari. Em seguida, uma nova foto em frente ao Estádio Mineirão, local onde o Brasil levara 7x1 dois anos antes. Passamos a tarde ensolarada conhecendo o complexo da Pampulha e já era noite quando chegamos ao hotel cansados.

Na segunda-feira, deixei Gabi e Sofia no portão de embarque do aeroporto de Confins e parti rumo à Rodovia Fernão Dias. Marcamos de nos reencontrar na madrugada de terça-feira em casa. Pretendia bater todos os meus recordes percorrendo dois mil e duzentos quilômetros o mais rápido possível. O plano era cruzar São Paulo ainda naquela noite, dormir em um posto de combustível para, no segundo dia, dirigir até em casa. O som do motor do Fusca é música para os meus ouvidos, e nos primeiros quilômetros prefiro nem ligar o rádio para identificar eventuais barulhos novos. Algo estranho acontecia e eu não gostava do que ouvia. Depois de uns cem quilômetros, parei em um posto de combustível para uma revisão e notei que a correia do alternador estava soltando pedaços. Como sempre carrego uma de reserva, fiz a troca. Antes de seguir viagem, consegui ler algumas mensagens no Facebook. Um seguidor da Expedição, chamado Jonatas Miguel, morador de Lavras, a duzentos e cinquenta quilômetros de BH, disse que estava acompanhando a viagem e queria me encontrar às margens da rodovia para tirar uma foto. Perguntei se ele poderia comprar uma correia nova, já que eu estava usando a reserva. Para meu desespero, o barulho ficava cada vez mais estridente e metálico. Ao avistar alguém acenando ao lado de um Fusca branco debaixo de um viaduto, tive a sensação de oásis. Jonatas disse que o Clube do Fusca de Lavras queria fazer uma caravana para me encontrar, mas como era segunda-feira e a maioria estava no trabalho, ele vinha representando a entidade mineira. Jonatas contou que nos acompanhava pelas redes sociais desde a viagem à Antártica e que queria fazer sua primeira viagem de Fusca, inspirado pela Expedição Fuscamérica. Ficamos um tempo conversando. Minutos de risadas e planos sob o viaduto. Saí dali pensativo. É através desses encontros que reafirmamos a nossa essência. A vida é uma troca. E as boas relações são horizontais como o rumo ao sul do mundo que seguia me guiando. Ele ainda disse que a correia era um presente do Clube. Antes de sair, vi que a correia reserva também estava esfarelando. Com um calor de derreter, rodei mais cem quilômetros até uma nova parada para esfriar o motor. Foi quando avistei uma placa: "Varginha a 15 km".

Não teria outra oportunidade de conhecer a cidade do ET. E o que eram quinze quilômetros para quem pretendia rodar dois mil duzentos e vinte em dois dias? Entraria na cidade, tiraria uma foto e partiria. É foi o que fiz. Só que Varginha fica no alto das montanhas. Tive que forçar o motor para chegar. Varginha é referência na produção de café, mas ficou conhecida internacionalmente pelo suposto aparecimento de criaturas e objetos voadores não identificados, no mesmo ano em que fui morar em Pelotas. A cidade soube aproveitar turisticamente o evento, espalhando bonecos do ET de Varginha por todas as ruas. O reservatório central de água tem a forma do OVNI gigante que teria sido avistado sobrevoando o município em 20 de janeiro de 1996. As lojas vendem réplicas do alienígena descrito na época por dois agricultores locais. Numa dessas lojas, comprei uma estátua do ET de Varginha com trinta centímetros de comprimento para dar de presente à Sofia.

Nunca fui supersticioso, mas depois que aquele ET embarcou na carona, os problemas aumentaram. Nos quinze quilômetros de volta à rodovia principal, o barulho se intensificou, até que estourou a segunda correia. Parei no acostamento para substituí-la e notei uma folga enorme nos rolamentos do alternador. Já era fim da tarde quando ouvi um estouro. Pelo retrovisor, notei muita fumaça saindo do motor. Não queria acreditar nem entrar em pânico. Logo descobri sob a tampa traseira que, além da correia, a polia do alternador tinha se estilhaçado. Para quem está na estrada de Fusca, o tempo tem outra dimensão. Não podemos almejar o tempo do mundo agitado. Nosso tempo é o das câmeras analógicas, o de antigamente. Sozinho nos meus pensamentos em algum lugar do sudoeste mineiro, percebi que não chegaria em casa na terça-feira como combinado. Um carro estragado à beira de uma estrada costuma estar à espera de um guincho de seguradora. Mas um Fusca parado à beira de uma estrada é uma oportunidade de encontrar novos amigos. Não demorou cinco minutos e já havia uns quatro carros velhos na minha volta dando opiniões e indicação de mecânico. Um Fusca tripulado por uma família de evangélicos desviou a rota da igreja para rebocar o Segundinho com uma corda azul de nylon e nos deixar em segurança em um posto de combustível. Convocado pelos meus novos amigos, o mecânico André apareceu acompanhado de seu assistente e cunhado Raul. Diagnosticaram que o alternador estava esbodegado e que a folga nos rolamentos tinha espatifado as três correias, moendo todas as peças internas do gerador de energia. A oficina do André ficava a mais de vinte quilômetros da rodovia. Numa decisão de principiante, preferi ir rodando para poupar o dinheiro do guincho. Acabou me custando bem mais caro e fazendo Pouso Alegre se tornar inesquecível na minha vida.

O Fusca ficou hospedado na Auto Mecânica Center e eu em um hotel. Na terça-feira pela manhã, André recebeu um alternador novinho em folha, vindo de Belo Horizonte, a quatrocentos quilômetros de distância.

A peça chegara ao final da manhã com um ônibus. Mesmo depois de instalada, o motor não roncou. Mais um diagnóstico. O motor já vinha aquecendo pelos problemas no alternador que, somados a minha resistência em pagar o guincho, superaqueceu e perdeu a compressão. André e toda sua equipe abandonaram os carros e caminhonetes da oficina para se dedicar exclusivamente ao Fusca. Ao me lembrar de um argumento que minha mãe usava para justificar os sessenta anos de casada com meu pai, compreendi porque Carpinejar desejou tanto chegar em um Fusca para se casar.

— Meu filho, eu sou de um tempo que quando alguma coisa quebrava a gente não jogava fora. Se arrumava. O amor precisa ser consertado todos os dias.

Contemplando o Fusca em meio a uma oficina de uma cidade que jamais imaginei incluir nos roteiros, tinha uma única certeza: só sairia dali com o carro consertado. Não era um carro qualquer que a seguradora manda outro de reserva para seguir viagem. Não era só um Fusca, mas um símbolo do que me transformara. Levasse o tempo que fosse necessário, eu estaria lá até consertá-lo. Esperaria para que ele fosse comigo em direção aos meus amores, sonhos e destinos. As relações precisam ser consertadas. O amor precisa ser consertado. E para chegar em casa, o Fusca precisava ser consertado.

Fabrício, em lua de mel, vivia a felicidade de quem tira um carro importado da concessionária. Mas no casamento, depois da viagem de núpcias, teria de amar como quem anda de Fusca. Sem seguro, às vezes desconfortável, parecendo lento, mas sem abandonar. Quando estraga o Fusca ou o amor, temos de consertar para seguir juntos. O que importa no Fusca e no amor é a viagem, e não o destino. Já era noite quando paguei o conserto em cinco vezes no cartão. Um alternador novo, um pistão furado, retífica nas tampas de cilindro, duas camisas novas, uma troca de anéis e um dinheiro que não estava no orçamento. Com o motor parecendo um reloginho, o mecânico André, sua esposa Andréa e o filho de cinco anos posaram ao lado do Fusca para uma foto com os funcionários que trabalharam noite adentro para ajudar o expedicionário que fora a Minas Gerais levar um noivo para casar. São pessoas assim, que param tudo que estão fazendo em nome da solidariedade, que ficam para sempre em nossas vidas. Dirigi naquela noite até as quatro horas da manhã. Em um posto de combustível na Marginal Tietê, avistei uma viatura da Rota e supliquei para que os policiais me levassem ao hotel mais barato de São Paulo. Fui parar em um pardieiro na emblemática confluência da avenida Ipiranga com a avenida São João, eternizada na música de Caetano Veloso.

Dormi poucas horas, mas um sono suficiente para me permitir dirigir mais um dia inteiro. Na saída de São Paulo, perdido, acabei na Rodovia do Imigrante com seus quarenta e quatro viadutos, sete pontes e quatorze túneis, pagando o pedágio mais caro do Brasil e indo parar na Baixada Santista. Foram mais de oitocentos quilômetros até a Pousada Herbário, na praia da Guarda do Embaú, em Santa Catarina, onde dormi a última noite da viagem a convite do amigo Marquinhos. Depois de onze dias de estrada, cruzando cinco Estados, e quase cinco mil quilômetros rodados, o Segundinho descansou em frente à Palafita. Ao entrar na porteira, já na madrugada de sexta-feira, uma angústia invadiu meu peito ao avistar aquele Fuscão preto do Duda Keiber definhando como um fantasma na escuridão da noite. Fusca foi feito para fazer história e aquele Fuscão preto iria morrer ali, atirado. Lembrei que Sofia havia comentado que o Segundinho estava ficando pequeno para nós três e tomei uma decisão radical: "Vou cortar esse Fusca ao meio e fazer um reboque para carregar nossas bagagens nas próximas viagens". As meninas já dormiam quando entrei em casa e acomodei a estátua do ET de Varginha carinhosamente na cabeceira da cama da Sofia. Com o bagageiro cheio de histórias, dei um beijo na Gabi e combinamos que eu contaria toda a saga da viagem no café da manhã.

Em 2016 carimbamos a essência do amor no passaporte da Expedição Fuscamérica. Em 8 de janeiro de 2017 eu partiria com um novo copiloto para desbravar as veias abertas da América Latina por Sete Pátrias em um Fusca, um compromisso ao qual eu não poderia faltar. Fui despertado na manhã pelo choro compulsivo da Sofia. Indignada, queria saber quem tinha colocado um monstro horrível em sua cabeceira. Tentei explicar, mas ela continuou odiando o presente. Definitivamente, nunca deveria ter entrado naquela cidade para dar carona ao ET de Varginha. Agora era esperar pelo dia 8 de janeiro para correr atrás de novas utopias que nos esperavam no horizonte. Viva o Amor — o terceiro elemento revelado pelo Fusca.

Sete pátrias em um Fusca

Bem-aventurada é a Palafita do Arroio Pelotas, pois é nela que nascem todos os meus sonhos, e é dela que parto a bordo do Fusca para realizá-los. Carecemos de planejar um projeto por vez sob pena de não realizar nenhum, e se eu aspirava a maior de todas as minhas viagens, mirar o futuro com atitude e propósito era a arma necessária. Desbravar Uruguai, Argentina, Chile, Bolívia, Peru, voltar ao Brasil pela selva Amazônica e cortar o Paraguai até regressar definitivamente ao Brasil pelas Missões Jesuíticas era a chance de testar os limites do Fusca — e os meus, até as últimas consequências.

O objetivo era captar imagens para concluir o documentário iniciado em 2013 na maior praia do mundo. Num mergulho profundo pela América do Sul, penetraria pelas ventarolas a neve do topo dos vulcões, a aridez do deserto do Atacama, os infinitos do Salar de Uyuni, os mistérios de Machu Picchu e o oxigênio da maior floresta tropical do planeta. Serpenteando o lombo da Cordilheira dos Andes, milhares de histórias cruzariam nossos caminhos nos surpreendendo e nos permitindo entender mais intensamente a alma latino-americana. Patrick, Caio e Castilla seguiram outros rumos e o copiloto convocado para a tão grandiosa missão foi Daniel Marenco. Gaúcho, vivendo no Rio de Janeiro, era fotógrafo da editoria multimídia do jornal *O Globo*. Fomos colegas na *Zero Hora*, onde aprendi a admirá-lo pelo talento, sensibilidade e visão moderna sobre fotojornalismo. Ele apresentava todas as características de um bom copiloto. Dominava foto e vídeo, o que me permitiria cuidar melhor da logística.

Havia um mundo para organizar. Definir roteiros, dar uma geral no Segundinho para suportar quinze mil quilômetros, terminar o semestre na faculdade, catar dinheiro para a viagem e encontrar alguém para ficar na casa de hóspedes na minha ausência, a fim de não deixar as meninas sozinhas por tanto tempo. Qual foi a primeira decisão tomada? Chamei um amigo e cortamos o Fuscão preto ao meio para construir um trailer com a parte traseira. Nele, transportaríamos as tralhas de acampamento. No lugar do motor, adaptaríamos uma oficina para ferramentas e peças de reposição. O Fuscão preto, que definhava no pátio, ganharia uma sobrevida, pois metade dele viajaria pela América a reboque do Segundinho.

Havia entregue ao Roberto, meu irmão mais velho, uma máquina fotográfica em troca de um velho reboque de madeira. Aproveitaria os documentos e a placa na nova carreta. Fui ao Detran legalizar a obra de engenharia, mas contestaram, alegando que a "invenção" não tinha estabilidade e precisaria da assinatura de um engenheiro automotivo e da certificação do Inmetro. Quando Ferdinand Porsche projetou o Fusca, em 1934, jamais imaginou que eu e meus mecânicos Tramposo, Pastel, Alemão, Beleza, Esquilo e Seu Adão cometeríamos a engenhosidade de repartir um VW e partir pelo mundo com "um Fusca e meio". Desculpe, Detran, mas vamos singrar a América para ver o que acontece. Na volta, conversamos.

Marenco me telefonou empolgado contando que teríamos um blog no site do jornal *O Globo* chamado "Janelas para a América", onde ele contaria detalhes da viagem sob a perspectiva do copiloto. Sempre existiu o Diário do Copiloto nas nossas redes sociais, mas teríamos um espaço nobre em um dos maiores jornais do Brasil. Dezembro chegou e aprendi a duras penas que ser professor não era só glamour. As burocracias de preparar aula, pesquisar, aprender para ensinar, aplicar provas, corrigir, participar de bancas de TCC, publicar notas, tudo era compromisso sério. Exausto, encerrei o ano letivo.

Quando perguntam como encontro coragem para viajar de Fusca, sempre explico que não faço aventura, mas um projeto com muito planejamento. A principal preocupação é a preparação do carro. Organizo uma extensa checklist, a qual cumpro à risca. Como o Segundinho consome, em média, um litro de gasolina a cada dez quilômetros, estimamos que queimaríamos mil e quinhentos litros para rodar os quinze mil quilômetros por sete países em quarenta dias. Precisávamos também garantir uma verba para imprevistos, mesmo levando peças para eventual necessidade. Seu Otelmo, dono de uma loja de autopeças em Pelotas, que sempre acreditou nas minhas loucuras, me entrega consignado uma caixa repleta de itens sobressalentes. O que não uso, devolvo na volta.

Esta era a lista dessa viagem: dois jogos de vela, um jogo de cabos de velas, uma tampa de distribuidor, quatro metros de mangueiras de combustível, dois filtros de gasolina, um rotor, uma ignição eletrônica completa com bobina, lâmpadas de farol, sinaleiras, piscas, cabos de embreagem, de acelerador e de velocímetro, dez litros de óleo lubrificante, dois litros de líquido de freio, duas correias do alternador, lonas de freio, cilindros de freio, acoplamento da barra de direção, um motor de arranque, um alternador, um extintor reserva, uma caixa de fusível, dois estepes, rolamentos para as quatro rodas, dois macacos hidráulicos, uma caixa de ferramentas completa, rolo de arame, uma chave de fenda e um alicate (o kit de sobrevivência de todo fusqueiro), galão para vinte litros de combustível reserva, cordas para rebocar ou ser rebocado e giglês de todas as medidas, além de um semieixo e um cubo traseiro reserva.

A checklist de equipamentos de captação de imagens e áudio para a finalização do documentário e fotografias também era extensa, mas a grande novidade da viagem era um drone. No dia três de janeiro, Daniel Marenco aportou na Palafita. Até então, ele só tinha se envolvido no planejamento a distância. Logo percebeu que eu só conseguia realizar as aventuras porque todos em casa sonhavam juntos, cada um a seu modo. Gabi, centrada, com os pés no chão, era a responsável por burocracias e pesquisas de preços em cada país com os devidos câmbios, seguro de saúde, Carta Verde, quilômetros a rodar por dia, além de um mapa com os nomes das cidades de possíveis pernoites. Sofia foi da oficina à Palafita com Marenco para avaliar como ele se sairia dirigindo o Segundinho pela primeira vez.

— Papai, ele não dirige tão mal. Tá aprovado.

Foram muitos preparativos até o grande dia. A casa estava cheia de amigos. Do Rio, chegou a namorada do copiloto. De Porto Alegre, o fotógrafo Alexandre Eckert e o pai do Marenco. De Pelotas, os amigos Paulo Rossi e Mauricio Alemmand para nos escoltarem nos primeiros quilômetros. Rogério, conhecido como Pastel, mecânico oficial do Segundinho, além de fazer todas as revisões preventivas, ficaria hospedado na casa de hóspedes ao lado de minha família. Finalmente, no dia 8 de janeiro de 2017, às dezesseis horas — sessenta e cinco anos e quatro dias depois de Ernesto Guevara de la Serna e Alberto Granado embarcarem em "La Poderosa" para desbravar a América do Sul — Daniel Marenco e eu viramos a chave do motor a ar do nosso VW para percorrer a mesma fabulosa América. A viagem de Che o transformou. Eu sabia que, ao fim da nossa jornada, também não seríamos os mesmos.

Ao som de um drone sobrevoando nossas cabeças, me despedi das meninas. Com lágrimas e prenúncios de temporal ao sul do Brasil, vi a imagem da Sofia, que nos seguia com sua bicicletinha, diminuindo pelo retrovisor... até sumir. Metade do meu coração iria em busca de novos mundos. A outra metade ficaria na Palafita com elas.

Para desatino do meu supermetódico copiloto, decidi trocar a rota já no primeiro dia. Eu não manejava mais um carro, e sim um Fusca e meio. Para ganhar confiança, chegaríamos à fronteira pelas planícies do Chuí, e não por Jaguarão, como constava nas planilhas. Preferi acreditar no instinto. Não demorou muito para nos darmos conta de que o meio Fusca que levávamos de arrasto era quase uma atração circense e os veículos que nos ultrapassavam apontavam celulares na ânsia de registrar nossa excêntrica caravana.

Caía a tarde de domingo quando alcançamos a primeira fronteira e fomos direto para o Museu Atelier do artista Hamilton Koelho, que nos acolheu desde a primeira viagem. Koelho é um ermitão e raramente sai de casa. Mas adivinhem? Naquele dia, ele tinha ido visitar a mãe em Santa Catarina. Já que estávamos à deriva no extremo Sul do Brasil, decidimos tomar uma cerveja uruguaia e comer uma pizza na tábua para pensar. Ao estacionar o Segundinho em frente à pizzaria na Barra do Chuí, ouvi uma voz de criança: "Olha o Fuscamérica aí!".

Antes de secar a garrafa de Patricia, já tínhamos cinco ofertas de lugar para passar a noite. Escolhemos a casa do Matteo e da Jônia, pais da Laurinha, de sete anos, dona da voz que reconheceu o Segundinho e de uma paixão imensurável por Fuscas. Da pizzaria até sua casa, ela se apossou do banco do copiloto. Além de uma boa cama para dormir, tínhamos internet. Marenco entendeu já no primeiro dia que a generosidade é parte fundamental da Expedição Fuscamérica.

Segunda-feira cedo, depois do café e de algumas fotos de Laurinha no Segundinho, nos despedimos e rodamos os últimos trezentos metros até a linha imaginária da fronteira. O Brasil inteiro estava no nosso norte, mas uma infinidade de expectativas estava no bico da Rosa dos Ventos que apontava para o Uruguai. Com os primeiros carimbos nos passaportes, a segunda noite seria na casa do Turco, em Montevidéu. Só que em Rocha, paramos para abastecer e aproveitar a internet. Pelo Facebook, fiquei sabendo que o aniversariante do dia era o músico uruguaio Daniel Drexler, e minha mente escutou a voz do Felipe Campal na volta da Antártica: "Lôco, os irmãos Drexler promovem um festival de música em La Serena para celebrar o cumpleaños".

A vida não é feita de metas e a estrada é apenas um caminho. A placa do trevo da Ruta 9 indicava "Montevidéu a 200 km", e em trinta e sete quilômetros, à esquerda, estaríamos em La Serena. Deixamos que a vontade e o desejo nos levassem e arriscamos uma nova história, apontando o Segundinho para a esquerda. Não avisei a Gabi da troca de roteiro.

Daniel Drexler era apenas um amigo virtual e eu pretendia presenteá-lo com meu livro *Pelotas em imagens*. Quem sabe, conseguir uma entrevista para o documentário. Não imaginava onde ele morava, mas o universo conspirou a favor. Atolamos o Fusca na areia da praia, e os voluntários que surgiram para empurrar comentaram que conheciam o aniversariante e que ele estava em um quiosque próximo à beira-mar. Minutos depois, ele já estava sentado dentro do Segundinho, falando de felicidade, simplicidade, da América que fala espanhol e da que fala português. "Tão igual e tão distante", dizia.

Descobrimos que o músico pelotense Vitor Ramil era um grande amigo em comum. No final da entrevista, ele concordou em cantar a música "Rinconzito" para o documentário e nos convidou para a festa em sua casa.

Com um violão e um cenário montado, ele fez sua ode ao "paisito Uruguai". Enquanto gravávamos, observei um homem com um casal de filhos fotografando nosso Fusca. Incrédulo, identifiquei o cantor e compositor Jorge Drexler, irmão de Daniel e ganhador do Oscar de melhor canção por "Al otro lado del río", do filme *Diários de motocicleta*. Estavam admirando a nossa joia e os convidei para sentar no Segundinho. Ao saber que éramos amigos de Vitor Ramil, seu parceiro na composição "12 segundos de oscuridad", Jorge fez fotos com a gente e ratificou o convite para a festa. *Vivimos una noche increíble* e distinta, regada a *entrecot,* mescalina e boa música.

Ainda não me dava conta, mas meu português facilmente se convertia em portunhol e me tornava um rapaz latino-americano, inclusive na aparência e nos gestos. Gabi e Sofi só ficaram sabendo da mudança de rota quando me visualizaram no Instagram, materializado em uma foto, entre os irmãos Drexler, em meio aos seus convidados. Adormeci dentro do Fusca e Marenco em uma barraca no pátio da casa. Acordamos enquanto todos ainda dormiam. Partimos sem nos despedir, levando a certeza de que dobrar à esquerda tinha sido a melhor escolha. Novo destino: Montevidéu. Foram várias paradas para fotografar cenários típicos do Uruguai. Carros velhos, pradarias onduladas e salpicadas de gado e gaúchos montados a cavalo. Mas faltava um jeito de nos comunicarmos com quem nos fotografava no caminho. Uma força-tarefa da Equipe Terra e o parceiro Valder Valeirão produziram uma arte e um adesivo com nosso endereço de Instagram, que viajou de forma virtual até uma gráfica expressa em Rosário, na Argentina, por onde cruzaríamos em alguns dias.

A história da Expedição está misturada à amizade com o Turco, e antes de sair de Pelotas tínhamos combinado de ficar em sua casa. Ele é o homem mais próximo do ex-presidente Pepe Mujica e vive em uma casa próxima ao Rincón del Cerro. Chegando lá, descobrimos que Nahuel, seu filho, acabava de sofrer um acidente grave e estava sendo hospitalizado. Fomos até eles prestar solidariedade e avisar que arranjaríamos um lugar para pernoitar. Ele não permitiu e nos levou para sua casa. Turco vivia o privilégio de compartilhar do cotidiano particular de Mujica e me segredou que iríamos matear com *el viejo* na manhã seguinte. Estivera com José Alberto Mujica Cordano outras vezes, nas quais experimentei toda sua sabedoria. Tinha prometido ao Marenco que tentaríamos *hablar* com Pepe, mas não revelei a promessa do Turco. Saltamos cedo da cama.

Chegando à chácara, Marenco saiu de câmera em punho fotografando o Rincón del Cerro, um santuário de simplicidade. Entrei no contêiner que servia de depósito de ferramentas e de guarita para a segurança de Pepe, e ele já estava ali, partilhando o mate com seus ajudantes. Ao me ver com o Turco, alcançou a cuia e exclamou:

— *Usted aquí de nuevo, Nauro! Te conseguiré un trabajo labrando el campo.*

Todos riram. Marenco entrou quando ouviu a algazarra, e seu rosto logo se iluminou ao ficar frente a frente com Pepe Mujica. Em seu blog do jornal *O Globo*, Marenco escreveria mais tarde:

"Com uma camisa abotoada de forma desencontrada, pés empoeirados, arrastando sandálias de couro já gastas, uma calça de um agricultor que não se importa em manejar a terra e deixá-la com marcas da lida. Um cabelo despenteado pelo vento e uma barba por fazer. Um mate de simplicidade em cada gesto e frases que todos já ouviram falar. Foi assim que me deparei com Pepe Mujica. Pego de supetão, ao adentrar me deparei com este senhor pitando um palheiro, mateando e charlando com o Nauro e com o Turco. Nessa hora só consegui lhe estender a mão e dizer que era uma honra conhecê-lo."

Ao ser avisado pelo Turco de minha nova invenção, Pepe saiu para conhecer a Fuscarretinha.

— *Ahora andas en un Fusca y medio?*

Depois quis mostrar seu Fusca em um galpão, onde dividia espaço com um trator e sementes. Perguntei de onde vinha a paixão pelos VW:

— *Fomos guerrilleiros acá e o Fusca era un auto muy fácil de expropriar. Después de completar una operación, lo devolvíamos.*

Em seguida perguntou:

— *Sabes como expropriar un escarabajo?* — e com uma chave de fenda ensinou como abria o carro em menos de um minuto.

Perguntei se era verdade que um sheik árabe lhe tinha ofertado um milhão de dólares pelo Fusca, e ele disse não ter vendido porque o havia dado de presente ao amigo Turco. Depois resmungou e disse que o príncipe não queria comprar o seu Fusca, mas a ele. Amizade não tem preço, e Mujica sabe disso.

Pepe contou que havia encontrado amantes de Fusca em toda parte do mundo, até no Japão, e que na idade dele não precisava de outro carro.

— *Por qué un auto moderno? Para andar a cien kilómetros por hora? Para que? Sí van llegar al mismo lugar!*

Perguntou se era verdade que eu iria à Rússia de Fusca. Diante do sim, ele repetiu que o tempo que temos hoje é sempre o mais precioso e cabe a nós decidir o que fazer com ele. Comentou que a Expedição Fuscamérica, sem luxo, iria inspirar muita gente. Quem nos inspirava era aquele homem gigante que, em nome da causa que acreditava, havia levado seis tiros e passado quinze anos no cárcere, sem perder a ternura. Pepe não sabia, mas ao me acolher com palavras tão afetivas, me transformava.

Diante da sua sabedoria, sua consciência lúcida sobre a condição humana, seu discurso transcendental e metafísico, eu me sentia insignificante. Lembrou que o Brasil foi o único país da América do Sul que não precisou derramar sangue por sua independência, salientou a distância do Brasil do resto da América Latina, e falou que nossa missão era unir a América que fala português com a América que fala espanhol. Solene, sentenciou:

— *Nauro, este viaje es una potencia revolucionaria y una prueba de que con poco se puede ser feliz!*

Enquanto ouvia a voz pausada e rouca do velho guerrilheiro, tive a verdadeira percepção de que vivia um momento distinto, digno de um dia contar para os meus netos. Compreendi que Pepe não gostava de Fuscas por adorar carros. Assim como eu, era apaixonado pelo significado dos Fuscas em momentos especiais de sua vida. O Fusca nos aproximou, mas o que nos unia, de fato, eram os ideais de vida. Pepe Mujica passou a ser o mestre, profeta e guia da Expedição Fuscamérica. Em um balde, colocou meia dúzia de abobrinhas da sua plantação e nos deu de presente. Ele ainda nos ensinou a prepará-las.

— *Son muy buenas con huevos revueltos.*

A cada frase, uma lição. Agradeci pela amizade e pelo afago de nos proporcionar aquele instante que vai durar pelo resto de nossas vidas.

Antes de ir embora, beijei sua face, como fazem os uruguaios nas despedidas. Quando entrei no Segundinho escutei *el viejo* cochichar com o Turco:

— *Qué personaje!*

Para celebrar o encontro épico, almoçamos um *bife ancho e rugoso* no Mercado Del Puerto, regado a Pomelo. À tarde, ainda concedemos uma entrevista para o jornal *El Observador*, na qual compartilhamos a essência do projeto. Na hora de sair, o Fusca não pegou e os jornalistas tiveram de ajudar a empurrá-lo.

Era um fio do alternador solto. Com o primeiro problema resolvido, partimos pela Ruta Nacional 10 para dormir em Colônia do Sacramento. Na entrada da cidade, a rodovia é lindamente emoldurada por palmeiras, mas o que nos chamou a atenção mesmo foi o letreiro do relógio na recepção da Posadita de la Plaza: "*No cuente los minutos. Viva los momentos*".

Depois da nossa casa, Colônia do Sacramento era o canto do mundo preferido da Sofia. Não tinha como estar lá sem lembrar dela. Fomos recebidos pela alma hospitaleira do Eduardo, fotógrafo e proprietário do lugar que sempre nos acolheu com o carinho de família. Nos serviu uma pizza uruguaia na janta. Eduardo acordou às três horas da manhã para preparar o café e bater mais um papo, já que o Fusca pegaria carona a bordo de um navio rumo à Argentina às seis. Gestos generosos da estrada, como esse, são transformadores.

Chegamos uma hora antes do embarque com os documentos na mão para os check-ins na imigração. Foi tudo muito ágil e rápido e nosso carro foi o único não submetido à revista. Logo Segundinho descansava junto a dezenas de veículos no porão do ferryboat. No lusco-fusco da madrugada dava para avistar as luzes de Buenos Aires "al otro lado del Río" da Prata. Pela escotilha da cabine, via o sol da manhã tingindo a água de dourado. Quantas histórias vividas desde a Palafita e quantas possibilidades ainda nos esperavam?

Será que Jorge Drexler escreveu a letra da canção que ganhou o Oscar em uma dessas travessias?

"...Clavo mi remo en el agua
Llevo tu remo en el mío
Creo que he visto una luz al otro lado del río...

...Oigo una voz que me llama casi un suspiro
Rema, rema, rema-a Rema, rema, rema-a..."

Gabi sempre cantarolava essa música em casa.

A Argentina despertava quando Segundinho emergiu pelas rampas do navio. Desembarcamos em Puerto Madero e passamos a desbravar a metrópole. Primeiro a Casa Rosada, depois o Cemitério da Ricoleta. Em seguida La Bombonera e Camiñito. Entramos na Catedral de Buenos Aires, onde o argentino Jorge Mario Bergoglio foi arcebispo antes de se tornar Papa. Segundinho rodava na capital com a desenvoltura de um nativo. Depois de abastecer para pegar a estrada, o arranque não virou nem com reza brava. Um problema que já ficava preocupante. Usei a bateria reserva para girar o motor. Mesmo acreditando na minha experiência e me achando capaz de resolver qualquer problema mecânico com um alicate e um rolo de arame, Marenco começava a ficar desconfiado com tantos perrengues. Nosso destino era a cidade de Fito Páez, Messi e Ernesto Che Guevara. Esquecemos de fazer a troca de dinheiro e tivemos dificuldade para cruzar os pedágios. Em Rosário, trocaríamos os pesos uruguaios por pesos argentinos. Durante o trajeto de quatrocentos quilômetros, me emocionei lembrando o que já tínhamos vivido nos primeiros dias. Tudo ainda estava começando, mas saber que coisas especiais são possíveis a qualquer momento me encorajava a encarar os muitos quilômetros que nos esperavam.

O Monumento à Bandeira, em Rosário, tem um fogo que nunca se apaga. Tomamos café em um lugar que ostentava um letreiro: "Fundado em 1850". É incrível imaginar que o menino Ernesto Rafael Guevara de la Serna brincava por ali, Fito Páez fazia um som com os amigos e Messi jogava bola em um campinho de terra daquela praça. Passamos na gráfica e a Fuscarretinha descansou em um estacionamento em meio a prédios neoclássicos, devidamente adesivada. Marenco e eu dormimos em um hostel com quartos coletivos. Antes de sair pela manhã, em uma videochamada com a Gabi fiquei sabendo que o adesivo já surtia efeito. Algum rosarino havia fotografado nossa caravana e marcado a

Expedição no Instagram. A única coisa que quebrava a monotonia da Ruta Nacional 158 naquele sábado quente de janeiro era a curiosidade dos argentinos com seus celulares nos fotografando ou nos saudando com buzinas e acenos. Não tinha certeza se Segundinho estava famoso ou se era a presença inusitada do *"medio Fusca"*. O número de hermanos que passavam a nos seguir no Instagram só aumentava.

No meio da tarde, resolvemos contrariar o GPS e sair da autopista, enveredando para as bandas de Río Cuarto. Assim, evitaríamos Córdoba com seus um milhão e trezentos habitantes. Marenco, que tirava uma soneca, foi despertado pelo roncar de motores de gigantes caminhões, carros e motos que passaram a nos ultrapassar como foguetes. Na sequência, um helicóptero deu um rasante sobre nossas cabeças. Imaginamos estar envolvido em alguma operação contra o tráfico internacional ou em meio a um set de filmagens.

Não entendo até hoje por que não nos barraram, mas quando vimos a linha de chegada do rally mais famoso do mundo à nossa frente, não houve como desviar. Pilotos e comissão organizadora do Rally Dakar, que se realizava naquele ano de 2017 na América do Sul, assistiram incrédulos àquela cena inusitada, enquanto o público argentino bradava em coro: *"ÉS CAMPEÓN, ÉS CAMPEÓN"*. Estacionamos nossa humilde caravana próximo a veículos de alguns milhões de dólares e crianças nos cercaram. Nos aproximamos do consagrado piloto francês Christian Lavieille, que fazia manutenção em sua caminhonete Toyota. Com auxílio de mímica, o convenci a sentar no banco do Segundinho, ligar o motor e dar umas aceleradas.

Com o sol se pondo, seguimos devagar pela Ruta Provincial, espreitando os retardatários e gritando aos que nos abanavam: *"nosotros somos los vencedores, y ya estamos volviendo"*. Era uma alegria naquele Fusca sentir as demonstrações de carinho dos hermanos. Após deixar para trás o circo milionário do Rally Dakar, acampamos em um posto de gasolina decadente à beira da estrada, em um lugar chamado Villa María. Acordamos cedo, bebemos café com *media luna*, preparamos um mate e percorremos mais oitenta quilômetros pela vicinal até alcançar a grande reta da Ruta Nacional 7, ou Carretera Libertador General San Martín, como é mais conhecida. Foi nela que no ano de 2015 o Segundinho bateu o recorde de velocidade e distância percorrendo mil e duzentos quilômetros em um único dia, chegando a andar a cento e trinta e nove quilômetros por hora. Nos assustamos com um estrondo forte que quebrou a monotonia. Descemos rapidamente e eis a surpresa: o engate não havia suportado o peso do reboque. Uma solda mal feita demonstrava um erro de planejamento. Tínhamos que resolver. Paramos em um posto de gasolina para uma gambiarra com cordas e arames. Amarramos o engate de reboques no bagageiro do teto e rezamos para que aguentasse até onde tentaríamos reforçar a solda.

No posto de gasolina, conhecemos Cláudio e Thomas Koglin, de Blumenau. Estavam realizando o projeto chamado "1ª Viagem Internacional de Moto — Pai e Filho" e voltavam do Atacama. Em um momento de nostalgia, ansiei desbravar a América com meu pai. Mas o velho Nauro, nessa época, já vivia mergulhado na melancolia do Alzheimer. A ideia era seguir até Puente del Inca e pernoitar no meio da Cordilheira, mas a tensão havia tomado conta da viagem e torcíamos para chegar até Uspallata. Paramos no santuário da Defunta Correia. Sempre me seduziu o mistério da mulher que decidiu seguir o marido recrutado para o combate na Guerra Civil de 1840. Com um bebê recém-nascido nos braços, atravessou montanhas e desertos, até que os mantimentos e água acabaram e ela morreu de sede e exaustão. Algum tempo depois, seu corpo foi encontrado e, para espanto de todos, o bebê ainda estava vivo, graças ao leite que o corpo da mãe produzia, mesmo morta. É o milagre divino do deserto.

Há vários altares espalhados pelas rodovias da Argentina onde os viajantes depositam garrafas de água e fazem pedidos. No caminho que nos conduzia ao Chile, avistamos a magnífica Cordilheira dos Andes. Uma infinidade de meio tons somados aos verdes do verão formam uma linda paleta de cores. A impressionante espinha dorsal da América, definitivamente, não pode ser traduzida com fidelidade em fotografias. Só testemunhando pessoalmente. Fomos direto ao Parador Lo de Pato, onde já existia um adesivo nosso colado na porta. Fomos atendidos pelo proprietário que dá nome ao lugar. Solidário, fez alguns telefonemas e rapidamente nos indicou um soldador e um lugar para passarmos a noite.

Tudo tem seu tempo certo. Que bom que o problema aconteceu antes de ingressarmos na zona da Cordilheira, onde seus encantadores labirintos a tudo dificultam. Além de soldar o engate de reboque, fizemos um reforço no cabeçote e sangramos os freios, tudo a um preço bem honesto. À noite, acendemos uma fogueira para admirar o firmamento. Um Fusca, dois aventureiros acampados e uma *charla* em torno do fogo. Assamos um naco de carne, bebemos um vinho mendoncino e degustamos saudade, pensando na vida e nos sonhos. Dormimos cansados. Cansados e leves, como nos devaneios de infância. Pela manhã, subi a Cordilheira dos Andes pela segunda vez em minha vida. Se no inverno o que predomina é o branco, no verão os penhascos são especialmente multicoloridos. Tudo é muito árido e a neve se concentra só nos picos mais altos. Marenco comentou que um amigo dele dizia que a perspectiva da montanha acaba com qualquer ego. E é justamente isso: a montanha mostra o quanto não somos nada. Ou não somos tudo o que achamos. Ou, quem sabe, quando estamos ali também somos montanhas?

Foram muitas paradas para produzir imagens de drone. Aproveitamos o dia quente para ir até o pé do maior pico das Américas. Na alta temporada de escaladas, a base do Aconcágua é tomada por tropas de mulas. Diariamente os *arrilleros* sobem até o acampamento-base levando equipamentos e provisões para montanhistas que chegam de toda parte do mundo. Além da beleza e magnitude da montanha, eles são um atrativo à parte. Em 1817, o general José de San Martín, apoiado por um grupo de *arrilleros*, cruzou os Andes para iniciar a campanha de independência do Chile. Esses trabalhadores detêm um grande valor histórico e prevíamos em nosso documentário uma mostra desta autêntica tradição do povo "gaúcho argentino". Gabi havia reservado a Hospedaje Desvio las Leñas, na localidade de Las Cuevas. Dormimos em uma antiga estação de trem transformada em hostel. Dizem que quando existia trem por ali as locomotivas tocavam as nuvens. Pela manhã, fomos até o cemitério Los Penitentes, a última morada dos andinistas que perderam a vida na tentativa de escalar o Aconcágua (alpinistas são os que escalam os Alpes). Cada túmulo guarda junto às cruzes os equipamentos, as botas e os sonhos dos aventureiros que desafiaram a zona da morte.

Seguimos porque já sabíamos que a aduana do Paso Los Libertadores estaria engarrafada. Ficamos quase nove horas em um congestionamento na Cordilheira. No final, deu tudo certo e, às onze da noite, conseguimos retomar o rumo. Assim que pisamos em território chileno, mergulhamos na escuridão ameaçadora de Los Caracoles. Fomos das alturas às profundezas em vinte e nove curvas. Local lindo e perigoso, ideal para cruzar à luz do dia. Com um cheiro forte de fio queimado e as luzes dos faróis cansadas, chegamos à cidade de Los Andes, onde conseguimos pouso em uma hospedaria de quartos coletivos. Esses hostels de beira de estrada são fábricas de histórias. Neste dia conhecemos Robinho e Leonel, dois motoboys de São Paulo que resolveram viajar com suas motos 125cc. Antes de dormir, Robinho comentou:

— Pensei que era perigoso fazer entrega no trânsito de São Paulo. Mas descer Los Caracoles é pior. Vendo vocês nesse Fusca, porém, percebemos que há gente mais doida do que nós.

Pela manhã, Robinho e Leonel partiram para o sul. Nós seguimos a Ruta 5, ou Carretera Panamericana, rumo ao norte do Chile. Encontramos uma estrada duplicada, arborizada, bem sinalizada e com paisagens urbanas, contornando Santiago e Viña del Mar. É considerada a principal artéria rodoviária das Américas, se estendendo desde Fairbanks, no Alasca, até a localidade de Quellón, ao sul do Chile.

Com a luz da tarde latejando calor pelas ventarolas, Segundinho singrava o deserto do Atacama. Cruzamos La Serena, onde compramos carne e lenha para fazer um assado em um lugar ermo. Eu já devia saber que não devemos fazer planos o tempo todo, pois as melhores histórias surgem inesperadamente. Depois de rodar seiscentos e cinquenta quilômetros, a tarde se despedia no deserto e o sol se alojava no fundo de nossas almas. Decidimos parar mais uma vez para fotografar as paisagens que se assemelham à superfície de Marte.

Ao longe, bem ao longe, avistamos dois garotos jogando bola ao lado de um galpão que parecia de zinco, camuflado pelo sol vermelho e pelo chão terroso. Nos aproximamos. Conhecemos Jesus, um menino de nove anos que vivia ali naquela imensidão com seu irmão mais novo Alex, sua cachorra Lola e seu avô. Os meninos tinham a cara encardida pela poeira quente, o que fazia com que seus dentes brancos ressaltassem. Pediram para entrar no Fusca, pois nunca tinham visto um *coche* daqueles por ali. Eram criados pelo avô. A mãe tinha outros seis filhos, que moravam em Coquimbo. Ela era dependente de crack, com apenas vinte e sete anos. O avô, Darío García, mineiro, trabalhava na Mina São José, onde em 2010 um desabamento deixara trinta e três trabalhadores presos por sessenta e nove dias a quase setecentos metros de profundidade. Aposentado, arrendou aquele galpão inacabado, em Vallenar, às margens da Ruta 5, onde sonhava erguer uma pousada para oferecer abrigo, banho e sanduíches aos passantes daquele lugar inóspito.

A carne que imaginávamos assar em uma fogueira no acampamento no deserto virou carne ao forno, em uma oportunidade de sentarmos em torno de uma mesa simples ao lado de Jesus, Alex e Darío. Ganhamos a confiança e a oferta de pouso. Após desligar o gerador que fornecia energia, cansado e feliz dormi minha primeira noite no Deserto do Atacama em um *catre* improvisado na casa de Jesus do Deserto. Acordamos cedo e, antes de partir, deixamos com eles as abobrinhas que ganhamos de Pepe Mujica. Darío vibrou:

— *Voy sembrar en el desierto!*

Abraçamos os meninos e partirmos em silêncio, até que o Daniel falou:

— Hoje de manhã, quando Jesus veio me abraçar, de perto pude ver que continuava com a cara suja de terra. Terra do deserto!

Prosseguimos desvendando os encantos do altiplano, até que me lembrei da comuna de Taltal, citada por Pablo Neruda no livro *Cem sonetos de amor*.

"Amor, quantos caminhos para chegar a um beijo,
Que solidão errante até chegar a ti!
Em Taltal a primavera não amanheceu ainda.
Mas tu e eu, meu amor, estamos juntos, juntos da roupa às raízes,
Juntos pelo outono, pela água, pelas ancas,
Até sermos apenas tu e eu juntos."

Havia onze dias que vagávamos pela América quando a saudade apertou. Decidi me afastar da Panamericana para tomarmos um banho de mar em Taltal. Depois de vencer setecentos quilômetros, estacionamos à beira do Oceano Pacífico, quando outro poeta me veio à lembrança. Eduardo Galeano conta em *O livro dos abraços* que "o menino Diego não conhecia o mar e que, depois de muito caminhar, o mar estava inteiro na frente de seus olhos. Era tanta imensidão, tanto fulgor, que o menino ficou mudo de tanta beleza. Quando finalmente conseguiu falar, pediu ao pai Santiago: — Pai, me ajuda a olhar!"

Pulei do Segundinho e sai correndo, espalhando minhas roupas pela praia, e mergulhei nas ondas azul-turquesa do maior oceano do mundo. Senti o abraço da minha amada aliviando a saudade. Queria que Gabi estivesse ali comigo para viver toda a imensidão, todo fulgor, toda a beleza do sol reconfortante de Taltal naquela tarde de verão. Queria que a Gabi estivesse ali para me ajudar a sentir. Quando voltei para o Fusca me deparei com uma placa sinalizando: *"Zona de Amenaza de Tsunami"*. A beleza do Oceano Pacífico é astuta e as atividades tectônicas deste mar gigante podem nos levar da beleza ao caos. Pernoitamos na beira da praia e de manhã cedo rumamos para San Pedro de Atacama.

Na província de Antofagasta, as muralhas do Pueblo Pampa Union, em ruínas, contavam histórias. É uma antiga vila de mineradores de salitre, que chegou a receber dois mil habitantes. Valeu sentir a energia caminhando pelas ruas que pareciam mal assombradas. Era como se nossa jornada tivesse mergulhado no set de filmagens de *Mad Max*. Andamos o que deu, enquanto tinha claridade. Com o problema persistente nos faróis, o crepúsculo nos fez parar. Marenco nunca soube por que havia cursado Eletrotécnica no Ensino Médio, que até então não havia lhe servido para nada. Queríamos chegar a San Pedro e para isso teríamos que rodar à noite. A maioria dos problemas mecânicos eu resolvia. Alguns elétricos também, mas o problema era no relé dos faróis. Foi aí que o curso de eletrotécnico mostrou sua razão de existir. Em poucos minutos, ele resolveu o defeito.

O deserto nos ensina a cada quilômetro e o imponderável surge em qualquer curva. Por lá, moradores locais vivem longos períodos de estiagem, mas tivemos o privilégio de testemunhar uma tempestade na chegada. Por mais que imaginássemos um roteiro para o documentário, não seria possível combinar o dia e a hora nem a exuberância de raios, relâmpagos e trovões nos recepcionando depois de quinhentos quilômetros subindo dois mil e quatrocentos metros de altitude para chegar a San Pedro de Atacama. Encontramos ruas alagadas e muita lama, bem diferente da cidade dos cartões-postais. Procuramos a Pousada Campestre, indicação de Arthur Chacon e Sophia Reis, do

Caudalosa América, que já tinham passado por lá. Ouvimos falas em português na cozinha e nos aproximamos. Gustavo Comanchi, doutorando em Ciências Políticas e Sociais na Universidade do México, e Gabriel Tomate, barman e bartender, viajavam em uma Kombi com o projeto "Pelo Mundo, Por Outro Mundo". Com eles, pegavam carona desde Buenos Aires um carioca com nome de Everton e uma coreana chamada Jin Kim. E veja a coincidência: Comanchi e Tomate moravam em Novo Hamburgo, minha cidade natal. E mais: no bairro Primavera, lugar de minha infância. Como se isso não bastasse, Tomate era filho de Paulinho, que trabalhou comigo por anos no jornal *NH*. Com semblantes que lembravam os comandantes da Revolução Cubana, nos tornamos amigos de infância e passamos a percorrer parte da América juntos. Comanchi era Fidel Castro, eu Che Guevara.

Visitamos o Salar do Atacama com lagoas cristalinas lotadas de flamingos, que não se assustavam com a multidão de turistas e davam voos rasantes sobre nossas cabeças. Fomos aos Géiseres del Tatio, onde o vapor brota violentamente das profundezas da terra e, apesar das temperaturas negativas na altitude de quatro mil metros, nos banhamos nas lagoas vulcânicas. Conhecemos o povoado Machuca, *pueblito* esquecido no tempo, encravado entre os cerros com vinte casas cor de terra, uma igrejinha de paredes brancas, portas e janelas azuis e teto de palha. Homens, mulheres e crianças daquela região traduziam a essência do que buscávamos: a felicidade, a simplicidade e a identidade com o lugar. Ali nos ofereceram um churrasco de carne de *llama*.

Ainda em Pelotas, havia prometido ao Marenco que ele iria dirigir o Fusca em algum momento. Deixamos San Pedro em caravana e, com ele guiando, rumamos a Ollagüe. O drone era a grande estrela e divisor de águas da viagem. Avistar o Valle de la Luna por uma perspectiva vertical foi impactante. As imagens que Marenco extraía das estradas horizontais no altiplano andino proporcionavam a verdadeira extensão da nossa saga e ajudavam os tripulantes virtuais a compreender o tamanho das adversidades. Era difícil eleger uma imagem diante de tantos cenários. Segundinho sofria com o ar rarefeito, e parte do caminho de terra, a 4.319 metros de altitude, era feita em primeira marcha. Cometemos um erro estratégico ao passar por Calama. Imaginávamos ter gasolina suficiente para chegar até o próximo posto. Só que não havia posto entre Calama, no Chile, e Uyune, na Bolívia. Antes de chegar a Ollagüe, a Kombi do

Comanchi ficou sem combustível. Tínhamos um galão de vinte litros reserva e cedemos a ele a metade. Quando faltavam quatro quilômetros, foi a vez de Segundinho apagar. Usamos os últimos dez litros. Pernoitamos na fronteira com a Bolívia aos pés do gigantesco vulcão Ollagüe. Dava para observar a saída de gases amarelados com cheiro forte de enxofre e rotas de fuga por todos os lados. Marenco perguntou para um morador se o vulcão estava acordado, dormindo ou morto?

— Está despertando — respondeu o nativo.

A cidade com apenas trezentos e vinte e um habitantes parecia parada no século XIX e se resumia a um grande ramal de trens que chegavam do Chile e da Bolívia para manobrar e voltar ao destino. No fim do dia, chegou uma locomotiva carregando dois vagões e permaneceu ligada a noite toda, gerando energia para a pequena cidade. A internet só respondia em frente ao prédio da prefeitura. Tivemos que negociar combustível com o dono de uma mercearia. Ele mediu a gasolina em garrafas PET e cobrou em dólares, mas não tivemos escolha.

Tenho um pacto com a Gabi de que, qualquer coisa diferente, eu a aviso em primeira mão. Saí para usar o wi-fi da municipalidade e contar que estávamos dormindo aos pés do Vulcão Ollagüe com sua cratera de 1.250 metros de diâmetro e altitude de 5.870 metros. E comentei que ele estava "despertando". Mesmo sob temperatura negativa, o pessoal da Kombi preferiu dormir em frente ao hostel para não gastar. Voltei e encontrei a porta da pousada chaveada. Bati repetidas vezes e, quando já me imaginava dormindo na Kombi, a *vieja chola* boliviana que cuidava do local abriu a porta e me repreendeu:

— *No, no se puede salir, hace frío, te recoge.*

Pela manhã, fizemos imagens extraordinárias com o drone do Fusca cruzando entre os vagões de trem na cidade. O povo se alvoroçou com aquele objeto voador não identificado. Antes de partir, fui até a prefeitura serenar a alma da Gabi com a informação de que o gigante Ollagüe não tinha entrado em erupção naquela noite. Seguimos para a fronteira, rumo a Uyuni. Na aduana do Chile, tudo foi muito rápido, mas três quilômetros adiante, na boliviana, um calvário. Tivemos que fazer documentos em uma seguradora. Foram horas de burocracias, de um escritório a outro, até conseguir a autorização para cruzar. De Ollagüe a Uyuni são apenas duzentos e cinquenta quilômetros. Só que a estrada exige muita atenção por ser toda de chão batido, esburacada e com alpacas, lhamas e vicunhas cruzando a qualquer momento. No caminho, furamos um pneu e o pessoal da Kombi preparou um acampamento, onde fizemos um almoço coletivo. Arroz, feijão temperado e guacamole.

Nos últimos cinco quilômetros, a Kombi teve que ser rebocada, pois estava mais uma vez sem gasolina. Para estrangeiros, o preço do litro era o dobro do que para bolivianos. Fomos para um hotel procurar internet para dar notícias aos nossos amores, baixar fotos, vídeos e textos para as redes sociais e para *O Globo*. Comanchi e Tomate decidiram não colocar a Kombi no deserto de sal das proximidades e alugaram uma caminhonete. Dizem que só 4x4 entra lá, mas Segundinho quebrou a regra. Quando a gente pensa que já viu tudo, surge o abissal Salar de Uyuni. No dia 24 de janeiro de 2017 tive uma das maiores emoções que a Expedição Fuscamérica poderia me proporcionar. Entrei de Fusca para desvendar os mistérios do maior e mais alto deserto de sal do mundo.

Em toda a minha vida tive três experiências transcendentais com a natureza. A primeira foi no dia em que pisei na Antártica. A outra, no Salar de Uyuni — e a terceira aconteceria poucos dias depois, ao respirarmos, Segundinho e eu, o oxigênio da Selva Amazônica.

Empolgado com a imensidão branca, dirigi por vários quilômetros nesse amplo pedaço do fundo do mar, preso entre as montanhas há milhões de anos, após a colisão de placas tectônicas que gerou a elevação dos Andes. Sempre sonhei em dar uma volta ao mundo velejando meu barco e agora singrava de fusca um oceano desidratado de 10.582 quilômetros quadrados e a 3.656 metros acima do nível do mar, com dez bilhões de toneladas de sal.

Meus sentimentos não davam conta de tanta grandeza. Enxerguei o pôr do sol mais excitante que jamais havia visto. Era uma época do ano em que o Salar acumula uma lâmina d'água que se move ao sabor dos ventos.

Marenco filmou o Segundinho voando sobre as nuvens do maior espelho natural do mundo, onde sal, horizonte e céu compunham uma miragem. Enquanto ele fazia as imagens de drone, peguei a câmera e fiz a foto mais linda da história da expedição, que ilustra a capa deste livro.

Contam que o Salar de Uyuni é o único ponto natural brilhante que pode ser visto do espaço. Teria servido de guia para a Apollo 11, que pousou na Lua em 1969, ano em que nasci. Quando os astronautas viram a planície branca pela primeira vez, imaginaram se tratar de uma geleira. Será que dava para ver lá do cosmo Segundinho e eu vivendo um momento de felicidade eterna enquanto flutuávamos pela superfície espelhada do Salar? Posso garantir que nunca me arrependi de ter entrado com o Fusca naquele lugar. Jamais abriria mão de percorrer aquela imensa placa de sal onde captamos as imagens mais arrebatadoras que já foram feitas na Expedição. Só que no Salar não tem só maresia. O Salar de Uyuni tem salmoura, sal puro, potássio, sódio, cloro, magnésio e a maior reserva de lítio do mundo. Esse coquetel de elementos químicos não perdoou e se embrenhou até na alma do Fusca que, a partir daquele dia, passou a se desintegrar como se tivesse sido acometido por uma doença degenerativa. Antes mesmo de sair do deserto, tivemos uma pane elétrica. Os trinta quilômetros até a cidade só não foram percorridos no breu porque o motorista da caminhonete alugada por Comanchi e Tomate iluminou o caminho.

A sola dos nossos pés estava carcomida, rachada. A nossa pele estava ressequida e as roupas pareciam ter sido engomadas com sal. Na manhã seguinte, ao levarmos o Segundinho em um posto de lavagem, compreendemos melhor os estragos. O atendente do posto tirou quilos de cloreto de sódio das entranhas do carro, e a cada parte que ele apontava a mangueira lava-jato, caía mais sal. A ferrugem se abria instantaneamente na lata. Quando concluiu a lavagem, o chão no entorno do Fusca estava totalmente esbranquiçado. O engate de reboque precisou de nova solda. Na mesma oficina, um eletricista fez uma gambiarra nos faróis, que infelizmente não duraria muito tempo.

Na saída da cidade de Uyuni, recebi uma proposta de três mil e quinhentos dólares pela Fuscarretinha. Por estar muito pesado, o engate de reboque quebrava repetidas vezes e o motor 1300cc penava nas altitudes. Aventei a possibilidade de vendê-la, mas resisti. No fim da tarde, nos despedimos de nossos amigos da Kombi. Comanchi falou que buscava havia algum tempo algo parecido com a felicidade, e só a encontrou quando se abriu para aprender, aceitar e celebrar o inesperado. Percorremos parte da jornada juntos, cúmplices, e nos despedimos com um abraço emocionado e lágrimas. A Kombi se foi "Pelo Mundo" rumo a Potosí. O Segundinho seguiu "Por outro Mundo", com destino a Oruro. Nossos mundos para sempre estariam interligados pelo sonho de uma América mais justa, menos explorada e mais esperançosa.

Chegamos de madrugada a Oruro e o hostel que conseguimos para dormir ficava próximo ao gigantesco monumento *La Virgen del Socavón*, a três mil e quinhentos metros de altitude. Segundinho não teve forças. Então, desatrelamos a Fuscarretinha e subimos o empurrando. Pela manhã, enchemos o tanque com o objetivo de chegar à Copacabana, nas margens do Lago Titicaca, fronteira Bolívia-Peru. Observando a população de Oruro, passei a me dar conta de que a realidade começava a mudar. Fazíamos um mergulho em um continente que sofre expropriação econômica e miséria social há quinhentos anos. A cidade de trezentos mil habitantes é circundada por um cinturão de miséria. O continente, que abasteceu a Europa com ouro, prata, açúcar, café e outras riquezas, recebeu em troca subdesenvolvimento e controle social do império. Nos quatrocentos quilômetros entre Oruro e Copacabana, Segundinho sofreu as consequências da altitude na capital mais alta do mundo. Só não esperávamos o caos de La Paz. Eram centenas de minibus e vans buzinando sem parar. As pessoas atravessavam apressadas em frente aos carros e os motoristas aceleravam por cima dos pedestres. Parecíamos marcianos no meio daquela loucura. Todos nos apontavam câmeras de celulares e riam do "Peta", como eles chamam os Fuscas.

Uma caminhonete parou ao nosso lado, no congestionamento, e seu motorista perguntou para onde iríamos. Respondi que ia para Copacabana e ele disse que a *ruta* estava interrompida logo à frente. Pediu que o seguíssemos. A partir daí foi loucura total! Nós e o reboque iniciamos uma perseguição insana. Para piorar, começou a cair um dilúvio sobre a capital boliviana. A caminhonete nos levou por dentro de uma favela, com ruas alagadas, onde Segundinho mergulhava em águas barrentas. Já começamos a nos imaginar naquelas emboscadas aos turistas no Rio de Janeiro. Nos muros, as pichações avisavam: "*Las personas sospechosas serán quemadas*". Nos postes, bonecos de pano enforcados, com os dizeres: "*Los enemigos serán muertos*". Dava medo. Logo, o motorista parou e se identificou. Era médico, professor da Universidade de La Paz. E avisou que teríamos de seguir, dali em diante, sozinhos. Estávamos a três quilômetros da *ruta* principal. Foram os três quilômetros mais longos da viagem. Aguaceiros, informações desencontradas, ruas bloqueadas, gente suspeita e gasolina acabando. Até que chegamos à *ruta*. Abastecemos com a gasolina ao dobro do preço e tocamos para Copacabana. La Paz para nós foi *El Infierno*.

Chegamos a Copacabana curiosos para navegar no gigantesco Titicaca, a 3.812 metros acima do nível do mar. Ele é considerado o maior lago da América do Sul em volume de água. Alugamos um barco e fomos conhecer a Isla del Sol, sagrada para os incas e povoada por indígenas de origem Quechua e Aymara. Na volta, nas Islas Flotantes, comemos um peixe assado. A cor da água lembrava as praias do Nordeste brasileiro. Lugar espetacular e de cultura impactante. Na Bolívia, o que mais nos impressionou foi o carinho do povo com a Expedição. Partimos de Copacabana com a meta de chegar a Cusco, no Peru. Enquanto seguíamos, pastores de ovelha, tocadores de charango e campesinos que encontrávamos no caminho acalentavam nosso sonho de uma pátria grande, rica e forte, onde os aramados das fronteiras fossem extintos e milhões de vozes latinas gritassem por justiça. Onde o indígena, o peão e os jovens sul-americanos não fossem oprimidos e subjugados por forças ocultas de um imperialismo que condena as Américas à pobreza, desde o México até o sul da Argentina.

Chegamos à fronteira. As divisas geográficas não separavam os costumes dos povos. Cada vez mais tinha a certeza de que a América era uma só, sentimento quebrado apenas por um agente aduaneiro tentando nos extorquir. Mantivemos nossa convicção de não pagar propina, o que atrasou a viagem em muitas horas. Dois motoqueiros argentinos nos aconselharam a ceder, mas com todos os documentos em mãos nos mantivemos firmes. Com a barba grande, cabelos compridos, vestindo uma jaqueta verde-oliva e uma boina com uma estrela, me dei conta de que me subvertia em um simulacro de guerrilheiro latino-americano. Um grupo de turistas alemães me apontava o dedo e repetia: "Che Guevara, Che Guevara", fazendo fila para tirar fotos ao meu lado. Minha revolução era viajar de Fusca pelo mundo de uma forma simples. Meu Fusca era minha revolução.

Nos livramos do aduaneiro corrupto e conseguimos entrar no Peru, nosso sexto país. Na cidade de Juliaca enfrentamos novamente um trânsito caótico, lotado de tuk-tuks por todos os lados, onde motos e caminhões dividiam o meio das ruas com feirantes que vendiam de tudo. Estacionamos na beira da estrada para assistir a uma partida de futebol de várzea. Dentre os esportes, nenhum é mais democrático que o futebol. Ele não impõe barreiras. Basta ter uma bola e um grupo de amigos. Num campo precário e sem grama, às margens de uma rodovia na Cordilheira dos Andes ou em um estádio milionário de Copa do Mundo, a paixão inexplicável une a todos. Mais do que um esporte, o futebol é um movimento social, e se eu tivesse a oportunidade de assistir a um jogo na Copa do Mundo, jamais poderia esquecer o brilho nos olhos dos campesinos e cholas torcendo naquele terrão árido e sem grama do Peru. Nossa peregrinação no primeiro dia por terras peruanas teve de tudo. Ataque da *Policia Camiñera*, descoberta de um cabo de vela escapado, que roubava forças do motor havia dias, e o limpador de para-brisa pifado. Como chovia muito, tivemos que amarrar duas cordinhas e passar pelas ventarolas para que, por cento e cinquenta quilômetros, Marenco fizesse um vai e vem manual para eu enxergar a estrada.

Depois de seiscentos quilômetros, entramos na cidade de Cusco, onde Sophia Reis e Arthur Chacon, do Caudalosa América, nos aguardavam no camping Quinta Lala, colado às ruínas da fortaleza Inca Sacsayhuaman. Na manhã seguinte, ainda bem cedo, fui acordado com batidas nervosas no vidro traseiro do Fusca. Não nos víamos havia um ano, desde a hospedagem do casal na Palafita. O reencontro foi emocionante. A ansiedade em nos encontrar também era porque levávamos os documentos da Land Rover desde o Brasil, enviada por correio de São Paulo para a Palafita pela mãe do Arthur, antes da nossa saída. Tomamos um café, colocamos o papo em dia e comentei com o Arthur que, mesmo fazendo direção defensiva, Segundinho não inspirava confiança, especialmente a partir do Salar. Na verdade, desde o Chile vinha notando que o freio não estava bom, a ponto de chegarmos a Cusco só com o freio de mão. Os problemas elétricos aumentavam e barulhos estranhos na carroceria assustavam. Tínhamos que conseguir um bom mecânico.

O Quinta Lala, por estar em uma montanha acima, proporcionava uma vista deslumbrante sobre a cidade. Decidimos descer a pé e explorá-la. Conhecida como a capital arqueológica das Américas, Cusco foi sede do Império Inca e acabou se tornando uma joia andina. Foi declarada

Patrimônio Mundial pela Unesco, em 1983. É um museu a céu aberto que respira história e cultura. Fomos direto à Plaza de Armas, na área central da cidade, principal ponto de encontro. Local florido, rodeado de restaurantes e lojas de *souvenirs*. Durante a colonização, grande parte das estruturas Incas foram destruídas pelos espanhóis. As fundações pré-colombianas serviram de base para construções coloniais, mantendo a antiga distribuição urbana e criando uma fusão de diferentes períodos e culturas. Na Catedral Basílica de la Virgen de la Asunción, uma das maiores do mundo, agradeci pelo tanto que recebia do universo. Almoçamos ceviche no Mercado Central de Cusco, onde uma procissão religiosa cruzou carregando a imagem da Virgen de la Asunción. Tudo era muito colorido em Cusco, contrastando com os tons terrosos das igrejas.

No retorno ao Quinta Lala, me faltou ar nos pulmões. Já vínhamos mastigando folhas de coca desde San Pedro do Atacama, mas tivemos de aumentar a dose com a altitude de 3.399 metros em Cusco. Era apenas uma aclimatação e uma reserva de oxigênio para a prova de fogo que teríamos em breve. No nosso segundo dia nos despedimos de Arthur e Sofia, que seguiram rumo ao Brasil pelo Acre, mesmo caminho que faríamos dias depois. No tempo em que o Facebook era uma mídia social poderosa, fizemos uma live antes da partida da Caudalosa América com mais de duas mil pessoas on-line.

Na periferia, descobrimos Claudio, mecânico conhecido como o Maestro dos Escarabajos. Expliquei a ele que tínhamos alguma urgência em partir, e ele então mandou eu procurar outro mecânico: não faria serviço rápido porque ficaria mal feito. Precisaria de pelo menos dois dias para garantir o trabalho. Não teve argumento. A solução era mesmo dar um tempo na viagem e tentar conhecer Machu Picchu. Às cinco e meia da manhã seguinte, estávamos na Praza de Armas embarcando de van numa viagem alucinante de duzentos quilômetros rumo à cidade inca.

Marenco e eu tentávamos manter os olhos fechados para não ver os precipícios. O motorista, que escutava reggaeton a toda altura, ignorava os gritos de protesto dos passageiros. Quando duas vans se encontraram em sentido contrário numa curva estreita, com penhascos de mais de duzentos metros, Deus pareceu ter segurado as rodas para não despencarmos no perau.

Com *mucho sueños y poca plata*, a ideia era fazer a Trilha da Hidrelétrica, onde tínhamos um *trekking* de quase quinze quilômetros. Quem tem dinheiro paga o bilhete em um trem de luxo, mas não era o nosso caso. Mastigando muita folha de coca, caminhamos mais de três horas pelas margens pedregosas da ferrovia, em uma trilha arrebatadora que cruzava por pontes de ferro, rios caudalosos, riachos, túneis ferroviários e paredões. Paramos várias vezes para fazer imagens. Lembrei da poesia de Atahualpa Yupanqui, na voz de Mercedes Sosa:

"*Yo tengo tantos hermanos*
Que no los puedo contar
En el valle, la montaña
En la pampa y en el mar."

Chegamos a Águas Calientes, o vilarejo mais próximo de Machu Picchu, ao fim da tarde. Bebemos uma cerveja Cusqueña e fomos dormir porque no dia seguinte queríamos chegar cedo ao destino. Às quatro da manhã, embarcamos em um ônibus e subimos até quatro mil e quinhentos metros de altitude. A noite se despedia por trás da velha montanha e o sol já iluminava os símbolos da civilização pré-colombiana quando cruzamos o portão de entrada e avistamos a cidade perdida em meio à neblina. Em um lugar que recebe um milhão e meio de turistas por ano e que é uma das atrações mais visitadas da América do Sul, era um privilégio sermos os primeiros a entrar e poder observar as estruturas completamente vazias com toda a sua exuberância, fantasia e mística. Sempre ouvia falar da energia de Machu Picchu. Já tinha visto fotos, vídeos e lido sobre, mas testemunhar com meus olhos, corpo e sentimentos uma das Sete Maravilhas do Mundo Moderno transcendia o inexplicável. Marenco pensou em subir o drone, mas o equipamento foi confiscado por seguranças do parque antes de chegar a dez metros de altura.

Construída por volta de 1420, a cidadela servia, ao mesmo tempo, como centro de culto e de observação astronômica e fazenda particular da família real do líder inca Pachacútec, idealizador de sua construção. Os guias não chegavam a um consenso. Alguns dizem que o descobridor de Machu Picchu foi o arqueólogo norte-americano Hiram Bingham, que em 24 de julho de 1911 teria realizado o trajeto guiado por uma criança andina de onze anos para encontrar a cidade perdida.

Ele não esperava encontrar algo tão impressionante e teria ficado maravilhado com o majestoso e intocado santuário, revelando sua descoberta para o mundo. No processo, o arqueólogo e seu grupo realizaram escavações e levaram objetos e peças de arte para os Estados Unidos — objetos que somente após cem anos de disputas judiciais foram devolvidos ao Peru. Eu preferi acreditar nos guias que desmentiam a versão colonizadora e exploratória, já que moradores locais sempre souberam da existência da cidade sagrada. Acredita-se que Machu Picchu tenha sido abandonada anos depois de sua fundação.

Fomos obrigados a permanecer no Santuário Histórico de Machu Picchu até o final da tarde para recuperar o drone. Aproveitava e me juntava a cada grupo de turistas com seus guias para aprender mais sobre uma das mais importantes civilizações do mundo, dizimada pela exploração espanhola. Resgatamos o drone e o diretor do parque nos permitiu voltar para uma última foto. Então me posicionei em uma porta de pedra com a montanha Huayna Picchu ao fundo, exatamente onde em 5 de abril de 1952 Ernesto Che Guevara pousou para a lente de Alberto Granado. Enquanto Marenco criava uma releitura da emblemática imagem, lembrei de um texto escrito por Che em seu Diário de Motocicletas:

"Los Incas tenian un alto conocimiento en astronomía, medicina, matemática, entre otras cosas, pero los invasores españoles tenian la polvora. Cómo sería América hoy si las cosas hubieran sido diferentes"... "Cómo es posible que sienta nostalgia por un mundo que no conocí."

Fomos os primeiros a entrar e os últimos a sair de Machu Picchu naquele dia inesquecível que marcava a metade da nossa viagem. Com um carimbo da cidade sagrada em nossos passaportes, era hora de buscar o Segundinho e iniciar o retorno para casa. Tivemos dificuldade de chegar a Cusco, porque uma greve geral tomava conta do Peru. Protestos bloquearam estradas e ferrovias, atrasando a viagem em vários dias. Maestro Claudio cobrou um valor não tão amigável pelo conserto e sentenciou que o Fusca tinha sido condenado à morte pelo Salar de Uyuni:

— Arrumei para você conseguir chegar ao Brasil, mas teu *escarabajo* não presta mais — decretou.

Bastante desolado com a notícia, negociava um desconto em frente à oficina quando um peruano entrou na contramão com uma caminhonete Toyota e amassou o paralamas do Segundinho. Discutimos, ele nos ofereceu dez nuevos soles, valor equivalente ao de uma cerveja. Enquanto fui ao Fusca buscar alguma coisa, ele entrou no carro e se mandou. Já tínhamos fotos do carro, da placa e dele próprio. Claudio queria chamar a polícia, mas nos sentíamos empacados em Cusco. O que mais queríamos era seguir. Preparamos o Segundinho para enfrentar a maior de todas as suas batalhas. Partimos rumo à Carretera Interoceânica. Trocamos as velas, sacamos o filtro e abrimos o oxigênio do carburador. Colocamos um giclê maior para injetar mais gasolina. O sistema de alimentação de um carro carburado é feito por fogo, combustível e oxigênio. As velas de ignição novas e um giclê maior compensariam a falta de ar na Interoceânica, a rodovia pavimentada mais alta do mundo. Depois de quase trinta dias percorrendo a espinha dorsal do planeta, acreditava que meu corpo havia se acostumado com a altitude. Mesmo elevando a dose de folhas de coca que eu mastigava, meu corpo sentia o mal da altitude extrema, chamado de "soroche" pelos moradores locais. Se algumas vezes Segundinho perdeu forças, era a primeira vez que ele suplicava por oxigênio. Intercalando primeira e segunda marcha em subidas vertiginosas, ao pararmos para tirar alguma foto, tínhamos de empurrá-lo para ajudá-lo a movimentar as rodas novamente. Nos faltava até voz para falar. Passamos a calcular os movimentos, economizar os gestos e respirar pausadamente. No silêncio absoluto, tentava decifrar o rumor sofrido do motor entre uma curva e outra daquela subida interminável. Quanto mais subíamos, mais árida, deserta e fria a região ficava. Quando passamos dos quatro mil e quinhentos metros de altitude, tivemos que abrir o galão de gasolina reserva que estava prestes a explodir. Se nossos olhos se deslumbravam com paisagens incríveis em meio a montanhas nevadas, o coração parecia estourar, a cabeça doía e os dedos formigavam. Exausto, lembrei de uma frase lida um dia no para-choque de um caminhão: "As montanhas da vida não existem apenas para que você chegue ao topo, mas para que aprenda o valor da escalada".

Em meio à neblina, surgiu a placa "Abra Pirhuayani, 4.725m". A Interoceânica, entre Brasil, Bolívia e Peru, tornou-se a rodovia pavimentada internacional mais alta do mundo, superando Karakoram, estrada entre o Paquistão e a China. O ar rarefeito não chegava aos nossos pulmões e nem na centelha elétrica do motor do Segundinho. A tarde caía quando paramos para registrar aquele instante mágico e aplaudir nosso carrinho guerreiro pela vitória de chegar com seu modesto motor naquele lugar de ar insuficiente. Ao desembarcar com a câmera fotográfica na mão, me senti mareado, como se estivesse num barco. O chão se movimentava e respirar era uma agonia. Estávamos mais altos do que as nuvens. O tempo fechou por completo, e nos vimos mergulhados em um rio voador. Sempre acho que Deus tem coisas mais importantes para fazer do que estar ali comigo, mas talvez pelo efeito alucinógeno do ar rarefeito, ou pela proximidade com o céu, pude compreender um pouco da força da criação. Não um Deus supremo, o que criou todas as coisas, mas sim a possibilidade de existir um pouco de Deus em cada momento, em cada lugar. Aquela montanha exalava soberania divina. Me sentia o super-homem que enxergava em meu pai aos três anos de idade. Com a temperatura de menos três graus, flocos de gelo caíam enquanto a temida escuridão da noite se debruçava sobre o topo do mundo. Depois de algumas fotos, concluímos que acampar ali seria muito arriscado. As curvas que nos esperavam ficavam à beira de montanhas seculares. O menor erro poderia fazer com que o Fusca despencasse milhares de metros. Nos despedimos da Cordilheiras dos Andes a 4.725 metros e saltamos, em queda livre, no abismo daquela noite para dormir em Puerto Maldonado, capital do Departamento Madre de Dios, que se encontra a apenas cento e oitenta e três metros do nível do mar.

A neblina embaçava a lente dos meus óculos e o para-brisa do carro. A estreita tira negra de asfalto sumia aos meus olhos, e Marenco tinha que nos guiar por curvas sinuosas com um velho GPS Garmim. Em poucas horas, baixamos vinte vezes a altitude. A cada quilômetro vencido, sentíamos o ar da floresta amazônica se aproximando, enchendo nossos pulmões e devolvendo potência ao motor do Fusca. Sábado, à meia-noite, encostamos ao lado de um posto de combustível em Puerto Maldonado. Aturdidos pela queda de altitude e o aumento da temperatura, que agora beirava os trinta graus, resolvemos dormir próximo à rodovia. Faltavam apenas duzentos e trinta e dois quilômetros para alcançar o Brasil via Acre.

A previsão marcava sol forte, calor e muita umidade em toda a região amazônica naquele domingo. Partimos cedo e, no trajeto até Iñapari, cidade fronteiriça com o Brasil, rodamos por uma Amazônia peruana preservada, cruzando por tribos indígenas e com floresta densa lambendo o acostamento. Paramos para conseguir água fresca em uma comunidade indígena, quando dois meninos se aproximaram do Fusca. Trocamos algumas palavras. Eles disseram seus nomes na língua aimará. Deixamos adesivos e, para nossa felicidade, o pai dos pequenos passou a seguir a Expedição nas redes sociais — e inclusive comentou a foto daquele momento inesquecível. Entramos no Acre pela cidade de Assis Brasil. Ao cruzar a fronteira, encontramos uma floresta modificada. Um asfalto esburacado espalhava desmatamento, plantações e criação de gado. Penetrar no pulmão do mundo foi uma experiência assombrosa. O ar que tanto fizera falta na altitude, sobrava naquela fábrica de oxigênio. Nos sentíamos pequenos entre tantas criaturas simples e humildes que constroem há centenas de anos a civilização das águas, das matas e dos ares, cujas leis e valores são tão distantes das que regulam a vida nervosa dos centros urbanos. Segundinho, com sua cor verde, parecia fundir-se naquele cenário exuberante. Ao mesmo tempo que a selva amazônica é espantosamente gigantesca, ela é muito frágil. Me senti parte, me senti possuído, me tornei comprometido a defender e amar eternamente a maior floresta do mundo e seus povos. Era um período chuvoso da Amazônia. Acionamos o limpador de para-brisa, que estourou na hora, e acendemos os faróis. O carro perdia força. Faltavam cento e vinte quilômetros até a capital do Acre quando, pela estrada deserta, um carro vermelho passou nos fotografando e logo deu o pisca para entrar em uma porteira. Entendemos que não daria para seguir à noite com o farol tão frágil. Fomos até o lugar onde o carro havia entrado e pedimos pouso. Era uma antiga fazenda de extração de borrachas que oferecia hospedagem a turistas e viajantes. Estava lotada.

Flávia, uma das proprietárias do Hotel Fazenda Três Meninas, foi gentil. Ela e sua mãe nos receberam com alegria e prepararam um tambaqui frito para o jantar. Disseram que estávamos em Xapuri, cidade histórica, considerada o berço da Revolução Acreana e símbolo do Movimento Ambientalista Mundial. Xapuri ficou conhecida por seu filho mais ilustre, o seringueiro e líder ambientalista Chico Mendes, que foi assassinado justamente porque lutava pela preservação da Amazônia. Marenco dormiu em uma rede próxima ao rio. Eu dormi dentro do Fusca. Na manhã seguinte, ele contou que durante a madrugada ouviu barulhos vindos da água, mas preferiu ficar bem quieto e esperar o dia amanhecer.

Acordamos cedo, tomamos café e verificamos se teria uma autoelétrica nas redondezas. Nada. Seria preciso, mais do que nunca, equilíbrio, pensamento positivo e alinhamento na equipe. O alternador funcionava à meia-boca. Imaginamos que poderia ser a bateria. Abastecemos o Segundinho e telefonei para casa para pedir que a Gabi emitisse um pedido de socorro via Facebook. Mais uma vez a rede solidária se formaria. Desistimos de ir a Rio Branco e apontamos para Porto Velho. Tínhamos muito chão pela frente e poucas horas de luz. Quando estávamos cruzando a balsa do Rio Madeira, uma surpresa boa: reencontramos Arthur e Sophia. Leram o pedido de socorro da Gabi e pegaram a estrada para nos dar guarida. Logo depois do encontro, fomos parados pela Polícia Rodoviária Federal. Explicamos que estávamos com pane elétrica no carro. O patrulheiro atacou um viajante e solicitou que nos escoltasse com a Caudalosa América até Porto Velho. O viajante solidário ia na frente, Segundinho no meio, Arthur e Sofia atrás, com o pisca-alerta acionado. Chegamos em comboio à capital de Rondônia, sãos e salvos.

Enquanto isso acontecia na estrada, Gabi e a Equipe Terra buscavam contatos pela internet com quem pudesse nos socorrer. Ela acionou o Clube do Fusca de Rondônia, chegando ao Juacy Loura Júnior, fuscamaníaco solícito e generoso, que nos esperou na entrada da cidade. Ele nos conduziu até a Oficina do Neguinho, um eletricista com baixa visão que, graças ao seu instinto aguçado, diagnosticou e resolveu todos os problemas elétricos. Ele tinha um mapa completo do Fusca na memória e ia narrando cada parte do carro a um auxiliar que arrumava os defeitos e trocava as peças. Substituímos o alternador, o motor de arranque e vários fios oxidados. Antes de irmos embora, Neguinho perguntou que tipo de especiaria havia no Fusca, porque ele tinha sentido gosto de sal nas mãos. Era o sal de Uyuni.

Porto Velho ficou em nossa memória afetiva e partimos rumo ao Centro Geodésico da América do Sul, em Cuiabá, a quase mil e quinhentos quilômetros de distância. A maior floresta tropical do mundo foi ficando para trás, dando lugar ao Cerrado. Em Cuiabá, fomos acolhidos pela jornalista Marília e pelo artista plástico Thiago, do Projeto Fusca Sebo. Eles montaram uma livraria dentro de um Fusquinha vermelho que Thiago ganhara do avô. Nos levaram para conhecer a cidade e tomar uma cerveja no Centro Histórico. Contaram do Marco Zero, que foi determinado em 1909 por Marechal Cândido Rondon. Thiago nos disse:

— Existe uma linha imaginária de sul a norte e outra de leste a oeste na América do Sul, que se encontra em forma de cruz aqui no centro de Cuiabá.

Estacionamos Segundinho no meio da Praça do Obelisco, demarcatório para uma foto com os queridos anfitriões. Se tínhamos sonhos e sangue da América do Sul correndo nas veias, tínhamos também uma imagem para provar que o destino nos levara ao coração do continente. Depois de tantas alegrias, Segundinho parecia se desintegrar. Andamos muitas horas em silêncio. Enfrentamos algumas tempestades no caminho até Campo Grande, onde ninguém nos esperava. Desde Porto Velho percorremos mais de dois mil e trezentos quilômetros em três dias. Alguns podem achar que é pouco, esquecendo-se de que se trata de um Fusca 68. Partimos ansiosos para desbravar o último país da jornada. Daniel confessou que quando o convidei para participar da viagem, estava em um momento conturbado. Encarou como um bom presságio. Disse que ainda não tinha assimilado tudo que estava vivendo, mas que algo mudara dentro dele. Atravessamos o Pantanal mato-grossense sem parar. Pelo rádio AM, Brian Johnson vociferava um rock pesado:

"Vivendo suavemente, vivendo livre
Ingresso de temporada, em uma viagem só de ida
Sem pedir nada, me deixe estar
Eu levo tudo do meu jeito."

Com um solo de guitarra de Angus Young, chegamos a uma das cidades mais violentas da América. Sempre que cruzo fronteiras secas, me lembro dos longas-metragens norte-americanos sobre o Velho Oeste que eu assistia na infância. Mas entrar no Paraguai via Pedro Juan Caballero não era cinema, era realidade. Pedro Juan é dominada pelo narcotráfico, com índices de homicídio entre os mais altos do mundo. Quem manda na região são as facções criminosas. São donas de hotéis, mansões, postos. E até o aeroporto está nas mãos delas. Marenco entrou em um *freeshop* para comprar um carregador de celular e, enquanto eu aguardava dentro do Segundinho, fui abordado por um adolescente:

— *Usted eres brasileño?*

Respondi que sim. Então ele perguntou:

— *Quieres llevar diez kilos de marihuana para o Brasil? Hago un buen precio para usted. Nadie te va a atacar en ese Escarabajo.*

Agradeci a oferta, mas ele insistiu.

— *A marihuana esta acá en mi coche* (apontando para um VW Gol quadrado, estacionado logo atrás). *Te estarán esperando en Brasil. Es tranquilo!*

Por sorte, Marenco voltou. Contei a história e ele brincou:

— Ué, não és tu que vives te vangloriando que ninguém te ataca nas fronteiras porque estás de Fusca?

Rimos de nervoso e partimos rumo a Asunción. No caminho ainda fomos atacados em uma barreira que inspecionou nosso carro. Argumentamos que estávamos produzindo um documentário, e o chefe da Polícia perguntou:

— *Viniste hasta acá denunciar nuestras plantaciones de marihuana?*

Expliquei que nosso objetivo era falar das belezas paraguaias, da cultura e da alegria de seu povo. Não nos pediram propina, mas entregamos adesivos da Expedição Fuscamérica antes de sermos liberados. Depois de quinhentos quilômetros, entramos em Asunción, onde colamos a sétima bandeira no vidro traseiro do Segundinho. O projeto "Sete Pátrias em um Fusca" estava completo. Como era sábado, aproveitamos para conhecer a capital que fica à margem esquerda do Rio Paraguai. Fotografei o Fusca em frente a um dos poucos prédios que sobreviveram ao saque feito pelo exército brasileiro a Asunción durante a Guerra do Paraguai, que aconteceu entre os anos de 1864 a 1870. O palácio neorrenascentista é a sede do governo e foi construído pelo então presidente Francisco Solano Lópes. A Guerra do Paraguai matou setenta por cento da população paraguaia e dizimou grande parte da indústria e das produções locais, fazendo com que o país nunca voltasse a ter bons índices de desenvolvimento. Em uma América do Sul antropofágica na Guerra da Tríplice Aliança, temos a melhor amostra.

No domingo, rumamos para a Ponte Internacional que divide Encarnación (Paraguai) de Posadas (Argentina). Cruzamos pelas Missões Jesuíticas, cidades criadas na selva nos séculos XVII e XVIII, onde os indígenas foram evangelizados pelos jesuítas. Eram importantes centros urbanos, com hospitais, igrejas e escolas, que reuniram mais de cento e cinquenta mil indígenas guaranis na Argentina, Paraguai e Brasil. As disputas entre Portugal e Espanha pelo território latino-americano dizimaram as reduções jesuíticas, deixando para sempre ruínas de cidades e de igrejas nas fronteiras dos três países.

Depois de viajar por quatrocentos quilômetros e cruzar dois países, dormimos em uma modesta casa de madeira de um guarda aduaneiro nas margens do rio. A travessia de balsa para retornar ao Brasil ocorreria somente na madrugada. Pensei naquela noite em como o Paraguai poderia ser diferente. Achei o país mais parecido com o Brasil na América do Sul. Não só pela diversidade das paisagens, cultura ou dos aspectos geográficos, mas principalmente pela alegria de um povo sensível e adaptado a um estado mergulhado na criminalidade e na corrupção de seus políticos.

Segundinho foi o primeiro a embarcar na balsa antes do nascer do sol. Depois de tanto tempo percorrendo sete pátrias, cruzamos o Rio Uruguai e pisamos definitivamente em terras brasileiras pela cidade de Porto Xavier, já no Rio Grande do Sul. No penúltimo dia, dormimos na casa do poeta Luiz Marenco, em Santana da Boa Vista. Foi uma noite regada a vinho, churrasco, música e divagações sobre liberdade. Luiz Marenco defendeu a extinção das fronteiras e nacionalidades:

— Um pássaro que canta na Argentina, voa para cantar no Uruguai e depois no Brasil. Por que não podemos ser como pássaros voando livremente por nossa América gigante, como se fosse uma pátria grande? Somos um povo único!

Emocionado, o poeta levantou a taça e propôs um brinde. Bradamos em coro:

— Vivaaaaa la América!!!!!

No último dia, viajamos em silêncio. Não sei até hoje o que se passava pela cabeça do meu copiloto, mas eu pensava que felicidade, bem no fim, pode ser conquistada com aprendizado. Felicidade não é algo a ser alcançado, é um caminho, um processo contínuo. Quando nos propomos a mergulhar no desconhecido, no novo, estimulados a aprender sem preconceito, tudo vira aprendizado. A utopia pode ser apenas esperança ou virar realidade. Pensei no relacionamento com o meu amigo de viagem. Será que os anseios de Marenco se concretizaram? Será que a viagem alcançou suas expectativas? Fomos bons companheiros, cúmplices, apesar das rusgas. Quanta coisa aconteceu! Parece que ficamos um ano na estrada. A bordo de um Fusca, o tempo não pode ser contado em horas, minutos e segundos. O tempo precisa ser contabilizado em emoções. E assim desembarcamos na Palafita!

Se meu sonho era cruzar os mares, explorar o Velho Mundo e chegar à Copa do Mundo na Rússia, teríamos um longo caminho a percorrer.

"Este não é um relato de façanhas impressionantes. É uma parte de duas vidas registradas num momento em que cursaram juntas um determinado trecho com identidade de aspirações e conjunções de sonhos.

Nossa visão foi muito estreita? Muito Parcial? Muito precipitada?

Nossas conclusões foram rígidas demais?

Talvez!

*Mas esse vagar sem rumo por nossa América maiúscula me mudou mais do que pensei. Eu já não sou mais eu. Pelo menos não sou o mesmo em meu interior."**

---

* Trecho do livro *Notas de viagem*, de Ernesto Rafael Guevara de la Serna.

**Este capítulo contém trechos do blog "Janelas para a América", escrito por Daniel Marenco, no jornal *O Globo*, em janeiro e fevereiro de 2017.

Um Fusca navegando pelo mundo

"Não sei se é possível a Seleção Brasileira chegar à próxima Copa do Mundo, mas a gente pode chegar à Rússia de Fusca. E se nós chegarmos à Rússia de Fusca, o impossível não existe". A frase foi dita pela Gabi no cair da tarde de 8 de julho de 2014, logo após a Seleção Brasileira sofrer a humilhante derrota por 7x1 para a Alemanha, no Mineirão. A partir daquele instante, minha vida passava a ser pautada por um único objetivo: ir para a Rússia com o nosso Fusca 1968. Sabíamos que a estrada utópica que nos levaria ao país mais extenso do mundo era muito longa — e tinha um oceano a atravessar. Para alcançá-lo, era preciso embarcar Segundinho em um navio, e não tínhamos a menor ideia de como fazer isso, nem dos recursos necessários. Buscando uma alternativa que viabilizasse economicamente a viagem, Gabi descobriu um evento que ocorreria em março do ano seguinte, promovendo conexões entre sonhadores e realizadores. Tínhamos um HD repleto de incríveis imagens captadas durante nossas viagens, o que daria um filme.

O Rio Content Market promovia rodadas de negócios sobre produções audiovisuais. Embarcamos para o Rio de Janeiro com foco nos canais de streaming e TV que buscavam produtos originais para financiar. Na Cidade Maravilhosa, com um projeto debaixo do braço e a esperança de conseguir recursos, fizemos contatos tentando convencer algum investidor de que havia uma oportunidade de mercado para um documentário sobre um Fusca, viagens e sonhos. Recebemos muitos sorrisos e promessas, mas voltamos para casa de mãos abanando. Em junho, partimos novamente para o Rio de Janeiro. Dessa vez de Fusca e tendo como copiloto o querido Duda Keiber. Amigo de longa data e dono de uma sensibilidade ímpar, levava na bagagem a experiência como produtor cultural e doador do Fuscão preto que virou a Fuscarretinha.

A nossa missão seria produzir um teaser do projeto Expedição Fuscamérica na Rússia, com a expertise da Ananã Filmes, do amigo Júlio Uchôa. Com o vídeo em mãos, tentaríamos sensibilizar contatos na Globo. Partimos animados, sem sentir o tempo passar na estrada. Dormimos a primeira noite na Guarda do Embaú, em Santa Catarina. No dia seguinte, já em São Paulo, no apartamento do compadre Eduardo Mendes. No domingo, fomos convidados para almoçar na casa do Alex Atala, que mesmo sendo um dos maiores chefs de cozinha do mundo, retirou seu carro da garagem para que o Segundinho não corresse riscos na cidade grande. A última noite antes de respirar o ar carioca foi em uma pousada de beira de estrada, na cidade de Itatibaia, bem perto do Rio de Janeiro. Nos últimos quilômetros, enquanto descia a Serra das Araras, mirava pelo para-brisa o ritmo frenético dos carros e caminhões que mudava o som do espaço. Um após outro, e mais outro, sem parar. A vida e a rotina de milhares de pessoas com seus planos, seus problemas, sua hora de chegar. Apoderados por esperanças, delirávamos sobre o futuro. Ao chegar ao Rio, fomos direto para a sede da Ananã, localizada no Jardim Botânico. Júlio e sua equipe nos receberam com alegria contagiante. A trupe era formada por Mônica Siqueira, Vera Melo e o jovem Caio Mitidieri. Além de atenciosos, percebi que logo já sonhavam com a gente, como se estivessem dentro do Fusca. Começamos afinando conceitos, traçando planos, custos, rotas e pensando na forma mais objetiva de traduzir aquelas ideias. Logo estávamos enturmados, editando, escrevendo, cortando e colando fragmentos de planos para junho de 2018. Nossa hospedagem no Rio foi na casa do memorável Heitor Peixoto de Castro Palhares, um dos melhores amigos de meu sogro. Ele e o filho Luís nos adotaram como família por aqueles dias. O bairro das Laranjeiras virou nosso lar. Trabalhávamos o dia todo e, à noite, éramos recebidos com um jantar acolhedor, bom papo e cerveja artesanal produzida pelo Luís.

Com imagens das sagas anteriores, montamos a historieta de três minutos que poderia carimbar o nosso passaporte até a Rússia. Júlio Uchôa marcou então uma reunião com Nina Bellotto, diretora de Projetos Especiais da GloboPlay. A Globo estava perdendo espaço para a Netflix e nosso projeto, segundo nossos argumentos, cairia como uma luva na programação da cobertura da Copa. No dia 14 de julho fomos recebidos pelos executivos da empresa para a apresentação do projeto. Mostramos o teaser, explanamos os planos e falamos de orçamentos com a alma cheia de esperança. Naquele clima de entusiasmo, depois da reunião, alguns deles foram até o estacionamento fotografar o Fusca que protagonizava histórias tão tocantes. Prometeram entrar em contato. Escutei um estagiário comentar que eu e meu Fusca parecíamos personagens de um filme argentino. Uma bruma de esperança no ar.

Fizemos os dois mil quilômetros de volta tão motivados que resolvemos subir a gelada Serra do Rio do Rastro antes de chegar ao Rio Grande do Sul. A possibilidade de ir para a Rússia como uma excêntrica equipe de correspondentes da Globo nos emocionava: "Avante Expedição, que o mundo é uma bola e cabe dentro do Fusca". Os dias se passavam e nenhum contato era feito. Desistir era uma palavra que não estava no nosso vocabulário. Precisávamos criar um fato novo. Então, em 29 de agosto decidimos ir até Caxias do Sul para conseguir uma procuração assinada pela Dona Ivone, mãe do Tite — técnico da Seleção Brasileira. Ela entrou na brincadeira e firmou um papel nos delegando poderes para "cuidar do filho em terras russas". Com a carta na mão, fomos a Porto Alegre, onde a Seleção jogaria a partida das eliminatórias que garantiria a vaga para a Copa do Mundo. Chamamos a atenção de alguns jornalistas, mas Tite não teve o mesmo senso de humor da mãe e não nos recebeu. O tempo se encurtava e em duzentos e quarenta dias começaria a Copa. Sem nenhuma resposta concreta, um mar de incertezas engolia nossas esperanças de embarcar o Fusca em um navio. Quatro anos gritando aos quatro ventos que eu estaria na Rússia na Copa. Mas caso não acontecesse um milagre, eu seria devorado por minhas próprias ambições. Será que eu tinha sonhado muito alto?

Ainda estariam por vir obstáculos inesperados no caminho. Em uma tarde de setembro, Gabi voltava da padaria quando uma jovem surgiu desavisada com sua caminhonete, destruindo a lateral do nosso já combalido Segundinho. Mais um desafio para testar nossos limites. Sabe aquela inquietação de quando você acredita que está vivendo um caminho sem volta? Parece que a viagem só acontecia dentro de mim. Sabia que jamais me sentiria completo como pai e como parceiro da Gabi se não levasse aquela ideia às últimas consequências. E foi em uma sexta-feira que o milagre aconteceu. No fim da tarde, Gabi recebeu uma ligação do Marquinhos. Marcos Fonseca é um amigo querido, empresário de sucesso que construiu sua empresa, a Sagres Agenciamentos Marítimos, apostando em sonhos. Ele perguntou sobre nossos planos para o almoço de sábado e disse que tinha um assunto importante a tratar. Combinamos então que ele fosse até a Palafita para conversar. Ele disse que cozinharia.

Pouco antes do meio-dia, chegou trazendo sacolas com legumes, frutos do mar e temperos. Enquanto organizávamos a cozinha para o início dos trabalhos, ele me convidou para fazermos uma caminhada. Mesmo sendo um sedentário convicto, calcei meus tênis e partimos para um pequeno trekking nas redondezas. Na metade do percurso, eu já estava esbaforido. Percebendo meu estado, ele me chamou a atenção sobre minha dificuldade de locomoção com os então cento e doze quilos que pesava.

— Se queres viajar de Fusca para a Rússia, vais ter que cuidar do teu condicionamento físico.

Respondi a ele que nem acreditava mais que eu conseguiria ir para a Rússia. Em casa nos esbaldamos com o almoço regado a vinho. Logo após a sobremesa, Marquinhos revelou o assunto importante que queria tratar. Contou que acreditava em nós e que estava de viagem marcada para Nova Iorque, onde iria conversar com o velho amigo Flavio Batista, hoje vice-presidente da empresa norueguesa Wallenius Wilhelmsen Ocean, líder mundial de mercado no transporte de veículos em navios Ro-Ro. Se tudo desse certo, Segundinho embarcaria em um gigante e navegaria pelos mares do mundo. Ele tirou um tablet da bolsa e nos desafiou a montar um projeto de mídia naquela tarde, para que fosse apresentado ao Flavio na quarta-feira. Viajar de Fusca nos ensina a lidar com o tempo sem pressa, mas a expectativa dos quatro dias seguintes seria de muita ansiedade. Marquinhos era nosso anjo altruísta, enviado ao coração financeiro dos EUA para defender a nossa causa. Na noite de quarta-feira, o telefone tocou, e do outro lado da linha uma voz emocionada anunciou:

— Não sei como vocês vão para a Rússia e nem como vão se manter lá, mas o Segundinho desembarcará em São Petersburgo antes da Copa. Vocês só precisam definir qual porto da Europa vão embarcar o Fusca de volta pro Brasil.

E completou:

— Semana que vem estou de volta pra gente organizar tudo.

Com os corações acelerados, deliramos com a notícia. Mesmo com negociações em aberto com alguns canais de televisão, decidimos arregaçar as mangas e colocar em prática uma forma independente e alternativa de tornar o projeto viável.

Em 2017 o mundo sofria metamorfoses, e com elas o real e o virtual se misturavam. A razão e a ilusão se confundiam nas redes sociais. Tive a certeza da existência de um metaverso ao receber comentários comoventes dos seguidores durante nossas viagens por Sete Pátrias. Pessoas de diferentes cantos contavam ter estado com a gente a bordo do Fusca vivendo nossas emoções. Tínhamos de aproveitar essa revolução digital e convencer esse público virtual a embarcar conosco novamente. Entre a vida real e o sonho, existe uma longa rodovia. Eu precisava priorizar a saúde para trabalhar sem perder tempo, energia ou foco. Mudei a alimentação e passei a fazer caminhadas diárias. Marquinhos mergulhou na história, compreendendo nosso projeto e vislumbrando o sonho muito além do delírio. Anunciou ainda que a Sagres colaboraria com nossas passagens aéreas.

No dia 15 de dezembro, logo depois do sorteio para definir os grupos e os jogos da primeira fase da Copa, fizemos uma live no Facebook. Dividimos com nossos seguidores todas as novidades. A ideia era desbravar o país com maior área do planeta entre os meses de junho e julho de 2018, acompanhando os bastidores dos jogos. Pretendíamos mostrar o lado B da Copa, a mistura de idiomas e culturas e a rotina das cidades russas nas quais tais informações não chegariam aos moradores. A ideia preliminar era a de um povo sisudo e pouco solidário.

Em uma noite, quando analisávamos mapas para definir a logística da viagem, Gabi disse que não cruzaria as estradas da Rússia. Ela preferia coordenar a primeira etapa da viagem da Palafita. Definimos que o porto onde o Segundinho embarcaria de volta para casa seria em Santander, na Espanha. Na segunda etapa, ela e Sofia me encontrariam na Letônia para cruzarmos a Europa juntos, depois da Copa. Pedimos sugestões aos nossos seguidores sobre como conseguir o dinheiro para nos manter na Rússia. A sugestão foi organizar uma "vaquinha virtual". Em 20 de janeiro, no Dia Nacional do Fusca, a Equipe Terra — formada por Igor Islabão e Greice Piche, além da coordenação da Gabi, lançou um financiamento coletivo. A meta era alcançar quarenta mil, metade do necessário para sustentar a viagem. O restante seria pleiteado com empresas e parceiros. Para criar um engajamento coletivo sobre o início da arrecadação, vídeos diários eram disponibilizados com depoimentos de celebridades, mecânicos e personagens que integravam a história do projeto. Buscávamos uma participação ativa nas redes, e aos que contribuíam oferecíamos canecas, adesivos, chaveiros, fotos, além dos meus livros.

Em janeiro, definimos que o copiloto na maior de todas as aventuras seria Caio Passos, que estava vivendo na cidade do Porto, em Portugal. Ele havia desembarcado da expedição no final de 2015, na viagem entre o Atlântico e o Pacífico. Planejamos nos encontrar em São Petersburgo e cruzar a Rússia juntos. Ele trocaria o bastão com Gabi e Sofia em Riga, na Letônia. Na primeira semana em que o financiamento coletivo estava no ar, recebi um telefonema do Tales, jornalista do Rio de Janeiro, correspondente da agência de notícias russa Sputnik News, dizendo ter nos encontrado por meio de uma pesquisa sobre os brasileiros que iriam à Copa. Depois produziu uma longa reportagem conosco, que foi traduzida em vários idiomas e publicada em todos os países nos quais a agência tinha sucursal. A matéria despertou o interesse da RT, Russia Today, o maior canal de televisão russo, que fornece conteúdos em inglês, espanhol, francês, alemão e árabe. Enviamos imagens para que eles produzissem uma reportagem especial sobre nossa viagem quando faltavam cem dias para o início dos jogos. Nossa história rodou o mundo antes mesmo de sairmos de casa.

Com os primeiros depósitos do financiamento coletivo, iniciamos a restauração do Segundinho. O que pensávamos ser ruim, era ainda pior. Todos os funileiros procurados condenavam a carroceria do Fusca. O Salar de Uyuni realmente havia causado danos irreversíveis, e até os parafusos que prendiam a estrutura no chassi tinham apodrecido e se quebrado nas tentativas de retirá-los. Parecia uma madeira infestada de cupim. Seguidores das redes sociais que acompanhavam o drama para restaurar o Fusca chegaram a organizar uma campanha para que o apresentador de TV Luciano Huck reformasse o carro no programa *Lata Velha*. A ideia não prosperou. Conseguimos então uma carroceria ano 1965, da mesma cor. Com dor no coração, substituí a lataria do Segundinho. Ao ser retirada, a estrutura virou um pequeno amontoado de ferrugem. A população de Pelotas abraçou a história e formou uma rede solidária que começou a nos presentear com tintas, peças, pneus e outros acessórios necessários para a reforma. Idealizamos uma barraca de teto para economizar nas hospedagens. Enviamos um projeto de parceria para algumas empresas, e a Blue Camping, de Blumenau, nos presenteou com uma barraca, que virou nossa casa em cima do Fusca. As reportagens da Sputnik News e da RT surtiram efeito, e começamos a receber ligações de jornais do México, da Argentina e do Chile. Saiu reportagem até na China.

A Sagres Agenciamentos Marítimos delegou o agente Márcio Hiltl só para cuidar da exportação temporária do Fusca. Pela WWO, o Rafael Liberato, de São Paulo, estava atento para que nada desse errado. Cada coisa que era carregada dentro do Fusca ou do reboque, desde uma peça sobressalente até uma panela para cozinhar, precisava constar em uma detalhada lista, traduzida para o inglês e para o russo. Começamos a receber mensagens pelo Facebook e pelo Instagram no alfabeto cirílico, escritas por russos que nos assistiram na TV ou leram um artigo escrito pelo ex-presidente do Fusca Clube do Brasil, Alexander Gromow que, traduzido, viralizou nos clubes de Fusca da Rússia. Alguns nos ofereceram pouso em suas casas.

Uma manchete de um jornal da Cidade do México traduziu o sentimento dos nossos seguidores: *Esta es la historia que Volkswagen debería convertir en publicidad*. Enviamos meses antes uma carta para o diretor de Marketing da VW do Brasil. Falei que seria uma honra ter a VW Brasil como parceira, mas que minha história com o Fusca e, por tabela, com a VW era muito maior do que qualquer patrocínio. Era um amor de uma vida, lembranças de infância e fonte de inspiração para as pessoas. O executivo da VW respondeu que a empresa estava focada no futuro:"Neste momento não estamos interessados em projetos com foco no passado já que o nosso olhar está para frente, construindo um futuro diferente com os diversos lançamentos que estão sendo introduzidos no mercado". Renegando suas raízes, não quiseram nem saber o custo do investimento e da parceria. O "não" da Volkswagen se tornou combustível para nos manter concentrados e motivados. A data de entrega do carro foi marcada. No dia do meu aniversário de quarenta e nove anos, terminamos de colar os adesivos com as marcas dos patrocinadores. Depois levamos o Fusca até a Catedral, para que o padre Luiz Boari o benzesse. Entregamos então o Segundinho aos cuidados da Sagres, onde cumpriria uma quarentena sanitária de nove dias antes de embarcar no navio.

No dia 18 de abril, o Superporto de Rio Grande assistiu à entrada triunfal do Segundinho pela rampa de um gigantesco navio vermelho da WWO. Como fotógrafo, sentia falta de algo que retratasse todo o sentimento que aquela cena representava para mim. Um minúsculo Fusca verde sendo engolido por aquele gigante dos mares. O que meus olhos viram e meu coração sentiu foi muito mais do que qualquer imagem podesse ilustrar. Entrei dirigindo no navio Torrentes e estacionei cinco andares acima do nível da água, junto a centenas de carros zero-quilômetros, máquinas agrícolas, peças de avião e outros produtos de exportação. Como uma estrela, ele ficou estacionado ao lado da cabine do comandante. Se um dia almejara cruzar os mares a bordo do Diamantino's ou do Inca, meu Fusca acabava de exorcizar esse desejo. Assisti do píer ao navio Torrentes partindo, ficando cada vez menor, até sumir no horizonte. Segundinho agora era o barco dos meus sonhos.

As imagens do embarque do Fusca rumo à Copa do Mundo se disseminaram na internet e a imprensa brasileira finalmente passou a nos procurar. Antes de o navio chegar ao porto de Santos, nos últimos dias da campanha, o financiamento coletivo passou a receber vários depósitos. O engajamento de amigos, familiares e anônimos foi uma verdadeira lição de solidariedade. Um seguidor monitorava o navio que carregava nossa carga preciosa pelos portos de Cartagena das Índias na Colômbia e Manzanillo no Canal do Panamá. Arrecadamos 38.834,11 reais, noventa por cento do valor em 333 apoios, fora as dezenas de pessoas que levaram alguma contribuição direto na Palafita. Enquanto Segundinho passava pelos portos da Savannah na Geórgia, por Baltimore em Maryland e Nova Iorque, eu concluía que a seleção que alcançasse mais de noventa por cento de aproveitamento na Copa do Mundo na Rússia seria a campeã mundial. Por isso eu não tinha dúvidas de que nosso financiamento tinha sido uma verdadeira aula de engajamento, interação dos seguidores e coletividade. Já éramos campeões.

Faltando poucos dias para eu embarcar no avião, nossa casa ficou lotada para um brechó organizado com o apoio da amiga Lu Gastal. Além do estoque de produtos artesanais da sua marca, vendemos desde peças antigas do Fusca até nossas roupas, sapatos e brinquedos da Sofia. Nesse momento, Segundinho já tinha feito a travessia do Oceano Atlântico. Enquanto a Seleção disputava o último amistoso antes da Copa, em Liverpool, contra a Croácia, o Fusca viajava pelo Canal da Mancha, rumo aos portos de Zeebrugge na Bélgica e Bremerhaven, na Alemanha. As atitudes de apoio chegavam de todos os lados. Recebemos de presente uma bicicleta e uma churrasqueira para fazer uma rifa, que também foi um sucesso. Sem a ajuda e a crença de cada um, não teríamos saído da Palafita. Sem a fé depositada no sonho coletivo, nada seria possível. Sabíamos que não estávamos sozinhos. Segundinho seria o Fusca com a maior lotação da história. Eu estaria dirigindo por todos que acreditavam no louco sonho. E um sonho não tem preço, tem valor.

Era hora de abrir a porta de casa e se entregar ao mundo de peito aberto. Eu encarava aquele desafio com uma mistura de serenidade e medo. Fusca e futebol tinham a mesma essência, eram do povo, e isso fazia com que a nossa aproximação com as pessoas fosse facilitada. Pelas estradas da América do Sul, meu Fusca ouviu e viveu muitas histórias comigo. Com o pé no acelerador, impulsionou meus devaneios. Com as mãos no volante escolhemos destinos, sentimos saudades e fomos felizes. Logo nos encontraríamos no Porto de São Petersburgo para a maior de todas as nossas aventuras. Ele partiu sozinho para uma travessia interoceânica e eu sabia que quando nos encontrássemos novamente ele já seria uma lenda.

Desbravando a Rússia

Dois sentimentos nasceram em mim na infância. A paixão pelos Fuscas e o desejo de desafiar o impossível. Eu queria ter ido àquela Copa do Mundo em 1978. Mas meu pai dizia que a Argentina era longe demais para o Fusca da família. E foi a bordo de um Fusca que resgatei minha identidade pelas estradas da América do Sul. Desbravei desertos, geleiras, e me reconheci no rosto de um povo miscigenado que carrega na alma a mesma paixão: o futebol. O mundo ficou pequeno para tantos anseios, e ainda faltava a minha Copa do Mundo. Era chegada a hora de o sonho acontecer. A ideia era percorrer as estradas da Rússia desvendando seus mistérios e possibilidades. Nosso propósito era mostrar de forma singela e divertida os sonhos e anseios dos povos que se unem em um território de paz chamado Copa do Mundo. A única estratégia: sermos surpreendidos pelo inesperado

Acordamos cedo em Pelotas, no dia 9 de junho de 2018, um sábado. Tomamos café e terminamos de arrumar duas malas com o básico, pois o principal já tinha ido com o Segundinho no navio. Gabi e Sofia me levaram até a estação rodoviária. Na despedida, rezamos um "Santo Anjo do Senhor" de mão dadas e, pela janela do ônibus, emocionado, vi o quanto as duas eram parecidas. Estar longe delas sempre era difícil, mas nos tornava mais fortes. Fiz uma foto pela janela, imagem que eu manteria na retina pelos quarenta dias seguintes. Em Porto Alegre, Daniele, minha filha mais velha, me esperava. Dane foi meu primeiro anjo, bênção na minha vida. Viajaria ao infinito por ela. Seu nascimento havia aberto meu peito e plantado o amor.

Ela me levou direto ao Hospital Municipal de Novo Hamburgo, onde meu pai estava internado. O Alzheimer já havia consumido sua mente e seu corpo, mesmo assim fiquei por horas contando a ele que estava indo em busca do nosso sonho de assistir a uma Copa do Mundo. Sentia nossas almas conectadas. Foi ele quem me ensinou a amar a simplicidade, ter fé nos sonhos e acreditar em mim. Ao me despedir, não sabia se o encontraria na volta. Mas ele partiria somente dois anos depois. Minha mãe e irmãs, Eliane e Liliane, estavam de mãos dadas quando sua alma virou luz.

Dane me levou até a casa da minha infância, onde minha mãe nos esperava com um mate. Pedi então para ela fazer a oração que rezávamos em família quando eu era pequeno. Depois do café, nos despedimos, e a Dane me deixou na casa do jornalista Marcelo Coelho, onde eu dormiria na véspera do voo. Enquanto ele preparava um churrasco, falamos de coragem, planejamento, amizade, confiança e parceria. Repórter do SBT, Marcelo havia reportado a viagem quando ela ainda era o começo de um sonho. Fomos descansar porque no outro dia cedo a saga tinha um importante capítulo.

Chovia no Aeroporto Internacional Salgado Filho, em Porto Alegre, onde o amigo Vinicius Costa me esperava com um mate cevado. Em suas mãos, desenhos assinados pelas suas filhas, Nina, Liz e Bia, desejando boa sorte ao tio Nauro. Como andava à flor da pele, chorei. No voo até o Rio de Janeiro, minha vizinha de assento se chamava Mariella. Descobri que era amiga do Rudelger Leitzke, arquiteto que desenhou a Palafita. Contei nossa história e ela me prometeu um ingresso de presente para o jogo do Brasil do dia 3 de julho, caso uma amiga não fosse. A Rússia estava chegando perto. Embarquei em um A350 da Airfrance às quatro e meia da tarde, rumo a Paris. No avião, no meu lado direito uma senhora francesa jogava paciência. No esquerdo, uma moça tinha a necessidade de contar suas tragédias. Foram onze horas cruzando o Oceano Atlântico, mesmo período em que o Segundinho singrava o Mar Báltico. Cheguei a Paris às sete da manhã do dia seguinte. O

Charles de Gaulle não é um aeroporto, é uma cidade. Chovia muito quando desembarquei. Fui em busca do meu terminal, C2-P85, e senti pela primeira vez a dificuldade com o idioma. Não falo inglês, nem francês, mas era obrigado a encontrar o voo que partiria em breve.

Entrei em um ônibus errado e andei quilômetros em direção a um terminal igualmente errado. Desembarquei, subi no elevador, caminhei e alcancei um portão de embarque para a China. Apavorado, pedi novas informações através de gestos a um atendente que era uma mistura de Ruud Gullit, atacante da seleção da Holanda, com Bob Marley. Alto, moreno, usando dreadlocks, o funcionário gente boa desenhou no verso da minha passagem um passo a passo que eu segui à risca, e em meia hora encontrei meu terminal e o portão de embarque. Cheguei duas horas antes e, mesmo exausto, resolvi não dormir, com medo de perder o voo.

Finalmente, voei para a Rússia. Foram cinco horas de viagem até o Aeroporto de Pulkovo, em São Petersburgo. Tinha recomendações de carimbar uma série de documentos no desembarque internacional, para conseguir retirar o Fusca do porto. Evgeni, diretor local da WWO, me aguardava no saguão com a Sofia Cintra, uma brasileira que vivia na Rússia e nos ajudaria na tradução. Eu seguia fielmente o passo a passo que havia recebido no Brasil do Márcio para que o processo fluísse perfeitamente, porém o idioma travava qualquer diálogo e eu nem conseguia digitar uma senha de wi-fi em letras cirílicas para usar o Google Tradutor. Fui até a área da Red Chanel, uma espécie de aduana russa, e, para piorar o nervosismo, uma de minhas malas tinha sido perdida. Era muito problema para desenrolar. Trouxeram um policial russo que "hablava em russonhol" e, associado ao meu "portunhol", conseguimos nos entender. Expliquei o que precisava e ele me ajudou a preencher os formulários necessários, tanto para recuperar a mala perdida quanto para resgatar o Fusca. Três horas depois, fui liberado e finalmente encontrei Evgeni e Sofia. Passei todos os documentos do carro para ele, que me deixou no apart hotel onde eu ficaria hospedado até a liberação do Fusca no porto de São Petersburgo. Sem Sofia, uma conexão do amigo Alexander Gromow, seria impossível achar o endereço do lugar reservado pelo Booking, em um condomínio de prédios totalmente iguais. Até hoje não compreendi como ela conseguiu falar com a dona do apartamento para encontrar as chaves. Depois, ela me levou para comprar um chip de celular e comer panqueca russa. Nada é por acaso nessa vida, e meu primeiro anjo da guarda na Rússia tinha que se chamar Sofia.

Tentamos trocar dinheiro, mas já era noite e a casa de câmbio estava fechada. Sofia me emprestou quinhentos rublos e foi para o metrô. Eu chamei um Uber. Na hora de descer, entreguei a nota para o motorista e esperei ele me devolver os trezentos rublos de troco. Ele argumentou com gestos que não tinha e quis ficar com minha nota de quinhentos. Tirei o dinheiro da mão dele e saí do carro. Tentei explicar por mímica que ele precisava me dar o troco, mas ele vociferou e arrancou, me abandonando a mais de dois quilômetros de onde eu estava hospedado. Lembrei das pessoas me alertando no Brasil de que o povo russo é violento e senti medo. Aos poucos, fui percebendo que aquela seria uma das únicas experiências ruins com os russos.

Cheguei ao apartamento, telefonei para Gabi, narrei toda a viagem e contei que naquele instante os biscoitos Zezé, a erva-mate e o drone viajavam pelo mundo em uma mala perdida. Atualizadas as novidades, fui tentar dormir porque o Caio chegaria naquela madrugada. Mal fechei os olhos e já acordei com o telefone tocando. Eram três e meia da madrugada quando Gabi me disse que Caio estava perdido nas proximidades. Em junho, a noite na Rússia não escurece, são as "noites brancas" de Dostoiévski. Olhei pela janela do nono andar e não enxerguei ninguém. Vesti uma roupa às pressas, desci e aguardei até Caio conectar uma internet *free* e conseguir me telefonar. Depois de algumas voltas no quarteirão, avistei meu copiloto no final da rua. Não nos víamos havia anos. Foi emocionante abraçar meu grande amigo. A ansiedade e o fuso horário não nos deixaram dormir. Conversamos pelo resto daquela noite.

No dia seguinte, 12 de junho, feriado nacional, recebemos a informação de que Segundinho já havia desembarcado do navio. Aguardamos ansiosamente a hora de resgatá-lo. Decidimos ir para o centro da cidade. Alex, motorista do Uber, falava inglês e Caio se virava. Aprendemos com ele como dizer gasolina em russo e qual combustível usar no Fusca (Benzin 92). Alex, além de gente boa, nos deu o troco certinho, com as devidas moedas pequenas. Contou que os festejos se estendiam por todo o país para comemorar o Dia da Rússia. Perguntei se era o Dia da Independência, e ele respondeu:

— O dia da criação da Rússia. Não existe independência. Nunca fomos dependentes de ninguém.

Desembarcamos em frente ao deslumbrante Museu Hermitage. Um dos maiores museus de arte do mundo. O complexo do Hermitage é distribuído em dez prédios situados ao longo do Rio Neva. Funcionou como Palácio de Inverno e residência oficial dos czares desde sua construção até a queda da monarquia russa. Organizado ao longo de dois séculos e meio, guarda um acervo de mais de três milhões de peças. Se o visitante contemplar cada obra por um minuto, ele levará onze anos para concluir a visita. O núcleo inicial da coleção foi formado com aquisição de pinturas flamencas e alemãs em 1764 pela imperatriz Catarina II.

Em frente ao museu acontecia um festival com autoridades políticas e militares. A banda das forças armadas russa tocava músicas típicas, enquanto o povo, em grande número, aplaudia orgulhoso. Também surgiram as primeiras torcidas de diferentes países. Fotografamos iranianos, marroquinos e peruanos, e muitas pessoas pediam para tirar foto com a gente só pelo fato de eu estar com uma bandeira do Brasil pendurada na cintura. Preparamos uma reportagem sobre o nosso primeiro dia na Rússia e depois a disponibilizamos nas redes sociais e no canal do YouTube. O SBT veiculava todo nosso material.

Terceiro dia na Rússia e finalmente iríamos retirar o Fusca do porto. Ainda tentando nos adaptar com o fuso de seis horas a mais, dormimos apenas duas horas. O Caio editou a noite toda. A manhã foi de espera em nosso pequeno apartamento russo, que tinha geladeira, fogão, pia, banheiro e uma cama grande. Organizamos as coisas, até que às quinze horas um áudio da Sofia Cintra anunciou que o Segundinho seria liberado. Só que havia um problema: a aduana russa havia encontrado uma plaquinha de alumínio na carroceria com um número diferente dos documentos. Lembrei que, quando troquei as carrocerias, esqueci de substituir as plaquetas de identificação. Eles alegavam que o Fusca era adulterado. Por sorte, lembrei que existia outro número e convenci os russos de que o real número do chassi do Fusca brasileiro fica sob o banco traseiro. Eu disse que "aquela latinha era apenas um acessório". Na ansiedade de resgatar o Fusca, invadi o porto e quase fui detido. Recuei, me acalmei e, depois de longa espera, a imagem mais surreal da minha vida se formou em frente aos meus olhos. No fundo do pátio do porto de São Petersburgo, o mesmo Fusca que eu dirigia pelas ruas de Pelotas, o mesmo Fusca que eu havia comprado de um marido endividado na cidade de Cerrito, o mesmo Fusca com o qual havia percorrido a América do Sul, saía naquele instante guiado por um estivador russo, semelhante a um viking. Senti emoção, medo e ansiedade. Ele representava todos os Fuscas da minha vida. Sentei e, com as mãos no volante, chorei. Atrás das lentes, Caio também deixava as lágrimas cair. Era o resultado da persistência. Representávamos as pessoas que acreditam em sonhos. Estávamos do outro lado do mundo, mas um pedaço da Palafita estava ali.

A primeira coisa que fizemos foi colar uma carta de apresentação, traduzida para o alfabeto cirílico, no vidro traseiro. Nela a gente explicava quem éramos e o que estávamos fazendo na Rússia. Depois de alguns esclarecimentos burocráticos, partimos rumo à Arena de São Petersburgo, onde o Brasil jogaria em alguns dias. A Arena havia custado um bilhão e meio de dólares e, iluminada, trocava de cor o tempo todo. Nos permitiram ultrapassar todas as barreiras para fazer fotos bem em frente ao estádio. Conhecemos um casal que nos levou para assistir a um espetáculo de luzes nas pontes do Rio Neva. Depois nos guiaram até nosso apartamento, prometendo que nos levariam para dormir em sua casa na noite seguinte. Kate era colecionadora de moedas, então tentei devolver a gentileza com moedas de países da América do Sul. Nunca mais nos vimos. No outro dia, acordamos com um agente do aeroporto devolvendo minha mala e o estoque de biscoitos Zezé. Teríamos suprimentos por vários dias.

Nos despedimos da primeira morada na Rússia porque agora tínhamos uma casa em cima do nosso carro. Saímos para desbravar a capital dos czares. A ideia era fotografar o Segundinho em frente ao Hermitage. Na chegada, fomos cercados por torcedores de vários países e por jornalistas que cobriam o grande evento do futebol. Em seguida, chegaram os policiais russos e pediram para fazer fotos com o carro. Comentaram que já éramos conhecidos devido à reportagem feita pela RT TV, a maior emissora do país. Gentis, nos autorizaram a ficar ali o quanto quiséssemos. Ficamos à vontade e o Hermitage passou a ser o nosso QG em São Petersburgo. A noite chegava e tínhamos que buscar um local para armar a morada noturna. Numa cidade de cinco milhões de habitantes, não era aconselhável dormir na rua. Logo descobrimos que na Rússia, devido aos invernos rigorosos, não existe a cultura de acampar. Parados em um semáforo, conversamos com um casal francês que viajava em uma Van parecida com a do Scooby-Doo. Foi amizade à primeira vista. Eles nos guiaram até um hotel que havia montado uma estrutura para receber motorhomes durante o Mundial. Passamos nossa primeira noite acampados ao lado de marroquinos, suíços, islandeses e torcedores de outras nações, vivendo na prática a universalidade permitida pelo idioma do futebol. Mas o valor alto da diária nos obrigava a encontrar outra alternativa. Antes de sair do Brasil, tínhamos recebido mensagens com convites de hospedagens, como a do mecânico russo Ravil. Resolvemos arriscar e enviar uma mensagem para ele. Com sua Kombi, ele foi ao nosso encontro no centro da cidade e nos levou para sua casa. O idioma não foi barreira, pois tínhamos em comum a vida simples e a paixão por carros antigos. Nos ofereceu janta e um lugar para dormir. Restaurador de carros, não era um operário comum, e sim um artista, um dos mais reconhecidos do país. Pela manhã, após um café típico, com batata ralada, ovo, salada de pepino, tomates e outros temperos ao óleo, nos levou para conhecer a sua oficina. Ele dizia que amava o que fazia e, observando de perto o seu trabalho, não havia como discordar. Só quem ama realmente o que faz é capaz de se transformar em ourives de latas-velhas. Ele nos mostrou também uma área militar restrita nas proximidades da oficina, onde velhos MiGs que voaram durante a Guerra Fria estavam guardados. À noite, nos levou para navegar em uma espécie de gôndola gigante, pelos canais iluminados do Rio Neva. Passávamos os dias zanzando pela cidade e depois éramos recebidos como família em sua casa. Ravil diagnosticou um problema nos calços da caixa do Fusca e disse que não sairíamos de sua cidade sem que ele resolvesse.

No dia 17 de junho, a Seleção Brasileira estreou na Arena Rostov, a dois mil quilômetros de onde estávamos. Como não tínhamos ingresso, vimos o jogo em um telão na Fifa Fan Fest, evento público em que milhares de torcedores e turistas se reuniam numa ampla esplanada. A morna estreia do Brasil resultou em um empate em 1x1 com a fria Suíça. Como é possível conversar em meio a tantos idiomas? A linguagem como fronteira não existe. Basta paciência e afeto entre as pessoas que desejam, de fato, se entender. Concedemos entrevistas para televisão russa, jornais mexicanos e sites chineses. Fizemos amigos italianos, indianos e alemães. Qual idioma falávamos? Todos. O lado B da Copa também era uma forma de encontro cultural.

O fotógrafo Felipe Freitas enviou uma mensagem do Brasil dizendo que um amigo poderia conseguir ingressos para os próximos jogos. A Seleção Brasileira se hospedava no Corinthia Hotel St. Petersburg e tínhamos de ir até lá encontrar um gaúcho de Caçapava do Sul, Luís Vagner, diretor técnico da CBF. Em troca da gentileza de nos presentear com ingressos para a disputa Brasil x Costa Rica, oferecemos chimarrão, um pacote de biscoitos Zezé e dois livros *Pelotas em imagens*. Tentamos nos encontrar com Tite e brincar que a Dona Ivone, sua mãe, nos havia confiado poderes, por procuração assinada, para cuidar dele em terras russas. Mas Tite estava concentrado para o jogo e não nos atendeu. Deixamos o Fusca estacionado em frente ao Hermitage e pegamos o metrô para fazer Fan ID, uma credencial que nos autorizava a ingressar no estádio. Retornamos caminhando, sob a chuva de Petrogrado. No caminho, encontramos o afamado artista italiano Fabrizio Pupazzaro, que desenhou e nos deu de presente uma pintura do nosso Fusca. Visitamos a Igreja do Sangue Derramado e caminhamos pelos becos da cidade. Na véspera do jogo, nos recolhemos cedo. Depois de dez dias na Rússia, foi a primeira noite que conseguimos dormir mais de oito horas.

No dia 22 de junho, abri os olhos e vi que Ravil já nos preparava um café. Ele tinha o dom e o prazer de fazer a gente se sentir em casa. Nos lembrou que era Dia Mundial do Fusca e desejou boa sorte à Seleção Brasileira. Disse que iria viajar naquele dia, mas não explicou para onde. Com o auxílio do GPS, em uma hora nos aproximamos da grande Arena pelo lado oposto do Rio Neva. Era necessário um contorno em meio aos congestionamentos na região. Faltando quinze minutos para o jogo começar, discuti em português com policiais russos que bloqueavam a via. Eles queriam que fôssemos caminhando. Supliquei para liberarem a passagem. Era a primeira barreira, três quadras depois, havia outra. Desci e fui direto aos policiais e, em português, comecei a reivindicar o direito de ver a Seleção Brasileira jogar, mas com o Fusca guardado em um local seguro. Sem entender nada, mas sensibilizado, um guarda liberou o pátio de um supermercado para estacionarmos. Outros agentes só observaram a situação de longe, dando a impressão de que não queriam se incomodar. Quem se incomodou foi o segurança do supermercado, que tentou evitar a entrada do Fusca, mas o policial foi incisivo. Em russo, deve ter dito: "Esse carro ficará aqui porque eu que mando". Sem anotar a localização, saltamos correndo para dentro de um ônibus que, por conta da Fifa, nos levaria até o estádio. Faltavam só cinco minutos para começar a partida. Ao descer no ponto final, tivemos ainda de correr cerca de dois quilômetros no meio de um parque. Provavelmente por conta da minha estranha estampa similar à de um guerrilheiro latino-americano, fomos bastante revistados por seguranças. Ao entrarmos, fiquei deslumbrado com o padrão do Estádio Krestovsky. Lembrei de quando meu pai me levou para assistir à final do Campeonato Brasileiro, no Beira-Rio, em 1976. Dentre os esportes, nenhum é mais democrático que o futebol. Ao montarmos o projeto, não nutria esperanças de assistir a um jogo ao vivo na Rússia, já que os ingressos eram negociados a peso de ouro. O destino havia permitido que vivêssemos aquela experiência e eu estava emocionado. Não tinha como não lembrar da partida de várzea que assisti em um campo sem grama às margens de uma rodovia na Cordilheira dos Andes.

Quando chegamos, o jogo já tinha começado e o Brasil acumulava chances de gol. A Costa Rica jogava retrancada e fazia muita cera. A torcida brasileira, em grande número, se irritava com Neymar simulando faltas. Ao mesmo tempo que olhávamos o jogo, fazíamos gravações para o documentário. Um grupo de torcedores nos reconheceu e começou a cantar "Fusca, Fusca, Fusca", ao ritmo dos bumbos. Encontramos Joel Santana, técnico de futebol brasileiro conhecido pelo seu inglês tosco. Fizemos uma foto juntos e a publicamos com a seguinte legenda: "Pra quem achava que a gente não conseguiria se comunicar: arranjamos um tradutor". Segundo tempo inteiro e nada de gols. Estávamos em diagonal com a goleira que o Brasil atacava e vimos de perto Neymar simular um pênalti mas, na primeira Copa do VAR, ele foi desmascarado pelas câmeras. O juiz decidiu dar seis minutos de acréscimo, chance bem aproveitada pela equipe de Tite. Felipe Coutinho abriu o placar aos quarenta e seis, e Neymar fez o segundo aos cinquenta e dois minutos. Ao sairmos à rua, no final do jogo, não fazíamos ideia de onde tínhamos deixado o Fusca, até porque tínhamos chegado ao estádio de ônibus. Depois de quase meia hora de procura, Caio teve a ideia de mostrar as imagens da câmera GoPro para uma voluntária da Fifa. Depois de muita mímica e Google Tradutor, descobrimos a localização. Ao chegarmos à casa de Ravil, recebemos o recado de que éramos para esperá-lo acordados. Ele chegou na madrugada e finalmente contou por que tinha viajado. Sabendo que as peças que ele precisava trocar no Segundinho não chegariam a tempo, nosso amigo russo viajou seiscentos quilômetros até a Finlândia para buscá-las. Ravil não permitiria que deixássemos sua casa com a caixa de marchas tremendo. Sacou o motor, fez uma revisão geral e trocou as borrachas dos calços da caixa. Tudo isso regado a um churrasco em uma oficina na periferia da quarta maior cidade da Europa. No dia seguinte, ao nos despedirmos, ele usou o Google Tradutor para dizer: "A terra é uma grande casa, e por isso somos todos amigos. Amamos também os nossos inimigos, que também são nossos amigos, mas eles simplesmente ainda não sabem". Essa era a essência da Expedição Fuscamérica. Não era só futebol.

Segundinho finalmente foi para o lugar que mais gostava: a estrada. O nosso rumo era Moscou e a ideia era percorrer os oitocentos quilômetros com muita calma. Ravil nos conduziu até a saída da cidade e indicou o caminho que deveríamos tomar. As placas de trânsito no alfabeto cirílico mostravam o tamanho do desafio. Era hora de desbravar os outros mundos da Rússia. Paramos para fotografar algumas casas de madeira remanescentes da União Soviética, e uma senhora trouxe pães quentinhos para tomarmos café. Provavelmente nós éramos o mais próximo que aquela mulher chegaria do Mundial da Fifa. Ela era a Rússia que a Copa do Mundo não via.

Uma mensagem da Gabi informou que um jornalista havia entrado em contato pedindo para nos encontrar em Moscou. Queria gravar para o filme oficial da Fifa. Entramos na capital com a Praça Vermelha indicada no GPS. Primeiro, as gigantes avenidas moscovitas, depois, ruas estreitas e becos históricos. Haviam nos avisado que seria difícil dirigir na Rússia. Nunca pensei, porém, que a maior dificuldade viria das lágrimas que embaçaram minha visão quando virei uma esquina e enxerguei o Kremlin pelo para-brisa. Percorremos muitos mundos e várias vezes me questionei se valia a pena enfrentar tantos obstáculos para realizar tal loucura. A vida tem seu próprio tempo, e para chegar até ali desafiei o meu destino com uma inquietude alucinante.

Mais uma vez percebíamos que o artigo escrito por Alexander Gromow sobre a nossa viagem tinha resultado em uma rede de apoio impressionante. Fomos recepcionados em caravana pelos integrantes do Little Beetle Club. No camping, encontramos aventureiros de toda parte do mundo, inclusive os brasileiros Caçadores de Sonhos, Vane e Linho, que já haviam percorrido cento e trinta mil quilômetros por setenta e oito países em uma caminhonete Rural Willys 1946. Roma e Katerine eram os organizadores de um clube de New Beetle, mas eram apaixonados pelos Fuscas clássicos. Eles nos apresentaram amigos e organizaram encontros de carro para nos homenagear. Nossos primeiros dias em Moscou foram de pura emoção. Com o Fusca estacionado na Praça Vermelha, concedemos entrevistas para as redes Telemundo dos EUA, ESPN, SBT, Record, mas foi uma entrevista para o repórter Ricardo Lay, da Fox Sports, que viralizou no Brasil. O ex-jogador Falcão, comentarista da Fox, disse na TV que Tite deveria mostrar a reportagem sobre a nossa saga no vestiário, para motivar os jogadores brasileiros. Guardamos um dia inteiro para as gravações com a Fifa TV. Nós e o Segundinho estaríamos eternizados no documentário oficial da Copa do Mundo da Rússia 2018. Por ironia do destino, o produtor da TV Globo nos achou ao lado da Catedral de São Basílio e tentou nos levar ao estúdio para uma entrevista. Como Luís Vagner havia nos presenteado novamente com ingressos, desta vez para o jogo contra a Sérvia, no Estádio Spartak, preferimos declinar do convite.

Sob a terra estava a forma mais rápida e tranquila de chegar ao estádio — e uma das mais lindas. Construído no governo de Josef Stalin, o metrô moscovita é um dos maiores e mais antigos do planeta, transformando o subterrâneo de Moscou em uma galeria de arte. Milhares de brasileiros fizeram uma linda festa verde-amarela, lotando as luxuosas estações. Bons motivos para deixar o Segundinho descansando no camping. Todas as cadeiras no estádio eram numeradas e, inacreditavelmente, ficamos a poucos metros do campo. Dessa vez chegamos cedo, e um dos momentos mais comoventes ocorreu antes do jogo: o protocolo de entrada das seleções e as execuções dos hinos nacionais. Nesse momento, a emoção tomou conta. Eu queria estar vivendo exatamente aquele momento, mas queria que meu pai tivesse lucidez para testemunhá-lo. Foi ele quem me encorajou a desafiar o impossível.

A partida foi tensa. A imprensa internacional não poupava Neymar por causa das quedas em campo e do comportamento após cada falta. Vencemos a Sérvia com gols de Paulinho e Thiago Silva. A torcida brasileira transformava o estádio em uma passarela de samba e ainda limpava as cadeiras depois dos jogos, como os japoneses fizeram na Copa do Brasil, inspirando o mundo com sua gentileza. O próximo obstáculo seria o México, por coincidência o último país do mundo a produzir *Escarabajo*, ou *Vocho*. Levaríamos pelo menos dois dias até Samara, local da partida, a mil e duzentos quilômetros de distância. Assim que deixamos Moscou, senti a perda de força do carro nas subidas. Diagnostiquei que o problema era platô e disco de embreagem. Precisávamos voltar. Não podíamos ficar empenhados na estrada. Ligamos para Roma e Katerine, e o Segundinho foi acolhido mais uma vez pela gentileza russa. Os amigos do Little Beetle Club nos levaram até a casa de Andrei, presidente do Clube do Fusca de Moscou. Além de resolver o problema mecânico, ele nos acolheu com janta e vodca gelada. Orientados por ele, montamos acampamento dentro de um fabuloso galpão cheio de VW históricos, onde ele restaurava um Fusca da década de quarenta. Caio e eu recebemos a carteira de sócios honorários do Clube do Fusca de Moscou.

Ainda de ressaca, pegamos a estrada rumo a Samara. Já havíamos percorrido cerca de quinhentos quilômetros pela rodovia M5 quando, como por encanto, surgiu no para-brisa uma pequena cidade. Algo dizia que ali encontraríamos um emocionante lado B da Copa. Estacionamos e caminhamos até o centro da praça principal, onde quase toda a população, aos pés de uma estátua de Lenin, assistia ao show circense de um homem que cuspia fogo, cena típica de uma cidade do interior de qualquer lugar do mundo. Uma menina, que aparentava pouco mais de doze anos, perguntou de onde éramos. Quando falamos "Brasilli" ela abriu um sorriso e pediu para tirar uma foto. A notícia de que dois forasteiros estavam na cidadezinha correu rapidamente. Quando retornamos para o carro, um susto: havia dezenas de pessoas em volta do veículo. Uma família nos puxou para tirar fotos. Ana, de quinze anos, se aproximou dos desconhecidos com seu olhar de brilho e sonho e contou que queria ser escritora. Dei a ela meu livro *Pelotas em imagens*. As fotos mostrariam à menina a nossa aldeia — sem precisar de tradução. Começamos a procurar a topografia em todos aqueles rostos. Havia o policial que conhecia a todos. A artista, que pediu o nosso contato para estudar a linguagem do mundo. Um professor que, com inglês arranhado, traduzia os anseios do lugar. Os mais velhos nos convidavam para beber vodca e as crianças, com suas mochilas, tinham seus olhares curiosos voltados para nós.

Esquecemos o relógio, que antes nos atormentava, e dedicamos horas para trocar gentilezas, na maioria das vezes tão compreensíveis quanto palavras. Deixamos adesivos, fitas do Senhor do Bonfim, livros e um pouco de nós naquela cidade chamada Shatsk. Uma foto dos habitantes na volta do Fusca imortalizou aquele final de tarde. Saímos com a impressão de que aquele encontro havia sido, para o povo de Shatsk, o único contato com a Copa do Mundo que se realizava em seu país.

No segundo dia de viagem, percorremos setecentos quilômetros e tivemos que amarrar o reboque com cordas, porque as soldas que tínhamos feito em Pelotas haviam se quebrado. Depois de mil e duzentos quilômetros e sob um calor de trinta e seis graus, chegamos a Samara, a sexta maior cidade do país, conhecida por abrigar o centro da indústria aeroespacial russa. Andreiko Denis, que havia feito contato através do Instagram, nos esperava desde a tardinha na entrada da cidade. Nos guiou até o hotel da Seleção para pegarmos mais dois ingressos com o Luís Vagner e depois nos levou para sua casa. Preparou salmão defumado com cervejas artesanais e ofereceu a acolhida que tanto precisávamos. Nos reunimos em torno da mesa farta para um bate-papo agradável, auxiliados, mais uma vez, pelo aplicativo de tradução do celular.

No dia seguinte, ao ser informado que o reboque precisava de uma solda, Denis nos levou à oficina de um amigo que trabalhara no centro aeroespacial russo. O serviço, prometeram, era padrão "solda-de-fazer-foguete". Desde a nossa chegada a Samara, fomos escoltados por um New Beetle e um Lada. Eles se distribuíram — um na frente e outro atrás, com pisca-alerta ligados — e iam abrindo caminho. Denis, o nosso anfitrião, apresentou a cidade e nos levou a vários lugares. Fomos ao Museu Aeroespacial, provamos as tradicionais comidas russas, como sopa gelada, e compramos um pequeno fogão para o nosso camping. Na hora de ir para o jogo, eles prepararam uma enorme surpresa. Nos levaram a um estacionamento semelhante a um bunker escuro e lá abriram uma porta de garagem, onde ficava um caminhão russo, usado na Segunda Guerra Mundial: um colecionador queria levar os brasileiros até o estádio em alto estilo. Para completar essa recepção de primeira, a Seleção Brasileira jogou um futebol de outro mundo no moderno estádio construído em forma de disco voador, vencendo por 2x0 e mandando o México para casa. Em um dos jogos de maior calor na Copa do Mundo, a torcida brasileira e a mexicana deram uma festa nas arquibancadas do Cosmos Arena. Nós só não assistimos ao primeiro jogo, em Rostov, quando o Brasil empatou, então chegamos à conclusão de que o Segundinho era o amuleto para a Seleção marcar sempre o "segundo gol".

Depois da vitória contra o México, quando deixávamos o estádio, Denis nos surpreendeu novamente. Disse que nos levaria para tomar um banho russo. Lembrei de imediato do alerta de um conhecido, ainda no Brasil: "Aproveita tudo, mas não toma o banho russo, ninguém resiste". Mas não tinha como dizer ao anfitrião que não viveríamos aquela experiência. Fomos. Andreiko chegou a uma mansão com altos muros, onde trocou algumas palavras indecifráveis com o porteiro. Nos sentimos em uma sociedade secreta, sem a mínima noção do que nos aguardava. Recebemos uma caneca da tradicional cerveja de Samara, conhecida como a melhor da Rússia, e fomos para uma sauna. A única coisa que vestíamos era um chapéu de feltro. Vimos em meio à névoa uma espécie de Mestre, que liderava um ritual. Como um Romanov, ele aspergia um líquido aromatizado em um depósito de carvão fervendo, o que elevava a temperatura da sauna para insuportáveis noventa graus Celsius. Quando não aguentávamos mais a quentura, que queimava até para respirar, o mestre ordenava que deitássemos em uma maca e passava a surrar com vassouras de ervas nossos corpos desnudos. O ritual, diziam, estimulava a circulação do sangue e combatia a fadiga muscular. Quando a sensação de calor se tornava insuportável, ele ordenava que saltássemos em uma piscina de água congelada. O calor corporal era tanto que a sensação ao submergir na água a zero grau era de alívio. Em seguida, era o frio que se tornava insuportável. Repetimos o ritual mais três vezes. O resultado era absurdamente espantoso: uma mistura de leveza, cansaço e alívio. De volta à casa do Denis, dormi um sono reparador — e agradeci por termos vivido aquela experiência tão presente na cultura russa. Na despedida, Denis nos presenteou com o brasão do automóvel russo Moskvitch. Ele falou que o Moskvitch nunca havia sido vendido fora do país e que o nosso seria o único carro brasileiro com esse emblema dividindo espaço com o símbolo da VW.

Estava na hora de partirmos rumo a Kazan, mas havia escalas pelo caminho. A primeira foi na cidade de Togliatti, onde cento e dez mil de seus oitocentos mil habitantes trabalhavam construindo um símbolo da União Soviética. Nas margens do Rio Volgo, uma cidade planejada vivia em torno da maior fábrica de automóveis do país. Distante mil quilômetros de Moscou, a cidade nasceu para acomodar a planta industrial e a sede administrativa da Lada, em 1970. Havia um museu onde vimos o Lada Niva, exportado para o Brasil na década de 90 e que continuava sendo produzido na fábrica.

Depois, enfrentamos mais cem quilômetros de estradas em meio a campos e bosques e mergulhamos em uma comunidade primitiva, na qual experienciamos uma viagem no tempo. Eles reviviam as tradições medievais, desde lutas, costumes e vestes. Testemunhamos uma rica e verdadeira história, distante dos holofotes da Fifa. A falta de internet dificultava a comunicação e falávamos mais por mímicas do que por palavras. O bastante para compreender que eles esperavam muitos visitantes durante a Copa do Mundo, mas que tínhamos sido os únicos a ir até lá. Permitiram nosso acampamento e nos ofereceram um jantar em um ritual místico de gastronomia e oração.

Sozinhos, depois da cerimônia, Caio e eu fizemos uma fogueira e bebemos um vinho de Portugal. Dava para ouvir o silêncio da Rússia medieval que ainda vivia naquele lugar inóspito. Da barraca no teto do Fusca, ouvi os gritos de uma coruja e pensei que algum urso poderia estar por perto. Talvez devesse sentir medo, mas logo lembrava que eu estava ali por escolha. Caio, meio filho, meio irmão, dividia aquela experiência e compreendia a filosofia contida na cena. A vida seria muito cômoda sem os medos. Queria que minha loucura fosse contagiosa. Queria carregar eternamente em meus olhos a imagem daquela noite.

O hexa se aproximava e a seleção da Bélgica era apenas mais um obstáculo a vencer. Viajamos a noite toda para chegar na véspera do jogo. Fomos recebidos cinquenta quilômetros antes de Kazan por uma comitiva de Fuscas modernos. Os russos são apaixonados por VW antigos, mas como são raros no país, acabam comprando os New Beetle e se organizando em clubes. Nos levaram para desbravar a capital e maior cidade da República do Tartaristão, onde fizemos a foto mais bonita do Segundinho na Rússia, refletido em um espelho d'água em frente à Arena Kazan. Recebidos na casa da geóloga e vice-campeã mundial de karatê Albina e do advogado Nafis, pude compreender por que eu hospedava tantas pessoas estranhas na Palafita. Viajantes argentinos, uruguaios, chilenos, colombianos, franceses, sul-africanos e brasileiros de todos os cantos buscavam abrigo em nosso santuário ao sul do Brasil. Do outro lado do mundo, sendo recebido como família, com o conforto que só os amigos merecem, tudo fazia mais sentido.

O dia do jogo amanheceu estranho. Acordamos cedo, mas os anfitriões se mexiam mais cedo ainda. Todos já tinham saído para trabalhar e fomos ciceroneados por seu Farid, pai de Nafis, um senhor russo que, apesar de se atrapalhar com o Google Tradutor, nos tratava como filhos. Com todas as câmeras revisadas e baterias dos equipamentos carregadas, partimos para o Hotel Mirage, onde Luís Vagner nos entregaria mais dois ingressos. Na chegada do Segundinho ao hotel, fomos recebidos por jornalistas que cobriam a Seleção. Logo estacionou um homem de nome Slava, com um Lada ano 67 e meio Lada a reboque. Era uma espécie de Segundinho russo. Recebemos também uma mensagem de Nafis avisando que o pessoal dos Beetle estava indo ao nosso encontro em frente ao Kremlin de Kazan. Algo estranho fazia eu ter mais vontade de ficar com eles do que ir para o jogo. Mas quando eram quase seis da tarde, partimos para a Arena Kazan escoltados por Slava. Ele conseguiu estacionamento para nós a duzentos metros do estádio e se despediu.

As camisas amarelas eram maioria, e a empolgação dos brasileiros sufocava a expectativa dos "diabos vermelhos", como são conhecidos os belgas. O povo russo repetia o tempo todo: "Brasil Campeão". Nossos assentos eram na primeira fila, na beira do campo. Chegamos ao estádio a tempo de cantar o hino, com uma dose de patriotismo que muitas vezes nos falta quando estamos em casa. Horas antes, os uruguaios haviam perdido para a França, que seria nossa adversária na semifinal. A vitória contra a Bélgica nos levaria de volta a São Petersburgo para rever nosso amigo Ravil. Eu tentava enviar uma foto do estádio para Gabi, com um olho no jogo e outro no celular, quando, aos treze minutos, a bola entrou no gol de Alisson. Fernandinho marcou contra. A Bélgica cresceu e não tardou a fazer o segundo, aos trinta e um minutos do primeiro tempo. Uma agonia tomou conta da torcida verde e amarela. Perdíamos de 2x0 e a Bélgica jogava muito melhor. Tite, apático, parecia o Felipão do 7x1. Neymar passava mais tempo deitado em campo do que jogando bola e pouco lembrava o craque vendido a peso de ouro nas negociações europeias. Os reservas Douglas Costa e Renato Augusto entraram no segundo tempo e tentaram salvar a nossa dignidade. Jogavam como quem anda num Fusca, se superando e enfrentando obstáculos reais. Em todos os jogos que assistimos, o Brasil fazia o segundo gol, e foi Renato Augusto o segundo brasileiro a marcar na tarde fatídica, pena que Fernandinho havia balançado nossa própria rede.

Qual tradição tinha a Bélgica no futebol? De onde surgiram aqueles gigantes gentis que jogavam sem firulas? A Bélgica foi o bilhete de retorno do Brasil para casa. Como a Expedição Fuscamérica, os belgas acreditaram no sonho, mesmo quando parecia impossível. Nós, que estávamos prontos para ir a São Petersburgo assistir à semifinal entre Brasil e Uruguai, ficamos perdidos em Kazan. Todas as seleções sul-americanas foram eliminadas, mas a Expedição precisava continuar. Nos perdemos de Slava e acabamos passando a noite no apartamento de uns estranhos "tártaros" que conhecemos nas redondezas da Arena Kazan. No sábado pela manhã, ainda sem saber para onde ir, fomos embora sem nos despedir.

Partimos de Kazan perto do meio-dia. A intenção era fazer a viagem com calma, explorando o caminho. Tudo estava normal. Segundinho andava bem, carros passavam buzinando e outros com câmeras de celular na janela... até que de repente as marchas sumiram. O motor trabalhava, a embreagem e a caixa funcionavam, mas nada de tração. Paramos em frente a um supermercado e logo se formou um tumulto em nossa volta. Todos liam nossa carta de apresentação escrita em russo, fixada no vidro traseiro do Segundinho, e pediam fotos com o Fusca. Foi quando uma professora se apresentou e nos ofereceu ajuda.

Começou a parar os outros motoristas e a explicar nosso problema. De uma caminhonete SUV BMW, desceu um senhor simpático que pegou uma corda e começou a amarrar o Segundinho atrás de seu importado. Argumentei que não seria seguro andar pendurado em um carro em alta velocidade por oitocentos quilômetros até Moscou. Ele sorriu, foi até a janela do Fusca e jogou mil rublos para dentro (em torno de quinze dólares). Tentei devolver, mas ele entrou em sua nave e partiu sem olhar para trás. Em seguida, outro senhor parou e leu o texto que tínhamos afixado no vidro. Explicamos pelo Google Tradutor que tínhamos necessidade de auxílio. Ele fez alguns telefonemas, e não demorou para chegar um guincho. Ficamos preocupados com o valor que poderia custar e ainda nem tínhamos ideia para onde levar o Fusca. No meio da confusão, um rosto familiar surgiu. Nafis soube pelo Caio que estávamos empenhados e veio nos socorrer junto com Slava, o amigo do Lada. O senhor que acionou o guincho mostrou a tela do celular, onde o Google Tradutor dizia: "Boa viagem, o guincho está pago". Deu um abraço e partiu.

Não há domínio sobre nossos dias. É na dificuldade e na humildade que encontramos a verdadeira solidariedade. Com o Fusca em um guincho e o meio Fusca pendurado atrás do Lada, chegamos a uma vila onde um mecânico já nos aguardava. Identificamos o problema debaixo da calota da roda traseira. A porca que aperta o cubo no eixo afrouxou e desgastou a fresa. Sem fresas, sem tração. Iniciamos uma busca insana por um cubo novo. Em Kazan, não existia. Em Moscou, só para os Fuscas modernos. Em São Petersburgo, Ravil tentou, mas também não tinha.

Telefonei para meu irmão Roberto, que foi mecânico de Fuscas. Ele me aconselhou a soldar a porca no cubo que, ao chegarmos ao Brasil, ele substituiria por peças novas. Conversei com meus anfitriões e eles concordaram. Slava pegou a solda MIG e começou o serviço. Desconfiado, perguntei ao Nafis se Slava sabia soldar.

— Ele é engenheiro aeroespacial, trabalha preparando carros de corridas e é o dono desta oficina.

À noite, ainda assistiríamos em um telão à Rússia ser eliminada pela Croácia. Seu Farid ficou feliz ao nos rever. Acordamos cedo no domingo. Os três filhos de Albina e Nafis fizeram uma festa com a gente no café da manhã. Em seguida, chegaram Fuscas e o Slava com seu Lada e meio. Na saída, as crianças correram atrás do Segundinho de bicicleta, me fazendo lembrar da Sofia na minha partida para a viagem por sete pátrias. A comitiva nos acompanhou por cinquenta quilômetros até a saída para Moscou. Nafis fez questão de nos presentear com um tanque de combustível e Slava, que aprendera algumas palavras em português, disse com seu sotaque russo:

— Tenho muito orgulho de ser amigo de vocês, vou encontrá-los no Brasil.

Albina, que na nossa chegada nos recebeu na estrada, havia preparado uma sacola com sanduíches de atum, mel e queijo. Ao me despedir, ela falou que o Segundinho não queria ir embora porque não havíamos nos despedido adequadamente. Kazan viveria eternamente em minhas reminiscências. Me emocionei de verdade. O momento era mais forte do que qualquer gol da Seleção.

Um dos propósitos durante a Copa do Mundo era a produção de um documentário. Ao longo do caminho captamos imagens, entrevistamos pessoas e montamos um mosaico de histórias. Fomos a Níjni Novgorod conhecer o estádio onde a França havia eliminado o Uruguai. Segundinho fez pose em frente a mais um templo do Mundial. A arquitetura moderna nas cores azuis da Arena de Níjni Novgorod contrastava com a arquitetura bizantina das igrejas e com o imponente Kremlin construído na cidade no século XVI. Na Era Soviética, o nome do lugar foi trocado para Gorky, em homenagem ao escritor Máximo Gorki, lá nascido. Faltavam cinco dias para encerrar o Mundial e chegamos de volta a Moscou com tempo para explorá-la. Fomos ciceroneados por Roma, Katerine e todos os amigos queridos do Little Beetle Club que nos escoltaram com vários New Beetle pela segunda maior cidade da Europa.

A poderosa Moscou foi documentada pela primeira vez no ano de 1147 e, com seus vinte milhões de habitantes, é a maior região metropolitana da Europa. Navegamos de navio pelo Rio Moskva, caminhamos pela Praça Vermelha, conhecemos os contrastes entre a Moscou soviética e os arranha-céus modernos e envidraçados do Centro

Internacional de Negócios e Finanças. Visitamos o Museu Techniki Valdin Zadorozhny, que guarda em três andares um impressionante acervo de carros antigos e motos internacionais, além de um espaço externo com equipamentos militares. Fomos ao Mercado Izmailovsky em um antigo castelo soviético, onde era possível acompanhar artesãos fazendo bonecas matrioskas ao vivo. De volta ao camping, gravamos para o documentário com o ator brasileiro Caio Castro. Ele estava na estrada havia seis meses, desvendando o mundo ao lado de amigos em um motorhome, dentro do projeto Nômades.

Chegou o 15 de julho de 2018. Acordamos cedo e, antes de partir para o jogo, fiz uma chamada de vídeo com Gabi e Sofia. Elas estavam com as passagens nas mãos, na sala de embarque internacional do Aeroporto Salgado Filho, em Porto Alegre. Em minutos estariam voando rumo à Letônia, onde iríamos nos reencontrar no dia seguinte para desbravar a Europa em família. Segundinho ficou no camping e, junto a outros brasileiros, partimos de metrô rumo à Praça Vermelha, onde se concentravam torcidas de todas as nações. De lá a caravana seguiu em outro metrô e, por fim, mais cinco quilômetros a pé até a Universidade do Estado de Moscou. Sem ingressos, fomos assistir a França x Croácia junto a outras trinta e cinco mil pessoas por telões de LED instalados a menos de um quilômetro do Estádio Lujniki. Existe mais lado B de uma Copa do que o Brasil não estar na final? Existe mais lado B do que cruzar o mundo para assistir à final do lado de fora do estádio?

Enquanto a multidão vibrava com as jogadas de Kylian Mbappé, Antoine Griezmann e Luka Modrić, eu só conseguia pensar nas inúmeras pessoas que nos ajudaram a olhar de perto o povo russo e a desvendar o que existia por trás daquele alfabeto e cultura tão diferentes. Sonhamos estar na final da Copa do Mundo da Rússia por muitos motivos. Convivemos com gente de todos os cantos do planeta. Nos conectamos de forma simples. Algumas despedidas foram como se partíssemos da casa de velhos amigos. Como coadjuvantes do espetáculo, mexemos na caixinha de muitos sonhos. Sacudimos as utopias e provamos que elas são possíveis. Tudo a bordo do velho Fusca, que conquistou corações e abriu portas.

Por que a Seleção Brasileira não estava na final? Talvez porque a individualidade de um time de craques milionários não tenha funcionado na Copa da coletividade. De alguma forma nós representávamos a essência do povo brasileiro. Fomos o Uruguai da raça de Cavani, a Argentina dos desencontros de Messi e o Brasil das arquibancadas. Fomos os milhares que embarcaram no Fusca, sempre acreditando em cada nova loucura que inventávamos. Nunca almejei ser protagonista. Nunca quis bater recordes, colecionar quilômetros ou somar países. Queria apenas mostrar para as pessoas mais simples que as quimeras são possíveis quando acreditamos em nós mesmos. Quando algo improvável é alcançado por um Fusca, o impossível parece deixar de existir. E assim se foram quarenta dias na Rússia. Prometi estar na final da Copa do Mundo. E não é que estávamos?

Chovia sobre Moscou quando a multiétnica seleção francesa venceu a Croácia por 4x2 em um jogo histórico. Uma tempestade com raios e trovões desabou no exato instante em que o goleiro Hugo Lloris, capitão francês, levantou a taça. A queima de fogos sobre o Estádio Lujniki consagrava a bicampeã mundial em 2018. Milhares de pessoas de todas as partes do mundo pulavam em poças d'água no estacionamento da universidade de Moscou, celebrando o final daquela Copa do Mundo. Emocionado por testemunhar aquele momento histórico, me aproximei do estádio para produzir mais imagens do documentário da Expedição Fuscamérica. Para nós, pouco importava o campeão. Nunca foi só por futebol. Protegi o equipamento com a jaqueta verde oliva e passei a ver pelo visor da máquina toda a euforia daquele instante de felicidade no qual estávamos inseridos. No meio do empurra-empurra, senti alguém me puxando. Olhei para o lado pensando encontrar o Caio. Ao baixar a cabeça, notei que a pochete com dinheiro da viagem, documentos e cartões de crédito estava aberta. Não podia ser verdade. Quis me enganar que tinha vindo para a Fan Fest sem carteira, mas logo lembrei que minutos antes havia recebido de presente uma moeda comemorativa da Final do Mundial da Rússia e a guardado nela, dentro da pochete. Passei a andar a esmo. Via a multidão que seguia vibrando, pulando e chutando as poças d'água, agora em câmera lenta. Logo a ficha caiu. Tentei telefonar para o Caio, mas meu celular, molhado, se desligou. Desesperado, com o Fusca a mais de trinta quilômetros de distância, sem documentos, sem dinheiro e sem comunicação, sentei no cordão da calçada e chorei. As lágrimas se misturavam à chuva.

Durante os trinta e cinco dias em que percorri o maior país do mundo, não havia almoçado em restaurantes, dormido em hotéis, nem gastado com nada supérfluo porque poupava ao máximo para realizar a travessia pela Europa com minha filha oferecendo a ela todo o conforto que me fosse possível. Era uma viagem que havia sido prometida à Sofia no berço de uma UTI, treze anos antes. De repente senti uma mão tocar meu ombro. Olhei para cima e vi o Caio me perguntando:

— O que houve, mano?

Envergonhado, contei para ele que a carteira com identidade, CNH, cartões de crédito, mil e trezentos euros, mil dólares, cerca de mil e quinhentos reais e dez mil rublos tinha sido roubada. Não tínhamos nem como voltar para o camping. O dinheiro sempre ficava comigo e Caio, quando precisava, pedia. A pochete ficava escondida sob a jaqueta o tempo todo. Na única oportunidade em que fiquei vulnerável, a tragédia aconteceu. Completamente ensopados pela chuva, passamos a caminhar olhando para o chão, na esperança de encontrar a carteira pilhada. Procuramos um policial, que falou pelo rádio por um tempo e depois nos acompanhou até os porões do prédio da Universidade de Moscou, onde ficava a delegacia do Comitê Organizador. Um agente especial, treinado pela Fifa para atender turistas, passou a intermediar nossa conversa com os guardas russos. Só que em seguida ele teve que atender outra ocorrência e nos abandonou. Para piorar, me deixaram em uma sala com grades e policiais que não davam a mínima para a minha presença. Caio, proibido de entrar, ficou do lado de fora da delegacia. Depois de mais de três horas de espera sem que ninguém me atendesse, consegui ligar meu celular e vi várias chamadas da Gabi e da Sofia. Pensando que elas já estavam sobrevoando o oceano rumo à Europa, retornei a ligação. Sofia atendeu:

— Papai, fala com a mamãe. Estamos com um grande problema para resolver e ela está muito nervosa.

Com o sinal de internet péssimo, em uma cela no porão de um prédio de Moscou, a ligação caiu. Comecei a gritar dizendo que queria falar com o Caio, mas ninguém me respondeu. Liguei novamente para as gurias e a Gabi, aos prantos, me contou que elas haviam sido retiradas do avião. Quando comprou a passagem para a Sofia, no preenchimento do formulário de voo internacional, ao responder à pergunta sobre doenças ou comorbidades, Gabi descreveu que Sofia só tinha um pulmão e era acometida de uma displasia bronco pulmonar por ter nascido prematura. Por se tratar de um voo interoceânico, com duração de onze horas, a companhia aérea Latam deveria disponibilizar oxigênio, para caso fosse necessário. Quando as meninas estavam acomodadas no avião, com os cintos afivelados, foram convocadas a se retirar. Gabi disse que não sairia da aeronave e um pequeno tumulto foi formado. O erro da companhia aérea, que ignorou o formulário, criou mais um caos em nossas vidas naquele domingo, 15 de julho de 2018. Pelos nossos cálculos, no exato instante em que eu era roubado na Rússia, elas eram retiradas, quase à força, do avião no aeroporto de Porto Alegre. Prometeram realocá-las em um próximo voo. Gabi contou que, enquanto um segurança do transporte aéreo a puxava pelo braço, escutou Sofia dizer:

— Tu não tá entendendo moço, não é uma viagem, é a realização de um sonho. Meu pai está nos esperando para cruzar a Europa de Fusca!

Como Gabi discutia com os funcionários da Latam no balcão da companhia aérea, combinamos de conversar assim que eu chegasse no camping. Não tive coragem de contar o que estava acontecendo comigo. Preso naquele porão havia mais de três horas, desliguei o telefone e comecei a bater nas grades e gritar que precisava falar com meu copiloto. Nesse instante, enxerguei no fundo do corredor da delegacia a chegada de Roma, Katerine e toda a trupe do Little Beetle Club, trazidos pelo Caio. Ele me contou, comovido, que fez um pedido de socorro e bastou alguns minutos para começarem a chegar Fuscas e New Beetle de todos os lados.

Era a velha solidariedade da estrada que estava de volta. Entre os integrantes do grupo, havia uma moça que, em várias ocasiões, tinha sido mais simpática com a gente do que a gente com ela. Descobrimos então que ela era policial. Ela chegou à delegacia exigindo que solucionassem o nosso caso. A jovem russa devia ter muito poder porque os policiais, subordinados a ela, passaram a nos atender rapidamente. Me levaram para uma sala com centenas de monitores de TV e pediram que eu fizesse o reconhecimento do local onde eu tinha sido roubado.

Era impossível, mas deu para ver pelas câmeras que a chuva havia parado, e onde algumas horas antes, trinta e cinco mil pessoas pulavam, agora estava completamente vazio e escuro. Expliquei que não conseguia definir o lugar. Então fomos liberados com o compromisso de não sair da Rússia sem voltar à delegacia para registrar queixa-crime. Eles não a fariam naquele instante porque o comissário responsável já havia ido embora. Mesmo estando no verão russo, com roupas encharcadas, Caio e eu estávamos à beira de uma hipotermia. Roma e Katerine nos emprestaram roupas secas e nos levaram para jantar em um fast food. Por volta das quatro horas da madrugada, nos deixaram em segurança ao lado do nosso Fusca, prometendo que nos veriam pela manhã. No camping, sentei com as mãos no volante e chorei copiosamente. Caio chorava sentado em uma cadeira de praia. Depois respirei fundo e telefonei para a Gabi, com seis horas a menos de fuso no Brasil. Estavam alocadas em um hotel, próximo ao aeroporto. A companhia aérea havia enganado a Gabi e elas não teriam um próximo voo. A opção dada pela supervisora foi mandá-las de volta para Pelotas de carro. Talvez só conseguissem voar em quinze dias, após o laudo do médico da companhia aérea. Como chegaram a embarcar no avião, as malas foram despachadas. Sobraram somente as roupas do corpo e as bagagens de mão. Eu não tinha mais como esconder. Me enchi de coragem e contei o que tinha acontecido. O furto da carteira e a perda do dinheiro e dos documentos. Chorando, confessei que não existia outro lugar no mundo em que eu mais desejasse estar do que dentro do abraço delas. Pela primeira vez, desde o nascimento da Expedição Fuscamérica, me senti desesperançado. Mesmo tendo desbravado todos os meus limites, duvidei ter forças para seguir aquela viagem maluca. Gabi, com firmeza, me disse.

— Nós prometemos cruzar a Europa juntos. Custe o que custar, nós vamos conseguir. Como sempre, invencíveis!

Na mesma hora, secamos as lágrimas e começamos a recalcular a rota. A primeira coisa que fizemos foi cancelar os meus cartões de crédito. Telefonamos para o Carlos, da Afora Viagens, e pedimos para que ele transferisse os últimos dois mil reais que restavam na minha conta para um Money Card, uma espécie de cartão de crédito pré-pago que ele me convencera a guardar no porta-luvas para eventual emergência. A notícia boa, em meio à tragédia, foi que o meu passaporte e a PID —

Permissão Internacional para Dirigir, tinham ficado no porta-luvas do Fusca. Pedimos emprestado à Pituca, mãe da Gabi, o cartão de crédito para a compra, no balcão do aeroporto, de uma passagem com destino a Riga. Gabi ligou para a amiga Lu Gastal, que fez uma pequena mala de roupas e a levou no dia seguinte ao aeroporto. Com essas roupas, as duas iriam cruzar a Europa. O planejamento inicial era nos encontrarmos na capital da Letônia, na segunda-feira à tarde. Adiamos para terça. Tínhamos que dormir. E foi o que fizemos por quatro horas, até sermos acordados com uma bandeja de café do McDonald's por Roma e Katerine, que me entregaram um envelope:

— Com isso, penso que consegues chegar a Riga para encontrar a tua família.

Dentro, havia quatro mil rublos, presente dos integrantes do Little Beetle Club, que se juntaram para nos ajudar. Katerine disse ter treinado uma frase em português que queria nos dizer:

— *Naurro and Caio, vocês têm uma família na Rússia, tengan un bon voyage!*

Estávamos tão vulneráveis, que choramos novamente. Nos abraçamos e foi a última vez que nos vimos. Partimos rumo à delegacia improvisada na Universidade de Moscou, onde fomos informados de que era outro distrito que atendia as ocorrências relacionadas à Copa do Mundo. Nunca me imaginei cruzando Moscou no banco de trás de uma viatura policial, mas foi assim que chegamos, às onze da manhã, a outra delegacia, com a promessa de sermos atendidos em breve. Depois do meio-dia, começaram a chegar europeus, africanos, chineses e americanos, todos para registrar a mesma ocorrência. Descobrimos que uma quadrilha internacional chegara à Rússia para cometer roubos em todas as Fan Fests do país no dia da final. Por volta das quinze horas, não aguentando mais a demora, tive uma crise de ansiedade e comecei a protestar em português dentro da delegacia. Lembrava aos policiais que eu era a vítima e queria sair dali.

Frente ao protesto, me cercaram e, ao ouvirem pelo Google Tradutor que eu já estava ali havia horas, me encaminharam para uma sala e fizeram eu assinar vinte e seis cópias de uma ocorrência, na qual eu isentava totalmente a polícia russa do meu caso e a liberava da investigação. Em seguida, nos deixaram no estacionamento onde estava o Segundinho. Tínhamos deixado os faróis ligados e tivemos que empurrá-lo, mas isso era apenas um detalhe frente ao que enfrentaríamos nas horas seguintes. Corremos até o camping, organizamos nossas coisas rapidamente, suplicamos para que não nos cobrassem os últimos dias e, por fim, pegamos a estrada.

Na segunda-feira, 16 de julho, às dezoito horas, partimos rumo à Letônia. Meu coração batia acelerado. Eu divagava que o furto podia ter acontecido em qualquer lugar do mundo, mas o que tínhamos vivido junto ao povo russo não poderia ser esquecido. Caio contou que enquanto eu me alterava na delegacia, escreveu no Google Tradutor que nunca mais pisaria na Rússia. Quando foi mostrar ao policial, lembrou do Roma, da Katerine, do Ravil, do Slava, da Albina, do Nafis, e então decidiu deletar a mensagem. Entre o bem e o mal, preferiríamos nos lembrar dos que nos ofereceram afeto e solidariedade. Pelo retrovisor, enxergava a silhueta vermelha de Moscou se escondendo lentamente no pôr do sol. Fomos felizes e choramos juntos. Sentiríamos saudades. Um dia voltaria.

Gabi comprou no balcão, a peso de ouro e em muitas parcelas, um voo da KLM para embarcar no mesmo horário em que nos despedíamos de Moscou. Chegariam na terça-feira à tarde, e por isso viajaríamos a noite toda para vencermos os 1.236 quilômetros até Riga. Estava tudo combinado. Mas o que era para ser uma viagem tranquila se transformaria em uma saga pela mítica M9, conhecida como a Rodovia Báltica. Segundinho deslizou pelo asfalto durante a noite toda, lembrando o velho estradeiro. Às cinco da manhã, uma gigante bola vermelha surgiu no horizonte. Paramos no acostamento para descansar e fazer uma imagem do nascer do sol. Quando fomos retomar a viagem, acelerei, mas o Fusca não andou. Escutamos um som áspero de metal, parecido com um ronco, vindo da roda traseira. Não dava para acreditar. Tinha feito todas as manutenções possíveis antes de sair do Brasil. Ravil e Andrey ajudaram nas revisões em São Petersburgo e Moscou. Carregava dezenas de peças de reposição no reboque, mas a que insistia em dar problema era a única que eu não tinha levado. A solda feita pelo Slava em Kazan se rompera, e o cubo da roda traseira girava livre novamente sem tracionar. Nunca viajei para chegar a algum lugar, sempre amei a liberdade do caminho, mas dessa vez tinha um desejo único, que era chegar a Riga para encontrar minha família. Parecia que o destino estava zombando da gente. Nos confins da antiga União Soviética não havia o mínimo sinal de internet, e isso tornava impossível a comunicação com as poucas pessoas que poderiam nos amparar. Comentei com Caio que eu estava beirando a exaustão. Havíamos dormido apenas quatro das últimas cinquenta horas de angústia. Com o Fusca atravessado no acostamento, sentei no banco do motorista, encostei a cabeça para o lado e caí no sono.

Não sei se dormi minutos ou horas, mas em meio a um pesadelo terrível, acordei de sobressalto e enxerguei um New Beetle preto pelo retrovisor. No primeiro momento pensei se tratar de uma miragem, mas, ao saltar para fora do carro, encontrei um homem lendo nossa carta de apresentação colada no vidro traseiro. Perguntei em português quem ele era, mas só tive como resposta:

— *Nice car, beautiful car!*

Acordei o Caio aos gritos contando que tinha chegado um cara que falava inglês e poderia nos salvar. Caio, sonolento e com seu inglês macarrônico, explicou a situação para o Evgeniy Volovenko. Apaixonado por Fuscas, ele nos ofereceu apoio. Amarramos uma corda, prendemos o Segundinho no carro dele e partimos pela M9. A cada dez quilômetros tínhamos que parar para refrescar o cubo que fervia, já que o semieixo quebrado girava ferro com ferro. Depois de uns cinquenta quilômetros sendo arrastado, Evgeniy parou nas margens da rodovia e nos mostrou uma placa pintada a mão, na qual estava escrito que havia um soldador em uma cidade próxima. Só percebi que tinha dormido alguns minutos quando chegamos à cidadezinha e poucos estavam acordados. Antes das sete da manhã um serralheiro, ainda moroso, ligou um aparelho e prendeu fogo no cubo. Quando fomos testar, vimos que a roda tinha sido soldada completamente torta e ficava batendo no paralamas, tornando impossível seguir viagem. Tivemos que desfazer a solda com um disco de corte e ressoldar. Finalmente, Segundinho poderia andar.

Eu usava no dedo uma aliança de ouro e, antes de partir, o soldador me disse que ouro não dava sorte. Como eu estava fazendo qualquer coisa para afastar a maré de azar que me perseguia, decidi jogar a aliança de ouro no telhado de uma igreja ortodoxa, com suas tradicionais cúpulas douradas. Não compreendia por que o soldador pedia para tirar fotos ao lado de Evgeniy. Somente mais tarde soubemos pelo Instagram que ele é um ator de cinema famoso na Rússia e que estava indo gravar um filme em Kaliningrado. Percorremos as estradas de terra até voltar para a M9. Apenas vinte quilômetros depois, descobri que não era a aliança de ouro que me dava azar, era o universo testando todos os meus limites.

Caio pegou no sono. Com as mãos no volante e a adrenalina do encontro, acelerei forte, rumo à fronteira. Tudo parecia bem, tudo parecia lindo, até que um estrondo nunca antes ouvido, nem vivido dentro do Fusca, aconteceu. Caio acordou de sopetão e vimos a roda traseira passar pela janela. Consegui levar o Segundinho até o acostamento se arrastando e rasgando o asfalto com a ponta do eixo exposta. Desci e descobri o tamanho da tragédia. A solda mal feita, seguida do corte e da nova solda, destemperou a ponta do eixo, rompendo o aço e fazendo a roda se desprender. Não conhecia ninguém no raio de pelo menos quinhentos quilômetros, e vendo a cena do Fusca sem a roda, na beira da estrada, acreditei que a viagem acabava exatamente ali. Somente uma peça nova e muitas ferramentas nos tirariam daquele lugar. Só que a peça não existia na Rússia. A calma tinha que ser nossa companheira. Enquanto eu calculava os estragos, vi Caio chorando, sentado na beira do mato, em estado de choque.

— Mano, vamos rezar pra Deus nos ajudar.

Quase entrando em desespero, disse a ele para não incomodar Deus. Se Deus estivesse preocupado em resolver o problema de dois idiotas que decidiram cruzar a Rússia em um Fusca, era porque Ele não devia ter mais nada o que fazer. Existia fome na África, guerras, crianças morrendo em UTIs pelo mundo...

— Deixa Deus quieto!

No dia em que Segundinho teve uma fratura exposta no meio da mítica M9, nos confins do mundo, exercitei a resiliência em seus níveis mais extremos. Gabi e Sofia nos esperavam em Riga. Sabia que em algumas horas o Caio teria que estar no aeroporto para embarcar em um avião de volta para a casa. Sabia que eu não tinha nenhuma ingerência sobre a solução daquele perrengue e chance alguma de sair daquele lugar sozinho. Quem poderia nos ajudar?

A vida sempre nos surpreende. Ao olhar para o lado, surgiu do nada um russo gordinho que lembrava o ator americano Danny DeVito. Ele estava em uma caminhonete. Parou, leu a nossa carta de apresentação no vidro do carro, se abaixou ao lado do Fusca, sorriu e falou:

— *Big problem*!

Buscou uma garrafa de cinco litros de água e uma carteira de cigarros aromatizados e nos ofereceu. Depois subiu na caçamba de sua caminhonete e começou a telefonar. Sem falar outro idioma que não fosse o russo e apenas três frases em inglês, ele se comunicava por sorrisos e mostrava a tela do celular, onde lemos uma mensagem que dizia mais ou menos assim:

"Let it be, it's okay!"

Em meia hora chegou um Mondeo enferrujado, com uma peça de cada cor, parecendo um carro do *Mad Max*, de onde saíram mais dois russos. Mikhail e Serguei eram os mecânicos chamados pelo nosso Denny DeVito. Serguei se abaixou ao lado da roda, trocou palavras com Mikhail, olhou para mim e disse:

— *Big problem*!

Leu a nossa carta, depois subiu na caçamba da caminhonete, escreveu algo no Google Tradutor, levantou o braço o mais alto que pôde para conseguir um sinal de internet, depois mostrou a tela do celular, onde dizia:

— *Let it be, it's okay*!

Entraram no carro e partiram. Perguntei o que estava acontecendo ao nosso amigo que não nos abandonava. Sorrindo, repetiu:

— *It's okay*!

Caio estava atônito, nauseado e pálido. Ofereci água e cigarro e ele falou que não fumava. Disse que eu também não, mas era o que tínhamos no momento. Enquanto acabávamos com uma carteira de cigarros, chegou o socorro. Eu e o Segundinho subimos na plataforma do guincho, o reboque e o Caio foram com nosso herói. Rodamos mais de cinquenta quilômetros, nos afastando da M9 por estradas de terra, até chegarmos a uma cidadezinha remanescente do período comunista. Na praça central, uma estátua gigante de Lenin, e nas redondezas, símbolos soviéticos adornavam blocos de apartamentos comunitários do proletariado. A oficina era um prédio de madeira cheio de sucatas de Ladas e ficava afastada da pequena área urbana. Descemos Segundinho do guincho, nosso amigo desengatou o reboque, puxou dinheiro da carteira e pagou o motorista do autossocorro. Antes de sumir para sempre, me deu um abraço e disse:

— *It's okay*!

Passamos o dia na oficina enquanto nossos *Mad Max* russos faziam a maior gambiarra do planeta. A notícia de que os brasileiros que chegaram de fusca para a Copa do Mundo estavam na cidade despertou curiosidade. Mikhail e Serguei chamaram um torneiro mecânico e fabricaram fresas no cubo de roda, e com pregos de aço, de pregar madeira, montaram uma engrenagem. Depois, soldaram o que sobrou da ponta de eixo.

No final da tarde, Segundinho voltou a andar com as próprias pernas.

Testamos a engenhoca andando pelas ruas da cidade. Apesar do barulho estridente de ferro rangendo, imaginei que conseguiria chegar a Riga. Como soldados bolcheviques, que defendiam o socialismo, Mikhail e Serguei disseram que cobrariam somente o trabalho do torneiro. Deixei a camisa da Seleção Brasileira e alguns adesivos da Expedição Fuscamerica de presente. Na despedida, Serguei nos avisou sobre um lago gelado na cidade, onde a população se reunia no final da tarde. Resolvemos tomar um banho para despertar. Antes de partir, compramos pão, salame e uma lata de sardinha. Ao final daquela terça-feira, pegamos a estrada.

Comentei com Caio que não lembrava a hora em que o Denny DeVito russo havia chegado para nos ajudar. Lamentei não ter perguntado nem o nome dele. Será mesmo que Deus estava sem nada para fazer naquele dia? Será que o nosso anjo da guarda é um cara gordinho?

Passava da meia-noite quando conseguimos chegar à fronteira da Rússia com a Letônia. Depois de enfrentar inúmeras burocracias para sair rodando com um carro antigo que chegara de navio ao país, carimbamos o passaporte e entramos na União Europeia. Telefonei para a Gabi e disse que iria tentar chegar até o hotel onde ela e a Sofia estavam hospedadas, mas faltando apenas duzentos e cinquenta quilômetros, eu quase dormi na direção. Resolvemos montar a barraca em um posto de combustível e seguir viagem no dia seguinte. Segundinho, mesmo mancando, pisou forte na estrada e conseguiu chegar com a gente a Riga. A única coisa que eu desejava era aquele encontro. Tínhamos vencido a Rússia e faltava a última etapa. A capital da Letônia era o nosso horizonte. Colocamos no GPS o endereço do hotel onde elas nos esperavam. Entramos pelas largas avenidas que margeiam o Rio Duína Ocidental.

Em seguida, passamos a rodar por ruas estreitas de paralelepípedos e entramos no Centro Histórico da cidade. Ao dobrar uma esquina, avistei Gabi e Sofia no fundo da rua. Comecei a buzinar, chorar e gritar o nome delas. Não era mais um encontro para realizar uma viagem. Era a concretização de uma luta contra todos os prognósticos. Nos abraçamos e choramos muito. Não existia mais nada que pudesse nos fazer desistir. Pelo menos era o que pensávamos.

Eu havia colocado todas as minhas utopias no horizonte e corrido obstinadamente atrás. Muitas vezes desanimei, me questionei, mas sabia que tendo a Gabi ao meu lado nos tornávamos invencíveis. Não queria ser lembrado pelas minhas filhas como o homem que abdicou da felicidade por medo. Tentando manter a Sofia viva, havia prometido na beira de um leito de UTI que um dia faríamos uma grande viagem juntos. Queria ligar para a Dane e dizer que sabia que não tinha sido o melhor pai, mas que fui o pai que consegui ser e estava lá também por ela. Era minha forma de mostrar a elas que com pouco dinheiro podemos realizar sonhos. E tendo sonhos, damos um jeito de alcançar o dinheiro. Como eu queria telefonar para o meu pai naquele instante e dizer:

— Pai, eu fui à Copa do Mundo! De Fusca!

Era só levar o Caio ao aeroporto e seguir nosso destino que estava a mais de cinco mil quilômetros. Para chegar com o Segundinho a Santander, na Espanha, cruzaríamos nove países da Europa do nosso jeito. Com *mucho sueño e poca plata*. E qual o sentido da vida se não uma oportunidade de experimentá-la em todas as suas nuances? Conseguiríamos realizar nossa viagem. Mas claro que antes enfrentaríamos mais uma provação.

Riga ficará em nós para sempre

O marco zero da viagem em família foi um lugar arrebatador. Com construções em Art Nouveau e muralhas medievais, a capital da Letônia lembrava uma cidade de contos de fadas. Banhada pelo Mar Báltico, exala história em cada esquina. Decidimos esperar Caio embarcar no avião para somente depois partir. Pensávamos que em Riga ninguém nos conheceria, como na Rússia. Deixamos o Segundinho estacionado em frente ao hotel e resolvemos "turistar" a pé pelos labirintos da Cidade Velha. O encanto da primeira árvore de Natal do mundo, a catedral medieval construída em 1211, estátuas de gatos, ursos, cafeterias e restaurantes, tudo dava uma prévia do que testemunharíamos nos quilômetros seguintes.

Gabi cobrava da empresa aérea que a bagagem extraviada fosse entregue em Riga. Como eu levaria Caio ao aeroporto na madrugada, à tardinha decidimos conhecer o caminho até lá e conferir se a mala já havia chegado. Saímos então com o Fusca pelas estreitas e pedregosas ruas do Centro Histórico. Chegamos a uma larga avenida e aguardamos a passagem do trem elétrico. Cruzando os trilhos, escutei um estridente ruído de engrenagens rangendo. Fiquei aflito, mas estávamos tão felizes com o nosso encontro e com a viagem que se iniciava que preferi não comentar sobre o barulho.

As cidades da Europa são riscadas por estradas de ferro por onde passam trens que fazem o transporte urbano. Passamos por uma grande ponte estaiada sobre o Rio Duína Ocidental e, em seguida, o GPS indicou uma curva radical à esquerda e outra pequena ponte estreita, e antes havia um novo entroncamento de trilhos. Eu não podia arriscar, se o carro fosse quebrar, teria que ser ali mesmo. Acreditando ser apenas um teste de resistência, acelerei forte e cruzei os trilhos. Na sequência, entramos à esquerda em velocidade. Na curva, o carro saiu de traseira, como se estivesse derrapando em pista de óleo. Todos começaram a gritar vendo que íamos em direção à barranca do rio, mas, no desespero, consegui alinhá-lo. Neste instante escutei um estrondo e um ruído de aço se arrastando pelo asfalto. Estacionei, saltei pela porta e corri atrás da roda que ia em direção aos outros carros.

A gambiarra que os russos fizeram na M9 se juntava a um pneu rasgado. Luzes do fim de tarde refletiam no óleo que sangrava pela ponta do eixo, espalhando-se pelo asfalto. Segundinho sofria uma nova fratura exposta. Logo um burburinho se formou naquela língua estranha. Uns chamavam guincho enquanto outros procuravam oficinas. Com o Fusca quebrado e sangrando em cima da ponte estreita, eu tentava sinalizar a cena para que um acidente pior não acontecesse. Sofia só pedia para que eu ficasse calmo. Gabi dizia que daria tudo certo. Caio sabia o tamanho do problema e não podia fazer muita coisa, já que seu avião de retorno para casa estaria na pista do aeroporto em algumas horas. Com a ajuda de um letão que tinha mãe portuguesa, acionamos o guincho que chegou em minutos. Eu não fazia a mínima ideia para onde levaria o Fusca. Caio, Gabi e Sofia empurraram o reboque e o amarraram a um bicicletário de um posto de gasolina nas proximidades. Tentei conversar com o motorista do guincho pelo Google Tradutor, mas o idioma letão era tão complicado que o aplicativo não correspondia. Embarquei no caminhão-guincho com o Segundinho e vi Gabi, Sofia e Caio partindo rumo ao hotel, na carona do solidário letão. Sofia desceu do carro, correu na janela do caminhão e disse mais uma vez:

— Papai, calma que vai dar certo. A gente sempre consegue.

Era noite de quinta-feira, 19 de julho, em Riga, e eu não tinha a mínima ideia do que fazer. O motorista gritava algumas palavras que, pela entonação, pareciam perguntas. Eu totalmente absorto, ficava em silêncio. Andamos quase uma hora a esmo pelas ruas da cidade báltica, até ele parar no estacionamento de um shopping, descer e descarregar o Fusca. Apontou para o outro lado da avenida, em direção a uma concessionária:

— Volkswagen, Volkswagen! — dizia.

Me abandonou em frente a uma loja de carros novos da VW que, certamente, nada poderia fazer por nós. Eu continuava apático. Quando terminou de descarregar o Fusca, ele escreveu no celular o valor do frete: noventa e cinco euros. Entreguei uma das últimas notas de cem euros que me restavam. Como ele notou que eu estava em choque, entrou no caminhão e partiu sem me dar o troco. O mal existe, mas o bem sempre prevalece.

Gabi telefonava para saber do meu paradeiro, mas eu não atinava a atender. Se na Rússia tínhamos aparecido na TV e as pessoas iam ao nosso encontro, na Letônia estávamos desamparados. Quando acordei do transe, levantei o Segundinho com o macaco e calcei o eixo para estancar o vazamento de óleo. Devia ser por volta das onze da noite quando montei a barraca e retornei a ligação para a Gabi. Caio dormiria clandestinamente no hotel, até a hora de ir para o aeroporto. Sofia, estranhando o fuso horário, estava acordada e ansiosa. Gabi, aflita, fez contato com o Rafael da WWO e o Márcio da Sagres, pois uma das alternativas era mandar o Segundinho de volta pelo porto mais próximo, que era na Estônia, a trezentos e trinta quilômetros.

— Vamos fazer nossa viagem de qualquer jeito. De mochila, de trem, mas acho que o Segundinho não tem mais como seguir. Vamos dar um jeito — disse ela, ao telefone.

Madrugada de dúvidas e desalentos. Como dormir naquela tensão? Sofria por tudo que deixaríamos de viver se não encontrássemos uma solução. Eu sentia a boca seca. Avistei um esguicho girando no jardim do shopping. Mesmo sem saber a procedência daquela água, segurei a mangueira e fiquei atirado na grama, matando a sede e molhando meu rosto. Voltei para a barraca, peguei caderno e caneta e iniciei uma carta de despedida para o Fusca.

Amigo Segundinho,

Parece estranho um homem falando com um carro, mas nos tornamos a extensão um do outro. Nos últimos anos nos afastamos poucas vezes. Desde a tua chegada, minha vida mudou. Se percorremos sete países da América do Sul em cinco anos, desbravamos o maior país do mundo em quarenta dias. Tu foste muito valente. Lembro do dia em que nos encontramos em São Petersburgo. Me emocionei. Mal andamos alguns quilômetros e já fazias o maior sucesso. Aparecemos na imprensa e tu virou celebridade. Partimos para Moscou, depois Samara, Kazan, e tantas outras cidades russas. Em cada lugar tu nos davas um novo amigo. Até que a Copa ficou para trás e partimos. No meio do caminho, tu pediu socorro. Conseguimos chegar a uma cidade que nunca imaginei um dia estar. Te entreguei aos cuidados de mecânicos russos que fizeram de tudo pela gente. Saíste pela mítica M9 tentando pisar com força, pois a Gabi e a Sofia nos esperavam para a tão sonhada viagem. E tu me mostrou, mesmo ferido, que não tínhamos o direito de frustrar um sonho de família, e nos trouxe até Riga.

E assim chegamos aqui para o maior dos encontros. Só que tu, meu amigo, como o mais velho do grupo, não resistiu. Te confesso que estou desesperado. Estamos perdidos em um estacionamento de um shopping, sem a mínima ideia do que fazer. Não quero te abandonar. Se não encontrarmos uma solução, tu vais ter que voltar pra casa sozinho. Por ironia do destino, estamos em frente a uma concessionária da VW, que nada fará por nós. Lembra do que o diretor de Marketing da VW do Brasil nos falou? "Fusca é passado. Nós pensamos no futuro".

Não consigo pensar em nada. Fomos roubados e não temos mais dinheiro. Se na Rússia não existia a peça que precisamos, imagina aqui na Letônia?

Prometi à Sofia no nosso primeiro Dia dos Pais que iríamos fazer uma grande viagem. No berço de UTI, eu suplicava para ela ser forte, que a vida seria linda e eu lhe mostraria o mundo.

Agora estamos aqui, náufragos. Falei pra Sofia que ser feliz é simples e que não devemos acreditar no impossível. Mas só com um milagre conseguiremos sair dessa juntos.

Nesse instante, o telefone tocou. Caio, com a voz embargada, disse que estava me vendo pela janela de um táxi, do outro lado da rodovia. Saltei da barraca e o vi ao longe. Falou que iria descer para ficar com a gente. Falei para ele ir embora, correr para o aeroporto antes que perdesse o avião. Ele avisou que a Gabi estava ligando, que era para eu atender porque havia boas notícias. Acenou pela janela. Eu levantei a mão e me despedi. O táxi sumiu na escuridão.

Liguei. A Gabi estava eufórica.

— Tu não vais acreditar no milagre que aconteceu. Procurei um Fusca Clube em Riga e ele já nos seguia. Lê a mensagem que nos enviaram pelo direct do Instagram. Demorei a achar, porque Fusca em letão se chama *vabole*.

A mensagem em inglês:

"Hi there! Warmest greetings from Latvian Beetle Club! How long are you staying here? We're having a Baltic beetle fest next weekend, you are very very welcome to join!"

O Google ajudou a traduzir:

"Olá! Saudações calorosas do Clube Letão Beetle! Quanto tempo você vai ficar aqui? Vamos ter um festival de besouros do Báltico no próximo fim de semana, você é muito bem-vindo para participar!" @vabole.lv

Gabi respondeu à mensagem com um pedido de socorro, contando o que estava acontecendo e, para nossa surpresa, ainda na madrugada chegou uma resposta indagando onde estávamos. Ela passou a localização e uma foto do Segundinho, no estacionamento do shopping, com a barraca aberta. Eles pediram meu número de telefone e em seguida me ligaram. Tentamos falar em inglês, mas eu travei. Não demorou para chegar uma mensagem em inglês pelo WhatsApp:

"Olá, meu nome é Vija. Eu e meu marido Uldis temos uma Kombi 1961. Estamos a caminho. Chegaremos em quarenta minutos. Vamos tentar obter as peças necessárias. Não se preocupe, vai ficar tudo bem."

Comecei a pular, cantar alto e dançar sozinho no estacionamento vazio. Abraçava o Segundinho e dizia:

— A Gabi conseguiu mais uma vez, meu amigo!

Às seis da manhã, encostou uma Toyota Fielder a diesel ao lado do Fusca. Uldis e Vija, casal jovem e bonito, trazia um café quentinho com croissant. Ele trabalhava com tecnologia da informação e ela era tradutora e intérprete. Além de fluente em inglês, ela arranhava o espanhol. Uldis havia trazido ferramentas e peças, mas, ao ver o tamanho do problema, disse que a primeira coisa a fazer era deslocar o Fusca antes da abertura do shopping. Vija ficou aguardando um guincho enquanto Uldis e eu fomos até o bicicletário do supermercado resgatar o reboque.

Quando voltamos, já estava carregado, então partimos em caravana para a oficina do Vadims Bramans, um dos dois únicos mecânicos de Fusca em todo o país. Em um galpão cheio de Fuscas raros, ele disse que faria o serviço, mas o cubo e o eixo quebrado ele não tinha para repor, e indicou o senhor Valdis. Viajamos em torno de setenta quilômetros. Valdis já havia viajado para Noruega, Suécia e Finlândia, e tinha as bandeiras dos países visitados no vidro do Fusca azul e amarelo para provar. Me identifiquei de imediato com ele, claro. Ele tinha o eixo e um cubo de quatro furos dos Fuscas modernos, que não nos serviam.

Retornamos para a oficina, onde encontramos Segundinho desmontado e suspenso no ar. Iniciamos uma caça às peças. Telefonei para Diogo Boos e João Fuhr, amigos do Fusca Clube de Novo Hamburgo, no Brasil, mas levaria em torno de um mês para chegar o eixo e o cubo à Letônia. Uldis encontrou as peças pela internet na Alemanha e na Holanda, mas o transporte levaria dez dias. Não tínhamos esse tempo. Segundinho teria que estar em Santander dia 15 de agosto. A notícia correu, e apareceu na oficina o maior conhecedor de VW do país. Chegou confirmando seu conhecimento, quando, ao saber que nosso Fusca era 1968, afirmou que existia algo errado, pois ele parecia um "*beetle* brasileiro 1965". Achei o homem um pouco atrevido, e com todos os obstáculos do idioma, expliquei a história do Salar de Uyuni e a troca da carroceria. Mal sabia eu que a solução seria dada pelo tal Dr. Fusca.

Se reuniram Uldis, Vadims e o Dr. Fusca. Conversaram por mais de vinte minutos, até que Uldis disse que viajaríamos duzentos quilômetros para resgatar o único Fusca que existia em um ferro-velho no país, que talvez fosse compatível. Perguntei quanto custaria e ele falou que depois a gente resolveria. Prendemos um reboque à Toyota e partimos: Uldis, o Dr. Fusca e eu. Depois de muitos quilômetros, minha alma se encheu de expectativa ao encontrarmos em um matagal um cemitério de carros e, no meio deles, a sucata de um Fusca azul, igual ao Fusca da minha infância. Levamos quase uma hora para retirá-lo, pois as rodas estavam encravadas. Não sei se pela força daquela língua estranha ou pela dificuldade em chegarem a um valor justo, foram tensas as negociações. Até que Uldis e Dr. Fusca puxaram duzentos euros da carteira e entregaram ao antigo dono.

O Fusca é o único carro que tem alma. O único automóvel que quando termina sua jornada vai para um céu, onde vivem eternamente todos os Fuscas. Foram produzidos 21.529.464 desde 1934 até 30 de julho de 2003, quando foi fabricado no México o último VW. Cada Fusca tem história e personalidade única. Poucos são os que permaneceram nas mãos de quem os comprou zero quilômetro, porque os Fuscas escolhem seus verdadeiros donos. Aquele Fusca letão ano 1965 escolheu seguir vivendo ao doar partes suas para o Segundinho prosseguir sua jornada. Aquele Fusca moribundo salvaria minha dignidade como pai e marido.

No final da tarde, o Fusca letão foi desmontado na oficina do Vadims, e o Segundinho recebeu o transplante de órgãos. Às dez horas da noite, com tudo pronto, saímos para testá-lo. Parecia inacreditável que Segundinho andava firme e forte. Perguntei ao Uldis quanto eu devia por toda aquela operação. Na tela do seu celular, ele digitou um texto que dizia mais ou menos assim:

"Cada um integrante do Latvian VW Beetle Club comprou uma peça deste Fusca, até alcançar os duzentos euros. A tua dívida com a gente é nunca parar de viajar de Fusca. Tu fazes a gente acreditar nos nossos sonhos. Acionamos uma rede solidária para dar este presente para sua família. Sigam viagem e sejam felizes."

O inexplicável amor que o Fusca desperta em seus aficionados se reflete em clubes espalhados pelo mundo, onde mulheres e homens honram essa máquina de fazer amigos, abrindo portas e dando lição de solidariedade. Antes de sair do Brasil, eu dizia que queria ser surpreendido pelo inesperado. Mas nem nas minhas mais loucas expectativas imaginei derramar lágrimas de gratidão em uma oficina na periferia de uma antiga república socialista soviética. Abracei Uldis, Dr. Fusca e Vadims e tentei demonstrar o meu agradecimento. Telefonei para a Gabi e anunciei que no alvorecer as resgataria para prosseguirmos com o nosso sonho.

Depois da angústia das madrugadas insones, Uldis e Vija me levaram para a casa deles e me proporcionaram uma noite bem dormida para acalmar minha alma. Pela manhã, me guiaram com a Kombi 1961 até o hotel. No caminho, um arco-íris se formou no para-brisa como um prenúncio de que a tempestade passara. Carinhosos, nos encheram de presentes. Alona, uma artista Letã, foi ao nosso encontro e nos deu uma pintura do Segundinho feita por ela, marcando nossa passagem por Riga.

Nos despedimos com lágrimas de quem se despede de pessoas amadas. Aos treze anos de idade, Sofia já compreendia uma das essências mais genuínas da nossa expedição: a solidariedade. Depois de dias de ansiedade e encantamento, partimos com a alma leve rumo à Lituânia. Era extraordinário sentir o Segundinho pisando firme novamente no asfalto. Não tinha dúvidas de que o Fusca era a chave que abria todas aquelas portas. Nenhum outro modelo de carro despertaria tanta paixão. Fusca é um acelerador de sentimentos. Barulhento, desconfortável, pequeno e redondo. Não existe explicação racional para a idolatria que se espalha. Jamais alguém que ajudou a gente perguntou religião ou ideologia política. O simples fato de estarmos de Fusca simbolizava devoção, confiabilidade, lealdade e representatividade. A Expedição Fuscamérica representava uma causa, um legado, e quem nos ajudava fomentava os próprios sonhos.

Era a nossa primeira noite acampados em família. Estávamos em Kaunas, a segunda maior cidade da Lituânia. No camping, refleti sobre tudo que tínhamos enfrentado para chegar até ali. Sem a Gabi eu jamais teria conseguido. Ela sempre foi a primeira a duvidar, um segundo antes de ser a primeira a acreditar em minhas loucuras. Quando não embarcava fisicamente, era o meu porto seguro e a certeza de que é muito bom ir, mas é muito melhor voltar. Ela sempre diz:

— Alguém tem que ficar em casa tocando a vida real.

Nas margens do Rio Nemunas, percebemos que a mala perdida ou até mesmo o roubo da carteira serviram para que nossa filha compreendesse que definimos objetivos e os dimensionamos à nossa realidade. Se muitos colaboraram no financiamento coletivo, tínhamos de ser honestos com o que pregamos: *mucho sueño y poca plata*. Os quilos perdidos economizando dinheiro na Rússia proporcionariam um pérfido luxo. Com a carteira cheia, estaria experimentando o improvável e traindo meus princípios. Fizemos uma faxina geral no Fusca e no reboque. Carregávamos equipamentos demais. Estávamos tão felizes juntos que as bagagens perdidas não faziam mais falta. Mergulhávamos em um calorento verão europeu, então doamos uma mala cheia de casacos, sapatos, blusas e toucas para o pessoal no camping. O que era demasiado ficou para trás. Mal sabiam eles que deixávamos no cantinho daquela mala todos os medos. O carro ficou leve porque ele agora só carregava nossos sonhos.

A Polônia chegou com os primeiros raios de sol daquele domingo, em 22 de julho. No para-brisa, sementes de entusiasmo e esperança eram plantadas no coração da nossa filha para as conquistas dos seus sonhos futuros. Navegando pelo Velho Mundo, naquele velho carro, seria mais simples para ela manter a firmeza frente às turbulências da vida. Na fronteira, o fuso horário nos deu uma hora a mais. Um velho caminhoneiro da Macedônia explicou que na Polônia veículos com menos de três mil e quinhentas toneladas não pagavam pedágio. Enfrentando trânsito pesado desde Kaunas, fomos instruídos pelo experiente amigo macedônio a comprar um adesivo que nos identificaria como veículo lento. Qual não foi a nossa surpresa, quando logo em seguida uma barreira da polícia nos parou. A patrulheira polonesa foi até a janela do Fusca com o radar marcando setenta quilômetros por hora. Havíamos excedido o limite de velocidade, que era de cinquenta e cinco nas áreas urbanas.

Em um país tão campestre, como distinguir uma área urbana? Ela pediu passaportes e documentos do carro. Ficamos rezando, já que as multas eram altíssimas e pagas na hora. Depois de uns quinze minutos, a policial, que mais parecia uma miss, solicitou que eu fosse submetido ao bafômetro. Eu estava bêbado de felicidade, mas o bafômetro não acusou. Seguimos viagem. À tardinha, estacionamos em frente ao Palácio Presidencial na capital, maior cidade da Polônia. Um casal de bailarinos poloneses ensaiava uma dança próximo ao Fusca. Foi a estreia da Sofia como fotógrafa da viagem.

Varsóvia foi considerada uma das cidades mais bonitas do mundo até o início da Segunda Guerra Mundial. Foi bombardeada e devastada durante a invasão alemã, quando oitenta e cinco por cento dos prédios foram destruídos e um em cada três habitantes foi morto. A capital recebeu o título de "Phoenix City" por causa da sua completa reconstrução, poucos anos após o fim da guerra.

Em uma famosa sorveteria de Varsóvia, Sofia iniciou a tradição de um dos poucos luxos que teria na viagem: experimentar sorvete a cada parada. A parte mais antiga da cidade é também a principal atração turística, com a Coluna de Sigismundo, a Barbacã e o Castelo Real. No camping em Varsóvia, os italianos Giorgio e Daniela foram nossos vizinhos. Eles decidiram viajar de motorhome pela Europa depois que o filho já estava crescido. Priscila, uma agitada boxer, preenchia boa parte do tempo deles. Na despedida, nos ofereceram a casa em Perugia. Não iríamos a Perugia, mas assim eram feitos nossos laços na estrada. Rápidos e intensos.

Um pouco decepcionados com a precariedade das rodovias polonesas, rodamos um dia inteiro para percorrer a distância entre Varsóvia e um pequeno hostel na Breslávia. O antigo sobrado que testemunhara as dores da guerra havia sido transformado em hospedaria. O dono, apaixonado por carros antigos, abriu o portão como se fôssemos de casa. Dormimos uma noite em um sótão no interior da Polônia, onde fotos nas paredes guardavam memórias da destruição do lugar.

A Breslávia recebeu o Segundinho na praça principal para uma foto em meio a prédios do século XIII, antigo local de venda de carnes. No século XIX os açougueiros perderam o monopólio do lugar e os comerciantes colocaram estátuas de bronze homenageando os animais sacrificados, transformando a rua em uma linda galeria de arte. Outra tradição da Breslávia são os gnomos de bronze espalhados pelos cantos da cidade. O pequeno exército surgiu como um símbolo de oposição ao domínio comunista. Um grupo de estudantes de arte, chamado Laranja Alternativa, pintava os gnomos quando a polícia comunista apagava das paredes qualquer slogan ou peça de arte anticomunista. Com o tempo, as pinturas se transformaram em estátuas e os gnomos escondidos se tornaram na memória coletiva um símbolo de resistência. Deixamos a Breslávia e suas histórias para trás.

Para onde ir? Para sentir o vento da liberdade no rosto, não basta abrir a ventarola. Temos de cortar muitas amarras. A vida é cheia de encruzilhadas. Na escolha feita, abrimos mão de outras tantas. Paramos o Segundinho sob uma placa que indicava faltar duzentos quilômetros até Berlim. De lá, mais duzentos quilômetros já estaria Wolfsburg, cidade sede da fábrica da VW na Alemanha. Lembrei da resposta da VW do Brasil quando pedi apoio para realizar a viagem: "Não apoiamos viagens de Fusca e Kombi porque pensamos no futuro e não no passado". Ainda guardava o e-mail no celular. Li que a Volkswagen alemã tinha um museu e um parque temático dedicado a seus automóveis e uma oficina de recuperação de veículos históricos. Mas arriscar ir a Wolfsburg e não ser recebido não parecia uma boa opção.

Estivemos perto, mas decidimos virar à esquerda e curtir um pôr do sol em Praga. Fizemos a escolha certa? Nunca saberemos.

Na linha demarcatória entre a Polônia e a República Tcheca, paramos por alguns instantes e refleti com a Sofia. Estávamos chegando à Europa Central: quantos conflitos e quantas dores cruzaram por aquele marco divisório? Os postos de fiscalização foram destruídos com a criação da União Europeia, mas um velho sobrado de pedras sobrevivia no local como testemunha. Muitos Fuscas cruzaram aquela fronteira revestidos em máquina de Guerra. Segundinho reinventava a história e viajava em missão de paz. O país nasceu em 1993, quando se desintegrou da Tchecoslováquia. Entramos pelas altas montanhas, mas logo passamos a viajar por planaltos, onde grandes áreas agrícolas emolduravam a rodovia. Por ser um país jovem, a República Tcheca com seus parques naturais ainda está sendo descoberta pelo turismo. A zona rural do país lembra muito o nosso amado e vizinho Uruguai.

Ficamos apenas uma noite em Praga porque o camping estava lotado e tivemos de montar acampamento na calçada, do lado de fora. A cidade de Pilsen entrou no roteiro por indicação de um amigo brasileiro, o músico Sady Homrich, e se tornou um lugar inesquecível. Pilsen é a terra que criou a cerveja clara, que nós brasileiros tanto amamos. Nos hospedamos em um charmoso hotelzinho onde lavamos roupas na banheira e descansamos duas noites em uma cama confortável. Gabi e eu bebemos uma legítima Pilsner Urquell. Sofia experimentou todos os sabores de sorvetes que conseguiu. Batemos perna pela cidadezinha como se nativos fôssemos.

Na hora de partir, surgiu a dúvida: ir a Salzburg, cidade da Áustria onde nasceu Mozart, ou cruzar por Munique e viajar pela região da Baviera, na Alemanha? Mesmo optando por não conhecer a fábrica da VW, não seria justo com nosso companheiro Segundinho ir a Europa e não cruzar pela Alemanha, terra de seus ancestrais. Tinha perdido as contas de quantas fronteiras já havia cruzado, somando as de dentro e as de fora do Brasil. Lembro da nossa alegria, minha e do Caio, quando cruzamos a divisa Rio-São Paulo pela primeira vez. Mas deixar a República Tcheca para trás e cruzar por uma placa anunciando Bundesrepublik Deutschland tinha um sabor histórico. Além de chegar à Pátria dos Fuscas, passamos a rodar pelas célebres *autobahn*, as autopistas alemãs, famosas por serem uma das poucas vias públicas no mundo sem limite de velocidade.

Segundinho troteava a setenta quilômetros por hora pelo acostamento enquanto Audis, Mercedes, Porsches e BMWs voavam a mais de duzentos nas pistas à esquerda. Nosso plano era não entrar nas grandes cidades europeias, então deixamos Munique ao largo e passamos a desbravar a Rota Romântica da Baviera. Entramos em Landsberg am Lech, cidade famosa por seu presídio, onde Adolf Hitler esteve encarcerado em 1924, quando escreveu o primeiro volume de *Mein kampf*. A cidade fica às margens do Rio Lech, formando uma vista encantadora com as antigas casinhas coloridas do lugarejo. Quanta história passando pelo nosso para-brisa! Sofia recolheu algumas pedrinhas do Rio Lech para guardar de lembrança. Depois seguimos rumo a Füssen. Conseguimos um *wild camping* no pátio de uma igreja germânica, iluminado pela lua cheia por trás das montanhas da Baviera. O único som da noite foi o mugir de vacas de um estábulo próximo, até sermos despertados pelo badalar do sino da igreja. Na Alemanha, quase não avistamos Fuscas.

Era hora de partir. Estávamos a cinco quilômetros da fronteira austríaca, mas antes eu queria mostrar à Sofia que o mundo é bem menor que nossos medos. Na cidade de Füssen havia o impressionante Castelo de Neuschwanstein, uma construção medieval na Baviera que inspirou Walt Disney a erguer o mais famoso dos palácios dos parques da

Disney. Como o ingresso era caro, fui com o Fusca ao pé do penhasco onde o castelo estava encravado e fiz ela prometer que um dia voltaria lá para me contar como era por dentro. Nossa viagem era um conto de fadas ao contrário: não éramos príncipes nem princesas e o nosso reino cabia em um Fusca. Ainda era cedo para entender a dimensão de tudo que vivíamos, mas estar ali dava a certeza de estar plantando sonhos no coração da nossa filha.

Acordamos na Alemanha, almoçamos na Áustria e dormimos na Itália. O Fusca encarou os alpes austríacos com a experiência de quem já havia vencido os Andes. No nosso décimo terceiro país, entramos pelo Tirol, um dos Estados federados da Áustria. Segundinho compreendeu o que é ser um alpinista ao escalar a beleza estonteante daquelas curvas ao lado de conversíveis modernos, coloridos e apressados. O Tirol alberga inúmeros lagos e um maciço montanhoso que, no inverno, é destino turístico disputado por praticantes de esportes na neve. Como era verão no Hemisfério Norte, os lagos tinham coloração esmeralda e as encostas eram esverdeadas, onde ovelhas e vacas pastavam próximas a casinhas com telhados vermelhos. Uma pintura. Almoçamos em Fernsteinsee e rumamos à fronteira que fizera Gabi desejar estar nessa aventura: uma pequena placa de trânsito azul, ornada por doze estrelas douradas, anunciava que estávamos entrando na Itália.

O bisavô da Gabi saiu de Torre Del Grecco, província de Nápoles, para buscar oportunidades na Terra Nova. Na América, virou caixeiro-viajante até aportar em Pelotas, onde abriu as Lojas Mazza, referência em lojas de departamento no sul do Brasil. Teve filhos, netos e bisnetos, entre eles Gabi. Estacionamos o Segundinho no acostamento e enxerguei pelo visor da câmera fotográfica a placa e a Gabi, com um vestido azul, a cor da realeza italiana. Com toda a península itálica no para-brisa, aquela cena era proeminente em minha alma. Gabi levantou os braços e deixou as lágrimas caírem. Eu levava a minha princesa italiana de volta para a *vecchia Italia*. E de Fusca!

Se na Áustria os Alpes eram acinzentados, entrávamos na Itália pelos cenários do vale das Dolomitas, conhecidas como "montanhas pálidas". Era final da tarde e precisávamos encontrar um lugar para passar a noite. Pedimos informação sobre camping na região de Bolzano. Não havia.

Como vínhamos de vários *wild campings*, decidimos nos dar ao luxo de passar a noite em um confortável hotel. Nossa adolescente estava cansada de andar apertada no banco de trás e merecia aquele singelo conforto.

Ao deixar a autoestrada, as rotas vicinais da região passaram a ser mais estreitas, sinuosas e de subidas radicais. Para quem havia percorrido a rodovia pavimentada mais alta do mundo no Peru, não seriam as Dolomitas que iriam nos assustar. Colocamos a Comuna de Laion no GPS e saímos dirigindo pelo norte da Itália. As passagens em meio às montanhas ligando pequenos vilarejos alpinos eram realmente apertadas e estreitas. Eu não estava certo de que o motor do Segundinho suportaria puxar tanto peso ao subir as curvas da região do Trentino-Alto Ádige.

Antes de descer aquelas escarpas íngremes, lembrei do dia em que perdi os freios em Valparaíso, no Chile. Estava com minha filha e esposa, não podia mais errar. E tinha que demonstrar autoconfiança para Sofia. Ao alcançar a Vila de Laion, relaxamos no Hotel Andechserhof & Mountain Sky e fomos recompensados pela vista. O Vale das Dolomitas estava inteiro aos nossos olhos pela varanda. Por ser baixa temporada, conseguimos um quarto agradável com banheiro espaçoso, jantar inesquecível e café da manhã delicioso a um preço honesto.

A maior construção da Vila de Laion é o hotel, depois a igreja ao lado do cemitério. As casinhas se espalham pelas ruas estreitas penduradas nas montanhas. O som do vento e do sino viajavam pelos vales. Velhas italianas de preto levavam flores aos seus mortos, como um filme de Feliini. Em um país que sofreu com tantas batalhas, no vilarejo italiano o idioma oficial é o alemão, porque as fronteiras por lá são híbridas e antes da primeira grande guerra tudo pertencia à Áustria.

O sobe e desce de montanhas nos acompanharia por quase toda a Europa. Segundinho não lembrava em nada o Fusca que tinha perdido a roda duas vezes. Partimos de Laion por Trentino, Bologna e, ao chegar a Rovereto, caímos em um grande vale, até subir ao topo de uma colina e avistar o Lago di Garda inteiro à frente. Nosso destino: a comuna Riva del Garda.

Encontramos o camping Bavária na beira da praia. Depois de abrir nossa casinha em cima do Fusca, fomos a um supermercado fazer compras.

Com o acampamento montado, concluímos que às margens do maior lago da Itália era o lugar ideal para morar. Pelo menos por alguns dias. Com uma magnífica capela encravada nas montanhas, Riva del Garda é uma das cidades mais fascinantes entre as tantas que margeiam o lago. Sua mistura medieval com belezas naturais a tornam um espetáculo majestoso. Um lugar com alma. Enquanto a Gabi se banhava no sol de seus ancestrais, Sofia e eu saímos de mãos dadas sobre aquele espelho de um azul perfeito, onde o reflexo das dolomitas brancas mergulhava. Veleiros navegavam impelidos pela brisa. Escritores famosos como Nietzsche, Kafka, James Joyce e o poeta alemão Goethe visitaram o Lago di Garda. Goethe falava que, à noite, deslumbrantes reflexos de prata pareciam um exército de estrelas. Sentados em frente ao Fusca, Gabi, Sofia e eu contemplamos a metamorfose do dia virando noite e o tal exército de estrelas imergindo no fundo do lago.

Viajar é também procurar um canto do mundo onde se ficaria para sempre. Riva del Garda poderia ser esse ponto no mapa, o lugar que despertaria inveja na nossa amada Palafita. Mas o destino nos condenou a viajar de Fusca, e, por sorte, a nossa próxima parada era Veneza. O encanto da cidade das águas nos seduzia a continuar. Partimos às oito da manhã, cruzando Verona, Vicenza e Pádua. A onda de calor era cada vez mais intensa e Sofia sofria muito no banco de trás.

Chegamos ao meio-dia no tradicional Tronchetto Parking Garage. Não é permitido entrar de carro nas ilhas do Centro Histórico, então Segundinho ficou descansando em *terraferma*. Antes de sair do Brasil, Gabi havia reservado um pequeno hotel para podermos viver uma noite veneziana. No próprio estacionamento compramos a passagem para cruzar de barco. *007 – Casino Royale, Casanova, Otello* ou *Indiana Jones e a última cruzada* ... Nos apaixonamos por Veneza nas telas de cinema. Por mais preparados que estivéssemos, foi impactante ver a cidade icônica tão de perto. Explorar todos os seus cantos foi uma experiência de vida. No final da tarde, as ruas de Veneza começam a se esvaziar. Pontes e becos ficam escuros e silenciosos. Certa vez o fotógrafo Ricardo Kadão Chaves disse que "uma fotografia não é capaz de transmitir todo o sentimento que temos ao pisar em Veneza". Tive que ir até lá para descobrir que meu amigo estava absolutamente certo. Ela é muito mais linda que um fotograma.

Acordamos cedo na cidade construída no ano de 421 sobre uma ilha e assistimos a cenas incomuns. No lugar das famosas gôndolas, barcos de cargas cortam os canais venezianos. São caminhoneiros aquáticos que carregam de tudo no silêncio da manhã: material de construção, bebidas e alimentos para os restaurantes, roupas e outros objetos para abastecer o comércio. Tudo precisa estar milimetricamente pronto antes que os turistas iniciem seus passeios românticos. Aliás, ao descobrirmos que uma voltinha de Gôndola, custava oitenta euros, desistimos da ideia, e ao meio-dia já estávamos enfrentando os trezentos e cinquenta quilômetros que nos separavam de Pisa. Segundinho não incomodava, mas tivemos um perrengue. Uma dor de dente me tirava o sono desde a Rússia. A dor se agravou e precisei me submeter a tratamento de canal em plena Europa. Por sorte, a Gabi sempre organizava as burocracias e o seguro saúde ressarciu. O imprevisto nos reteve por mais um dia no camping de Marina di Pisa, às margens do Mar da Ligúria. Estrutura mundialmente conhecida, a torre inclinada é o principal atrativo para turistas. Registramos as tradicionais fotos "segurando" a Torre. Por ser um dos monumentos mais visitados da Europa, uma multidão se acotovelava na Piazza dei Miracoli para fazer a mesma foto. Ao contrário de Veneza, a Torre de Pisa é mais bonita nas fotos do que pessoalmente.

Já havíamos vencido quase três mil quilômetros e faltavam quinze dias para embarcar Segundinho no Porto de Santander. Cruzamos a Letônia e a Lituânia sem pagar pedágio. Na Polônia, éramos leves demais para pagar. Na Alemanha, as *autobanh* tinham asfalto liso, bem sinalizadas e sem pedágios. Já na República Tcheca e na Áustria o esquema havia sido outro: comprávamos, por dez euros, o *viguinete* — um adesivo que se cola na lateral direita do para-brisa, para rodar durante dez dias. Até aí tudo ia dentro do previsto. Só que ao chegar à Itália, nos apavoramos. Primeiro porque todas as praças são automáticas, não há qualquer contato humano, e a máquina só "parla" italiano. Simplesmente se aperta um botão e a máquina emite um ticket. Na saída da autoestrada, novamente a máquina. Daí inseríamos o ticket, ela calculava o valor a pagar e mostrava a fatura. O resultado era assustador. A cada trecho de cem quilômetros, uma média de vinte euros. Um verdadeiro rombo em um orçamento ajustado como o nosso.

Sofia se deleitava com as paisagens emolduradas na basculante do Fusca e viajava iluminada pelo sol da Toscana. Uma das regiões mais ricas, cultas e belas da Itália, a Toscana deu ao mundo Leonardo da Vinci e Michelangelo. Nosso destino era Gênova. Chegar ao final da tarde a uma cidade de mais de seiscentos mil habitantes, com milhares de lambretas, vespas e outras motos ultrapassando por todos os lados, não era tarefa fácil. Acabamos nos hospedando em um hostel superconfortável, em frente à Estação Central de trem, conhecida como Stazione di Genova Piazza Principe. Segundinho dormiu ao lado de centenas de vespas. Mais antiga cidade da Europa, em Gênova nasceu Cristóvão Colombo, o explorador que descobriu a América. Nosso Fuscamérica tinha feito o caminho inverso e a bordo dele fomos explorar Gênova, com seu Centro Histórico e vielas estreitas que sempre nos levavam rumo ao Porto Antico, na orla do Mar da Ligúria. Sofia se divertia em museus, cinema, restaurantes temáticos, playgrounds públicos e no maior aquário da Europa. Mesmo com os termômetros marcando quarenta e quatro graus, amamos Gênova. Na saída da cidade, atravessamos o coração de uma montanha por um túnel de treze quilômetros. Gabi, que sofre de fobia, sentiu medo quando passamos pela ponte Morandi, com mais de cem metros de altura. Descobrimos mais tarde pelo noticiário da TV que a mesma ponte desmoronou dez dias depois da nossa passagem, devido a tempestades de verão, matando trinta e sete pessoas.

Tínhamos que seguir rumo a nossa última noite na Itália e escolhemos, para a despedida, um camping em Vallecrosia, a trinta quilômetros da fronteira com a França e a quinze quilômetros de Sanremo, capital italiana da música. Em Vallecrosia, passamos um dia inesquecível. Um mar calmo, de águas cristalinas, e com o Fusca a poucos passos da praia. Nos demos ao luxo de beber um vinho e jantar frutos do mar em um pequeno restaurante, de onde era possível avistar as luzes de Mônaco, do outro lado da península. Um garçom italiano, que havia morado quinze anos em Sorocaba, nos atendeu em português. Disse que era a primeira vez que recebia brasileiros naquele lugar e que de Fusca talvez fosse a última. Gabi estava emocionada em nosso último dia na Itália. Amamos cada lugar que pisamos, cada pessoa que conhecemos. Não existia lugar mais lindo para se despedir do que aquela prainha às bordas do Mediterrâneo. Quando partimos, meu amor me fez prometer que um dia a levaria de volta a Vallecrosia.

Chegava a hora de Segundinho fazer o Tour de France. Eu estava tão empolgado com a Riviera Francesa, que perdi a noção da realidade, prometendo às meninas nos hospedarmos em Mônaco. Na fronteira entre a Itália e a França, um antigo prédio de aduana lembrava os tempos pré-União Europeia. Paramos o Fusca e fizemos fotos junto às bandeiras das duas nações, para só então começar a desbravar o país mais procurado por turistas no mundo. Como personagens de um filme francês, contornamos montanhas e rochedos com vistas espetaculares para a Côte d'Azur, cruzando por precipícios de tirar o fôlego. Próximo a Monte Carlo, Gabi, assustada com minha empolgação, lembrou que naquela estrada a princesa Grace Kelly perdera a vida ao cair em um despenhadeiro, em 1982. A beleza da paisagem sinuosa roubava a atenção.

Chegar ao Principado de Mônaco foi uma das maiores e mais surpreendentes aventuras da viagem. Subimos montanhas incompatíveis com um motorzinho VW 1300 que puxava uma carga pesada. Chegamos a pensar em desistir e enveredar para a autoestrada, mas ao descer as montanhas apreciando pelo para-brisa a Marina de Mônaco, com o cenário da F1 — exatamente como víamos pela TV nas manhãs de domingo — consideramos ter valido a pena. Percorremos algumas avenidas de Mônaco por não mais do que meia hora. Em meio a Ferraris, Lamborghinis, Porsches e Rolls-Royces, Segundinho foi fotografado como um dinossauro. Ninguém entendia como aquele carro estranho tinha parado naquele lugar. Foram poucos minutos naquela terra de "muita *plata* e sonhos loucos". Mas o melhor estava por vir.

Quando partimos, entramos sem querer no túnel Albert II, e a emoção invadiu o Fusca. Estávamos dirigindo na pista onde Ayrton Senna voara em alta velocidade em busca de um dos mais sonhados e glamourosos Grande Prêmio da F1. A diferença estava no valor do sonho, pois os sonhos não têm preço. A nossa história tinha mais a ver com o mundo do cinema do que com o circo da Fórmula 1. Cannes era nosso destino. Mas uma musiquinha ficou na minha mente boa parte do trajeto... TÂTÂTÂÂÂ... TÂTÂTÂÂÂ!

Chegamos ao fim da tarde pelo bairro Le Suquet, e depois passamos a flanar pela Boulevard de la Croisette, uma das avenidas mais conhecidas da cidade. Os edifícios históricos na orla emolduravam a praia azul marinho. Estava anoitecendo e era hora de buscar um local para dormir. Falei para a Gabi que, antes de decidir qualquer coisa, eu queria fotografar o Segundinho em frente ao Palácio dos Festivais. Só não esperávamos que o Fusca fosse virar atração. Os turistas nos cercaram para tirar fotos, trancando nossa saída. Constrangida, Sofia pediu para a gente sair dali. Foi então que aconteceu a única briga da viagem.

Eu, delirante como muitas vezes sou, quis estacionar o Fusca e montar a barraca na praia. Gabi, estressada pelo sobe e desce dos despenhadeiros, dizia que seríamos corridos pela polícia na madrugada. Argumentava que estávamos com uma adolescente e na praia não existia a mínima estrutura. Eu, mais interessado na foto que faria ao amanhecer do que com a estrutura necessária, teimava. Gabi repetia que não ficaria na praia e que dormiria em um banco no calçadão. Sofia, no epicentro do descontrole dos pais, com a serenidade dos seus treze anos, nos alcançou um celular com uma reserva pelo Booking de um bom hotel, com um preço melhor ainda, e falou:

— Encontrei um hotelzinho pra nós. É só colocar o cartão de crédito.

O hotel antigo que ficamos era digno e custava menos do que a maioria dos campings da Europa. Fizemos o check-in em um saguão, onde havia fotos históricas de celebridades do cinema mundial que se hospedaram por lá no passado. Subimos para o quarto em silêncio, até que Sofia se atirou em uma cama com lençóis de algodão e disse:

— Vocês parecem duas crianças.

Demos muitas risadas e saímos a caminhar pela noite de Cannes.

O Palácio dos Festivais é o grande ponto turístico da cidade, com seu tapete vermelho estendido nas escadarias o ano todo. Tiramos fotos e sentimos um pouco do gostinho de estar no Festival de Cannes. Prometemos voltar um dia com o documentário da Expedição Fuscamérica. Em frente ao palácio tem a versão francesa da Calçada da Fama e, ao longo da rua, podemos ver mais de trezentas assinaturas feitas com as mãos de célebres atrizes e atores: Gabi fez fotos com as mãos de Meryl Streep, eu com as de Sylvester Stallone, e Sofia se arrepende até hoje de não ter feito fotos no local. Passamos por vários restaurantes, mas acabamos jantando no Mc Donald mais insalubre que já entramos em nossas vidas. Nem tudo é de cinema em Cannes.

Pela manhã, caímos dentro de Nice, e logo saímos percorrendo caminhos e avistando placas que indicavam as badaladas praias de Saint-Tropez, Sainte-Maxime e Pampelonne. Só que o nosso destino era um camping em Montpellier. Na entrada, estranhamos os trailers e barracas que mais pareciam residências. A notícia da nossa chegada se espalhou e fomos abordados por Amarildo, um brasileiro manauara que nos contou a verdade sobre o lugar. Aquele antigo camping havia se transformado em um "campo de refugiados", assentamento temporário para pessoas que viviam ilegalmente no país. Como não podiam fixar residência, eles moravam no camping para despistar a fiscalização. Amarildo trouxera as duas filhas para viver com ele. Uma havia se casado com um haitiano, a outra com um marroquino. Contou que vivia aos trancos com uma portuguesa que prometia se casar com ele para conseguir seu documento de legalização. Todos alimentavam planos e esperança enquanto se submetiam a subempregos nas periferias de Montpellier. Amarildo disse que havia trabalhado no Norte com um gaúcho e aprendido a gostar de chimarrão. Cevei um, e quando ele bebeu o primeiro gole, as lágrimas correram em seu rosto. Agradeceu e disse que o gosto do chimarrão matava um pouquinho a saudade do Brasil.

Como era noite de sábado, fomos convidados a participar de uma festa em que uma banda cigana tocava músicas de Gipsy Kings. Enquanto a Sofia devorava uma pizza, a Gabi e eu rodopiávamos no salão ao ritmo de uma versão cigana do clássico *My way*. De volta à mesa, Sofia mostrou um vídeo que fez da nossa dança. Na imagem, nossos corações, mente e corpo se moviam ao ritmo dos sonhos. Das memórias da viagem, aquela noite inesperada em meio a refugiados se tornou inesquecível. Um dia estávamos dentro do circo da F1, ou no tapete vermelho do maior festival de cinema do mundo, no outro estávamos dançando em um assentamento de refugiados no sul da França. E fizemos tudo "do nosso jeito". Pela manhã, fomos acordados por Amarildo com um pão quentinho feito por sua portuguesa. Tomamos café e partimos rumo à Cordilheira dos Pireneus, cadeia de montanhas que separa a península Ibérica do Mar Mediterrâneo. No alto dos Pireneus está a cidade de Lourdes, onde em 1858 a humilde camponesa Bernadette, de quatorze anos, testemunhou a aparição da Virgem Maria em uma gruta de pedra. Na autoestrada, em meio a uma chuva de verão, fomos ultrapassados por uma Ferrari. Alguns quilômetros adiante a avistei estacionada no acostamento, com seu piloto nos acenando. Brinquei perguntando se ele carecia de reboque. O francês, incrédulo, queria uma foto com o Coccinelle, como chamam os Fuscas na França.

O encontro com a Ferrari deixou Segundinho contrariado e ele resolveu incomodar. Primeiro quebrou o bagageiro que sustentava a barraca no teto. Com fita tape e pedaços de ferro e madeira, fizemos uma tala reforçada. Na sequência, arrebentou o cabo do acelerador. Sofia ajudou a resolver o problema colocando uma pedrinha na mola do carburador, nos permitindo chegar ao camping encravado em uma floresta no alto dos Pireneus. Com o acampamento montado, Sofia ficou dormindo. Gabi e eu seguimos uma trilha na floresta até o Santuário de Lourdes, um dos centros de peregrinação mais visitados da Europa, que recebe em torno de seis milhões de fiéis todos os anos. Independentemente do credo, o lugar exala uma energia inexplicável. Minha mãe foi a pessoa mais católica que conheci; mudamos o roteiro original para estar lá em homenagem a ela. Muitos pediam graças, nós agradecíamos pelo fluxo dos sonhos. Aproveitamos a brisa fresca dos Pireneus para serenar o espírito, lavar roupas e fazer uma revisão geral no Fusca. Para chegar ao último país da viagem, teríamos que cruzar as montanhas.

No mesmo ano em que Segundinho foi fabricado, estreava o longa-metragem *Os canhões de San Sebastian*, estrelado por Anthony Quinn e Charles Bronson, com trilha sonora de Ennio Morricone. O filme marcou minha infância e a dos meus irmãos. Quando soube da cidade espanhola chamada San Sebastian, disse a Gabi que queria ir até lá. Ela aconselhou não "estragar minhas memórias". Mas insisti. Com o sol nascendo, atravessamos os campos de girassóis e lavanda pelo sudoeste da França. Me achando expert em cordilheira depois de vencer os Andes e os Alpes, não esperava que nos Pireneus fosse estourar um pneu. Em uma rodovia em obras e debaixo de muita chuva, evitei uma tragédia ao dominar o Fusca entre caminhões e precipícios. Gabi, em pânico, sinalizava a rodovia enquanto eu tentava encaixar o macaco. Depois de muita luta, voltamos para o carro encharcados, e Sofia chamou a atenção para a placa que sinalizava o local: "Monte Perdido". Alguns quilômetros à frente, chegamos ao nosso último país. Não foi diferente das outras fronteiras da União Europeia. Sem aduana, sem carimbo no passaporte. Somente uma placa de trânsito sinalizando a divisa. Ao entrar na Espanha, o idioma fez eu me sentir na América Latina.

Gabi tinha razão. A verdadeira San Sebastian do filme é no México. A espanhola é considerada o paraíso do turismo rico, conhecida como um luxuoso balneário, onde desfilam iates e o maior número de restaurantes com estrelas Michelin por metro quadrado no mundo. Tentamos nos hospedar no camping da cidade, mas estava lotado de motorhomes modernos e o pedido para acampar em um terreno baldio em frente também foi negado. Ali aprendemos o que é o jet set europeu. Fugimos de San Sabastian rumo ao coração do País Basco. Tentamos montar a barraca em um posto de combustível, junto aos motorhomes, mas era proibido. Ao pedir água quente para um chimarrão, o garçom da lanchonete informou que em quarenta quilômetros, entre Pamplona e Bilbau, encontraríamos o município de Abalcisqueta, com apenas trezentos e vinte habitantes, onde era permitido *wild camping*. Nosso destino seria novamente as montanhas.

Tivemos uma relação idílica com o lugar, pois descobrimos que se tratava da região dos descendentes de Pepe Mujica. Era ali que ele andava quando Caio e eu tentamos encontrá-lo em 2015, ao voltarmos do Chile. Um cidadão basco, com o mesmo sobrenome de Pepe, nos presenteou com um botijão de gás para o fogão e falou que poderíamos dormir com o carro estacionado em frente à entrada do Parque Natural Aizkorri-Aratz, ponto de referência para o montanhismo na região. A entrada do parque por Abalcisqueta contava com os serviços públicos de vestiário, banheiros e suporte para cozinhar. O que eu sentia acampado em um vilarejo que luta por independência era liberdade. Descobria, cada vez mais, que necessitávamos de muito pouco para viver. Despertamos com os badalos dos cincerros no pescoço de ovelhas que pastoreavam as encostas. Preparamos café da manhã e os moradores da pacata Abalcisqueta vieram nos oferecer carinho e uma boa conversa na língua euskara, o idioma falado no País Basco. Contive o choro na despedida.

Para os últimos dias junto ao Fusca, escolhemos o Camping Playa de Isla, a quarenta quilômetros de Santander, onde nossa cruzada se encerraria. Não existia lugar mais perfeito para a despedida do que um acampamento com uma vista para o Mar Cantábrico. Montamos nossa casinha em meio à natureza e com acesso direto à praia de água esmeralda. Fomos recebidos por José Miguel, aposentado que morava em um trailer e vivia seus verões no camping. Isso fazia dele uma celebridade local. Nos adotou como família: oferecia café, lanches e nos apresentava a todos.

Passávamos os dias com o pé na areia. Uma tarde, Gabi foi à praia sozinha, Sofia e eu ficamos no camping. José Miguel trouxe um amigo de Salamanca que queria nos conhecer. O simpático castelhano confessou que sonhava em sair pelo mundo, mas sua esposa tinha medo e, ao conhecer nossa expedição, se animou a encarar a estrada. Em gratidão, queria nos regalar uma garrafa de vinho salamanquino. Nesse instante, sem nenhum motivo aparente, disparou em mim um gatilho emocional e caí em choro compulsivo. Sofia, em silêncio, me envolveu em um abraço. Os amigos não compreendiam tanta emoção por receber uma garrafa de vinho.

Eu não chorava pelo vinho. Chorava pelos anos em que tentei convencer a todos de que meu sonho louco era possível. Chorava por quem acreditou. Chorava pelos que encontrei no caminho. Pelo medo que precisei domar em silêncio ao cruzar a Europa com minha família após perder a roda do Fusca duas vezes. Chorava de felicidade por ter realizado a viagem prometida no berço de UTI. Chorava por não poder ligar para meu pai e contar tudo que tinha vivido, porque ele não lembrava mais de mim. Chorava pelos abraços que não dei à minha filha Daniele.

Naquele paraíso na costa norte da Espanha, chorava por tudo que havia mudado em mim. A essência de quem volta jamais é a mesma da de quem parte. No roteiro, desprendem-se certezas, conceitos e angústias.

José Miguel brincou:

— *Si lloras así antes de beber el viño, imagínate después de borracho*!!!

Sequei as lágrimas e falei para Sofia que talvez ainda fosse cedo para ela entender a dimensão da aventura que realizávamos. Mas que quando todos os quilômetros fossem vencidos, restaria a experiência do que vivemos: dezessete países do mundo em um velho Fusca. Nunca prometi que seria fácil. Sempre disse que seria lindo. Medo? Como não sentir.

Mas a certeza de que tudo seria menor aos olhos dela me fazia enfrentar um mundo gigante. O impossível é uma palavra a ser desmentida. Não posso prometer estar aqui para sempre, mas garanto criar memórias de amor eternas. A vida é uma experiência incrível se escutarmos a voz do coração. Acreditando, podemos caminhar de mãos dadas sobre as águas de um lago gigante no norte da Itália.

Nosso adeus a Isla da Cantábria e a José Miguel foi comovente. Como podemos sentir pertencimento a um lugar onde estivemos poucos dias? Como nossa visão de mundo cambia ao conquistarmos amizades sólidas com pessoas que conhecemos de passagem? Em lágrimas, rumamos ao último destino do Segundinho em terras europeias. Deixamos o nosso fiel companheiro no cais do Porto de Santander, um pátio enorme rodeado de carros zero quilômetro. Se no Brasil estávamos nervosos com ele pesado de carga, no caminho fomos nos desapegando. Principalmente das cargas que carregávamos dentro de nós. Deixamos o supérfluo — e ele ficou leve.

Antes de partir, conclui a carta iniciada em Riga na fatídica noite:

Segundinho,

Chegou a hora de nos separarmos..., mas por um bom motivo. Estamos voltando pra casa. Contigo me dei conta de que não sou um "fusqueiro". Sou um cara que guarda memórias afetivas, com um Fusca da infância, e leva isso às últimas consequências. Não me agrada essa história de procurar peças originais ou observar outros Fuscas em encontros de carro.

Aliás, acho que nem te considero Fusca. Tu és meu companheiro. Excêntrico e rebelde como eu.

Nesta viagem encontrei vários Nauros que viveram em mim e foram ficando pelo caminho. Aprendi contigo a me reinventar sem perder a essência. Nascemos uma única vez, mas morremos um pouco a cada dia.

Lembra que te falei do sonho de desbravar o mundo de barco?

Agora quem vai embarcar em um navio és tu. Vais desbravar os mares e visitar países que eu nunca pisei: EUA, Canal do Panamá, México, Equador, e daqui a setenta dias vamos nos reencontrar em casa.

Tu foste valente, amigo. Enfrentamos juntos as temidas autobahns na Alemanha, onde carros cruzavam a mais de duzentos quilômetros por hora. Tivemos a ousadia de atravessar o túnel da F1 em Mônaco, os sinuosos Alpes austríaco, e atravessamos o coração das montanhas italianas. Parto de trem para Madri e tu começas a singrar os mares do mundo pela segunda vez.

Que ironia nosso último destino pelo Velho Mundo ser a terra de Dom Quixote e seu cavalo Rocinante. A saga de Cervantes não seria possível sem o delírio de loucos que não acreditavam no impossível. Assim como pode parecer loucura uma conversa entre um homem e um Fusca. Mas loucura seria se não vivêssemos tudo o que vivemos.

Obrigado, Segundinho Rocinante!

Nos encontraremos em breve na Palafita.

Ass: Teu amigo Nauro

Depositei a carta no porta-luvas e fizemos a última foto juntos no Porto de Santander. Postamos apenas um registro daquele instante nas mídias. Aliás, postamos muito pouco sobre nossa viagem em família, preferindo viver intensamente cada instante. A vida tinha muito mais cores fora das redes sociais.

Pela janela do trem, a caminho de Madri, via minha vida passando. Os dias que me faltavam eram os dias vividos, e os que me restavam ainda não sabia bem o que fazer com eles. Completaria cinquenta anos em seguida e chegava ao topo da montanha. Lá de cima observava tudo e concluía que tinha valido a pena. Estava preparado para a experiência insana que seria descer a montanha da segunda metade da vida.

Tivemos um caso de amor com Madri. Arranjamos um apartamento próximo à Plaza Mayor por preços módicos. Marcamos encontro com Leo Schneider, que estava de férias por lá. Vizinho em Pelotas e fã da Expedição Fuscamérica, preparou um roteiro para palmilharmos a capital. O Museu do Prado e Reina Sofía visitamos em horários de entrada gratuita. Conhecemos o mercado gastronômico de San Miguel, e no domingo nos perdemos na multidão da Feira do Rastro.

O destino foi generoso comigo e me permitiu viver um Dia dos Pais na Espanha. Nem nas mais mirabolantes expectativas, ao lado daquele berço de UTI, imaginamos estar em frente ao Estádio Santiago Bernabéu celebrando aquele dia. Sofia era o melhor meio termo entre mim e Gabi. Sabia dosar exatamente a prudência da mãe, com o destemor do pai. Dane, mesmo de longe, se fazia presente em meu coração. Foi ela quem me permitiu o sonho de ser pai pela primeira vez.

A herança que podia deixar para as minhas filhas seria meu exemplo de destemor, caráter e humildade. E a lição: o tempo transforma vida pulsante em sonhos. Com planejamento e persistência, sonhos viram realidade. Escolham seus sonhos e não recuem ante nenhum pretexto.

Meu presente de Dia dos Pais foi uma edição especial do clássico de Miguel de Cervantes, editado pela Real Academia Espanhola, comemorativa aos quatrocentos anos de Dom Quixote de la Mancha. O livro adquirido em um sebo tinha um significado incalculável naquele momento. Talvez eu estivesse vivendo o auge da felicidade, momentos que eu gostaria que fossem eternos. Mas estava na hora de voltar. Não existe viagem perfeita, mas nosso próximo destino era perfeito. A Palafita do Arroio Pelotas.

Gabi e Sofia dormiam a última noite na Espanha enquanto eu embarcava em um avião no Aeroporto Internacional Adolfo Suárez Madrid-Barajas. Não conseguimos passagem para voltarmos juntos; eu chegaria um dia antes. Nosso Fusca singrava os mares a bordo de um navio e em setenta dias estaria estacionado na garagem de casa, como se tivesse saído para dar uma voltinha. Só que no caso do Segundinho, foi uma volta ao mundo. Sobrevoando o Oceano Atlântico a dez mil metros de altitude, botei *My way* com Elvis Presley nos fones de ouvido e fiquei pensando no que diria à Gabi quando estivéssemos em casa:

Quanta vida passou pela nossa vida enquanto andávamos de Fusca.

O destino não cansa de nos pregar peças. Desde quando nos conhecemos, sempre cai uma roda antes das coisas engrenarem.

Quando a Sofia nasceu: três meses de UTI. Nos tornamos fortes juntos. Rasgamos fronteiras internas, encaramos fantasmas. Subimos montanhas. Mergulhamos no mar da Cantábria, dormimos felizes na rua e lavamos a alma sob o sol da Toscana. Fomos sementes. Plantamos ideias. Nossa viagem mexeu com a zona de conforto de muita gente.

Ninguém nos tira a vida vivida.

Lembra quando pensamos que ir para o outro lado do mundo seria arriscado? Só nos tornamos livres quando paramos de esperar o carro certo e entendemos que a viagem está dentro de nós.

O Fusca estragou? Várias vezes. Mas estragaria se ficássemos em casa.

Por que um Fusca? Porque é a minha essência. São as lembranças do meu pai que vive em mim, e meu pai foi meu exemplo de sabedoria e simplicidade. Sofia pode até não gostar de Fusca, mas depois dessa experiência suas escolhas de vida serão mais simples.

Ficar rico? Não vim com esse talento nesta vida. Mas quem disse que não é afortunado quem percorreu dezessete países perseguindo utopias no para-brisa de um Fusca?

O universo é cheio de possibilidades para quem deseja ser feliz. O que vale a pena são nossas pequenas felicidades.

Gabi, meu amor, tu foste o melhor que o mundo poderia me dar. Naquela noite de Carnaval, me permiti sonhar o futuro pela primeira vez. Naquela noite eu renasci. Tu sempre foste meu principal destino. Ao te encontrar me encontrei. Sonhamos juntos. Contigo vivi a melhor das vidas. Sou teu por inteiro. Existe um Nauro antes da Gabi e outro depois. Amo esse Nauro que me transformei.

Fotografia, documentário, livro, estrada, tudo isso é pano de fundo.

Escrevi as páginas deste livro para dizer que os Fuscas da minha vida me levaram ao rumo do nosso amor. Na nossa casa, às margens do Arroio Pelotas, está a maior de todas as lições. O mundo é uma porção de terra na volta da Palafita. É maravilhoso viajar, mas é nela que são paridos os nossos sonhos. E é na Palafita do Arroio Pelotas que somos realmente felizes. É bem mais fácil perseguir utopias quando se tem um lugar para voltar.

O que foi vivido está escrito. A partir de agora são novas páginas em branco que quero seguir escrevendo ao teu lado. A nossa vida cabe dentro de um Fusca.

Acesse o QR Code e assista a trechos do livro:

Capítulo
O Fusca da minha desconstrução,
página 134: "Osso de baleia".

Capítulo
Do Atlântico ao Pacífico,
página 205: "Sem freio no Chile".

Capítulo
Operação Antártica,
página 236: "Marés da Patagônia".

Capítulo
Sete pátrias em um Fusca,
página 289: "Salar de Uyuni".

Capítulo
Desbravando a Rússia,
página 324: "Pão russo".

Capítulo
Desbravando a Rússia,
página 345: "Encontro em Riga".

Acompanhe as próximas viagens da Expedição Fuscamérica através do Instagram @expedicaofuscamerica e pelo canal do YouTube.

satoleppress

Este livro foi composto em Minion Pro
e impresso em papel polen 80 na Gráfica e Editora
Pallotti, Santa Maria, RS.